Mujer:
pasión al rojo vivo

Mujer: pasión al rojo vivo

Sandra Leiblum
Judith Sachs

Una guía para que ELLAS alcancen la plenitud en la intimidad

Título original: *Getting The Sex You Want*
Edición original: Crown Publishers, 2002
Traducción: Marcela Vargas

Copyright © by Sandra Leiblum y Judith Sachs, 2002

De esta edición:
D. R. © Aguilar, Altea, Taurus, Alfaguara, S.A. de C.V., 2003
Av. Universidad 767, Col. del Valle
México, 03100, D.F. Teléfono 54 20 75 30

Distribuidora y Editora Aguilar, Altea, Taurus, Alfaguara, S. A.
Calle 80 Núm. 10-23, Santafé de Bogotá, Colombia.
Santillana Ediciones Generales, S. L.
Torrelaguna 60-28043, Madrid, España.
Santillana S. A.
Av. San Felipe 731, Lima, Perú.
Editorial Santillana S. A.
Av. Rómulo Gallegos, Edif. Zulia 1er. piso
Boleita Nte., 1071, Caracas, Venezuela.
Editorial Santillana Inc.
P.O. Box 19-5462 Hato Rey, 00919, San Juan, Puerto Rico.
Santillana Publishing Company Inc.
2043 N. W. 87 th Avenue, 33172. Miami, Fl., E. U. A.
Ediciones Santillana S. A. (ROU)
Cristóbal Echevarriarza 3535, A.P. 1606, Montevideo, Uruguay.
Aguilar, Altea, Taurus, Alfaguara, S. A.
Beazley 3860, 1437, Buenos Aires, Argentina.
Aguilar Chilena de Ediciones Ltda.
Dr. Aníbal Ariztía 1444, Providencia, Santiago de Chile.
Santillana de Costa Rica, S. A.
La Uruca, 100 mts. Este de Migración y Extranjería, San José, Costa Rica.

Primera edición: junio de 2003

ISBN: 968-19-1207-1

D. R. © Diseño de cubierta: Antonio Ruano Gómez
Diseño de interiores: Times Editores, S.A. de C.V.
Fotografía de portada: Darwin Wiggett/Corbis

Impreso en México

Vale la pena morir por el sexo.

Annabel Chong
(artista de películas pornográficas
que tuvo sexo con 250 hombres en 10 horas),
febrero, 2000.

Índice

Reconocimientos

Un libro se crea de las opiniones, experiencias y puntos de vista del autor; pero en éste, las mujeres y aquellos que escucharon sus preocupaciones, esperanzas y sueños son quienes deben recibir la mayor parte del crédito.

Queremos agradecer a los que contribuyeron con sus voces, conocimientos, emociones, humor y afecto en la realización de este libro.

Los médicos, consejeros, investigadores y terapeutas sexuales:

Enfermera certificada, Carol Adamsbaum; trabajadora social, Carolyn Altman; doctora en Filosofía, Lisa Anjou; médico y miembro del Real Colegio de Médicos, Rosemary Basson; doctora en Educación, Peggy Brick; médico, Robert Butler; Marie Cascarano; médico, David Chapin; médico Lucius Clay; doctor en Filosofía, Al Cooper; médico Richard Cross; médico, Alan DeCherney; trabajadora social, Gina Delrosso; Betty Dodson; médico, Rachel Dultz; médico, David Fergueson; médico, Jean Fourcroy; doctor en Filosofía, Luis Garcia; médico, Mark Glasser; médico, Andrew Guay; Nancy Kaplan Healey; doctora en Filosofía, Julia Heiman; doctora en Filosofía, Marcia Heiman; médico, Karen Hobish; enfermera certificada, Gladis Horgan; doctora en Filosofía, Suzanne Iasenza; trabajadora social, Sarah Janosik; médico, Jed Kaminestky; doctora en Filosofía, Sheryl Kingsberg; médico y doctor en Filosofía, Paul Lammers; médico, Cap Lesegne; médico, Jeff Levine; trabajadora

Social, Cleo Lowinger; doctora en Educación, Konnie McCaffrey; doctora en Filosofía, Naomi McComick; médico, Andy McCollough; médico y doctor en Filosofía, Norm Mazer; doctora en Filosofía, Cindy Meston; enfermera certificada, Susan Mikolon; médico, Aliyah Sabeh Morgan; doctor en Filosofía, Ray Noonan; doctora en Filosofía, Gina Ogden; doctora en Filosofía, Evelyn Orozco; Lisa Paisley-Cleveland; doctora en Filosofía, Andrea Parrot; farmacóloga, Carol Petersen; médico, Susan Rako; doctora en Filosofía, Deborah Roffman; Candida Royalle; doctora en Filosofía, Stephanie Sanders; médico, Jeffrey Sharf; doctora en Filosofía, Kathy Segraves; doctora en Filosofía, Evelyn Shalom; Zoe Sleeth; médico, Yasseer Solimon; médico, Maryanne Styler; Denise Thomas; doctora en Filosofía, Leonore Tiefer; doctora en Filosofía, Sari Tudiver; médico, Sujata Warrier; médico, Sandra Welner; doctora en Psicología, Nina Williams; trabajadora social y médico, Pam Wilson; maestra en Educación, Susan Silson; médico, Craig Winkel y maestra en Educación, Louise Yohalem.

A las mujeres y sus parejas:

Nancy B., Missy C. y Tiffany D., Jane y Patty; Chap y Laura; Pamela N.; Rose; Tracy Z., Maria; Ilana P.; Tara D., Amy T., Janina, Karen R., Carol L.; Mary Pat W.; Beth F., Mary Ellen; Toni J., Anda, Pat S.; Diana M.; Libby; Sylvia B.; Bevin; Laney K.; Marian D., Marianne R.; Joan H., Lee B.; Debby W.; Tammy L.; Heather W.; John y Marjorie Ewbanks; Steve y Cindy S.; Tom y Linda Gayle R.; Noelle P.; Amanda P.; Rachel G., Emily F.; Tamara; Karen M.; Maria C.; Uchechi N.; Dorothy L.; Susan P., Harriet C., Donna, Deb, Reagan, Sarah J.; Julie G.; Susan M.; Joan R.; Deborah M., Kira B.; Lynn S.; Milaini B.; Janet F.; Sharon N.; Jane R.; Deena H.; Stephanie R.; Rusty B.; Denise L.; Paula P.; Phyllis G.; Lori; Judy G.; Jane Rodney; Kathleen R.; Divinna S.; Sandra S.; Beth W.; Sue F.; y a muchos más que fueron entrevistados, pero no fueron mencionados.

A las distintas organizaciones que nos ayudaron y apoyaron al proporcionar información para las entrevistas y un panorama de la forma en la que distintas comunidades ven la sexualidad femenina. Entre éstas se encuentran la Organización Contra la Explotación Mundial (SAGE, por sus siglas en inglés), la Organización para la Vejez de los Gays y Lesbianas (GLOE, por sus siglas en inglés) Hi-Tops, y por supuesto, el equipo de *Planned Parenthood* de Plainfied, NJ, formado por Andre Billups, Susan Campbell, Anastasia Hardy y su bebé, Janine Lytle, Charlene Minotee, Sean Dion Jones II y Toinette Woods.

Por su invaluable colaboración en la investigación de literatura sobre el tema, a Amy Levin y Lissette Marrero, del Consejo de Información y Educación Sexual de los Estados Unidos, ubicado N.Y. (SIECUS, por sus siglas en inglés); a Lynn Cohen, de la Biblioteca de la Fundación Carrier y a Susan Pistolakis de la Biblioteca del Centro Médico Ocean County. Por el acceso a las encuestas de la Universidad de Chicago y otras más, a: doctor en Filosofía, Edward O. Laumann; doctor en Filosofía, John Gagnon; doctora en Filosofía, Ira Reiss, por su perspectiva en la información. Por su ayuda con los hallazgos antropológicos: doctora en Filosofía, Alice Schlegel, de la Universidad de Arizona y Hebert Barry III de la Universidad de Pittsburgh. Muchas gracias a la doctora Gloria Bachmann, de la Universidad de Medicina y Odontología de Nueva Jersey (UMDNJ, por sus siglas en inglés) y a la Escuela de Medicina Robert Wood Johnson por su lectura crítica del material.

Estamos en deuda con nuestra agente literario, Beth Vesel, por su gran entusiasmo y claro entendimiento del proyecto y a nuestra editora, Betsy Rapoport, quien hizo posible la difusión de nuestro mensaje.

Introducción

Toni, una atrevida y franca joven de 32 años, comenta: "Mi primera experiencia sexual fue con un compañero de la preparatoria de la clase de teatro. Él era romántico y divertido, pero ninguno de los dos sabía en ese momento que él era bisexual. Nos besamos mucho y transcurrieron los meses. Tuvimos contacto sexual, aunque siempre fue rápido y decepcionante. Después tuvimos una larga e intensa discusión para ser sólo buenos amigos, como siempre fuimos, y los dos lloramos mucho. Nunca tuve un orgasmo y me habían enseñado que la masturbación era algo del diablo; así que, por supuesto, no lo hice. Me convertí en adulta pensando que las mujeres no debíamos disfrutarnos físicamente."

"Cuando conocí a mi esposo, justo después de terminar la universidad, en lo primero que me fijé fue en sus manos. Él estaba tocando la guitarra y tenía unas manos enormes y expresivas que frotaban, tañían, jalaban y hacían a ese instrumento todo lo que yo quería que me hicieran. Estaba tan excitada que casi ni tuvo que tocarme, de inmediato tuve un orgasmo. ¿Saben cuál fue la mejor parte? Justo antes y después del sexo; cuando nos recostamos, frente a frente, una de mis piernas se entrelazó en la de él, hablando con suavidad o acariciándonos, respirando el aliento del otro. Así que mis expectativas cambiaron durante los primeros años de nuestra relación. Cada momento era grandioso. Hasta que llegaron los hijos. Dejamos de hablarnos mucho. Cuando me toca en todo lo que pienso es, ¡ay Dios, me faltan cosas por hacer! Todo ha retrocedido. De vez en cuando entro a un chat en la Internet y, aunque aún no he hablado con nadie, es más excitante que ir a la cama. El sexo parece algo muy difícil de asir y depende de tantas miles de cosas que no tienen nada que ver con el amor o la sensación física. Desearía que simplemente se solucionara solo. ¿Crees que eso sucederá?"

¿Qué pensamos? Después de 25 años de asesorar a hombres, mujeres y parejas, sabemos que el sexo es un dilema para la mayoría de las mujeres. No se les da con naturalidad; no es algo fácil. ¿Cuál es el sexo normal? ¿Cuál es el comportamiento sexual excéntrico? ¿Qué es demasiado y qué es muy poco? El sexo viene envuelto con un moño grande y brillante: un regalo que promete la satisfacción física, mental, emocional y espiritual fundamental; pero cuando se abre la caja, está desarmado y no hay instrucciones.

Un estudio realizado en 1994, basado en la Encuesta de Salud Nacional y Vida Social, señala que más de 40% de las mujeres estadunidenses entre los 18 y 59 años de edad no disfruta el sexo y tiene más dificultades sexuales y quejas que los hombres. Los desórdenes sexuales en las mujeres tienden a ser progresivos y están relacionados con la edad. Con el paso del tiempo, quedarse con un mal sabor de boca respecto al sexo dificulta el apetito sexual.

Este libro es el producto de años de experiencia personal y clínica, ofrece además una perspectiva del cambio de nuestra visión acerca de la sexualidad femenina; y todo el panorama así como los camafeos de mujeres que cuentan sus historias. Las autoras llegan al ruedo sexual con una experiencia profesional amplia. Sandra Leiblum, es profesora de psiquiatría y directora del Centro de Salud Sexual y Marital de UMDNJ–Escuela de Medicina Robert Wood Johnson, tiene 30 años de experiencia en el campo de la sexualidad humana. Ha tratado a miles de mujeres y a sus parejas durante ese tiempo. Judith Sachs, es autora de muchos libros sobre el cuidado preventivo de la salud y educadora de la salud, ha dado talleres sexuales en centros holísticos para mujeres, universidades, y campus incorporados. Ambas vivieron y ayudan a crear la revolución de la salud sexual femenina, un florecimiento del interés, la afirmación y el bienestar al enfrentar el tema que sólo se enfrentó con anterioridad en terapia, en grupo o en el salón de clases.

Sandra dice: "En la década de los setenta, la primera vez que ejercí, la preocupación era cómo lograr que las jóvenes tuvieran orgasmos. Hoy trato a mujeres y parejas desde los 20 años hasta los 80 que nuevamente quieren desear y aumentar su sexualidad, lo que muestra más que un acto de compañerismo. ¿Cómo se logra? No al desear, esperar o confiar en remedios rápidos. Mientras sigue la búsqueda de una poción milagrosa o un aparato a prueba de errores que transforme el sexo y lo haga mágico, creo que al final las mujeres tomarán las herramientas necesarias para obtener el sexo que desean. Es su voluntad hacer lo necesario, ya sea que esto implique tomar hormonas, comenzar una terapia o creer que tienen derecho al placer sexual lo que con el tiempo hará la diferencia entre la apatía y el goce sexual."

Judith argumenta: "¿Quién hubiera pensado que asistiríamos a los *Monólogos de la vagina* en Broadway o veríamos *Sex and the City* en la HBO? Ahora la sociedad nos permite pensar de manera diferente que antes respecto al sexo, mientras estemos cómodos para tolerar la ambivalencia y la tensión que produce. Apreciar el sexo a nuestro alrededor, respirarlo, por así decir, nos permite estar conscientes de nuestros sentimientos, negativos o positivos. Lo anterior nos acerca a las preguntas y respuestas sobre lo que queremos y cómo podemos obtenerlo, en la cama o fuera de ella. Ése es el objetivo de este libro."

Las dos tratamos a mujeres que buscan el enlace entre su personalidad y su sexualidad y tratan de mantenerse al día con los diferentes cambios del léxico sexual. Un día pueden tener un momento candente en la cama, pero al otro quizá se les pueda dificultar excitarse; o tal vez pueden tener gran compatibilidad con su compañero y después experimentar discrepancia en el deseo, o algo más problemático, pueden perder el interés en el sexo. A veces las mujeres recuerdan y lamentan la pasión; pues pudieron tener un encuentro cercano con el deseo cuando eran más jóvenes, pero luego se dieron cuenta de que desapareció después de casarse y tener hijos; además, se dieron por vencidas después de algunos años de deseos y anhelos. Otras dicen que nunca lo tuvieron pero les gustaría conocerlo, ya sea porque su pareja insiste o creen que el éxtasis existe, las espera a la vuelta de la esquina y por eso merecen encontrarlo. Algunas mujeres inactivas sexualmente, quizá debido a una enfermedad o quimioterapia, se dan cuenta que pueden amar y dar amor de una forma que supera al sexo físico conforme más maduran y se hacen más responsables.

De manera que las mujeres buscan desesperadas respuestas acerca del sexo y la intimidad. Se sienten seguras si conocen el territorio, es confortante sostener otro cuerpo cálido, sentir la presencia, el olor, la familiaridad de la pareja con quien compartes un espacio. Aun así, no siempre se quieren sentir seguras. Las mujeres que visitan sitios en Internet o tienen sexo por teléfono con parejas desconocidas o asisten a clubs de sexo quieren riesgos y emociones. Incluso las que no se aventuran más allá de su cama quieren sentir una emoción, no lo mismo de siempre.

Muchos de libros, películas y canciones nos convencen que la revolución sexual se ha filtrado en nuestra psique y ha cambiado nuestra vida en los últimos 30 años. *A las mujeres les encanta el sexo.* Tamara, divorciada de 37 años y con dos hijos, comenta: "Aprendí de mí por medio de la masturbación y entonces partí de ahí para mostrarles a mis parejas con exactitud lo que yo quería. El sexo nunca ha sido mejor y me hace una persona más fuerte." Los medios nos convencerán que la mayoría de las mujeres están en contacto con su deseo al igual que Tamara, que sabe cómo expresar a sus parejas lo que les agrada y pueden navegar por el laberinto de la sexualidad conforme crecen.

Sin embargo, otro método reciente sobre la sexualidad femenina aconseja la abstinencia. Las promotoras de este movimiento opinan que todos los enemigos que atacan a la mujer moderna, como el acoso sexual, las amenazas y la violación, son respuestas de una sociedad que perdió el respeto por el pudor femenino. *Las mujeres odian el sexo. El sexo sólo arruina las cosas.* Patricia, de 48 años y con 25 años de casada, menciona: "En verdad me molesta que exista todo este hincapié en el sexo. Es decir, termina muy rápido, si eso es todo de lo que trata una relación de pareja. Debes que ocuparte del resto de la relación si es que tienes una, y si eres soltera debes mantenerte fuera de la cama hasta estar completamente segura de que es la persona para ti." Los aliados de la abstinencia, como Patricia, piensan que las mujeres traicionan su propia naturaleza al enseñarse a buscar gratificación sexual en vez de amor verdadero. Si sólo pudieran evitar el contacto podrían volver a capturar su vulnerabilidad y las esperanzas románticas. No obstante, mientras la mujer envejece, si se mantuvo al margen de la jugosa y desordenada situación por mucho tiempo, notará que ya no puede conseguir el interés o el deseo.

¿Le encanta el sexo o lo odia? Ni una ni otra; aunque las mujeres pueden llegar a ambos extremos en algún momento de su vida. En medio de ambos radica un arreglo de posibilidades tan vasto que no pueden catalogarse. Además, tal vez cada mujer con la que hemos conversado —pacientes, amigas y conocidas— está consciente de la enorme división en su interior. Ella lo quiere y no puede dejar de pensar en eso, necesita la estabilidad y la familia, el peligro y la libertad; heterosexual, gay o indecisa si le gustan los hombres o las mujeres.

Al escribir este libro, queríamos ayudar a las mujeres a entender y a reclamar su sexualidad. Con ese objetivo, creamos un fotomontaje de mujeres en todas las etapas y edades de la vida. Enfocamos la cámara en una mujer y en otra para capturar muchas experiencias y opiniones eclécticas acerca del sexo. Hemos hablado con mujeres de distintas edades, desde adolescentes hasta mujeres entradas en los 70 y 80 años, con heterosexuales, gays, bisexuales, solteras, con mujeres que viven en unión libre, casadas, que tienen relaciones serias o son divorciadas, caucásicas, afroamericanas, hispanas, musulmanas, indias, discapacitadas. Por cada mujer con muchas parejas hay mujeres célibes, por cada persona descuidada que asegura que no necesita amar para tener sexo hay quienes juran que no se puede separar uno del otro. Este libro trata de ver todos los problemas, los asuntos, las delicias y los miedos que las mujeres tienen en la actualidad. Cómo han cambiado a lo largo de su vida y qué tan activas son. Nuestra meta es ayudarlas a descubrir o a redescubrir los placeres de su sexualidad y a entender los ciclos del deseo que aumentan o disminuyen con el paso de los años.

En la primera mitad del libro, examinamos el ciclo de vida de una mujer para ver cómo se llega al destino erótico, desde el florecimiento del interés sexual en la niñez y adolescencia a través de los años reproductivos, hasta los cambios de pasión y frialdad que se viven en la menopausia y postmenopausia o en una edad más avanzada. En la segunda mitad del libro, exploramos lo que es nuevo y diferente, como Internet, las innovaciones médicas y quirúrgicas que pueden despertar el deseo y el desempeño sexual y la forma en que los elementos espirituales y sagrados del sexo han cobrado importancia con la evolución de la sociedad. Todas estas transformaciones de los patrones antiguos cambian la forma en que se relacionan las mujeres, con ellas mismas y con otros.

Cuando comenzamos a escribir el libro, estábamos seguras de que éramos expertas, que con el paso de los años habíamos visto y escuchado de todo. Sin embargo, el sexo, como se dice en los programas cómicos, "es más grande que nosotros". Virtualmente no hay estilo de vida que en este momento no lo lleve a la práctica en algún lugar del mundo, desde el más conservador hasta el más radical. Durante el transcurso de las pláticas con los investigadores, los terapeutas y las mujeres de todas las edades y opiniones, advertimos que hay un gran cambio. La ambivalencia y el aburrimiento con respecto al sexo, los cuales ocurren con frecuencia después de varias décadas de matrimonio o relación, no necesariamente condenan a una mujer a una relación estática y a un cuerpo que nunca volverá a sentir placer. Ni tampoco permanecer una noche en el ciberespacio con parejas de diferentes géneros o con perspectivas sexuales excéntricas significa que se han derrumbado todas las barreras. Siempre hay un nuevo giro en el camino y hasta este momento de la historia nunca existieron tantas formas de hacer algo.

Una mujer puede permanecer célibe o complacerse a sí misma cuando no hay a la vista un compañero apropiado; ser sexualmente activa si hay alguien que la excite; disfrutar el sexo suave o probar los muchos sabores del sadomasoquismo (BDSM, por sus siglas en inglés) o fetichismo; calcular su vida reproductiva para que no interfiera con su carrera; alterar su producción de hormonas para ser más receptiva al deseo y a la excitación; puede considerar la cirugía para arreglar problemas físicos que hacen doloroso el sexo; explorar relaciones en tiempo real o virtual. Además, al tomar medidas de precaución que la mantendrán a salvo de enfermedades o embarazos puede decidirse por la monogamia, por una serie de parejas o hasta por grupos de varios amantes.

Pero puede hacer todo lo anterior sólo si está cómoda con los cambios en su sexualidad. Pregunte a cualquier mujer del siglo XXI acerca de su vida amorosa y sexual y ella moverá los ojos y le responderá con las preguntas: "¿Cuánto tiempo tienes?" o "¿Qué vida sexual?" Las historias que escuchamos son conmovedoras y revelan con claridad que la anticipación y la realidad del sexo están en guerra. La mayoría de las mujeres necesitan más que una fricción genital para sentirse plenas. El resto del paquete incluye la intimidad, la dulzura, el entendimiento, el bienestar y el poder. Es difícil concentrarse cuando ella tiene un esposo insensible, un hijo que demanda su atención y mil cosas por hacer antes de la relación. Por eso debemos encontrar la forma en la que ella se sumerja en su sexualidad con toda la intención y el empeño que le da al resto de su vida.

¿Dónde empieza todo? A las niñas no se les enseña que el sexo es divertido y emocionante, incluso en familias tolerantes. Un papá se emociona indirectamente cuando su hijo tiene su primera novia y su mamá puede estar orgullosa, pero tanto el padre como la madre suelen tronarse los dedos cuando su hija empieza a salir con alguien. ¿Cuántos padres esperan despiertos hasta altas horas de la noche a que el hijo regrese de su cita, rezando que nada malo o imprevisto le haya sucedido? Es diferente con una mujer, a quien se le ve vulnerable y menos hábil para cuidarse.

Estos momentos de riesgo e intranquilidad sirven como antecedente para la sexualidad temprana de la mujer. *Si el inicio es tan peligroso no sé por qué la prisa.* Aquellas tardes eróticas y experimentales en la playa, pero torpes, o las noches en el asiento trasero, eran mejores en la anticipación que en la realización. Hay muchos tropiezos y demasiados comienzos falsos. Los jóvenes Romeos, incluso aquellos a quienes les importan mucho sus novias, por lo general no tienen destreza o delicadeza; al menos un 75% de las mujeres no están preparadas para su primera relación sexual y ven de forma desagradable su experiencia inicial porque fue apresurada, a escondidas y no fue todo lo que esperaban.

Por supuesto, una mala experiencia no interferirá abruptamente con el sexo, puesto se debe practicar para apagar el deseo. Las mujeres guardan muchas ideas con el paso de los años, como las relaciones malas o falta de ellas, la carrera profesional en ascenso o la casa llena de niños que requieren cuidado constante, los padres ancianos o el esposo enfermo que necesita atención, la enfermedad o discapacidad, la imagen mala del cuerpo o el compañero regular que nunca complace. Después de tanta decepción viene la racionalización. *¿Y qué? No es tan importante, tengo mejores cosas que hacer. El sexo no vale la pena.*

Pero, espere un momento. Prácticamente cada mujer ha tenido una vaga idea de la felicidad y la expectativa de lo que su sexualidad le puede proporcionar. Ya sea que lo descubra sola, durante la masturbación o con un compañero paciente e imaginativo, o en lo más profundo de su mente, mientras aprende qué la excita y qué la complace en verdad. Ella tiene el potencial de adquirir habilidades sexuales que instruyen su vida. Hablamos de habilidades porque no es algo con lo que una se topa por suerte o alguien le da; así las cosas, lleva tiempo, práctica y determinación ser un adulto sexual unificado.

En nuestra opinión, las mujeres se rinden muy pronto. Mientras una mujer participa menos, más se olvida de lo que puede suceder cuando abandona lo que debe y no debe hacer, y se sumerge más; entonces debe volver a abrirse a las posibilidades de su propio placer. Es como Dorothy en *El mago de Oz,* no sabía que lo que tenía que hacer para ir a casa era golpear tres veces sus talones. Fue muy fácil después de superar los obstáculos, de igual manera puede ser para la mayoría de las mujeres.

Pensamos que debíamos escribir este libro para explorar con exactitud por qué es tan difícil para las mujeres pasarla bien en la cama, y para ayudarlas a convertir la aversión en curiosidad y después, posiblemente, en júbilo. Queríamos ofrecer un respiro de los mensajes equivocados, promovidos por los "expertos en sexo", quienes alientan a las mujeres a buscar orgasmos interminables y la sincronía perfecta con sus parejas.

Queremos superar los intentos excesivos de enfrentar sólo los síntomas más obvios del amor y el deseo; además de llegar al significado del problema y cómo y por qué se originó. Esperamos descubrir nuevos caminos que ayuden a las mujeres de todas las edades a alcanzar su potencial sexual. Este libro demostrará por qué algunas mujeres adoran el sexo, por qué otras no están satisfechas con él y por qué algunas han ido más allá del pensamiento convencional de lo sexual para experimentar un tipo diferente de éxtasis.

Comenzamos hablando acerca de por qué las mujeres son diferentes de los hombres. Expuesto de manera simple, los hombres quieren disponibilidad del contacto sexual, desempeño sexual confiable y liberación en forma de eyaculación y orgasmo. Expuesto de manera simple, las mujeres quieren sentirse atractivas, amadas, entendidas y ser valoradas por su mente, al igual que ser deseadas por su cuerpo. En general, a los hombres les interesa *hacer* y a las mujeres *ser*. Sin embargo, el común denominador es más grande que cualquiera de estos elementos, tanto hombres como mujeres sienten la necesidad de la relación y la conexión, y por supuesto, del placer.

El sexo es bueno cuando se hace bien, esto lo han descubierto muchas mujeres. Es la cosa más personal que hacemos en la vida, así que una tía amable o una amiga bien intencionada no le pueden dar un mapa; necesita ver por qué le cautiva, específicamente a usted. Su vida sexual es tan diversa y fascinante como usted; está entretejida por los hilos del recuerdo, la anticipación, las preocupaciones acerca de la imagen del cuerpo, las sensaciones físicas intensificadas, la culpa y la ansiedad, los lazos emocionales y las ataduras, la relación con usted y con otro; además, la proyecta más allá de todo lo anterior. El sexo es una de las experiencias únicas que siempre tendrá para liberarse de la vida diaria y hacer que desparezca el resto del mundo.

¿Qué les da a las mujeres esa personalidad sexual única?¿La cultura nos moldea, la familia, la escuela y la religión? ¿Acaso es nuestra experiencia personal, desde la infancia, cuando nos relacionamos o alejamos de la influencia paterna? ¿O hay algo en nuestra personalidad neurológica y sexual que determina si nos volvemos apáticos, temerosos o devotos sexualmente? Nuestra personalidad sexual varía y cambia conforme maduramos.

Existe un riesgo en la sexualidad femenina. ¿De qué otra forma desata los lazos de sus circunstancias hormonales convencionales y del ambiente? No es fácil preservar y promover el desarrollo sexual propio cuando hay otros compromisos, asuntos y problemas que requieren la atención de la mujer; pero, siempre es posible. El lazo puede cambiar por cualquier razón, como sucedió con una paciente que entrevistamos, una mujer que nunca había tenido placer sexual y se describía como disfuncional. Comenzó a ser activa por primera vez a los 47 años, sin ninguna pareja en particular a la vista, y no sólo tuvo su primer orgasmo al masturbarse, sino tuvo una urgencia sexual persistente y un sentido de excitación que la impulsaba cada día.

Apenas se asimilan los límites y potenciales de la sexualidad femenina. Las mujeres podrán elegir su sexualidad sólo cuando estén libres emocionalmente de las responsabilidades que las alejan del placer. Deben tener agallas para liberarse de lo que les dice su madre, pareja o demonios internos y descubrir qué las excita.

Este libro ofrece un retrato de los miedos, deseos y posibilidades más profundos de las mujeres. Conforme se identifique en estas páginas, regocíjese y exija sus derechos. El sexo es el agua bajo la tierra que alimenta y riega el territorio de su vida. Siempre está ahí, burbujeando cuando menos lo espera.

Sandra Leiblum y Judith Sachs

Primera parte:
el ciclo de la vida sexual

1
La niñez y la adolescencia: el brote del sexo

Dos niñas, alrededor de los cinco o seis años de edad, están bajo la lluvia afuera de una casa en un día cálido de verano. Una de ellas, rubia, con rizos despeinados y ojos color avellana, levanta la cabeza hacia el cielo, alza las manos y estira los dedos para tocar las gotas que le caen. Abre su boca y bebe el agua deliciosa, entonces se ríe y corre al lado de la casa para pararse justo debajo del chorro de agua. Se levanta la falda para que la humedad pueda tocarle directamente las piernas, luego se frota las gotas en la piel como si estuviera untándose crema. De repente está empapada, el cabello le cae por la cara angelical como hilo mojado y el vestido se le pega al cuerpo regordete.

La otra, más alta, con cabello largo, lacio y negro, mira a su amiga con recelo y para no mojarse se guarece bajo la marquesina a un lado de la casa. Mantiene los brazos cruzados sobre sus hombros delgados, frotándolos como si tuviera frío, aunque la temperatura de la lluvia es como la de un baño caliente.

"¡Anda, ven Meg!", dice la primera niña, aún bajo su regadera. Toma el agua con las manos y se moja la cara, después se levanta la falda para que el chorro le moje el estómago.

Su amiga contesta molesta: "Se va a mojar mi vestido. ¡Ven acá Katie! Mi mamá se va a enojar. Me voy a mojar y ensuciar." Alza la mano para limpiarse las gotas de la cara.

"¡Es fabuloso!" Katie baila en círculos. "Mmmm, me encanta."

Meg dice: "No quiero estar aquí, es muy desagradable. Vamos adentro y comamos panquecitos, mi mamá tiene."

Katie recibe por última vez el preciado baño y luego corre hacia la casa, riéndose, mientras Meg le abre la puerta. Siguen el camino hacia la cocina y se sientan en la barra con una caja de panquecitos, una está seca y la otra escurre.

"¡Mira!", Katie mete la mano en la caja, ella es la primera en tomar la golosina. En un instante su boca está llena de azúcar. Se limpia con la lengua y luego devora el panquecito. Meg se ríe, también mete un panquecito en su boca. Cuando termina, se limpia la boca con una servilleta y se acerca para limpiar la cara de su amiga. Katie se resiste.

Sus madres llegan en ese momento y las encuentran discutiendo a quién le toca el de chocolate con chispas. Katie, mojada y pegajosa, de un salto baja del banco y corre hacia su madre para abrazarla; abrazo que es devuelto de inmediato. Meg y su madre intercambian besitos amistosos mientras la mujer alta mira rápidamente con desaprobación a la amiga empapada. Una de las niñas está tan encantada con su cuerpo y el mundo y la otra, incluso a esa edad, mide la cantidad de placer que puede obtener. ¿Puede adivinar quién de las dos, esa noche al acostarse, pondrá las manos entre sus piernas para calmarse y dormir?

Llegamos a este mundo abriéndonos paso por el canal del parto de la mujer que nos dio vida. Es una pena que nuestros ojos diminutos todavía estén cerrados porque ése es un lugar que nunca más visitaremos —vale la pena dar un vistazo a los genitales de la mujer desde el interior. Si tan sólo pudiéramos vernos como los niños y los hombres lo hacen, si pudiéramos alcanzar y tocar el orquiórgano cubierto escondido, quizás tendríamos un mejor sentido de la normalidad de nuestro sexo. Por decirlo así, luchamos para sentirnos cómodas con ese clítoris, esa vagina, esa vulva; aunque para muchas es una lucha difícil.

Las niñas como Katie son dichosas porque son exploradoras. Quieren conocer el mundo, a qué sabe, cómo huele y cómo es. Ellas se apresuran a sentir y no están decepcionadas, incluso si el resultado es diferente a lo que esperaban; pueden disfrutar el roce de la lluvia, la explosión del sabor y la sensualidad del tacto. Cuando crezcan tendrán una mejor oportunidad de seguir y experimentar las delicias del placer físico, mental, emocional y espiritual.

Sin embargo, una niña como Meg es más de lo que dicta la norma. Está indecisa acerca de la vida, no está segura si le gusta estar mojada o sucia, siempre espera la aprobación de sus padres. Aprendió reglas de urbanidad, las cuales están bien establecidas: "No te ensucies cuando lleves puesto un vestido." Quizás nunca pensó tocar sus genitales, no porque se le dijera que era inapropiado, sino porque todo lo demás en su vida conspira para esconderle la verdad de su sensualidad.

¿De dónde viene esta preferencia? ¿Cómo nos convertimos en mujeres que pueden sumergirse en el sexo hasta el cuello o apenas meter la punta de los dedos? ¿Es algo biológico u hormonal? ¿Es algo relacionado con la personalidad? ¿Acaso se desarrolla con el paso del tiempo de acuerdo con la situación o presión social?

Por supuesto, todo lo anterior y otras cosas tienen que ver. Son armonías alrededor de una nota predominante en nuestra sinfonía personal. No podemos tener buen sexo hasta saber cómo entonar el instrumento, lo que puede durar la mitad de una vida o más.

Incluso antes de nacer están presentes las fuerzas que regulan el comportamiento y el funcionamiento del sexo femenino. Piense en las tarjetas de felicitación que les dan a los padres de una recién nacida. Un mensaje típico anuncia que las niñas son más suaves y débiles, pero también son seductoras y se ayudan a sí mismas. Una tarjeta describe a las niñas como encantadoras, su existencia en la tierra es para ser consentidas y exhibidas en ropa adornada. Tales tarjetas le lanzan un hechizo, pero no pueden evitar ser atractivas.

Las tarjetas para niños hablan de los pasteles de arena que harán, las manchas de pasto en sus rodillas, la resortera y las piedras en sus bolsillos, y por supuesto, los grandes juegos que compartirán: el basquetbol, beisbol, entre otros. Pero, desde el principio las niñas son representadas como objetos sexuales, sin mencionar a las hechiceras que practican la brujería. Tenga cuidado, pues la ponen bajo el encanto de sus embrujos. Esos adornos rosas con blanco son toda una decepción porque tarde o temprano la dulce máscara se caerá, dejará ver a la Lolita que crecerá para ser una Madonna y después una Mata Hari.

Claro, desde el principio la sexualidad está en la escena, aunque cuando se alza el telón sólo representa el papel de comparsa. Unos meses después de nacer, las niñas pequeñas pueden lubricarse como sus hermanas mayores. Es bien sabido que los niños pequeños tienen erecciones. (¿Cuántos padres miran con admiración esa pequeña bellota cuando están cambiando un pañal?) Pero cuando ven esa humedad que brilla alrededor de los genitales de su hija la limpian deprisa con una toalla. ¿De qué se trata todo eso de que las niñas se excitan? Quizás necesiten menos confianza acerca de su valor y sexualidad cuando crecen, si desde el principio estimulamos en su cuerpo la capacidad de respuesta sexual y placer.

Dar nombre a las partes

Es difícil criar a una niña. Unos padres conscientes quieren asegurarse de que ella sabe que es bien valorada, que se le trata igual que a sus hermanos, que desarrolle un sentido agudo tanto en su mente como en su cuerpo; ¿pero existe esta situación con respecto al sexo? Simplemente no hay precedente para alentar a las niñas a la sexualidad; de hecho, la mayoría de los padres, incluso los más tolerantes que se desnudaron e hicieron el amor en Woodstock, se las ven duras al decirles a sus pequeñas hijas de qué están hechas las niñas. "Aquí está tu nariz, tu pecho, tu vientre y esto *aquí abajo*." ¿Qué es lo que hay ahí abajo? ¿Por qué nadie lo dice? ¿Si todo lo demás tiene nombre, por qué los genitales en una tierra desconocida para la mujer están divorciados del resto del cuerpo?

A los niños se les da una serie de nombres para su pene: piolín, pilín, pajarito, amiguito (polla, verga y pito vendrán después). Pero a las niñas simplemente está "ahí abajo", un área geográfica que no discrimina entre la eliminación y el placer, conformada por tantas partes, como los montes, el clítoris, la uretra, los labios exteriores, el perineo y el ano. ¡Y eso es sólo lo que se ve en el exterior! En el interior, tenemos los labios internos, la vagina, el útero, los ovarios y el recto. Todo ese espacio interior es un misterio. ¿Quién le dice a las niñas que la vagina mide 12.7 cm de largo y que se expande para alojar un pene de cualquier tamaño, por lo que no tiene que preocuparse por rasgarse al momento de la penetración? ¿Qué hará una niña sin un mapa? ¿Dónde pedirá uno si tuviera el conocimiento y las agallas para hacerlo?

Los niños permanecen de pie y sostienen su pene con la mano cuando van al baño. Aun si son muy pequeños para levantar el chorro sobre la orilla del retrete, los padres amablemente le dan un banquito para que orine como hombre. Ellos se tocan y ven sus genitales al descubierto, ya sea en el baño, sentados de cuclillas cuando van de campamento o cuando están con papá en el vestidor después de nadar. Sus baños públicos en verdad son públicos; es más, ellos conversan en el urinario o en las regaderas de la alberca.

Una niña nunca puede admirar sus genitales. Sentada en un retrete cerrado puede ver que se lleva a cabo la eliminación, pero no puede ver de dónde sale. Pregunte a una niñita cuantos orificios tiene "ahí abajo" y sin duda dirá que dos, uno para la orina y otro para el excremento. ¿Cuántas mamás corrigen estos malentendidos?

Cuando se baña sola detrás de una cortina en el baño o separada de otras mujeres en el gimnasio se puede tocar, pero no ver, las áreas que necesita limpiar. ¿De cualquier modo, qué tan sucia está esa región? Si tiene una madre exigente pide usar una toalla para limpiar su cara y otra para sus "partes privadas" (privadas no sólo para el mundo sino para ella), naturalmente pensará que está muy, pero muy sucia.

Madres e hijas

Las niñas son fieles a sus madres. En muchas familias aunque la mamá trabaje tiempo completo, es la responsable de la mayor parte de la educación y cuidado de otros individuos (miembros de la familia, niñeras o alguien que cuida a los hijos durante el día). Las niñas siguen su ejemplo, juegan a vestirse y maquillarse como mamá, la imitan. Ir al supermercado, llevar al hermanito al pediatra, ir a cortarse el cabello son situaciones que les abren una ventana a las cosas de las mujeres, las cuales son transmitidas por generaciones.

La mejor madre es un espejo para la hija, por lo que ella debe verse reflejada en el propio sentido de mamá de sí misma. Si la mujer que ama se enorgullece de su cuerpo y se viste para adornarlo en vez de esconderlo y ostentarlo, la hija captará la idea de que una mujer es bastante buena. Sin embargo, si la madre anda enojada por la casa, lamentándose porque tiene que bajar los kilos de más o quejándose de su busto pequeño o de sus caderas que parecen chaparreras, una niña se verá en el espejo y comenzará a cuestionarse de lo que ve. Una madre que no se defiende, que soporta las críticas o abusos de su esposo o jefe, crea una niña insegura, sin ninguna forma de desarrollar su estima. No obstante, una madre que se siente fuerte y competente le ofrece un regalo a su hija.

Padres e hijas

Más y más hombres nos dicen que están emocionados por saber que van a ser padres de una niña. Mientras que las mujeres todavía tienen la tendencia de cuidar a sus hijas, hoy en día miles de hombres disfrutan hacer trenzas, asistir a fiestas de té, jugar atrapadas y leer en voz alta mientras una cabecita que se cae de sueño yace en su hombro. También se entusiasman al sentirse adorados e idealizados por sus pequeñitas, quienes ven a papi como el rey del universo.

Parte de esta dedicación a proteger y cuidar a sus hijas incluye la tendencia de sobreprotegerlas. Aunque nadie puede decirle a un padre que las mujeres por lo general toleran mejor el dolor, se enferman menos y tienen un margen de seis años y medio más de longevidad que los hombres, también es verdad que las niñas son más pequeñas y menos fuertes físicamente que los niños. Un hombre capta la idea, (como Billy Bigelow en el musical de los años cincuenta, *Carousel*, de Rodgers Hammerstein), de que "con un niño se puede divertir, pero con una niña debe ser un padre". Los hombres también son padres activos de sus hijos, pero parecen preocuparse menos y divertirse más al hacerlo. Las niñas son una labor difícil para un hombre. Una mujer con carácter incomprensible que en un solo día se transforma de marimacho a reina del baile, a genio, a malhumorada neurótica, genera incertidumbre en el padre más tierno y bienintencionado.

Un padre es vital para el sentido de crecimiento de una niña como mujer competente y deseable. Con certeza, su madre es un ejemplo a seguir, ya sea como la persona en la que ella quiere convertirse o la persona a quien menos se quiere parecer; por lo regular su padre es quien proporciona la certeza y la mirada crítica que le confirma que es atractiva. Un hombre que aprecia a su hija, su apariencia, mente, humor y habilidad para tratar con otros y armonizar su entorno, le dice que es capaz y le proporciona una convicción interna que debería permanecer hasta que encuentre alguien que la valore, al igual que papá, en vez de adaptarse a alguien que le permita entrar en su mundo.

Por desgracia, algo le pasa a la relación padre e hija cuando ésta llega a la pubertad. Conforme los senos crecen, el hombre deja de jugar con ella por el miedo a tal vez tocarla y excitarse. Para un hombre es angustiante ver que esa persona a la que le cambió los pañales se ha transformado en una mujer núbil, hacia la que se puede sentir atraído o excitado inconscientemente. Los dos no se llevan. Este enorme cambio provoca frecuentemente que el padre no muestre sus emociones.

Ya no está permitido sentarse en el regazo de papá ("¡Bájate, ya estás muy pesada!", es una de las frases que con seguridad humillarán a la hija). Tal vez critique su forma de vestir si es muy provocativa, la responsabilizará de su reacción hacia ella. Así, las niñas descubren que la pubertad no sólo las cambia, sino que sus padres también lo han hecho. El papá cariñoso, afectuoso y juguetón se transforma en un sargento estricto y la mamá amable, comprensiva, a la que todos quieren, se vuelve... por decirlo de manera suave, en una bruja.

Mientras las niñas crecen, los padres las protejan de las instrucciones y regaños aburridos, insistentes y molestos de su madre. Los hombres pueden esperar que sus hijas tengan éxito en lo académico, pero además de eso, quieren que estén seguras y fuera de peligro. Por lo general, después del primer año de iniciar el periodo de sus hijas, es cuando los padres son más estrictos. Como si dijeran: "Quieres independizarte, pues bien, expresa tu opinión y nos opondremos a ella."

El florecimiento. Menstruación y pubertad

Una paciente de Sandra, una mujer grecoamericana entrada en sus 30 años, recuerda el día que empezó su periodo y el shock al ver la mancha roja, la cual cubrió rápidamente con un kleenex. Esa mañana, después de su cumpleaños número 12, siguió a su madre por la casa esperando el mejor momento para hablar; todo lo que consiguió fue desconcertar y confundirla.

Ella le gritó, "¿Qué pasa? ¿No puedo tener un momento para mí?"

La niña contestó en voz baja, "Tengo que decirte algo, estoy sangrando."

Su madre le preguntó, "¿Qué? ¿Dónde te cortaste?"

"No me corté."

Después, vino la mirada de comprensión y vergüenza de su madre mientras iba al mueble para darle algunas toallas sanitarias. "Ten, encárgate de eso", fue la brusca respuesta que le dio al darle la caja. No hubo una conversación, ni felicitación, sólo el asunto práctico de limpieza.[1]

Aunque no hay que culpar mucho a la madre. Es muy común que piense que el paso de su hija para convertirse en una mujer está directamente relacionado con el propio y eso le provoca una ansiedad considerable. El peligro asecha: tener sexo drogada, varias parejas, grupos sexuales, aborto. No es de admirarse que las madres estén preocupadas y se imaginen lo peor.

El periodo significa que su niña adorable y protegida puede quedar embarazada o la puede lastimar un hombre. Además, en las familias hispanas o afroamericanas religiosas, esto significa que puede perder su virginidad y entonces ningún hombre querrá casarse con ella.[2] Por lo regular, la ansiedad de la madre se traduce en locura materna. Las madres reprenderán a sus hijas pubescentes sobre su ropa (muy apretada y reveladora o muy holgada y masculina), su relación con los miembros de ambos sexos ("¿Por qué tienes que salir con él?" "Esa muchacha no se junta con gente decente, aléjate de ella.") y su higiene personal ("Tu cabello es muy grasoso, ¿por qué no lo lavas?").

Tal vez esta ambivalencia respecto a la entrada de una joven al mundo de las mujeres está relacionada con el hecho de que la sangre no es muy agradable. Primero, representa un daño; y segundo, la sangre de la menstruación huele cuando sale. Fíjese en la renuencia a nombrar las cosas. En los anuncios de televisión para los productos de higiene personal, el fluido es azul y no rojo cuando se vierte en la toalla para que los televidentes puedan ver la cantidad de líquido que ésta retiene. Lo que buscan estos productos es "proteger" a la mujer durante un tiempo sensible y le ofrecen la "libertad" de continuar con sus actividades cotidianas. Las jóvenes en realidad nunca entienden la situación acerca de relacionar la menstruación con los aspectos positivos de ser una mujer en nuestra sociedad porque están tan concentradas en el olor, en si gotearán, si pasarán por todo el alboroto del periodo premenstrual o en descifrar la forma de evitar el fluido para que puedan saltar a la alberca en determinado momento.

Históricamente, en las culturas enfocadas en la mujer, la sangre de la menstruación era una señal del poder de la mujer y su asociación con los cambios de la luna y la marea. Se la aislaba de los hombres y de las mujeres que no estaban menstruando para que se concentrara a fondo en asuntos espirituales. Sin embargo, otras culturas interpretan esta semana como un momento en el que la mujer está "sucia". Las mujeres judías ortodoxas se dan un baño como ritual (el *mikvah*) antes de poder acostarse otra vez con su esposo. En algún tiempo, a las escocesas no se les permitía hornear cierto pastel durante estos pocos días de inseguridad; en Bali, una mujer que está menstruando ni siquiera entraba al templo.

Así que, puede celebrar el periodo porque indica que ahora es una mujer, pero se le considera insegura, sucia y un poco sobrenatural. ¿Qué mujer no desarrollaría sentimientos ambivalentes acerca de la menstruación y de volverse sexualmente madura?

El periodo menstrual sucede cada vez a más temprana edad. En 1890, según un reportaje en *The New England Journal of Medicine*, las mujeres no menstruaban hasta los 14.8 años. Pero, simplemente el año pasado, el Centro Nacional de Estadísticas de Salud descubrió que la mujeres estadunidenses comienzan a menstruar en promedio a los 12.6 años.[3] Las mujeres afroamericanas y las hispanas pueden sangrar a la temprana edad de ocho o nueve años. El comienzo depende en gran medida del volumen corporal; además de que la dieta común de algunos países es muy alta en grasas. Las hamburguesas y papas fritas que sustituyen a frutas y verduras estimulan la estructura hormonal. Además, la carne está repleta de estrógenos, lo que significa que el cuerpo de nuestros hijos está absorbiendo mayores cantidades de éstos.

Hace cien años, uno estaría muy cerca del matrimonio cuando empezaba a sangrar, estaba perfectamente bien pensar en el sexo. Hoy en día, son niños que todavía juegan con su osito de peluche en las piyamadas y juegan futbol al salir de la escuela. Hay un largo camino para llegar a la sexualidad.

Evidentemente, nuestra sociedad lo ha compensado. Las niñitas en bikini andan con pasos menudos por los pasillos llenos de maquillaje (piense en JonBenét Ramsey). Sus padres les compran ropa de Ralph Laurent idéntica a la de ellos. Los niños de secundaria escuchan canciones explícitas de *hip-hop* y ven películas clasificación C, o en ocasiones entran a un sitio pornográfico en la red. Estos niños son precoces y están más adelantados a su edad. Aún así, en realidad no pueden hacer una conexión con la sexualidad de su vida, por lo que sólo imitan el comportamiento adulto.

Por un lado, las niñas que se desarrollan con anticipación se perciben como más maduras que sus compañeras. Quizá todavía jueguen con Barbies, pero ese sostén 36D dice que es algo más que una niña. Por supuesto, es emocionante y a la vez atemorizante saber que los ojos de los niños están en sus senos. Incluso si se burlan ("¡Mira esa ubre!"), sabe que de cierta forma es un halago. Otra vez se inquieta por el peso conforme el resto del cuerpo se desarrolla y se transforman las piernas flacas y las nalgas y la cadera toman sus curvas. No importa que su madre y el educador de toda la vida de la familia le digan que esto ocurre a todas las mujeres; puesto que es diferente y no puede soportar la idea de engordar en una sociedad donde la gordura significa no ser atractiva ni deseable. De acuerdo con un estudio realizado por la Escuela de Salud Pública de Harvard, en Estados Unidos las personas tienen muchos prejuicios sobre la gordura — a pesar de que muchas personas son obesas — en especial las mujeres obesas, quienes por lo general ganan menos de 6 000 dólares al año que las mujeres más delgadas, y tienen 20% menos de probabilidad de casarse.

Por otro lado, ¿prefiere ser gorda o estar fuera del club? Las jóvenes que empiezan a menstruar hasta los 14 o 15 años están en una verdadera desventaja, como Carrie en la epónima novela de Stephen King, parecen niñas y son despreciadas por las "niñas grandes", quienes no se pueden tomar la molestia de "enseñarles a las idiotas" lo que significa sangrar. Bombardeada con tampones en el vestidor, con el pecho plano, sin caderas, Carrie es un recuerdo de todo lo que sus desarrolladas compañeras dejaron atrás. Ellas lo odian y por lo tanto a ella.

¿Cómo puede una joven ganar su estima y desarrollar una gran imagen de su cuerpo cuando está en la disyuntiva de moldearse de acuerdo con los anuncios de la moda anoréxica o al cuerpo de su propia madre, ya sea que ese cuerpo sea golpeado terriblemente en el gimnasio o empiece a dar muestras de flacidez o envejecimiento? Su universo comienza a tambalearse al menor comentario de burla de papá, de un niño que le gusta o de otra joven, acerca de sus shorts muy cortos o su playera que no está a la moda. Las adolescentes se ven como una colección de partes —unas manos bien, un cabello grandioso, unas cejas bastante bonitas, una nariz fea y un trasero gordo. El panorama simplemente no encaja. Conforme la mujer critica su belleza y advierte que algo le falta, pierde de vista su potencial sexual. Cualquier hombre que la mire, le sonría, no le aviente la puerta en la cara, le de un regalo extraordinario porque la ha perdonado por sus faltas imaginarias, quizá ella acepte salir con él. Ella no puede crearse un juicio acerca de si este admirador en realidad está a favor de ella o en su contra, así que ella sólo se rige en lo físico. Además, si a ella le desagrada su cuerpo, puede hacerle todo tipo de cosas, como matarlo de hambre, mutilarlo, quemarlo, descuidarlo, pero nunca ignorarlo.

El gusto por su cuerpo

Podemos comprenderlo, cuando vemos que las niñitas se dejan llevar por algo simple como la lluvia o un panquecito, el cuerpo puede ser una infinita fuente de placer. Al llegar a la pubertad, ese tipo de placer sensual se intensifica por la precipitación hormonal que hace que el cerebro fantasee y active el hormigueo en la ingle. Algo ocurre abajo, aunque aún no sea claro qué es o por qué está ahí.

Por supuesto, el sexo no es principalmente un acto físico, en especial para las jóvenes; pero en la pubertad, de repente el cerebro manda una señal al cuerpo. Alguien toca el brazo que por 14 años sólo ha sido un brazo, pero ahora es un abrigo de piel, un cobertor eléctrico, una nueva substancia que ha sido creada para ofrecer la más fabulosa sensación de permeabilidad en la faz de la tierra. Evidentemente, una adolescente piensa en términos físicos cuando piensa en el sexo, y ¿si se siente bien al tacto, por qué no hacer algo más?

Porque para las jóvenes existe todo eso que implica la preocupación y la ansiedad, de pronto, las adolescentes ven que a sus compañeros hombres les crecen los músculos y están más altos. En comparación, saben que la menstruación las pone en clara desventaja en lo que se refiere al sexo; pues pueden dejarse llevar por la pasión y quedar embarazadas. Se lamentarían por dejarse acariciar en los arbustos o en el asiento trasero del auto; además, sus órganos encerrados y escondidos son más susceptibles que los de los hombres a las enfermedades de transmisión sexual (ETS). También es más difícil percatarse de irritaciones y lesiones en los labios o la pared vaginal que en el pene o los testículos.

Pero lo más importante es que existe un elemento de emoción. Las jóvenes quieren ser transportadas a una tierra mágica donde un hombre les permita saber cómo él pudo vivir sin ellas. Todos los libros que una joven ha leído, desde las viejas historias de hadas de Judy Blume, dicen que el sexo debe hacerse con amor para que valga la pena. Debido a que son educadas para complacer, las jóvenes están confundidas entre complacer al hombre, quien ruega porque eso suceda, a sus padres, quienes les han prohibido el sexo. La única persona a la que no tratan de complacer es a ellas mismas, y aquí es donde radica la cruz del dilema sexual en las mujeres: Mientras su deseo y placer no cuente, continuarán eligiendo mal, desde la adolescencia hasta la madurez.

¿Cómo hacemos para comunicarles este mensaje vital? Ellas se merecen el gusto, el respeto, la diversión y las distintas clases de experiencia sensual y sexual, algo que quizá pueden saborear en la adolescencia. No es egoísta sentir que los propios intereses pueden y deben ser primero. Las jóvenes que esperan menos se convierten en mujeres que esperan muy poco de ellas y sus parejas, y al final, crecen sin interés en su vida sexual. Cuando lleguen a la menopausia, dirán que ya no les interesa, que el fuego se extinguió. La verdad es que desde un principio el fuego nunca se encendió adecuadamente.

La mayoría de las jóvenes son iniciadas en el sexo por parejas impacientes que les dicen cuándo y cómo deben disfrutar su sexualidad; debido a que no es común que la mujer tome las riendas. Con frecuencia, el despertar de la sexualidad es resultado de una caricia no deseada, un extraño o adulto que conoce por casualidad. Con mayor regularidad, la mujer empieza su trayecto con un novio entusiasmado, cuyas manos exploradoras y torpes no le proporcionan el impulso que necesita para encontrar su propio placer. Algunas descubren solas el sexo, bajo las sábanas o en la regadera, con sus propias manos como guías. Estas jóvenes son las que con mayor posibilidad avanzarán en su sexualidad a su propio paso, experimentando nuevas sensaciones en un nivel que puedan sentirse cómodas y puedan asimilar, en vez de lanzarse muy rápida y repentinamente por las atenciones de un seductor entusiasmado.

¿Cómo pueden las jóvenes desarrollar una buena relación con su cuerpo? No sólo es por medio del tacto, sino por todas las formas de placer sensual.

Primero, la comida. Sabe bien, proporciona energía y ofrece un nivel de bienestar (saciedad) por horas después de haberla ingerido; además, hace que el cuerpo funcione, lo que también se siente bien. Sin embargo, las adolescentes en su confusión acerca de la abstinencia e independencia por lo regular dejan de comer o limitan su dieta extrañamente al grado en que quizá no coman nada. Las plagas de la población adolescente femenina, como la anorexia, la bulimia, los rituales alimenticios y el exceso de comida, parecen estar relacionadas directamente con la insistencia de la sociedad en que las niñas se cuiden, perfeccionen y mantengan al margen del placer. De acuerdo con Peggy Claude-Pierre, autora de *The Secret Language of Eating Desorders* (*El lenguaje secreto de los desordenes alimenticios*), la tendencia a la negación de todo, desde las jerarquías a las proezas sociales, lleva a la pérdida individual. Una joven que no puede descifrar quién es o dónde encaja, piensa que ni siquiera pertenece a este planeta y tal vez pasara desapercibida si se encogiera lo suficiente para que no la vieran.

También existen las fuertes. Las jóvenes que ya se han castigado atragantándose, purgándose o sin comer nada pueden animarse a ir más allá, lo cual puede provocar una forma de automutilación. Cortarse con una navaja de rasurar o quemarse con un encendedor es un método para probar la piel. Si se siente torpe emocionalmente la mayor parte del tiempo, rebanar o rasgar su piel puede proporcionarle una extraña forma de consuelo para sentir que tiene control de su vida. Los distintos rituales sexuales que se practican como perforarse o azotarse son otra forma de lograr la liberación del orgasmo.

Otra forma de explorar el potencial del cuerpo, sin duda más positiva, es mediante el ejercicio, aunque la actividad saludable puede ser distorsionada o manipulada por ciertos adolescentes. A los niños les encanta correr, saltar, girar, caer y explorar las múltiples formas en las que un cuerpo puede ejercitarse. Entonces el ejercicio se codifica en una clase de educación física o gimnasia, con los cambios de ropa que queda sudada y olorosa en el casillero durante los largos meses del año escolar. Las clases mixtas de gimnasia pueden matar el amor al juego porque cuando se entra a la adolescencia, los jóvenes presumen y las jóvenes se sienten miserables cuando no pueden hacer tantas canastas o golpear tan fuerte la pelota.

Por un lado, muchas jóvenes utilizan el exceso de ejercicio como extensión de su desorden alimenticio. Ellas creen que deben hacer cien sentadillas antes de acostarse para tener derecho a una galleta en el desayuno. La alteración del movimiento por el amor a la vitalidad es completamente exhaustiva.

Por otro lado, los deportes de las mujeres pueden remediar gran parte del problema. Las jóvenes que se meten a jugar futbol, softball, lacrosse, carreras, tenis o natación logran lo que los hombres siempre tuvieron, la habilidad de compartir el éxito y la derrota en el campo de juego amado, con equipo o sin él. Si practica un juego en equipo no está sola, aunque su participación cuenta, pertenece a un grupo, una banda, un conjunto de grandes diosas, y puede mostrárselo al mundo. Portan uniformes, lo cual ayuda a restar importancia a las diferencias en popularidad, raza y nivel socioeconómico, y tienen una meta en común. Descubre que puede correr muy rápido, aventar o patear muy lejos la pelota y hacer que el público la aclame.

Aunque las jóvenes pueden ser crueles y malas unas con otras; muy competitivas en las calificaciones y los novios, por lo general pueden dejar esto a un lado durante un juego. Pueden ser camaradas en el campo y tener compasión por las que fallan algunos tiros. Es más probable que las jóvenes digan, "buen intento" cuando se le cae la pelota a una jugadora menos hábil que decir, "imbécil", lo que sin duda harían en otra situación.

En la actualidad hay mujeres atletas que son reconocidas (en el fútbol, Mia Hamm, Joy Fawcett y Carla Overbeck; en tenis, Serena y Venus Williams; en el básquetbol, Rebecca Lobo y Ticha Penicheiro, entre otras), y aunque no están a la par de Michael Jordan en términos de poder, son un buen modelo para las jóvenes que quieren lograr algo positivo con su cuerpo.

Hay otra forma importante para darle al cuerpo un gran placer, pero para la mayoría de las jóvenes es mucho más problemática que los deportes de equipo. Nos referimos a la masturbación.

Tocar las partes

Si sus padres ni siquiera le nombran las partes del cuerpo, es obvio que no se las harán notar o la animarán para que los jóvenes las vean, toquen o reconozcan. ¿Cómo reaccionaría tu madre si una noche calurosa estuvieras acostada en la cama y al entrar a tu cuarto a leerte un cuento viera que tu mano está dentro de la piyama? ¿Cómo reaccionaron los estadunidenses cuando la ex cirujana Jocelyn Elders habló de la masturbación? Esta funcionaria pública, bien capacitada para distinguir entre una actividad saludable y una que genere pelos en las manos, sugirió que en la escuela se les enseñara a los niños que la masturbación era una forma de experimento sexual que no provoca embarazo, no transmite enfermedades ni lastima los sentimientos de alguien. Y perdió su trabajo por decirlo.

Por supuesto, a los jóvenes no se les tenía que decir que la autoestimulación se siente bien, ellos lo sabían desde sus primeros años. Jugar con el pene es una buena forma de aprender su funcionamiento, ya sea que el niño tenga curiosidad por la orina o sólo quiera sentir algo, puede tocar o acariciar sus genitales con regularidad. Claro, su inicio en la pubertad es un sueño húmedo. Piense en lo diferente que es aprender a ser hombre por medio de la eyaculación, un fenómeno sexual, en vez del sangrado, un fenómeno reproductivo. Con la misma vergüenza que le provocan las manchas en la sábana, un joven aprende que al tocarse puede inducir la misma reacción placentera con sus manos y mientras más ejerza control sobre la masturbación, es más placentero.

Pero con las jóvenes no es así; ya que los padres y maestros no son tolerantes con las niñitas que se frotan las piernas o se tallan contra un mueble. Una afroamericana que trató Sandra recuerda como si fuera hoy cuando su madre se apresuró hacia la cama donde estaba próxima a dormir y de un golpe le quitó la mano de sus genitales, en un instante le robó los años de placer. "¡Nunca vuelvas a hacer eso! ¡Las niñas educadas no lo hacen!" son las reprimendas que adornan el difícil camino de la libido, confunden y crean culpa porque provocan deseo de una caricia placentera.

Las culturas tienen distintas reglas para la experiencia sexual prematura femenina; todavía no existe el grupo étnico que aplauda la masturbación en las mujeres. (Piense en un par de niños en el patio trasero que están frotándose para ver quien puede chorrear más lejos, orgullosos por la destreza de hacer que su pene funcione con experiencia.) Para una joven tocarse significa invadir el espacio interno que una día albergará una vida nueva. Es visto como un paso para convertirse en mujer, así que por lo general las jóvenes dejan de masturbarse en la pubertad (si alguna vez empezaron). Algunas tienen que despertar de nuevo y no es sino hasta que son sexualmente activas, tienen pareja o están casadas que descubren cómo usar una mano, una toalla o un vibrador para sentirse bien.

A las jóvenes siempre se les dan recomendaciones: cuídate, no te lastimes, grita si alguien te pone una mano encima. Esto es verdad, incluso en la vida familiar y en las clases de educación sexual mixtas en la escuela, donde por lo general se da a la sexualidad la imagen de ser una actividad física riesgosa o dañina, o un conjunto de obstáculos que deben superarse. El dilema del tema varía desde los cambios de la pubertad hasta la reproducción, la contracepción y las ETS. Gracias a un programa del derecho federal a la abstinencia de 1996, que da 250 000 000 de dólares a los programas privados, los niños pueden aprender a sentarse en sus manos hasta que se casan y no hacer nada sexual (de hecho, sentarse en las manos puede ser muy divertido). Pero frecuentemente, los programas de abstinencia ni siquiera mencionan la masturbación. ¿Qué caja de pandora abriríamos si les enseñáramos a las jóvenes que la autoestimulación es buena?

Las jóvenes y los grupos

Los grupos, las pandillas y las bandas siempre han existido. Los recordamos de nuestra adolescencia y nuestros padres los recuerdan de las suyas. Pero en ningún momento de la historia se ha notado tanto la división. Entras a la secundaria el primer día y puedes reconocer a las chicas populares, los ricos, los metaleros, los drogadictos, los atletas, los estudiosos y las otras docenas de grupos, entre ellos los intocables que no pertenecen a ningún grupo y por lo tanto son menos perceptibles.

Comencemos con la popularidad. Puede ser fabuloso tenerla o totalmente terrible porque ejerce mucha presión en una joven. ¿Qué la hace popular? En la secundaria y en los primeros años de la preparatoria, tiene que ver con la forma en que se comporta y se ve, la música que escucha y con quien se junta. En la preparatoria, no es tan urgente identificar a un grupo porque está buscando su identidad especial, así que la etiqueta de "popular" por lo general es relegada a las jóvenes que se creen populares, sea verdad o no. Las jóvenes que se llevan bien con muchos grupos diferentes y hacen que los jóvenes se sientan a gusto les agradan a los demás; por lo que la popularidad es en parte una actitud. Una persona es conocida por su carisma y confianza en sí misma.

Las jóvenes populares tienen la tendencia a madurar antes y a vestirse con ropa para gente mayor; salen con jóvenes, por lo general desde el primer año de la secundaria, y prefieren quedarse unos meses con un chico antes de pasárselo a otra joven, por lo regular a una amiga. La relación consiste en andar juntos (en la escuela, en una entrada de la ciudad, en una banca o en el centro comercial), salir a tomar café (o un refresco en los suburbios menos de moda o áreas rurales), que los padres los lleven al cine; hablar, hablar y hablar por teléfono. La actividad sexual en la secundaria y los primeros años de preparatoria sigue un patrón de acciones: los besos utilizando la lengua, el manoseo, la manipulación de los genitales con la mano y por ultimo, las relaciones sexuales. Para los chicos más jóvenes, darse besos con la boca abierta (ya ninguno de ellos se da besitos), besarse en el cuello y acariciarse vestidos puede suceder en cualquier lugar, como atrás de la biblioteca, debajo de las gradas o en un callejón oscuro. La pobre joven pudo empezar, aunque si ella inicia, quizás no quiera llegar tan lejos una vez que excitó a su amante. Una joven popular puede soñar con el amor, el compromiso, el matrimonio y la familia, pero al principio de su carrera sexual su objetivo principal es realzar su margen de popularidad.

Si es popular los jóvenes populares le prestan atención; de hecho, en algunas escuelas hay jerarquías de ascenso para las chicas populares. Un joven menos popular debe andar con varias jóvenes menos populares antes de alcanzar el nirvana de andar con la "reina de la colmena". (Los jóvenes muy tontos pueden desearla y admirarla también, pero ellos la dejaran en paz si ella está en verdad fuera de su alcance.)

De hecho, lo que la joven obtiene de esta experiencia es más que atención, es un tipo de aceptación. Cuando llegue a la preparatoria, una verdadera joven popular pertenecerá al mismo club que aquellas con las que se junta. Todo cuenta: los intereses compartidos, el nivel socioeconómico, la religión y la raza. De acuerdo con la Encuesta de Salud y Vida Social de la Universidad de Chicago, publicada en 1994,[4] tenemos la tendencia a andar y casarnos con la gente que es más parecida a nosotros. La conexión entre la dama y el vagabundo, el atleta y el estudioso, el blanco y el negro es leve. (Cada vez hay más parejas interraciales en preparatorias de los suburbios, pero todavía son pocas). Las bandas específicas de la preparatoria se mezclan conforme los jóvenes crecen y descubren que se relacionan con distintos tipos de gente.

En la preparatoria puede practicar un deporte, ser buen estudiante y salir ocasionalmente, o no salir. Puede socializar con grupos de mujeres y hombres sin tener pareja, aunque es más difícil ser una joven sin pareja en un grupo donde todos la tienen. A veces las jóvenes estudiosas se denominan a sí mismas como "no populares" y prefieren labrar su propio camino a través del mar sexual. Sharon Thompson, una maestra y escritora responsable que realizó un estudio masivo de sexualidad en la adolescencia, señala que las jóvenes con ambiciones no se ven tan involucradas en el sexo como aquellas para las que el romance es lo más importante en su vida. Tal vez permanezcan libres de los hombres, por lo que pueden seguir sus intereses serios, y los jóvenes quizás las eviten porque simplemente son muy aterradoras o amenazadoras.

Toda escuela tiene jóvenes extrañas, las muy tímidas, confusas, obesas, deprimidas o quienes de alguna forma no tienen estabilidad emocional, son gays o alguna combinación de lo antes mencionado. A menudo estas jóvenes viven una existencia hermética, van a la escuela, vagan por los pasillos, comen su almuerzo y estudian mal, pero rara vez intercambian una palabra con sus compañeros.

Por un lado cada vez es más común que haya jóvenes gays en las preparatorias, aunque la decisión de salir a la luz es tan difícil como lo era antes, tal vez más para las mujeres que para los hombres, ya que hay menos lesbianas pronunciadas que gays. La tensión y el terror cambian de forma previsible el nivel y el progreso en la secundaria; el Departamento de Salud y Recursos Humanos reporta que 30% de los adolescentes que se suicidan son gay.

Por otro lado en las áreas urbanizadas la aceptación de los estilos de vida gay y bisexual es mayor de lo que era antes. Por ejemplo, los que tuvieron suerte de salir en Nueva York, San Francisco o Boston pueden encontrar una respuesta totalmente bendita a su atrevido anuncio. En algunos círculos sofisticados la idea de elegir una identidad sexual es totalmente aceptada. Puede ser heterosexual, gay o bisexual, y puede cambiar de nuevo, quién sabe la próxima vez que conozca a alguien que la excite. Esta tolerancia emergente debería ser un buen augurio para la próxima generación, para la cual será más fácil aceptar las raras preferencias sexuales de sus semejantes y viceversa.

Algunas jóvenes dicen que supieron que eran lesbianas tan pronto dejaron los pañales; otras nunca se considerarían gays, pero tendrán amoríos o se involucrarán sexualmente con otras mujeres, casi como una "práctica" para la relación heterosexual que esperan tener más adelante. Se pueden bañar juntas, intercambiar besos profundos, ir a la playa y untarse aceite unas a otras mientras el sol calienta sus genitales y fantasean en hacer algo más.

Lori, una joven alta de aspecto excéntrico con labios gruesos y barba partida, dice: "En el segundo año supe que me gustaban las mujeres. Recuerdo una vez, cuando tenía siete años y veía en la televisión una marcha en Washington. Había dos mujeres riéndose en la pantalla mientras sostenían juntas un banderín. Les dije a mis padres que algún día yo iría a ese lugar y viviría como ellas. La expresión en su cara fue de asombro, como si en realidad no estuvieran escuchando lo que decía. Pero, ellos sabían, y cuando entré a la preparatoria e iba a las piyamadas con mis amigas era como prender el fuego en la sala. Ellos no lo podían ignorar."[6]

Lori, más o menos con orgullo dice que era una "niña mala". Con frecuencia se metía en problemas, fumaba, se drogaba y emborrachaba mucho. Aunque la molestaban con respecto a su orientación sexual, era muy grande para golpear a la mayoría de los jóvenes, por lo que nunca temió por su seguridad como muchas mujeres gay lo hacen.

Los jóvenes no necesariamente ignoran a las jóvenes gay porque creen que no han tenido las mismas oportunidades que las jóvenes muy populares. Todas las jóvenes, sin importar su nivel social o étnico, descubren que pueden ser blanco de bromas sexuales. Ser amenazadas en los pasillos es atemorizante, aun si se supone que debe ser gracioso; las jóvenes descubren pronto que el simple hecho de ser una mujer representa enfrentar un sinnúmero de problemas. Se vuelve más y más difícil participar en clase cuando se dan cuenta de que llamar la atención a la larga puede provocar violencia, infección, embarazo o aborto.

¿Qué deben hacer con el surgimiento de su sexualidad? ¿En verdad importa si la lucen, la esconden o la evitan? ¿Es cierto que usar blusas cortas y minifaldas es una invitación a la violación? ¿Es cierto que esas reglas escolares de no usar ropa pegada al cuerpo que deja ver los tirantes del sostén tienen un propósito? Judith, una joven de segundo de secundaria bien dotada, dijo negando con la cabeza: "No sé qué es lo que tiene el plástico o la tela elástica que se supone excita a los chicos." Porque la mayoría de las jóvenes no lo entienden. Ellas sienten como si el sexo flotara en el aire, pero no tienen idea hacia dónde sopla el viento.

Aun así, ellas siguen leyendo *Seventeen* y soñando con el baile de graduación.

Todo menos el sexo

El sexo está en todos lados. Gracias al ex presidente [Clinton], una multitud de jóvenes en los Estados Unidos saben sobre el sexo oral y los diferentes usos de un cigarro. El sexo está en MTV y en las clases higiénicas de educación sexual que se imparten en algunos estados. La televisión y el Internet llegan hasta donde los padres no se atreven.

La mayoría de los jóvenes llega a la adolescencia con mucha información y también mucha ignorancia acerca del significado y el uso apropiado de la sexualidad. La existencia prevaleciente de las relaciones de secundaria, basadas en el poder y la popularidad establecen el modo en que una joven idealiza el sexo y lo confunde con el romance. En gran parte no se debe a que las jóvenes son muy calientes cuando sus hormonas contribuyen a que empiecen a experimentar el sexo. Ellas lo hacen por varias razones: "para acabar de una vez con el asunto", por aburrimiento o curiosidad, porque sus compañeras las admirarán, los jóvenes les prestarán atención y se parecerán más a los modelos del mundo adulto de la música, el cine y la televisión. Al parecer no piensan en ellas o su placer, o en cuánto descuidarán sus estudios o actividades extracurriculares.

Besarse o tocarse en la secundaria da pie a comportamientos sexuales más riesgosos, ya que con más frecuencia los jóvenes están solos y comienzan a beber o drogarse para aumentar sus sentimientos.[7] Judith le preguntó a un grupo de estudiantes del último grado, ¿Dónde lo hacen? ¿Es difícil encontrar privacidad, no?

La respuesta fue: en donde sea y en todos lados. Si tenían acceso a un auto, eso era lo mejor; si no, atrás de la escuela, en el parque, el cine, la casa de sus padres mientras ellos no estaban, incluso si estaban viendo la televisión; era muy sencillo.

Lo interesante del jugueteo sexual antes de que haya relaciones sexuales es que en realidad es más libre y menos centrado en el pene que la antigua rutina de la penetración. ¿Podrán recordar las adolescentes lo que las alejó de la masturbación mutua, la succión de los senos y pezones, la fricción de la lengua o los dedos en la vagina y el roce suave de sus anos? Permitir a un chico eyacular entre sus senos o piernas puede proporcionarle a una joven un gran sentimiento de consumación; puesto que la ha hecho sentir maravillosamente, pero sin mucho riesgo de quedar embarazada o contraer una enfermedad. (Por lo general estas actividades no le hacen nada a la joven más que sentirse pegajosa y mojada. La mayoría de las parejas de adolescentes tienen dificultad para encontrar un lugar en el cual ensuciarse y lavarse.) Uno de los problemas de las relaciones sexuales en las que no hay penetración es que los jóvenes se acostumbran a no usar un condón porque nunca han tenido la intención de consumar el acto, lo cual conduce a tener relaciones sexuales sin protección.

Indiscutiblemente, succionar el pene es un acto de improvisación común. Según un estudio hecho al azar realizado en 1996 en las preparatorias públicas de Los Ángeles, acerca de la actividad sexual de las vírgenes, 21% de las estudiantes a los que se les hizo la encuesta se habían masturbado con un compañero el año anterior, y 14% había tenido sexo oral, a veces después de beber cerveza, vino o de fumar marihuana. Se ha puesto de moda hacerlo en muchas secundarias, a veces se lleva a cabo en las salas de estudio e incluso en el autobús de la escuela, además esta actividad se ha convertido en la favorita de las fiestas de jóvenes desde 11 a 12 años sin supervisión de un adulto. En 1999, en una escuela secundaria de Virginia se desató un repentino brote de sexo oral, o más bien, fue descubierto por la dirección después de tiempo. Las estudiantes dijeron que lo hacían para no quedar embarazadas o contraer una ETS. Cuando los maestros y los directores decidieron controlar esta actividad, sólo llamaron a los padres de las jóvenes involucradas. Se argumentó que los jóvenes eran receptores pasivos de las atenciones lascivas de las jóvenes maliciosas. Ahora, aquí está el meollo del asunto, las jóvenes no sacaban mucho provecho, pues los que experimentaban placer eran los jóvenes y fue a ellas a quienes se les acusó de bajar los cierres y succionar; quisiéranlo o no, "los pobres jóvenes inocentes."

Nada ha cambiado, ¿o sí? Las jóvenes aún no entienden todo el asunto, o no entienden nada de él. Muchas de ellas sienten que pueden asegurarse una relación si succionan y tragan o succionan y escupen, aun si no hay reciprocidad en el favor. ¿Qué es lo que ellas disfrutan de succionar el pene? No hace daño (ellas pueden controlar la cantidad de penetración en su boca, lo que no pueden en su vagina), y no hay riesgo de quedar emba-razada (aunque hay riesgo de contraer una enfermedad; además los jóve-nes rara vez usan un condón para el sexo oral). Por un lado, aquellas que sólo "tienen relaciones sexuales" por deseo equivocado de ser populares y atraer la atención de un joven en particular, se sienten humilladas cuando se les pide tener sexo oral. Por otro lado, el sexo oral es la única forma en que las jóvenes pueden tener un orgasmo. Si a ellas no les gusta su cuerpo, si les dan pena sus genitales o están preocupadas por el olor, esta actividad puede ser la *non plus ultra* del sexo.

Por lo general, pasar de las relaciones sexuales sin penetración a la penetración no es una decisión, para la mayoría de las jóvenes simple-mente sucede. Parte de ello es el ímpetu. Se está ahí, con ganas y con el tiempo sabes que ya viene. Para unas jóvenes es una presión; los jóvenes lo piden, las amigas en el vestidor preguntan, "Oye, ¿qué te pasa? Yo lo hice y todo está bien." Así que la próxima vez que estén camino a la luna, y él quiera hacerlo, y ellas más o menos también, no pondrán objeciones.

El debut sexual

Para muchas mujeres ser virgen a los 16 años es una carga. De acuerdo con la Encuesta Nacional del Crecimiento Familiar de 1995, llevada a cabo por el Centro Nacional de Estadísticas sobre la Salud de Servicios Humanos y de Salud, la mitad de las jóvenes entre los 15 y 19 años, y un porcentaje un poco mayor de los jóvenes, han tenido relaciones sexua-les. La edad más común para las mujeres son los 17 años y para los hombres los 16, aproximadamente dos años antes que el promedio de edad de las jóvenes europeas.[8] Muchas jóvenes comentan, "Bueno, si todos lo hacen, ¿por qué yo no?. Además, quizás termine con eso. No es tan importante." Claro, es emocionante actuar como un adulto, aun si toda-vía no has cruzado ese límite. Las jóvenes que tienen más posibilidades de saltar a la alberca sexual a una edad más joven tienden a ser más maduras físicamente que sus compañeras, a ser más adultas en lo social (tal vez hasta intenten fumar, beber o drogarse) y son más capaces de tomar sus propias decisiones.[9] Pero, 93% de las jóvenes que señalan que su primera experiencia fue voluntaria, no siempre pensaron que fuera algo simple como caminar en el parque.

Imagínese cómo sería si alguien le regalara una bicicleta nueva de 20 velocidades y la retara a entrar a una competencia, aunque sólo tuviera experiencia en una bicicleta de una velocidad. Tendría que arreglárselas para subirse y mantener el equilibrio, y los pies en esos pequeños pedales, lo cual provocaría algunos tropiezos o algunas caídas. Tendría que trabajar de acuerdo con el ritmo de sus pies y caderas para obtener el ímpetu suficiente para seguir adelante (más caídas); observar el tráfico mientras quita una mano del volante para indicar que va a dar vuelta; asimilar la actividad de mirar hacia atrás y hacia delante para ver dónde están los otros ciclistas. Se sentiría acosada, ansiosa y muy cansada emocionalmente.

Así es la primera experiencia sexual. Manosea y anda a tientas, se la despoja de la mayor parte de su ropa, se la besa y tal vez se le da el gusto de la masturbación mutua o el sexo oral. Pero tener un par de dedos o la lengua adentro de la vagina no tiene comparación con un pene. Incluso hasta las jóvenes que han practicado este momento en su mente una y otra vez dicen que cuando llega el gran momento quedaron impactadas, casi paralizadas.

¿Usaron un método anticonceptivo? *No, simplemente no lo pensé.* ¿Por qué no? Los investigadores y educadores de sexo agonizan con esta pregunta. Es verdad que el uso del condón en los adolescentes se ha duplicado desde la década de los años ochenta, y nueve de cada diez jóvenes activas usan algún método anticonceptivo; pero no todo el tiempo y no exactamente de la forma correcta. Lo anterior parece raro, porque están en una edad en la que pueden tomar decisiones con la mente clara en otros temas y con frecuencia lo hacen. En la escuela se les instruye cuidadosamente en clases de vida familiar y se les advierte en la iglesia y en cursos vespertinos.[10] Un problema es que 34% de estas clases predican sólo la abstinencia y si usted vive muy en el sur ese número aumenta a 42%. Se les dice a las jóvenes lo malo y peligroso que es el sexo; pero sólo en menos de la mitad de los programas se les dice a los jóvenes dónde conseguir un método de control natal (45%) y condones (39%). ¿No es una sorpresa que la tasa de enfermedades por transmisión sexual es más alta en Estados Unidos que en Europa?

Estas jóvenes tienen relaciones sexuales no porque estén muy calientes; sólo una pequeña cantidad de adolescentes dicen excitarse tanto que no pueden pensar con claridad. Las jóvenes que no tienen miedo de entrar a la farmacia y comprar condones se las arreglan para guardarlos en su casillero o en una bolsa, el cargarlos siempre puede parecer menos espontáneo y "arruina el momento", porque las obliga a reconocer que piensan tener relaciones sexuales —algo que hace una "joven mala"— o se encuentran en un estado de trance o hipnotismo, donde en realidad no están presentes o son capaces de relacionar la importancia que ese pequeño pedazo de látex tiene con su salud y bienestar futuros.[11]

¿Utilizó lubricación? *¿Qué es eso?* Digamos que su boca se seca cuando está ansioso antes de salir al escenario a pronunciar un discurso ante un enorme público. En la vagina sucede la misma condición de mucosidad, la cual puede ser como el Sahara tan pronto un pene abra su paso hacia el interior. Tenemos la tendencia de pensar en la resequedad vaginal como algo que afecta a las mujeres después de la menopausia, pero ocurre en cualquier momento de la vida si la mujer está asustada, apresurada o no está lista.

¿Se detuvo a hablar con su novio para que disminuyera el ritmo? *¿Cómo me atrevería a hacerlo?* Se debe decir que la mayoría de las jóvenes están hipnotizadas por la actividad del pene. Por la forma en la que un pedazo de carne colgante pasa a ser un rojizo y azulado cilindro lleno de sangre con vida propia. Asimismo, algunas dicen que sienten un afecto profundo, incluso amor, por el joven con el que han decidido llegar a todo y que es inconcebible interrumpir toda su atención. Ellos no son del todo pacientes, debido a que la mayoría de los jóvenes de preparatoria están listos para despegar como un cohete a la insinuación de consentimiento de su novia hacia "el gran momento". Ni tienen idea de cuán útil sería detener el inevitable impulso de penetración para regresar a la estimulación manual u oral del clítoris para que su pareja entre al juego.

Algunas jóvenes se enamoran y luego tienen relaciones sexuales, lo cual es una idea novelesca de principios del siglo XXI. Ellas dicen que la relación sexual surgió con naturalidad de la experiencia de estar con un joven. No lo planearon o lo hablaron (No era como: "Vamos a cenar; vamos a tener relaciones sexuales"), los dos sabíamos que era el momento indicado. Aquellas que utilizaron tampones sintieron menos dolor, pues el himen se había roto o rasgado anteriormente; pero la mayoría atribuyeron la buena experiencia a la delicadeza y cuidado de su pareja.

Otras, sin un novio estable, pueden decidir no desperdiciar la primera vez con un joven que todavía no ha madurado y no tiene experiencia. La mayoría de las jóvenes que eligen a hombres mayores no están interesadas en el amor y afecto, sino en aprender bien la parte física. Muchas eligen hombres conocidos de su padre o a algún conocido en el verano, como al pianista de la banda del hotel, al mecánico que arregla el auto, al golfista de la universidad, a todos aquellos que sean cinco o diez años mayores. Las adolescentes que se ofrecen a estos amantes pueden contar con un guía que las hará sentir refinadas y deseadas mientras les enseñan la forma "adulta" de tener relaciones sexuales. Las jóvenes no esperan necesariamente que estos hombres las acompañen al cine o las lleven a tomar un refresco. Lo que ellas quieren es la pericia que dan la edad y la experiencia.

Ellas eligen parejas mayores porque han hablado con sus amigas que tuvieron parejas de la misma edad. La información de la línea de ataque se expresa con la claridad de una campana: *Acabó antes de empezar; no se preocupó por mí; duele; estoy sangrando,* si se perforó el himen; *puedo estar embarazada,* si no se utilizó un método anticonceptivo; *o puedo tener una ETS,* si no se utilizó un condón. ¡Qué debut sexual fue ese!

Leonore Tiefer, una sexóloga feminista, señala que una adolescente simplemente no tiene la conciencia o el conocimiento práctico para valorar el regalo de su propia sexualidad, por lo que hace mal uso de ella en su adolescencia y tal vez de una vez por todas sienta renuencia a él.[12] Con el propósito de "conservar" a su novio, ella puede consentir a hacerlo una y otra vez o mientras la relación parezca tener futuro. Una vez que se cansa de él o sus quejas lo cansan, ella tiene la oportunidad de sellar ese himen por un tiempo, al menos en su mente, y protegerse de la experiencia sexual. A menos, claro, que su último novio la deje embarazada o le contagie una enfermedad.

Una visita al doctor

Al año, 3 000 000 de adolescentes —una de cada cuatro— llega con una ETS.[13] La carga de las ETS yace en las jóvenes; debido a que el aparato sexual femenino es más interno que externo, las infecciones que contraen se adhieren con más facilidad, alojándose en las membranas de la mucosa vaginal y el útero. Algunos estudios revelan que hasta un 15% de las adolescentes activas viven con el virus del papiloma humano (HVP, por sus siglas en inglés), muchas con una cepa maligna en particular, relacionada con el cáncer cervical. Sus niveles de clamidia, la cual comúnmente no presenta síntomas, son sorprendentes (simplemente en la ciudad de Nueva York casi un tercio de las adolescentes activas están infectadas) y los niveles de gonorrea son muy superiores a los de los hombres sexualmente activos y las mujeres entre 20 y 44 años. Los niveles de VIH son más difíciles de calcular, debido a que la enfermedad puede no presentar síntomas al inicio, pero las mujeres tienen 20% de los casos nuevos cada año.[14]

Así que el sexo, en particular sin protección, puede llevar a una joven al consultorio. Desde la perspectiva médica, esto es bueno, pues las mujeres tienden a hacerse revisiones regulares con su ginecólogo desde la juventud. Los hombres, quienes rara vez van al doctor, verán un urólogo sólo por necesidad, cuando les salen erupciones en su pene o si tienen miedo de que el "amiguito" esté muy enfermo como para funcionar. Pero no regresan con regularidad por la condición del cuidado reproductivo como lo hacen las mujeres.

Por supuesto, desde la perspectiva del placer lo anterior está mal. Las ETS no sólo la hacen sentir miserable, como si el sexo fuera la última cosa en el mundo que le gustaría volver a hacer, debe recostarse en una sábana de papel sobre una mesa dura y estirarle las piernas un adulto con bata blanca. Si no se trata contra una enfermedad pélvica inflamatoria (PID, por sus siglas en inglés) puede quedar estéril; si no hace nada contra la clamidia puede tener una cicatriz en los tubos de por vida; si no se hace una prueba de VIH puede morir. Así que se recuesta y se somete a la prueba; como si sus padres no fueran la única autoridad que necesita.

Sin embargo, la situación se complica porque para las adolescentes es difícil conseguir un cuidado médico apropiado. Hay menos de mil especialistas en cuidado para los adolescentes en Estados Unidos, lo cual significa que no hay dónde ir en donde ellas sientan que en realidad pertenecen. *Planned Parenthood* (Paternidad Planeada) es la excepción, la cual no sólo ofrece un cuidado clínico bueno, sino también apoyo psicológico y emocional y grupos con guías para adolescentes. Pero hacer una cita en una de estas instituciones requiere más iniciativa de la que tienen la mayoría de las jóvenes, así que ellas terminan en el consultorio del internista, el pediatra o con el obstetra o ginecólogo de su madre. Estos profesionistas tal vez no sean muy pacientes con la ansiedad y las preguntas de una adolescente que necesita tiempo y consuelo cuando sufre lo peor en un embarazo o en una experiencia desagradable. Por los parámetros de cuidado, estos médicos sólo tienen alrededor de 15 minutos para informarle a una joven que sus senos y genitales se ven normales o que la ETS que contrajo no es el fin del mundo y se puede tratar con éxito.

Además del examen, hay muchas preguntas —las áreas más íntimas y delicadas de la vida de una joven deben ser exploradas en detalle en un minuto: ¿Fumas, bebes o te drogas? ¿Cuándo fue tu último periodo? ¿Qué tipos de prácticas sexuales has experimentado? ¿Cuántas parejas sexuales has tenido? ¿Son hombres o mujeres, o los dos? ¿Utilizas el condón con regularidad? ¿Has compartido una aguja? ¿Has aceptado dinero por un acto sexual? ¡Qué horror! El doctor o la enfermera, quien tenga en casa una adolescente, puede sentir nauseas al preguntar; la joven tal vez esté aturdida o a la defensiva al contestar.

Una joven en el último año de preparatoria describió la experiencia de estar recostada en la mesa, los pies en los estribos y la cara hacia una pintura de una mujer medio desnuda en el techo (también en estribos). Una burbuja de caricatura que salía de sus labios y decía: "¡Relájese! ¡Respire! ¡Tranquilícese!" ¿Cómo podría hacerlo? Todo lo que quería era bajarse de ahí y salir del consultorio tan rápido como fuera posible.

En retrospectiva, no es tan malo. Le dan un antibiótico; no verá a ese miserable. Todo estará bien, por ahora. La próxima vez utilizará un condón y ahora, claro está, tendrá la píldora o un DIU que la mantenga a salvo, al menos de un embarazo. Y aun así, siente que al encender la alarma médica ha fallado de alguna forma en el sexo. El romance ha desaparecido porque ahora sabe las consecuencias de no estar preparada o ser muy espontánea, muy casual o *cool*.

Por supuesto, aquí damos por sentado que la experiencia sexual que obtuvo es bien recibida. Todo lo que es muy común para las adolescentes, en realidad no lo es. Imagínese cuánto más terrible puede ser este examen después de ser violada.

Violencia y violación

Puede ocurrir en una calle oscura o en un estacionamiento, cuando alguien se acerca por detrás mostrando un cuchillo y pide que se baje la ropa interior. Puede suceder con el joven con el que ha salido por seis meses, quien parece haber tomado mucho y ya no puede entender la palabra "no". Puede ser un pariente mayor, un tío, primo o padrastro, quien se comporta más familiar de lo que un pariente debe hacerlo. Puede pasar en una fiesta, con los amigos que han decidido desvestirse y alocarse. La violación es brutal, todos lo sabemos. Para una adolescente es un evento que la marca por años, incluso toda su vida, el sentido de ésta y su sexualidad.

Una de cada dos victimas de violación es menor de 18 años. Las adolescentes entre 16 y 19 años son tres veces y medio más propensas que la población en general a ser atacadas sexualmente.[15] La violación por un extraño es inconcebible y atemorizante, pero aun así, es la experiencia más común o la forma de violación más conocida en la actualidad, donde la realidad cambia lentamente y se convierte en una pesadilla. La persona que parecía tan comprensiva y agradable hace unos cuantos minutos de repente está fuera de control, nos humilla y acusa de ser "rígidas" o "prostitutas". Las mujeres adultas que han sido activas sexualmente por décadas rara vez saben cómo manejar una situación así; por lo tanto, ¿cómo se supone que puede manejarlo una joven sin experiencia, para quien el sexo sólo existe como fantasía romántica?

Para nuestra sorpresa, no siempre es el caso cuando se habla de la violencia sexual a una edad joven, aunque se da por sentado que la mujer siempre será la victima. Un informe reciente expone que las adolescentes de secundaria frecuentemente abusan sexualmente de sus novios y de los jóvenes que les gusta considerar como sus novios, persiguen a un jovencito hasta que se rinde y a veces lo golpean en un intento por consolidar un lazo que no existe. Pero ésta sólo es una pequeña pieza del rompecabezas. Es más probable que las jóvenes sean víctimas de la violencia que victimarias, en gran parte porque las primeras experiencias sexuales son con jóvenes u hombres mayores y más grandes físicamente. Un cuarto de las adolescentes menciona que su primera relación sexual no fue voluntaria. Por supuesto, la coacción viene en diferentes presentaciones y a veces es difícil determinar con exactitud lo que constituye la fuerza. Aun así, al menos un tercio de las mujeres estudiantes según un estudio universitario, reportan que era imposible detener a su pareja una vez que se superaba el frenesí sexual. Hablar ayuda sólo si se dice lo correcto, gritar es útil sólo si hay alguien cerca que escuche, correr es imposible cuando se está sometida y la mayoría de las mujeres simplemente no tienen la fuerza física suficiente para pelear contra un hombre. Es interesante, saber que actuar con paciencia y no poner ninguna resistencia en una situación muy riesgosa aumenta el riesgo de violación pues el agresor ve que la mujer es débil y una presa fácil.

La violación tiene que ver con el control, la manipulación física y la humillación. En este escenario de castigo, el pene es utilizado como un arma, introducido en la vagina, la boca o el recto. Los senos de una joven pueden ser mordidos o pellizcados; ella puede ser violada con un objeto (una botella o el mango de una escoba) además del órgano masculino. Las sobrevivientes de un trauma como ése tienen la tendencia a bloquearse y no pueden reconocer que la violación se llevó a cabo, y/o son consumidas por la culpa acerca de lo que hicieron para ser víctimas del ataque sexual (*¿Qué dije para hacerlo estallar? ¿Por qué no lo pude detener?*) Por lo regular es muy tarde cuando deciden seguir adelante y dar los nombres, porque el semen debe estar en su interior y los golpes estar frescos al momento de las fotos para que surtan efecto los cargos. Con frecuencia, las mujeres que han sobrevivido a una violación ven los encuentros sexuales posteriores como algo que vale más prevenir.

Someterse a un examen de violación en el hospital es la última invasión. Se le hace pasar a la joven a un cuarto estéril y se le pide que ponga su ropa en una bolsa para que puedan revisar si hay alguna evidencia física para atrapar al perpetrador. El médico que la atiende, por lo regular un hombre o una mujer jóvenes, con poca práctica en este asunto quisquilloso, entra con un equipo de violación y hace el tradicional examen con las dos manos, el cual puede ser muy doloroso si la joven ha sido brutalizada por su atacante. Después se le cepilla el vello púbico para conseguir posibles vellos y se escarba en sus uñas para obtener piel del atacante.

Una última desdicha. ¿Qué es lo que dicen los padres de la joven? ¿Cómo enfrenta sus caras enojadas y sus lágrimas ahogadas? ¿Cómo la tratan de ahora en adelante, ahora que sin duda saben que ha tenido relaciones sexuales?

Bueno, podría ser peor. Sólo hay una cosa que cambiaría irrevocablemente su relación con sus padres para siempre. Podría estar embarazada.

Un embarazo: aborto o maternidad

Las niñitas que crecen jugando con muñecas a las que aprenden a acariciar y cuidar, a bañarlas y cambiarles el pañal, las regañan si se portan mal y las premian si se portan bien. Las adolescentes, recién salidas del juego y quienes frecuentemente conservan las nostálgicas *Raggedy Ann*, no sólo tienen la tendencia a romantizar la maternidad, sino que la usan como una forma de salir de la niñez. La gente las tomará en serio; sus familias tendrán que reconocer que han incursionado en la actividad adulta y que deben de tratarlas como tal.

Una variedad de escuelas ven la alarma de la maternidad como algo de lo que se debe estar preocupado. Así como un condón puede prevenir una enfermedad no deseada, la creación de la muñeca "Querida, piénsalo de nuevo", tiene la intención de detener el camino de los embarazos. Esta muñeca de alta tecnología tiene un microchip que le permite llorar en intervalos, desde 15 minutos, hasta horas de desesperación. Las escuelas están complacidas en ofrecer esta responsabilidad de 24 horas a las y los jóvenes conforme llegan a la edad en que la actividad sexual no es posible, pero probable. ¿Funciona la muñeca? Las estadísticas muestran que es difícil convencer a las jóvenes después de sólo tres días y dos noches con el robot que solloza, en especial si están seguras de que pueden cuidarlo mucho mejor que sus propias madres. La mayoría de ellas alberga la creencia irreal de que su propio hijo no será tan difícil como la molesta muñeca de plástico. Sabemos que los índices de embarazo están disminuyendo en los Estados Unidos; pero en cuestión de embarazos en adolescentes todavía estamos muy adelante (más bien atrás) de la mayoría de los países desarrollados. De acuerdo con un reporte de *Reuters Health* de diciembre de 1999, nuestro porcentaje es de 52 por cada mil adolescentes, mientras que en Holanda la cantidad es de 4 por cada mil, en Francia, 9 y en Alemania, 14.

Las jóvenes de clase media alta de la actualidad, toman la píldora: primero, para quitar el acné y después, bueno, nunca se sabe cuando pueda ser necesaria. ¿Qué haría si se le olvida tomarla un par de días, o si no tiene condón un sábado por la noche? Si su periodo no llega puede ponerse intranquila; pero puede ser que haya trabajado mucho en el equipo, esté muy estresada o no ha comido lo suficiente. Tal vez, si cruza los dedos el problema desaparecerá.[16]

Esperar para estar segura no es la opción. Entre más espere menos opciones tendrá. Si actúa muy rápido, puede usar Preven, la pastilla de los tres días después. La aparición de este contraceptivo potente ha cambiado la imagen del aborto; no hay invasión, es relativamente barata (una caja cuesta 20 dólares, lo mismo que las pastillas anticonceptivas), y muchas usuarias argumentan que no las hace sentir como si estuvieran cometiendo un "asesinato".[17] Sin embargo, este medicamento tiene sus inconvenientes. Algunas farmacias locales no lo tienen, pues son áreas del país donde Dios se sienta a la derecha del dueño de la farmacia. Lo cual quiere decir que tiene que pedirlo y que la entrega puede llevar más tiempo de lo mencionado. Puede llamar gratis al 1-800-NOT-2-LATE; pero incluso si da por sentado que puede encontrar una tienda en 50 millas que la venda, ¿cómo llegará hasta allá? Sin auto no tiene salida. O tiene que pedírselo a sus padres y arriesgarse a que ellos la aíslen para siempre. Esto nunca ha sido tan real como si viviera en un estado donde papá y mamá tienen opinión en su decisión.[18] La mayoría de las familias, a menos que tengan una objeción moral o religiosa, piden un aborto cuando su hija adolescente les revela la terrible verdad. Un resultado interesante a esta difícil situación es que la exposición del embarazo de una adolescente a menudo une a las familias. Las madres se vuelven más atentas, los papás son protectores y los hermanos se emocionan con el *gran secreto*, cualquiera que éste sea. La luz de alarma yace sobre la futura madre, ¿qué podría complacer más a una adolescente que tener toda la atención, sea positiva o negativa? De repente se ha hecho realidad la fantasía de ser el centro de su propio universo.

En las familias de clase alta y media, a veces se lleva de prisa al doctor a las jóvenes para que se les practique un aborto. En el *ghetto*, con frecuencia se les amenaza a las jóvenes con ser expulsadas de casa si no abortan y por razones financieras tal vez acudan a la clínica para que les hagan el trabajo. Entra, firma unos papeles, alguien la inyecta para que se duerma, después el tejido es raspado o succionado y en unas cuantas horas todo terminó.

En los últimos doce años, se han librado batallas en la FDA acerca de la aprobación de mifepristona (RU-486) la droga del aborto denominada "hágalo usted misma". Por último, en septiembre de 2000, justo antes de las selecciones nacionales, la FDA le dio su bendición a la droga y en una semana, los médicos pudieron pedir la droga a Danco, la compañía estadunidense que la fabrica en este país.

Por supuesto, los doctores ya han recetado abortifacientes a las pacientes que desconfiaban de la cirugía. Ellas utilizaron los fármacos como el misoprostol (aprobado por la FDA para el tratamiento de úlcera) y methotrexate (aprobado por la FDA para el tratamiento contra el cáncer) y sabían la práctica que pasarían con el acceso a los medicamentos RU-486. Sí, es verdad que casi nada es preferible a los procedimientos quirúrgicos invasores y a veces brutales que por siglos han invadido a la humanidad. Las decisiones políticas y personales se vuelven más fáciles cuando una joven puede decidir terminar un embarazo a las tres semanas, tan pronto desaparece su periodo, al tomar algunas pastillas.

El curso de esta nueva forma de aborto es difícil y la sentencia: "Segura, Legal y Poco Común", puesta por la administración de Clinton, puede ser suplantada por "Segura, Legal y Sólo una Molestia". Los doctores tienen muy poco tiempo para estar con las pacientes, y la ruta de la RU-486 requiere tres visitas al médico, más la posibilidad de un ultrasonido obligatorio para confirmar el tiempo del embarazo (sólo se puede usar esta droga hasta las ocho semanas después de su último periodo). En algunos estados, los médicos deben declarar cada aborto, lo que los expone a protestas igual de violentas a las que ellos han realizado en los abortos. Algunas leyes locales dictan que el diseño de los consultorios debe acatar algún tipo extraño y arbitrario de arquitectura, se pide que el recibidor de un consultorio médico sea lo suficientemente ancho para empujar una camilla; en algunos estados los restos fetales deben ser examinados por un doctor. En Dakota del Norte, los restos deben ser cremados o incinerados. ¿Qué mujer va a regresar al consultorio médico con el tejido fetal sólo para asegurarse de que el doctor no se meta en problemas?

¿En realidad cómo funciona el proceso? La mujer que quiere abortar primero toma mifepristona en el consultorio médico (este fármaco no se vende en las farmacias) para bloquear la acción de la progesterona, la cual mantiene un embarazo. 36 o 48 horas después, en casa, se toma misoprostol, el cual provoca que el útero se contraiga, expulsando el tejido fetal. Ahí está ella, nerviosa y a la expectativa, con suerte no está sola, pero sin un profesional a su lado, cuando empieza a sentir dolor, calambres, náuseas, dolor de cabeza o vómito. Más tarde, en el retrete, está esa visión del tejido sanguinolento que pudo haber sido un niño. No es sorprendente que en Francia, donde RU-486 ha sido legal por una década, dos tercios de las mujeres que quieren un aborto prefieren la succión.

También hay un incremento en la probabilidad del uso no regulado de las píldoras. Si puede conseguir Viagra o Éxtasis a un precio más bajo en Internet, ¿por qué no mifepristona? Sin asistencia médica, con la posibilidad de que las mujeres usen el medicamento en el segundo o tercer trimestre, puede haber desastres que se comparen a esos trabajos de carnicería de principios de siglo.

Pero entonces, de nuevo, muchas mujeres no consideran el aborto, sin importar cómo se haga. Cada joven ha visto las imágenes sobre el comienzo de una nueva vida en el interior, en clases mixtas de la vida familiar, en revistas y anuncios sobre el aborto, incluso si no cree que ha estado "asesinando" a su bebé, no se puede recuperar del todo del hecho de que su cuerpo hizo algo totalmente sorprendente. Si ella proviene de una clase baja, no le va bien en la escuela, su vida en el hogar es difícil y no tiene suficiente dinero puede ver el embarazo y el nacimiento como una forma de salir de su existencia vil. Tiene una misión más alta: criar un hijo al que le irá mejor que a ella. Después del nacimiento, ella puede continuar con sus actividades, su madre o tía cuidarán a su bebé durante el día y comenzará su verdadera vida de "adulto". Por desgracia, rara vez funciona de esa forma. ¿Cómo le puede ofrecer a su hijo todas las ventajas cuando ella no tiene un modelo y ella misma está en desventaja crónica, no tiene dinero, ni educación, ni sentido de lo que vale y frecuentemente no tiene pareja?

Muchas adolescentes de clase baja quieren tener bebés; de hecho, planean tenerlos, después de todo, obtienen muchos beneficios: una familia que se reúne a su alrededor para preparar el alegre momento, una promesa temporal del novio para estar con ella, la cual a veces se disuelve tan pronto nace el bebé, e irónicamente, el sexo sin ninguna conciencia del embarazo, aunque las ETS todavía son una preocupación si el novio es ambivalente y quizá tiene otra novia.

El placer sexual nunca entra en juego; ya que después del nacimiento, muchas jóvenes dicen que no importa estar con alguien sin mucha habilidad sexual. En realidad, están cansadas de permanecer levantadas con un bebé que llora e irritadas por el desgarre del tejido y la episiotomía. Incluso después que han sanado, por lo general estas jóvenes son alejadas del sexo por sus hormonas. Durante el embarazo, un aumento impresionante de estrógeno y progesterona es necesario para albergar y alimentar la nueva vida en el interior y cuando se acerca el parto, los nuevos mensajeros químicos entran en escena: vasopresina y oxitocina. Estos químicos son esenciales para la producción de leche, también, crean un sentimiento de conexión y unión con el bebé. Después del nacimiento, una madre se relaciona biológicamente con el bebé y se involucra mucho menos con el hombre que con probabilidad fue una molestia, incluso antes del embarazo. Algunas eligen tener sexo sólo a veces, para mantenerse al día, por así decirlo, pero a menudo es con un novio nuevo, alguien con quien no estén apegadas.

Otras dicen que ya tuvieron suficiente con el sexo. No era tan bueno como para comenzar de nuevo.

Celibato: el gran regalo de graduación

Judith está sentada en un cuarto de conferencias en las oficinas de *Planned Parenthood* en Plainfield, NJ, con siete adolescentes afroamericanas, entre los 15 y los 20 años de edad. La mesa esta llena de comida: pollo frito y arroz, comida china para llevar, rollos de queso, malteadas, pedazos de piña y refresco de uva. Las jóvenes comen como si no lo hubieran hecho en una semana, todas excepto Anastasia, quien hace días tuvo a su bebé. Ella muestra con orgullo a su bebita y las otras se turnan para cargarla.

Hablan dudosas del sexo. Una de las jóvenes está callada durante la plática; otra habla con suavidad, es difícil escucharla. Janine, la que habla más en el grupo, le explica a Judith acerca de la forma en la que las jóvenes son clasificadas en el sistema de la jerarquía sexual; comenta, moviendo su cabeza de atrás hacia adelante como una gallina que come semillas, "Eres una cobarde si practicas sexo oral con los hombres. Y eres una mujerzuela si haces algo con muchos jóvenes y tratas de esconderlo."

Judith quiere saber: "¿Qué hay acerca de las parejas que realmente se quieren? ¿Entonces está bien el sexo?"

"Si los hombres te hacen sexo oral, está bien, porque la vagina, que está dentro del cuerpo, se mantiene limpia, día y noche. Pero el pene, ése está sucio, está afuera, así que si te lo meten es asqueroso."

Es curioso oírla hacer esta distinción, ya que es opuesto a lo que muchas mujeres creen acerca de que sus genitales huelen o se ven feos.

Las otras jóvenes señalan que si ella se opone tanto a poner algo que pueda estar tan sucio en su boca, entonces la penetración del pene en su vagina también estaría mal.

"¡Sí, lo es! Ya no lo hago."

Toinette entra a la conversación. "Yo no lo hice por año y medio."

Judith quiere saber, "¿Cómo estuvo eso? ¿Te sentías muy excitada? ¿Realmente estabas entusiasmada cuando lo hiciste de nuevo?"

"Lo esperaba, pero no fue tan bueno cuando sucedió. Fue peor de lo que pensé. Creo que esperaba que fuera agradable, pero no lo fue."

Susan mueve la cabeza para mostrar que está de acuerdo, "Cuando lo planeas parece diferente en la vida real."

Judith le pregunta, "¿Lo planeaste la primera vez?"

"Sí, lo hice porque estaba con un joven con el que quería hacerlo y él se veía tan bien, y estuvo fabuloso. Así que compré condones y teníamos un lugar privado donde podíamos ir..., pero resultó que la primera vez que lo hice fue con otro tipo; y eso no lo planee, sólo sucedió."

Estas jóvenes están tan desilusionadas del sexo que es difícil saber qué las convencerá para intentarlo de nuevo. Están inquietas por el riesgo de contraer una ETS, del dolor emocional, el aborto y el embarazo. Anastasia tuvo un aborto la primera vez que resultó embarazada porque su madre la amenazó con correrla de su casa si no lo hacía, pero la segunda vez, dijo que tendría al bebé y nadie le pudo decir que no. ¿Estaba ella más o menos interesada en el sexo ahora que había tenido a su bebé? Alzó sus ojos al techo. "Por un buen tiempo no tendré sexo otra vez con ese hombre. ¡Lo que ha hecho y dicho en la última semana!"

¿Disfrutaron el sexo cuando estaban involucradas en él? Bueno, si o no. Era emocionante, algo que las empujaba cuando estaban de humor. Era fácil llegar a la situación, cuando un joven les rogaba o les decía que eran bonitas o ellas realmente tenían "fuego" ahí abajo; pero terminaba tan rápido y nunca obtuvieron de la experiencia lo que deseaban, cualquiera que esto fuera.

¿Tuvieron orgasmos? Anastasia giró lo ojos hacia el techo. Dijo, quitándole el bebé a Susan para alimentarlo, "Déjame pensarlo un momento." Hubo una larga pausa. "Tal vez una vez. Con sexo oral." Prosiguieron las otras: Susan tuvo dos orgasmos. Judith movió su cabeza. Toinette dijo que no, ella no pensaba en eso porque no sabía lo que era.

La siguiente dijo, "Ah, es como un volcán que va a hacer erupción."

Susan comentó, "Todo es emocionante. A veces, quieto, como olas suaves."

Judith les recuerda que no es una cosa segura; se tiene que practicar para tener un orgasmo. Así que sí tuvieron esta experiencia y la disfrutaron, pero se desilusionaron por todos los riesgos que encierra el sexo, ¿por qué no se masturban?

Las jóvenes se miran en silencio. Finalmente, alguien dice, "Una mujer nunca diría si hizo algo desagradable como eso. Tendría que estar muy desesperada si no pudiera conseguir un hombre que hiciera eso por ella." Una vez más, el tema da vuelta a la mesa. No sólo hubo una negativa general con respecto a la masturbación, sino que las jóvenes también reconocieron que no se tocarían para introducir un tampón. Las jóvenes blancas hacían eso, pero ellas tenían miedo; pues "se les humillaría".

El sexo para estas jóvenes era un problema. Tenían que intentarlo porque todas las personas que conocían lo hacían y los amigos las presionaban, incluso los que no eran activos sexualmente, para que salieran con cualquier joven que se viera bien o se suponía hacía bien "las cosas". Pero después de intentarlo, había muchos problemas. Podrían ganarse la reputación de "una rata de caño" (un pequeño roedor escurridizo que corre por el vecindario haciéndolo con todos), ¿Quién quería eso?

Tal vez eso es algo bueno, porque no queremos que nuestros hijos tengan tanta responsabilidad cuando no están listos. Aunque las jóvenes jugaron y cargaron al bebé de Anastasia, hubo cautela: me podría pasar a mí, ¿Qué pasaría con mi vida? Muchos de los hombres de raza negra que conocen salen con jóvenes blancas porque son más fáciles de controlar y no contestan como sus hermanas negras. Así se sentarán a esperar y ver.

"¿Alguna de ustedes extrañaría el sexo si hubieran tenido éxito alejadas de él?" Hubo una pausa. Nadie brincó de su asiento.

Toinette se alisó el cabello y picoteó un pedazo de piña. Dijo: "Nada lo reemplaza. Algún día encontraré a alguien más."

A pesar de las difíciles introducciones que tuvieron en el juego de las relaciones, y el conocimiento de que han dado todo y no han recibido nada, todas creen que algún día será diferente. Para estas jóvenes curtidas por la calle, pero ingenuas en el plano sexual, la esperanza es a lo que se aferran. ¿Cómo podemos atrevernos a persuadirlas de lo contrario? No importa cuán mayores o expertas sean, nosotras mismas deseamos lo mismo.

2
La joven soltera:
la búsqueda del amor

Cuando se ha superado el obstáculo de las agonías de la conciencia adolescente y la vergüenza o culpa de qué debería o no ser sexual, por lo general las cosas se vuelven más fáciles. Aunque lo anterior no es seguro —¡rara es la mujer que se siente así¡— para el inicio de la tercera década de la vida, la mayoría de las mujeres están listas para aceptar el reto y el placer de ser sexual. Las mujeres de veinte años todavía luchan con su identidad sexual y tratan de descifrarla, pero la mayoría están entusiasmadas de conseguir el deseo al igual que lo hacen con el título de la universidad o un trabajo.

Ya no están satisfechas con esperar una invitación a bailar. Seguir adelante es tentador (mientras tenga un condón a mano y pueda persuadir a su pareja de usarlo) y disfrutar todo el buffet del juego sexual sin pensar mucho en el matrimonio o la familia. Muchas solteras están satisfechas de divertirse (con afecto) y mantener la noción de "la relación" en el fondo. Una vez que se ha logrado la actividad de perder la virginidad, las mujeres descubren que pueden darse permiso para experimentar con la sexualidad y realmente disfrutarla.

No hay nada parecido al ímpetu placentero que sacude el cuerpo cuando la pareja toca sus genitales por primera vez. Una mujer de 22 años comenta: "Siempre me gustó masturbarme y venirme. Lo he hecho desde que tenía 11 años. Pero cuando este hombre empezó a hacerme sexo oral, pensé que mi cabeza estallaría. Mi reacción inicial fue, guau, había leído sobre esto, pero no podría creer que de hecho alguien me lo hiciera. Todo mi cuerpo se tensó, pero sólo por un segundo, preocupada de si olía o sabía bien ahí abajo. Entonces su lengua comenzó a trabajar y me olvidé por completo de mi conciencia. No podía creer la diferencia en sensación de mis dedos a su boca. Aun mejor, de sus dedos dentro de mí. Era tan suave, tan cálido —pensé que el orgasmo nunca terminaría." Al último hay un testigo de la falta total de control y del sentido completo de placer que sentimos cuando glorificamos el espíritu y el cuerpo en ese evento único llamado orgasmo.

Así como los hombres, muchas mujeres solteras buscan la emoción, variedad y estimulación. En este momento de la vida, ellas pueden probar el sexo oral o anal por primera vez, usar un vibrador o ver una película pornográfica o ser atadas con esposas. Claro está, la confianza es el elemento más importante al elegir a alguien con quien divertirse. A las mujeres les preocupa el número y la calidad de las parejas con las que han elegido experimentar. Si son pocas, ellas se sentirán sin esperanza o no deseadas; cuando son muchas, a veces piensan que serán tachadas de "zorra", denominación con la que es muy difícil vivir.

Las jóvenes quieren placer sexual, pero también algo más, porque la identidad sexual está ligada a su propia necesidad de proteger lo que les pertenece. Un juego en la cama es fabuloso, pero para que sea satisfactorio para muchas mujeres, debe ser parte de toda una paleta emocional y espiritual que incluye un sentido de feminidad, su propia confianza, amor, romance, compañerismo y otros elementos que tienden a ser difíciles de lograr. Todavía es un dilema. ¿Puede una mujer separar el amor y el sexo? Sí, más o menos, por un rato. Mientras parezca haber una forma para que ella se sumerja en su sexualidad con gran intención y deseos.

Tratar de establecer reglas nuevas

En los últimos 50 años, las mujeres han salido de casa para obtener una educación, ganarse la vida y conocer una pareja. La incursión en el mundo les da cierta cantidad de libertad de voluntad, deseo y elección. Podemos elegir una variedad de caminos, ya sea trabajar tiempo completo o medio tiempo, ir a la escuela, tener citas casuales, tener relaciones sexuales con los hombres adecuados o vivir con una pareja (hombre o mujer). Para la mayoría, el prospecto inminente de una vida reproductiva donde el sexo se vuelve el conducto para tener un hijo y una familia todavía es una meta lejana. La mayoría de las mujeres no quiere acostarse con cada hombre atractivo que encuentra; de hecho, cada vez son más cuidadosas de tener relaciones sexuales cuando sospechan que su pareja no se ha involucrado emocionalmente.[1]

Las mujeres jóvenes solteras tienen relaciones sexuales por varias razones, positivas y negativas: *quería divertirme; estábamos divirtiéndonos y simplemente pasó; quería gustarle; buscaba una mejor calificación; nos amábamos; estaba ebria y me sentía sola; me encontraba excitada; estaba buscando pasármela bien y no tenía que pensar en nada.* Mientras a las mujeres les guste el sexo a menudo tendrán problemas con las consecuencias. Incluso una aventura amorosa, el encuentro de una noche, un acostón fácil con un viejo amigo toma un significado más allá del acto físico. Porque cada vez que una mujer elige expresar sus pasiones, tropieza con las cosas extra que van con el sexo: su necesidad de amabilidad, consideración e intimidad. Ella quiere un tipo de inversión: el tiempo, interés y afecto de una pareja. Incluso si al principio su intención era sólo un rovolcón en la paja, es rara la mujer que puede ver la diversión como una expresión simple de libertad y deseo.

¿Aun así, cómo sabe qué es lo que quiere si sólo se fija en lo primero que ve? Salir con alguien se convierte en un concepto obsoleto, simplemente los hombres y las mujeres (o mujeres y mujeres) ya no lo hacen. Ya sea que salga con alguien y termine estando íntimamente con él, y por lo tanto, se acuesta sólo con esa persona, o "se relaciona" con varias personas con las que de común acuerdo se acuesta casualmente. Sin embargo, conoce y da la bienvenida, el proceso se vuelve un fenómeno complejo con muchas metas, una de las cuales es encontrar a alguien que sea sexualmente compatible. Lo anterior requiere, al menos, que salga de compras un poco antes de hacer la compra final.

Por un lado, hoy en día, el sexo para los solteros es fácil porque hay tantos lugares y oportunidades para conocer gente, y también es complicado porque nadie sabe las reglas cuando conoce a alguien. Los romances comienzan en los bares para solteros, el café, la lavandería, el centro comercial, la clase, la biblioteca, el trabajo, los equipos, las personas o el Internet. Estos encuentros con frecuencia son ambivalentes, pues los dos hacen malabares con los detalles de la relación social. Sus ojos se encuentran, se sienten atraídos, hablan de intereses en común, deciden (en un momento) si intercambian números telefónicos o direcciones electrónicas y saltan a lo que puede convertirse o no en una relación.

Pero, por otro lado, el sexo para los solteros tiene sus riesgos. Al abrir la puerta al deseo y la emoción, las mujeres dan paso a una multitud de elecciones difíciles. Aquí viene lo chistoso: Décadas después del feminismo, a la mayoría de las mujeres no les gusta tener la autoridad en la cama. Todavía admiten querer un hombre que les barra los pies, incluso si ellas proclaman responsabilidad de sus orgasmos, desean un hombre que las haga sentir deseables y gozosas.

"Quiero que me seduzcan", es el comentario que Sandra escucha una y otra vez de las mujeres que vienen a terapia con ella. "Quiero que me tomen por sorpresa, no ser brutalizada. Me gusta aquel que dice después de la primera cita, *Te llamaré*, y luego admita que ha pensado en mí o que me extraña. Que esté en su mente. No es que no le haga saber mis sentimientos, en verdad sí lo hago; pero no estoy bien si tengo que hacer todo el trabajo. No es emocionante si el hombre no me persigue un poco."

Las mujeres buscan un hombre que pueda establecer el escenario. Luego, cuando los dos comienzan a escribir juntos otra vez el proceso, puede ser una colaboración verdadera. ¡Qué carga les coloca esto a los hombres! Cada universidad ha sacado una lista de recomendaciones para las parejas que salen juntas. El permiso debe darse por cada uno de los pasos a través del campo minado del juego sexual.

"¿Puedo besarte?"

"Sí, si puedes."

"¿Puedo quitarte el sostén y juguetear con tus senos?"

"Sí, si puedes."

"¿Puedo introducir mi pene en tu vagina?"

"Ay, bueno, no lo sé."

¿Cómo puede alguien pasársela bien cuando siempre está llevando la cuenta, jugando el sexo como un juego de ajedrez donde las piezas pueden bloquear o incluso destruir el equilibrio de la otra? Las mujeres están desesperadas en experimentar el placer en alguna forma, pero en esta época, la mayoría parecen confundidas en dónde buscarlo, cómo acercarse y realizar la negociación necesaria para lograrlo.

Un vistazo a los artículos de *Cosmopolitan* y *Glamour* de los últimos años da una clara idea de las cosas que les preocupan a las mujeres en esta etapa de su vida. "¿Qué hacer después del encuentro de una noche?" La revista aconseja no avergonzarse; tener confianza en sí misma con el resultado. No espere a que él le llame, pero no se martirice si no lo hace y si cree que no va a pasar nada más. "¿Cómo puede acercarse más a un hombre?" Cuéntele cosas personales y privadas, entre ellas lo que le gusta en la cama, pero también secretos que recuerde de su niñez. "¿Debe decirle a un hombre que lo ama?" Antes de que lo haga, hágase las siguientes preguntas: ¿Me trata con respeto? ¿Me llama cuando dice que lo hará? ¿Quiere verme con regularidad? ¿Es amable y compasivo? "¿Debe esperar a que el hombre haga el primer movimiento?" No, usted puede iniciar; llámelo e invítelo a salir. No sea sumisa e indefensa. Aquí claramente el mensaje es: no deje que el hombre tenga el mando.

Las revistas nos permiten medirnos y a nuestro comportamiento respecto a otros, quienes son, en términos demográficos, como nosotros. Así que cuando *Cosmo* dice que en promedio la mayoría de las mujeres tiene diez parejas antes de establecerse con una (algunas cuentan sólo a aquéllos con los que tuvieron un orgasmo), la lectora puede sentirse segura de sí misma de que no es una "fácil" si ha tenido nueve e incluso hasta siete parejas.

Deténgase antes de que sea demasiado tarde

La relación sexual es como la Línea Maginot del sexo. Una mujer "técnicamente virgen" de 30 años hace eco de los sentimientos firmes de muchas jóvenes. "Creo que el sexo es magnífico. He hecho de todo en la cama menos eso. Crecí creyéndole a mi madre que el sexo era hasta el matrimonio; incluso si parece algo endeble como dote, eso es lo que quiero dar. Los hombres simplemente parecen no entenderlo. ¿Por qué tuve sexo oral y anal y utilicé juguetes, vendajes y todo tipo de cosas, pero nunca dejé que introdujeran su pene? No se trata del himen, el cual probablemente ya se rompió con el uso de tampones y vibradores, sino es el principio. Debe haber algo que dar."

El miedo a contraer nuevas ETS es un gran obstáculo para las relaciones sexuales, pero la preocupación verdadera de las jóvenes es retener el balance entre el romance, la lujuria y lo práctico. Ellas aprenden a negociar cada vez que proponen algo, con la esperanza de evitar ser lastimadas emocional, física y mentalmente. Como adolescentes, a las mujeres se les enseñó que tenían el derecho de decir no, las clases mixtas sobre sexo remarcaban el respeto por los cuerpos y el espacio privado de otros. Así que las adolescentes descubrieron la forma de cambiar su sexualidad por popularidad. Lo anterior no es verdad para las mujeres maduras de veintitantos años que canjean algo más, su independencia. Ellas otorgan puntos al hombre que siempre usa condón, más puntos por las flores en su cumpleaños. Una mujer que siempre paga su comida en una cita les dice: "De esa forma yo estoy al mando. Si quiero seducirlo lo puedo hacer. Si quiero negarme al sexo, ésa es mi prerrogativa."

En 1995, un librito titulado *The Rules* (*Las reglas*) se volvió una sensación controversial. Revirtió la fórmula *Cosmo/Glamour* de ser honesta y directa, en un sentido de decirle a la mujer que fue un error cubrir los más profundos recesos de su personalidad en la búsqueda del amor. Ella debía prestar atención sólo a una cosa: ¿Qué hay para mí además del sexo, debido a que no es todo lo que busco? ¿Cuándo me dará el anillo? La mujer que sale como es debido siempre insiste en una llamada para hacer una cita para el martes o el sábado. Sin pretextos. A cada mujer se le aconseja que nunca llame a un hombre, excepto para regresarle su llamada, para verse bien, para actuar como si ella tuviera el control de su vida y nunca necesita un hombre, y para tomar con seriedad el coqueteo. Ella ignorará casi todos los métodos formales; ya que es un error grave aceptar una invitación de último momento para ir a almorzar o tomar café, porque eso querrá decir que a ella no le importa mucho pedir lo mejor. Si está loca por el hombre, debe disimularlo.

Hágase la difícil y obtendrá lo que quiere. La actitud, expresada no sólo en *The Rules,* sino en varios otros libros de la misma índole, es que usted debe dedicar tanto tiempo a encontrar un compañero como lo dedica a aprender piano. Practique todos los días, aunque no llegue a Carnegie Hall, al menos se familiarizará más con la diferencia entre la práctica buena y la mala.

The Rules respecto al sexo es casi igual de estricto. La expresión física de la conexión no tiene nada que ver con el deseo de la satisfacción personal. En vez de eso, es sólo otra forma de conservar a su hombre. Si en su relación se da tiempo para el sexo, es decir, una vez que lo tiene seguro, él será menos refunfuñón, pensará en usted cuando no estén juntos y al final consolidará su lazo.

¡Muy frío! ¡Muy cruel! El mensaje es que juegue rudo, rápido y como un hombre, usando estrategia e ingenio. ¿Cómo podrá esta actitud contribuir a lo que damos por sentado que desea una mujer? Una relación amorosa y comprometida que la lleve de los 20 a los 90 años. Las autoras de este libro toman una perspectiva de la vida a la Scarlett O'Hara, la cual es que las mujeres son más listas que los hombres y por lo tanto pueden engañarlos y convencerlos de hacer lo que ellas quieran; además, la meta es más importante que el juego. Por último, permanecer en la lucha emocional es la única forma en la que vamos a percatarnos del sentido de la autovaloración. *The Rules* implica que su propia gratificación sexual no es una prioridad que valga la pena.

La gente que necesita reglas como éstas no confían en la intuición de que lo que ven o creen es válido. Las mujeres tienen la tendencia a preocuparse no sólo por uno sino dos trabajos en la relación que inicia. Primero, sienten que deben monitorear su propia respuesta sexual (la última pregunta de *Cosmo* es si lo hace a la primera, segunda o tercera vez que sale con alguien); y segundo, ellas deben conservar una temperatura precisa para la propia relación. Debe ser cálida, pero no mucho.

Sea modesta, abstinente y santa

Al final de *The Rules* viene otro conjunto de reglas, uno que evoca a una generación pasada, la cual dice que no tenga sexo, sino que espere a casarse. Recientemente, varios autores, sobre todo Wendy Shalit en su polémico *A Return to Modesty* (*Un regreso a lo modesto*), negó las recompensas de la revolución sexual y en vez de eso hace creer que el poder de la mujer radica en la abstinencia sexual. En este libro la teoría es que los enemigos que rodean a la mujer moderna — el acoso sexual, las amenazas y la violación — todos son respuestas a una sociedad que a perdido el respeto por la modestia femenina. Las mujeres han sido hipócritas con su propia naturaleza al prepararse para buscar gratificación sexual en vez de amor verdadero. Ellas pueden aumentar su autoestima al decidir por lo que vale la pena esperar. Si tan sólo pudieran abstenerse del contacto, volverían a capturar su vulnerabilidad y esperanzas románticas.

¡Como si pudiera borrar su sexualidad sólo deseándolo! Esto no quiere decir que no hay nada patológico sobre los periodos de celibato. No tener sexo tiene sentido si no hay ninguna pareja que le atraiga o si necesita un tiempo a solas después de una relación o si prefiere aferrarse a su virginidad hasta el matrimonio.

Sin embargo, hoy en día para la mayoría de las mujeres es difícil mantenerse célibes y tener una vida social, a menos que pertenezcan a una comunidad, tal vez a un grupo juvenil de religión, donde todos, tanto hombres como mujeres, sigan la misma tendencia. Si usted no tiene sexo o no se masturba por un periodo considerable, por lo general deja de fantasear y la fuerza de su vida sexual se vuelve inactiva. Las mujeres que lo hicieron en la preparatoria sin tener una pareja (incluso por algunas semanas, lo cual es común en la actualidad) o quienes pertenecían a un grupo juvenil religioso no tienen mucha dificultad para adaptarse a la categoría que se les da en la escuela o el trabajo a las mujeres que no tienen sexo. Mucho menos les importa coquetear; no se excitan con los gestos amables del joven vecino. Muchas mujeres que todavía no han declarado ser lesbianas también prefieren el celibato porque están confundidas acerca de sus deseos de expresión sexual, así el contacto sexual con el mismo género puede oponerse a lo que su fe les dice; entonces es más fácil permanecer fuera de todo el asunto. La abstinencia también es una opción lógica si usted es tímida, vergonzosa o trabajadora empedernida.

Pensamos que la "modestia" puede ser otro truco, similar a *The Rules*. Las mujeres pueden mostrarle al mundo que son serias si no tienen ni piensan en sexo, si utilizan todo el tiempo para trabajar, estudiar o hacer actividades sanas como cantar en un coro o jugar ajedrez; ellas tienen valores, moral y un sentido del amor que debe preceder al sexo. Las preguntas son las siguientes: ¿No se puede tomar en serio a un ente sexual? ¿El amor puede ser cultivado en tal vacío, sin ninguna forma de contacto físico? Por cierto, la masturbación también está prohibida, ya que la Biblia lo dice. No se hace mención de lo que se puede ofrecer a una mujer del siglo XXI en términos de autoestima y satisfacción. La mayor parte de las mujeres no creen en la idea del sexo sin amor; entonces, ¿por qué considerar al amor sin sexo? La fantasía de cómo será después de la boda puede interponerse en el desarrollo de la relación en la vida real.

Existe otra razón para permanecer célibe; la abstinencia antes del matrimonio es una forma de comportamiento sancionada socialmente, como lo es para millones de mujeres musulmanas e indias, cuyas familias conservan las viejas tradiciones, incluso si han vivido en Estados Unidos por varias generaciones.

Las mujeres musulmanas tradicionales se pasan la vida pública envueltas. La ropa que las cubre literalmente de la cabeza a los pies es un recordatorio de que la sexualidad es una bomba de tiempo; cualquier hombre que vea su piel puede excitarse y su reserva no las protegerá. De acuerdo con el Dr. Aliyah Morgan-Sabah, coordinador del Departamento de Práctica Familiar en el Hospital Comunitario de Medicina de Brooklyn en Nueva York, la vida religiosa es un principio para las mujeres musulmanas. No hay mezcla de sexos, incluso con chaperonas, y aunque algunos practicantes de la fe van a escuelas normales es mucho más fácil ser educado y trabajar con los de su misma especie. Una línea del Corán dice: "Allí donde aparecen la mujer y el hombre en ese momento también aparece el diablo."

Se ha reconocido libremente que las mujeres de esta cultura tienen deseos y necesidades. Debajo de sus vestidos sin forma pueden usar playeras de encaje o ropa interior de Victoria's Secret; pueden añorar y soñar con el hombre perfecto como lo hace una joven estadunidense. Sin embargo, deben comportarse como musulmanas y deben acatar las reglas. Una joven que se quita el velo de la cabeza afuera de la mezquita después de las oraciones del viernes busca problemas, no sólo con los hombres musulmanes sino con los no creyentes de la calle.

Se sabe que las mujeres pueden tener deseo antes de casarse, aunque la mayoría de las familias arreglan los matrimonios, algunos hasta con jóvenes de 14 años, para legitimar la tentación. Si se siente excitada, lo que se le recomienda es que ayune y ore; sobre todo, evite los estimulantes, como los cigarros, el alcohol, incluso la comida picante. Los baños de agua fría son esenciales, con más oraciones. La masturbación es una posible solución si es que no lo puede lograr, aunque no está aprobada y la fe le aconseja que se bañe después. Cualquier cosa es mejor que "fornicar", lo cual se define como "tener relaciones sexuales con alguien sin estar casados".

Pero, las restricciones son mutuas, ni la mujer ni el hombre tienen permiso de involucrarse en actividades sexuales promiscuas. En la cultura al este de India eso no es verdad, en particular para las mujeres cuyas familias vienen del norte, país donde las tradiciones más conservadoras de la cultura prevalecen en el sur. El doctor Sujate Warrier, director del programa de la ciudad de Nueva York de la Oficina de Prevención de Violencia Doméstica, dice que las jóvenes de la comunidad india están concentradas en el matrimonio. A pesar de poseer un buen trabajo o una buena educación, las jóvenes anhelan una unión que construya lazos sociales, políticos y económicos entre las familias. No importa mucho la pasión del hombre y la mujer que se van a unir; se sacrifica el amor y el sexo por un bien más grande. Los matrimonios de los indios por lo general son arreglados, incluso en Estados Unidos, para asegurarse que una casta no se mezcle con otra.

A veces las personas eligen a su cónyuge, pero tienen la tendencia a sentirse más cómodos con parejas del mismo nivel económico.

Una india aprende los primeros años de su vida que cuando se case, su cuerpo le pertenecerá a su esposo y someterá a él por completo, lo cual no genera mucho entusiasmo acerca de la vida después del matrimonio. Muchas jóvenes son muy afortunadas en coincidir en el amor y en lo financiero y otras se enamoran lentamente en los años que pasan con su esposo. Claro está, hay jóvenes indias que experimentan antes de elegir o de que alguien les elija una pareja de por vida; pero no se habla o se anima a ello, excepto en el mundo de las películas de Bombay que son importadas en Estados Unidos en cantidades récord para alimentar las fantasías de las jóvenes. Las escenas de tórrido romance que aparecen son un escape breve de la realidad. Pero una joven todavía puede soñar, así que lo hace. Las jóvenes a las que su madre o tías nunca les han mencionado lo que es el sexo ven la pantalla y se preguntan si será mejor en Estados Unidos; por lo general no lo es. Pero es difícil deshacerse de esas imágenes idealizadas.

Fantasear con la vida y el sexo

¿Qué conseguimos con estas directrices que hay para las mujeres? Que la anticipación y la realidad del sexo están en guerra. Porque ya sea que una mujer proporcione mensajes fingidos o verdaderos a un hombre, ella quizás aún no tiene lo que quiere. En este momento de su vida, una mujer no espera necesariamente que le den un anillo sino conservar intacto su sentido de autoestima y capacidad para tener diferentes tipos de intimidad. Tal vez conozca a un hombre que le gusta escalar y hacer actividades al aire libre y a otro que disfrute sentarse frente al televisor con un plato de palomitas. Puede tener una relación aburrida y sin juegos pirotécnicos con un hombre con el que en ocasiones se acuesta después de cenar o ir al cine; pero puede estar abrumada por completo con la respuesta sexual fantasiosa de un hombre que conoció en un bar y que tal vez no vuelva a ver. Tener varias parejas es una forma de reafirmar que la vida tiene una gran variedad; un gran océano de emociones y posibilidades confusas.

Pero para muchas mujeres es difícil que estos sentimientos contradictorios tengan sentido para que puedan desarrollar una autoestima sexual buena. Es virtualmente imposible caminar como un bebé hacia la recámara con un hombre nuevo, incluso con uno conocido o con el que se siente cómoda, sin pasar por el legado de odio a sí misma con el cual crecieron muchas jóvenes. Recuerde los días cuando se le aconsejó que no se tocara ni se vistiera de manera provocativa ni se sentara con las piernas abiertas y comenzará a entender por qué muy pocas mujeres pueden verse en el espejo sin un ojo crítico. *¿Me veo bien?* (Ésa es la primera pregunta básica, la cual por supuesto va más allá del ámbito sexual.)

Pero después vienen las preguntas especificas con las que las mujeres se torturan: *¿Por qué mi cuerpo se ve así? ¿Me gusta o lo odio? ¿Por qué no tengo los senos más grandes y las caderas más pequeñas? ¿Por qué mi nariz se ve tan ancha cuando sonrío y por qué mis dientes están chuecos? Tal vez ya no deba sonreír, pero ¿entonces cómo sabrá él que en verdad me gusta?*

En un estudio realizado por el doctor en Filosofía Luis García,[2] las mujeres revelan un gran vacío entre sentirse atractivas y qué sentir con respecto a su sexualidad. Los hombres se sentían bien con su apariencia y posibilidades para atraer a las mujeres. Asimismo, las mujeres tuvieron problemas para verse como alguien verdaderamente deseable. No era sólo que necesitaran "la mirada aprobatoria" de un hombre, sino que no se aprobaban a ellas mismas y no podían concebir que nadie más lo hiciera.

No es suficiente que nosotras mismas nos critiquemos todo el tiempo. También debemos usar ese ideal de culpa para cambiar y distorsionar lo que percibimos, como el interés de un hombre. Esa vocecita interna se queja: *¿En realidad no le puedo gustar en la forma en que me veo? ¿o sí? ¿Por qué me presta tanta atención? ¿Sólo es para acostarse conmigo? ¿En realidad no es posible que le guste por lo que soy, o si?*

Las mujeres pueden tener problemas cuando empiezan a trastornarse en esta área de confusión y a perderse entre el cinismo de la juventud y el conocimiento de sí mismas adquirido con la práctica. Porque ya no tienen esperanzas de que hay algo bueno en una relación, entre menos posibilidades tengan de entender las pistas de que algo anda mal y aunque lo arreglen, no va a estar mejor.

Locura en el *campus*

Hoy en día es muy importante que las mujeres tengan un séptimo u octavo sentido de su propia participación en la danza sexual, porque el mundo no es un lugar tan seguro, como muchas jóvenes recién salidas del abrigo de la preparatoria y la familia lo perciben de inmediato.

La mayoría de las mujeres que optan por ir a la universidad no van a conocer a un esposo como lo hacían en décadas pasadas. En vez de eso, van a encontrar una variedad de gente interesante que las acompañará a través de los cuatro años que pasen en el proceso de crecimiento, aprendizaje, práctica y sentimientos. ¡Por supuesto, para aquellas que se adhieren a la comunidad académica como mosca a la miel o desean convertirse en doctoras o abogadas, éste es un proceso más largo! El paradigma del novio o novia ocurre tantas veces como ocurría antes y una relación sexual exclusiva tiende a desarrollarse de una amistad cercana. Pasan horas en el teléfono, van al cine y a comer, salen juntos y todos saben que son pareja. Con el paso de las semanas o meses, usted decide hacer algo sobre la atracción física; pero si sólo están "saliendo" ocurre lo contrario. La atracción y el coqueteo son el bosquejo principal, una parte (con más frecuencia el hombre) sugerirá que "salgan", lo cual a menudo implica el contacto sexual casual. Todos tienen los ojos abiertos y las cartas están sobre la mesa. Salir con alguien no implica estar relacionado sexualmente, puede tratarse de una relación platónica construida en un interés mutuo, menos el romance o compromiso. Pero nadie sale lastimado porque todos juegan con las mismas reglas.

El mundo social de un campus universitario puede sentirse como un mar cálido donde hay bastantes peces buenos. Aun así, en esas aguas hay tiburones. La doctora en Filosofía, Andrea Parrot, quien organiza programas de citas, procesos de conocimiento de la pareja, y violación en las universidades de todo el país, dice que los jóvenes simplemente no crecen con las herramientas necesarias para este momento precario de la vida. Ahí está usted, lejos de casa, sin toque de queda, nada que la detenga a hacer lo que quiera, puede tomar y nunca ha sido difícil encontrar droga. Tiene 18 años de edad y su futuro está un paso adelante. Además, el sexo está en todas partes y en todos los lugares que busque; pero con frecuencia se encuentra en lugares donde no está buscando y no está prestando atención.

Acaba de viajar miles de kilómetros de su estado para venir a la universidad y conoce a un joven de semestres más arriba mientras camina hacia su dormitorio, que la ayuda a cargar sus maletas. Él dice que le enseñará el lugar, le comenta cuales cursos son interesantes y cuales son aburridos, da un vistazo a su anuario de la preparatoria recostado en su cama y hace comentarios graciosos acerca de la variedad de sus compañeros "tontos". Parece confiable, sexy e interesado en usted.

Salen esa noche. Está cansada del viaje, pero está entusiasmada por adaptarse a su nueva vida, por conocer y saludar gente. Van a un lugar local y comen una hamburguesa y un refresco, al salir, él se encuentra a unos de sus amigos. No se molesta en presentarla, sólo intercambian algunas palabras, de cualquier forma, tienen prisa por llegar al cine. Después la lleva a un bar y le pide una cerveza, aunque usted protesta porque está agotada y sólo quiere dormir. Él insiste que la cerveza la ayudará a conciliar el sueño, después de todo, ¿acaso es una llorona?

Usted bebe alcohol de vez en cuando, cuando su familia toma vino con la comida, pero en realidad no está acostumbrada. Con delicadeza bebe a sorbos hasta que él empieza a molestarla; de hecho se burla de usted, por ser toda una "dama". A la una de la mañana, mucho más tarde de lo que acostumbra dormirse, apenas y se termina la mitad de su bebida, mientras tanto él ha bebido tres.

Se sube al auto y él maneja hacia el campus, pero luego se da la vuelta en algún lado que usted no conoce y sabe que no va rumbo a la universidad. Él no dice nada cuando lo cuestiona al respecto, sigue manejando. Comienza a sentirse intranquila y con desesperación le pide que la lleve a casa. Él voltea hacia usted con una mirada fría y le dice, "Ay, querida, te llevaré a casa."

¿Puede recordar el resto, no? Él se estaciona, y trata de besarla, pero usted lo evade. Él insiste y usted trata de hablar. Le dice algo pero él la ignora. Puede sentir su erección bajo sus pantalones conforme la somete en el asiento y pone la boca sobre la suya para que ya no haga ruido, en vez de besarla.

Luego la viola.

¿Por qué sigue ocurriendo este desastre en números preocupantes, tanto en la universidad como en el trabajo, después de todas las clases mixtas de educación sexual y de todo el entrenamiento que se da a las mujeres para que se cuiden? Una de cada cuatro mujeres será violada en su vida y como vimos en el capítulo 1, son mujeres más jóvenes, en particular cuando viven solas o en un ambiente sin protección. En varios estudios, el porcentaje de las estudiantes violadas era de 25% a 27%.

Una violación puede dejar efectos devastadores. Susan Brownmiller, en su conocido libro *Against Our Will* (*En contra de nuestra voluntad*), cita el testimonio de una mujer que fue violada a los 14 años y no volvió a menstruar hasta los 21. Otra menciona que después de la violación ninguna de las jóvenes que conocía tenía permiso de invitarla a su casa y todos los jóvenes se le quedaban viendo mientras caminaba en la calle. Años más tarde, las mujeres comentan que se deben lavar obsesivamente para quitarse el "olor del sexo" o viven con el miedo latente de que el virus inactivo del VIH o la sífilis, introducido en su cuerpo durante la violación, surgirá de repente en su interior.[3]

De acuerdo con la doctora Parrot, existe un patrón insidioso que proporciona pistas para el origen de una violación, el cual puede romperse, pero debe suceder al inicio de la relación; incluso si esa relación sólo dura una hora. Vea las pistas que dejó el violador del ejemplo mencionado. Primero, se divirtió con las fotos en su anuario, minimizando una experiencia que al menos para usted fue nostálgica. No se molestó en presentarla cuando encontraron a amigos. La obligó a tomar alcohol cuando no quería, con la esperanza de que usted se relajara, y la insultó cuando no se lo tomó. Todo en el escenario grita "aléjese de este hombre"; no obstante usted siguió. Sólo al final, cuando estaba bajo el influjo de la testosterona, usted dijo que no. Para entonces era demasiado tarde.[4]

A las mujeres se les educa para que sean comprensivas, no agresivas. Por lo general, ellas tratan de apaciguar la situación cuando empieza el conflicto. Éstos son los peores atributos que se deben tener cuando se confronta a un joven confundido y ebrio que tiene una cosa en mente. De hecho, puede que no haya nada en su mente; su sentido racional y sensitivo está dormido mientras el cerebro, el sistema límbico, el cual sólo busca dominio y placer, entra al frente. Incluso pudo poner Rohypnol, mejor conocido como "*roofies*", en la bebida de su compañera, una substancia hipnótica para dormir que en forma de líquido puede mezclarse en la bebida para dejar incapacitada a la víctima.

Cada vez que la doctora Parrot va a una universidad para establecer un programa de citas y violación, le pide a la administración que le asignen a diez alumnos de cualquier grupo social y étnico. Le asignan a algunos jóvenes del equipo de carreras, del grupo de teatro, de la comunidad cristiana y otros del grupo de gays y lesbianas. Les pide que simulen dirigir una película acerca de dos jóvenes que empiezan a salir. El objetivo de la película es transportarlos a la primera vez que se vieron hasta justo después de su primer encuentro sexual, ya sea que esto tarde una semana o un año.

Ella comentó que el guión es exactamente el mismo, sin excepción. Los dos jóvenes son un hombre y una mujer, el hombre siempre obliga a la mujer (aun si es claro que ella está interesada y coquetea con él, nunca inicia el encuentro sexual), y al final, el hombre siempre tiene un orgasmo y la mujer nunca lo tiene.

Los hombres y las mujeres están interesados en ampliar sus horizontes sociales, en divertirse con sus compañeros y sentir el riesgo y jugueteo cuando están progresando en el plano físico con otro individuo. Pero, tanto hombres como mujeres comparten con una pareja cuando quieren y hasta donde quieren. El proceso de la sexualidad en una relación —la cantidad de sexo que hay y cuándo sucede— siempre provoca una gran interrupción en la comunicación entre los dos géneros. Las mismas cosas no ofrecen ese golpe de placer a ambos sexos, y ellos no se proponen obtener lo que quieren de la misma forma. Es muy difícil que los dos se digan, "tenemos que usar un condón", mucho menos "hoy no quiero, querido".

La violación es horrorosa porque es mucho más que un ataque físico, un recordatorio doloroso de cómo las mujeres, no importa que tan seguras estén de sí mismas, no pueden ser lo suficientemente fuertes para protegerse de algún daño. Por supuesto, la naturaleza del ataque está dirigida al corazón del tema, donde duele más: Un hombre que viola a una mujer invade el lugar privado e íntimo que con anterioridad le ha dado enorme placer a la mujer. Asimismo, él puede dejar restos difíciles de combatir: una embarazo o una ETS.

Responsabilidad: condonmanía

Sabemos qué hacer con las enfermedades de transmisión sexual, pero aun así, en este siglo han proliferado en proporciones epidémicas. Ya sea que una mujer sea violada o esté de acuerdo en tener relaciones sexuales, corre el riesgo de contraer uno de esos organismos viles. Sería fabuloso saber que puede brincar al ruedo sin ninguna preocupación en el mundo; pero eso no va a suceder en un futuro cercano. Hasta que no aparezca una vacuna extraordinaria, la mujer que no está involucrada en una relación monógama depende de los condones.

A pesar de que 70% de las mujeres que tienen relaciones duraderas han declarado que usan algún tipo de anticonceptivo; es mucho más difícil lograr que los hombres usen condones cuando sólo están divirtiéndose o saliendo. ¿Adivine por qué siempre ha sido difícil lograr que cooperen los hombres? Cuando se les alborota la emoción y están con una mujer ellos no piensan bien, están en la tierra de la fantasía. No piensan en ser responsables o cuidadosos. Y cuando están con una mujer que conocen y supuestamente les importa, ellos quieren experimentar toda la experiencia de la sensación táctil. Quieren estar cerca y sin duda han borrado de su conciencia todas las parejas anteriores, tanto de él como de ella, si en verdad les gusta esa persona. Un hombre que piensa sólo con su *amiguito* tiene problemas para entender por qué debe molestarse en usar una de esas cosas desagradables, a menos que haya algo en juego.

A principios de la década de los ochenta, la llegada del virus exuberante del VIH institucionalizó el condón, incluso en 1990 fue introducido en el sistema de educación pública. En ese momento también fue esencial manejar las técnicas para entrevistar a la pareja. Usted tenía que conocer toda la historia sexual de una persona si se acostaba con ella, ya que usted se acostaba con cada compañero que ésta tuvo. La parte de la diversión siempre es mitigada por el monitor de media noche que está en su cabeza, el cual le recuerda el alto precio de la espontaneidad; así que se convierte en el centinela del látex. Sin duda tienen muchas otras cosas en su mente, como si en verdad quiere tener relaciones sexuales o si le gusta lo suficiente el hombre como para ser tan vulnerable con él. Pero si quiere protegerse tiene que cumplir con una obligación.

El sexo puede dejar asustada a una mujer. La enfermedad pélvica inflamatoria puede restringir su vida reproductiva; el VIH se puede convertir en SIDA. Las enfermedades de transmisión sexual tienen más efectos dañinos en la mujer que en el hombre, debido a que las delicadas membranas mucosas y pliegues rugosos vaginales son lugares fundamentales para la crianza de bacterias y virus, y las células cervicales se dividen con rapidez y facilitan la multiplicación de cualquier virus que invada el área.

Hay muchas infecciones. La vaginitis, en particular la tricomoniasis, sólo es desagradable; pero puede estropear el placer sexual. Más allá de la legión de estos males menores que hay entre la población femenina, nos pasamos a los menos conocidos, pero realmente contagiosos. Los piojos públicos, esa pediculosis maligna ("ladillas") y esa sarna. La gonorrea y la recién revitalizada sífilis. Los virus simples de la clamidia y el herpes (tipo 1 y 2) están propagándose en la población, así como la shigelosis y las verrugas genitales (HPV, por sus siglas en inglés), y por último, el VIH. La enfermedad pélvica inflamatoria puede afectar el *cervix*, el útero, las trompas de Falopio, la cavidad abdominal y los ovarios; puede ser originada por una variedad de infecciones que no fueron tratadas.

A muchas parejas les desagrada hablar de condones, al comprarlos la psique se ve más afectada que el bolsillo. En las áreas urbanas abundan las clínicas donde ofrecen condones, las cuales no cobran por la información y las clases rápidas acerca de las razones para usar un condón, desde el principio hasta el final, cada vez que se tienen relaciones sexuales; pero ¿qué hacer para que los jóvenes vayan a estos lugares? Por lo general los hombres van pataleando y gritando cuando sus novias los llevan a rastras a estos lugares; una vez más la mujer es la que tiene que dar un salto mortal debido al sexo.

Incluso si se lograra que todos usen condón, no se puede garantizar su calidad. Los condones se rompen. Entonces, tampoco se libra de todas las ETS porque usó uno. Piense en el virus del papiloma humano (HPV, por sus siglas en inglés), el cual ataca cada año a 40 000 000 de estadunidenses, provocando verrugas genitales. Relativamente, las verrugas en sí no causan dolor, pero la infección que las provoca ha sido relacionada con el cáncer cervical y el cáncer de próstata. Se cree que un tercio de las mujeres universitarias están infectadas con este virus y las probabilidades aumentan con el número de parejas. Aun con el uso del condón, una pareja que disfruta el sexo oral o la fricción (rozar el pene entre las piernas de la pareja o en los genitales externos) puede contraerlo, ya que a menudo las verrugas se congregan al final de la diáfisis del pene, la cual no alcanza el condón.

Lo misterioso y extraño de las mujeres es que cada vez que insisten en usar el condón tienden a debilitar la longevidad de la relación. Las primeras conversaciones, las cuales son incómodas, son un incentivo para el hombre porque al final de la plática él va a conseguir lo que quiere. La mujer tiene un plan de juego y ella se apega a él para que todo salga con facilidad. Pero una vez que la pareja se acuesta con regularidad, es más difícil detenerse y hablar primero. Las citas siguientes y las pocas oportunidades posteriores para tener relaciones sexuales pueden ser más espontáneas y menos planeadas. Cuando el sexo es rápido y violento no hay un patrón ni un propósito de sentarse y pensar.

Luego, conforme pasan las semanas y los meses, puede disminuir la intensidad, pero ha desaparecido la inclinación de tomar en cuenta todas las consecuencias del acto. El contacto íntimo ya no es una novedad; ahora es una de las actividades que los hace una pareja. Así que antes de que la mujer continúe tratando de convencerlo de utilizar los condones se dará cuenta que no es confiable y es dominante y probablemente no le guste el sexo. O eso es lo que dice él. ¿Qué hace ella? Deja de pensar en las posibilidades de contraer una enfermedad, quedar embarazada o ser expulsada de su casa o dormitorio y abre sus piernas con su corazón. ¿Sin condón? Bueno, quizás la próxima vez. Si la suerte está en su contra, ella siempre podrá ver un médico que le devuelva la salud.

La adaptación médica del sexo

En décadas pasadas, usted iba con su madre o con un pariente mayor para que la aconsejara sobre los ciclos, la reproducción y los dolorosos periodos. Pero actualmente las jóvenes van a un ginecólogo años antes de lo que lo hicieron sus madres y sus abuelas, quienes por lo general hicieron esa cita con el médico cuando estaban casadas y se embarazaron. La sexualidad del siglo XXI está muy adaptada a la medicina; si usted es una consumidora sexual inteligente y experta no espera toparse con un problema. Saca una cita en la enfermería de la universidad o con el ginecólogo de su mejor amiga, se monta en la mesa, pone sus pies en los estribos y pide la píldora.

Los anticonceptivos orales, una mezcla de estrógeno y progesterona, hacen creer al cuerpo que está embarazada, por lo que no hay ningún huevo esperando ser ovulado y posiblemente fertilizado. En la actualidad hay anticonceptivos orales que contienen cantidades graduadas de estrógeno que imitan el ciclo natural del cuerpo y también hay paquetes de 28 días que contienen siete pastillas falsas para que no se le olvide tomar una al día. Algunas de las cajas marcadas sugieren empezar desde la mitad de la caja en vez de empezar desde el principio para evitar la interrupción durante el sangrado. A pesar de que todas las cajas tienen siete pastillas falsas, ahora hay varias fórmulas que sólo tienen dos días libres de hormonas. Ni siquiera tiene que acordarse de tomar una píldora al día. Hay una nueva inyección intramuscular aprobada por la FDA, Lunelle, de Pharmacia Corporation, una dosis mensual de medroxiprogesterona y estradiol, que con una visita mensual al médico se encarga del cuidado natal por 30 días y cuesta casi igual que la caja de píldoras. Muchas mujeres consiguen una pareja para aprender a inyectar, lo que ahorra el pago del servicio de una enfermera. También existe un parche anticonceptivo.

Un nuevo anticonceptivo oral, Seasonale, que salió al mercado en el año 2003, hace que una mujer sangre sólo cuatro veces al año.[5] Ella tomará la píldora cada día, durante 12 semanas y después tomará durante una semana las pastillas placebo. Ésta aparenta ser una forma segura de administrar anticonceptivos orales, ya que la píldora contiene menos estrógeno que las pastillas anticonceptivas tradicionales, las cuales deberían disminuir el riesgo del crecimiento del tejido uterino. El endometrio todavía fluctuará bajo la influencia del estrógeno y la progesterona de la píldora, nada más para no provocar una interrupción en el sangrado.[6]

Los medicamentos antiguos de la década de los sesenta tenían una gran cantidad de estrógeno, demasiado, y había un riesgo de sufrir un ataque al corazón y tener efectos trombolíticos para las usuarias a largo plazo. Pero las dosis han disminuido a 50 microgramos (hoy en día hay píldoras con sólo 20mcg de estrógeno) y también hay minipíldoras, anticonceptivos *light,* que contienen progestina de larga duración que pueden ser usados por las mujeres que no pueden tomar estrógeno por el riesgo de padecer cáncer o están amamantando. La mayoría de los efectos secundarios han sido eliminados por las dosis menores y más leves. También parece ser que hay beneficios que no son contraceptivos al tomar la píldora: un decremento en el riesgo de cáncer ovárico y del endometrio, prevención de enfermedades benignas del seno y enfermedades pélvicas inflamatorias, regulación del periodo e incluso una piel más limpia. Asimismo, pueden incrementar la densidad mineral de los huesos.

Pero lo más nuevo en el mercado es el anillo de plástico Nuva-Ring, aprobado por la FDA, que lentamente emite dosis bajas de estrógeno y progesterona en un periodo de tres semanas. Lo introduce después de que terminó su periodo, lo deja por tres semanas, luego lo tira en la tercera semana cuando vuelva a sangrar. A la siguiente semana introduce un nuevo anillo. Lo bueno de este aparato, el cual, según los estudios, es muy seguro, efectivo y fácil de utilizar, es que usted tiene sus hormonas justo donde las necesita, en la vagina, y no necesita ser metabolizado por el hígado como una pastilla.

Por supuesto, nos gustaría que los hombres se involucraran en el acto de responsabilidad del control natal. Desde el principio las mujeres han sido las encargadas de la contracepción; pero al final, los hombres podrán dar pasos para prevenir el embarazo. Esta píldora, la cual se planea estará en las farmacias en la próxima década, tiene andrógenos y GnRH-agonistas que inhabilitan al esperma para que no pueda perforar un huevo. ¡Las mujeres podrán convencer a los hombres de tomarla! También está en proceso una vacuna que hará algo similar.

Pero mientras tanto, nuestro arsenal de protección está seguro en las manos de las mujeres. Lo anterior puede ser vergonzoso para muchas de ellas, preocupadas por lo que digan los hombres.

Una universitaria me dijo: "Si tomo la píldora quiere decir que estoy lista; que lo estoy buscando."

"No, no un condón. No puedes ir a la farmacia de la esquina y comprar un condón cuando lo necesitas. Los diafragmas son desagradables y sucios, así que no los tomaría en consideración. Pero esa píldora ubicada en un recipiente significa que está pensando en el sexo todo el tiempo, ¡todo el mes! Ésa es una declaración muy fuerte para el hombre."

Por eso las mujeres que piensan en el sexo no sólo piensan en la pasión, la diversión, el erotismo o la emoción. Piensan en el embarazo. Eso es lo que en realidad nos separa de los hombres, y quizás disfraza cada encuentro sensual y sexual que tenemos hasta que pasamos por la menopausia. Cada vez que alcanzamos el placer nos restringe esa manita que se agita sobre nuestra cabeza: *¿Es seguro? ¿Puedo proceder sin activar una bomba de tiempo reproductiva?*

Los médicos consideran como consumidoras de píldoras potenciales principales a las mujeres que han tenido una alarma de embarazo o de aborto. Las mujeres de más ingresos con probabilidad toman Ortho Tri-Cyclen, Mircette o Alesse porque su madre las llevó al doctor cuando iban a la preparatoria y empezaron a ser sexualmente activas o con el pretexto de regular sus periodos o controlar el acné.

Para la mayoría de las mujeres hay otras opciones de control natal que no son atractivas. El DIU tiene la reputación de provocar periodos difíciles y dolorosos para la mayor parte de las solteras parece una solución permanente. Hay muchos DIU "malos" que han pasado por el camino, por lo que ahora sólo se usa Progestasert, el cual emite una dosis baja de progesterona, y ParaGrand, la T de cobre, la cual es buena por más de diez años.

De acuerdo con el doctor Jeffrey Levine, profesor en la Escuela de Medicina Robert Wood Johnson y que maneja un centro de asesoría sobre la salud de la mujer en New Brusnwick, NJ, el DIU casi no es utilizado en los Estados Unidos, aunque todavía es popular en los países tercermundistas. El doctor Levine remarca que en la actualidad el DIU es muy seguro, efectivo y una buena elección para las mujeres interesadas en tener una carrera profesional y esperar un buen tiempo antes de pensar en el embarazo. Sin embargo, eso no quiere decir que las mujeres lo quieren. Es este asunto de tener un objeto extraño sobresaliendo del *cervix* lo que las hace detenerse a pensarlo.

Norplant, cinco placas que emiten hormonas implantadas bajo la piel del antebrazo, es promovido en la población de los ghettos con bajos ingresos, parece ser coactivo para muchas mujeres, una forma para que las instituciones médicas controlen quién tiene bebés y cuándo los tienen. La inyección Depo-Provera requiere una visita al médico cada tres meses y tiene efectos secundarios importantes, entre ellos el peligro de provocar coágulos. Lo que nos deja el viejo diafragma de la época de nuestra madre, para el cual se requiere que la mujer introduzca sus dedos no sólo dentro de su vagina sino hasta el *cervix*. A muchas mujeres hispanas y afroamericanas se les ha enseñado desde la niñez que esa área no se debe tocar o no se debe introducir nada en la vagina. Es difícil convencerlas de que se introduzcan un diafragma en el consultorio, usted sabe que terminará en su estuche, escondido en el cajón de la cama de noche.

¿Qué más tenemos? Está la esponja anticonceptiva, cuyo récord no es tan bueno como el de otros métodos. El verdadero "condón femenino", una solución que sólo puede gustarle a un investigador del celibato, es un artículo sin látex que sirve como diafragma y condón. Le da mucho control a la mujer, puede ser colocado antes de llegar a la cita y un hombre puede eyacular en él más de una vez. Se coloca dentro de la vagina, pero tiene un aro que se extiende afuera de los labios, el cual puede protegerla con más eficacia contra las verrugas genitales que están en el fondo de la diáfisis del pene. Sin embargo, en términos de belleza, no es del todo agradable. Se mueve mucho y hace un sonido parecido al de un eructo durante la relación sexual, esto puede ser chistoso si no es que asqueroso. A 2 dólares el paquete, no es exactamente un artículo que aparezca en la lista de compras de una soltera.

Incluso con todas estas opciones disponibles, la mayoría de las mujeres simplemente no los usan. Ellas se dejan llevar o no pueden pronunciar las palabras necesarias para usar protección. Por lo que terminamos en esa vieja tradición estadunidense de arreglarlo después de que se descompone. Otro favor químico a la sexualidad de la mujer es el Plan B, la pastilla anticonceptiva de emergencia. Cuando la carrera para detener un embarazo es lo principal, ahora una mujer tiene 72 horas desde el momento de la relación sexual sin protección para tomar su primera dosis de Levonorgestrel y 12 horas después tomar la segunda dosis. Esta píldora detiene la implantación del huevo fertilizado. La píldora de control natal de los tres días después, Preven, fabricada por Gynetics Inc., también puede encargarse de esos accidentes desafortunados de la indulgencia sexual. La "píldora de la mañana siguiente", la que en realidad puede tomarse por más de 72 horas o tres días después de las relaciones sexuales sin protección, utiliza dosis especiales de las píldoras regulares de control natal para evitar o retrasar la ovulación. Debido a que las píldoras funcionan antes de la implantación de un huevo fertilizado, no funcionan como un antibortifaciente como el RU-486. Pero intente decirle eso al derecho religioso. Muchas farmacias del cinturón bíblico no venden este tipo de medicamentos. Wal-Mart remite a los clientes a los centros de salud de *Planned Parenthood* o con los proveedores autorizados; pero, en realidad no tienen ningún método anticonceptivo.

El éxito del mejor producto, RU-486, en una fortaleza católica, Francia, probablemente nunca será igualado en Estados Unidos, donde el movimiento del Derecho a la Vida con frecuencia trunca el derecho de una mujer de hacer lo que desee con su cuerpo caprichoso.

¿Los médicos exploran los asuntos de la sexualidad femenina al igual que su salud reproductiva? Deberían, pero la mayoría están tan perturbados por el tema que sólo una pequeña minoría se aventura a preguntarle a una mujer si es sexualmente activa, mucho menos si tiene un problema con el deseo, el abuso sexual, la orientación sexual, la excitación o el orgasmo. Hay una pintura en la Escuela de Medicina Robert Wood Johnson que hoy en día debería ser una advertencia para las mujeres. Muestra a un ginecólogo de la época victoriana examinando a una mujer. Ella está parada, con toda su ropa puesta; él está hincado, con las manos debajo de su falda voluminosa. Él mira para otro lado, ella también. Los dos simulan que están un evento perfectamente normal y aceptado por la sociedad. Si él diera un diagnóstico sería nada menos que un milagro.

Hoy en día, es verdad que hemos avanzado palmo a palmo en el entrenamiento sexual de los médicos. De hecho, algunas escuelas de medicina en el país, entre ellas la Robert Wood Johnson, tienen un curso obligatorio de sexualidad, pero por desgracia no hay muchas escuelas como ésta. Es más probable que un programa de estudios sobre la sexualidad humana sea opcional y corto; si acaso se imparte uno. De cualquier forma, una cosa es tomar historia de la sexualidad en el ambiente de un salón de clases y otra es acomodarlo en el examen de diez minutos requerido por la HMO (*Health Maintenance Organization*).

Así que las preguntas dependen del paciente; pero, ¿qué tan realista es eso? Queremos que las jóvenes tengan una buena instrucción y sus preguntas sean respondidas; pero al mismo tiempo, nos acobardamos en la colaboración de la medicina y el sexo. Por ejemplo, ¿qué pasa si tiene moretones alrededor de los labios provocados por el sexo violento o por los juguetes? ¿qué pasará si le confiesa a su médico que es lesbiana y él o ella se escandaliza o se altera?

En general, las mujeres reciben un cuidado de la salud irregular y es peor si son lesbianas. A menos que su médico también pertenezca a la comunidad gay o que haya asistido recientemente a la escuela de medicina, posiblemente las mujeres no recibirán el tratamiento que necesitan. La creencia tradicional era que las lesbianas no tenían sexo con hombres, por lo que no podían quedar embarazadas o contraer una ETS. Por consiguiente, los médicos ni siquiera mencionan el tema de la protección a estas mujeres. Algunos ni siquiera hicieron un frotis, sintiendo que no era posible que tal paciente tuviera cáncer cervical; pero, evidentemente, esto es falso. Debido a que las mujeres pueden transmitir herpes, clamidia, vaginosis bacterial y HPV, es esencial que se les aconseje usar algún tipo de protección de látex como un protector dental o lavar con cuidado los juguetes sexuales que pueden penetrar en la vagina o el ano. Las lesbianas tienen que exigir un cuidado adecuado, cambiar varias veces los planes de salud para asegurarse de estar bien o que mejoran. Sin embargo el fin físico de esto sólo es una parte del panorama. Una mujer confundida con respecto a su orientación sexual necesita confianza e instrucción, y una mujer que está emocionada, pero temerosa acerca de su nueva pareja sexual y quiere saber sobre su dificultad para tener un orgasmo necesita un médico que ponga a un lado sus especulaciones y discursos.

Los ginecólogos están entrenados para realizar exámenes físicos y encargarse de las enfermedades, y aun así en los últimos años se les ha pedido que investiguen áreas que les incomodan. Por fortuna hay algunas ginecólogas lesbianas y algunos médicos que no son homofóbicos. Sin duda vale la pena el esfuerzo de buscarlo; sólo puede costar un poco de ingenio encontrarlos. Pero los médicos no son los únicos que tienen problemas al tratar con las lesbianas.

La tensión de los géneros

La mayoría de las lesbianas están seguras de sí mismas de que su primera atracción por una mujer sucede cuando llegan a los veinte años; pero hay algunas que no están seguras. Tal vez son gay, tal vez no. Sin embargo, ser "heterosexual" no encaja, en especial si un mes siente atracción hacia un hombre y el próximo hacia una mujer. Ser "bisexual" significa algo más; aun así, todavía hay una gran predisposición por parte de las comunidades gay y heterosexual hacia aquellas que no se han decidido. Una película reciente muestra a una mujer que se sube a una cama con otra mujer, celosa por sus atenciones con un hombre que le gustaba. Cuando la mujer se sorprende, la mujer ambivalente responde, "No sabía que tenía que definir mis preferencias sexuales." La línea entre los gay, los heterosexuales y los bisexuales ha sido borrada. Muchas mujeres hablan de la "comunidad sexual".

Hoy en día es más común prometer lealtad a la comunidad lesbiana en vez de declarar la sexualidad de uno. Las mujeres que pertenecen a este club pueden estar política y totalmente interesadas en el feminismo radical; pueden usar ropa de piel, traer el cabello corto o vestirse como amas de casa de un suburbio. El propósito de tener una relación íntima con el mismo sexo es la consolidación de afecto e interés; de hecho, no es tan distinto a tener un amigo, excepto porque duermen juntas. La anticuada dicotomía de que las mujeres gay sean divididas en marimachos o bellezas, casi ya no existe para las jóvenes de hoy que han roto el patrón de moldearse en una relación heterosexual. Varios teóricos han postulado que es curioso que la mayoría de las mujeres no sean lesbianas, ya que a ellas les gusta la profunda comunicación en lo emocional y analítico característico de tales uniones.[7] Lo anterior no quiere decir que los hombres no pueden ser perceptivos y sensibles; pero esas cualidades esenciales son más aparentes y valiosas en la relación con una mujer.

¿Así que el sexo es lo único que los une? No exactamente. Algunas mujeres se identifican como lesbianas, pero nunca le hacen el amor a una mujer. Otras se hacen llamar heterosexuales, pero cohabitan con una mujer. Tal vez toda mujer honesta consigo misma puede admitir que se siente atraída en algún momento por otra mujer, lo cual no es verdad para la mayoría de los hombres. Y aquellas que están dispuestas a admitir que disfrutan las relaciones sexuales con los dos sexos, probablemente sólo reconocen la tendencia que tenemos la mayoría de que nos enamoramos de una persona, no de un género. Bueno, si eso nos hace bisexuales, pues que así sea.

Ser joven, salir del clóset y estar todavía en la búsqueda del amor

A pesar de estar enamorada de una mujer, Tory quiere que le guste un hombre. No es fácil ser joven, soltera y gay. Ella comenta, con firmeza, "Si sólo quisiera fornicar, siempre elegiría a un hombre. Sin citas ni compromisos. ¡Oye, los hombres son tan simples! Ningún hombre se niega a esa proposición cuando se le hace. Por lo contrario, las mujeres..." Y deja que la oración se desvanezca.

Tory tiene 27 años, es fuerte y se mueve con rapidez, es rubia de cabello muy corto, su cara es dulce, apenas está maquillada.

Le pregunté, "¿Cuál es la diferencia entre tener sexo con un hombre y tenerlo con una mujer?"

"Ay, todo. Bueno, con un hombre, por supuesto, hay un cuerpo fuerte y un pene, así que sólo tengo orgasmos vaginales con un hombre."

"¿Sólo?" Yo pensaba en el largo debate acerca de los orgasmos vaginales y del clítoris; en cómo los últimos eran considerados superiores, ya que Freud hizo que las mujeres se acobardaran ante el poderoso pene. Aun así, Tory los describió como si de alguna forma carecieran de algo.

"Si, es bueno con una mujer. Puedes tener orgasmos del clítoris que te hacen estallar y al mismo tiempo es más como si todo tu cuerpo se viniera. No tienes que detenerte y esperar a que tu pareja esté lista para empezar de nuevo. Puedes pasar toda la noche haciendo el amor, hablando de eso, 'Oye, estuvo agradable... quizás debamos usar un vibrador o unas cintas de velcro o sólo nuestra boca en vez de las manos.' Tú sabes, hay más variedad."

Tory siempre ha vivido sola, aunqu2e con relaciones duraderas. Sonríe abiertamente, "¿Conoces el chiste? ¿Qué es lo que lleva una lesbiana en su segunda cita? Un remolque *U-Haul*. Creo que es una cosa de mujeres. Bueno, primero, tal vez porque no hay muchas mujeres gay, así que cuando conoces a una con la que te gusta salir piensas que deberías mantenerte cerca para ver qué pasa. He ido a bares gay sólo en busca de una relación de una noche y me he relacionado con alguien porque la otra mujer decide que somos una pareja instantánea. Eso tus amigas no lo entienden. "¿Qué? ¿Han salido cuatro veces y no tienen una cuenta bancaria compartida?"

Ella dijo que tuvo que haber mucha química con su pareja; aunque estaba con una mujer, Billie, con quien tenía sexo no muy apasionado, sólo una o dos veces a la semana, lo cual consideraba una cantidad insignificante. Billie era una sobreviviente del incesto y le daba miedo que la tocaran, lo cual respetaba Tory. Ella mencionó que su propio y amplio vigor sexual se vio afectado en esta relación. "Tú sabes, dejé de estar tan interesada. Ya ni siquiera me masturbaba tanto; simplemente no formaba parte de lo que hacíamos. Pero creo que la relación se desgastó porque no había ninguna tensión sexual. En verdad lo necesito; mis mejores relaciones tuvieron esa ventaja."

Hace dos años que ella ha estado involucrada con una mujer quince años mayor que ella. Si usted quisiera elegir una unión problemática, ésta es una. "Acababa de terminar con Billie y sentía como que era tiempo de hacer algo sola, algo bueno para mí. Así que me inscribí a un equipo de softball y en mi primera semana en el bat, noto que una persona me está viendo fijamente. Dios mío, está coqueteándome. Era como de mi estatura, morena, con una trenza larga, con ojos verdes penetrantes y cuerpo redondo que lo único que se antoja es abrazar. Todo lo que podía pensar era en tocarla. Además, ella tenía una risa fabulosa, tú sabes, nos divertía demasiado."

"Bueno, luego descubrí que Anna estaba casada y tenía dos hijas de 12 y 15 años. Así que las fantasías estaban bien; es lindo pensar en eso, pero no va a pasar."

Yo tenía curiosidad de cuán agresiva era cuando se trataba de obtener lo que quería.

"¿No se lo pediste?"

"No. Oye, hay bastantes mujeres que tienen novias en la preparatoria o la universidad y juran que son heterosexuales, incluso mis dos primeras novias son casadas y tienen hijos. Eso sólo era diversión, la práctica para el "verdadero momento". Pero creo que sería mucho esperar que Anna se acostará conmigo, quien por todo lo que sabía era una ama de casa típica que vivía en un suburbio.

"¿Pero la hubieras aceptado como una amiga, sin tener sexo?"

"Sí, así fue. Después del entrenamiento todas fuimos a tomar una cerveza y ella se sentó justo cerca de mí, era atrevida, coqueteaba como una loca. Pensé, ¿Qué le pasa a esta mujer? Acaso no sabe que me está excitando. (Más tarde me enteré que ella lo sabía.) Un par de veces me llevó a mi casa cuando mi carro estaba en el taller. Comenzamos a hacer cosas juntas, como ir al cine o al museo los sábados cuando las niñas estaban en casa de sus amigas. Su esposo, Pete, era un hombre realmente fantástico. Veíamos juntos los deportes. Me convertí en un miembro de la familia."

"Así que una noche Anna me llevó a mi casa y sentadas en el coche ella se me insinuó —¡Juro que nunca hice nada!— y le dije, 'Será mejor que tengas cuidado o vas a tener más de lo que has pedido.' Entonces ella respondió, '¿Como qué?' Así que la besé y eso fue todo."

Tory comentó que a pesar de que Anna nunca antes había tenido una relación con una mujer, era una mujer salvaje en la cama. Tuvieron un sexo grandioso, abierto y experimental. Iban al departamento de Tory después del entrenamiento y Anna se iba a las cuatro de la mañana para estar en casa cuando sus hijas se levantaran. Con el paso del tiempo, la conexión que hicieron, la buena amistad y el sexo fabuloso derivó en una aventura amorosa.

"¿Y Pete?"

"Anna y Pete no habían tenido relaciones sexuales en dos años, así que ella estaba hambrienta de sexo. Sinceramente, no sé qué hacía él para tener satisfacción, pero ella decía qué él siempre había tenido gran vigor sexual. Comenzamos por mantenerlo en secreto, pero ella se sentía mal al respecto; así que se lo dijimos. Por supuesto, él estaba herido, pero creo que no estaba tan sorprendido."

"Pienso en él y quizás hubiera sido más difícil para él perderla por otro hombre. Tú sabes que los hombres piensan que las lesbianas no tienen "sexo verdadero", así que no es una crítica a su hombría si su esposa se va con una. Además, creo que fue un alivio que yo le quitara a Anna porque ella era difícil."

"¿Y ahora qué?"

"Bueno, en los últimos días he estado pensando en mi futuro. Quiero estar con ella, poner una casa, pasar el resto de mi vida con ella; pero no así. Acostándonos a escondidas para que las niñas no nos vean. No voy a detener mi vida por ella."

Cuando hablamos por última vez, Tory había ofrecido dinero para la compra de una casa en otra población. Me dijo con firmeza que era el momento de tener algo propio. Le dio un ultimátum a Anna de que quería una respuesta, su Y2K, como ella lo llamaba. Tory dijo, "No voy a sentarme a esperarla. El sexo es una cosa y el amor otra, pero mi vida es más importante."

Ella advirtió algo que por lo general deben darse cuenta las mujeres, esto es que los asuntos del corazón no se pueden anteponer al desarrollo personal. Sí, es importante tener un amante, pero es más importante amarse uno mismo.

Los orgasmos. ¿Dónde encontrarlos? ¿En verdad son importantes?

Ya sea que una mujer sea gay o heterosexual, o todavía no se decide, por lo general es difícil encontrar esa pepita de oro enterrada en la experiencia sexual. ¿Dónde están todos esos orgasmos múltiples de los que hablan las revistas? ¿Acaso las mujeres se sienten obligadas a lograrlos?

Como grupo, las mujeres no tienen la tendencia de ser buscadoras de placer. Es virtualmente imposible juntar un grupo de mujeres y preguntarles qué es lo que hacen para divertirse. Las respuestas oscilan desde cocinar, cuidar el jardín, pintar murales en la pared del baño, hasta alguna actividad doméstica reestructurada para convertirla en un pasatiempo. Regularmente están orgullosas de tomarse tanto tiempo libre del trabajo para disfrutar estas actividades. Pero pregúnteles sobre el sexo sin ningún producto final, como la masturbación, y ellas se negarán a hablar. El tema de inmediato provoca inquietud. Gran parte de este miedo a la masturbación tiene que ver con el modelo sexual de la sociedad, enfocado en el pene; esto es, puede ser buena si no hay pene presente. Asimismo, la mala imagen que las mujeres tienen de sí mismas no es conducente a las fantasías muy atrevidas donde un batallón de admiradores excitados se disponen a darles masajes, lamerlas y tener relaciones sexuales con ellas y darles docenas de orgasmos. En la calle pregúntele a una mujer promedio si se toca "ahí abajo" o si introduce algo en la vagina para tener un orgasmo, o si estimula su clítoris, y se sorprenderá.

Además, una mujer que no tiene experiencia sexual no es capaz de tener un orgasmo. Parece haber una secuencia de etapas que conducen a conocer y pedir placer, y por lo general comienza en la masturbación, la cual, por supuesto, implica pasársela bien cuando nadie ve y cuando nadie espera nada de usted. Una mujer que ha estado condicionada en su niñez a cuidar las necesidades de alguien más antes que las propias, como las de una muñeca, un hermano menor o un padre, tendrá problemas cuando piense en su propio orgasmo si su pareja está acostada justo a su lado y todavía no se ha venido.

La masturbación requiere de práctica. ¿Cómo sabrá si le gusta tocarse directamente el clítoris o si prefiere la sensación de movimientos circulares en él? ¿Cómo sabrá si quiere tanto la estimulación anal o del clítoris mientras introduce en su vagina un vibrador o un consolador? Tiene que experimentar y probar una y otra vez. Supongamos que está interesada en los orgasmos seguidos y no en los múltiples. Usted tiene que volverse muy buena al dejar que las sensaciones bajen ligeramente después de llegar al clímax y luego comenzar de nuevo a frotar, golpear con delicadeza o mover el área para que pueda regresar a la cúspide que dejó.

Asimismo, hay áreas oscuras de las que ha oído hablar, pero no está muy segura de qué hacer al respecto. En primer lugar está la estimulación anal, la que inquieta a unas mujeres. ¿En verdad quiere tocar esa abertura que siempre ha estado conectada con la eliminación? ¿Quiere que su pareja haga eso? Sin embargo, muchas mujeres se excitan si se les toca el ano, e incluso si se les lame (si es que primero las dos partes se han lavado con mucho cuidado), o que se les introduzca algo, como el dedo, el consolador o el pene. Después está el punto G, ese cojín de tejido envuelto en la esponja uretral, del cual habló un ginecólogo de Berlín en la década de los años cincuenta, el doctor Ernest Gräfenberg, y que más tarde fue popularizado en los años ochenta por John Perry y Beverly Whipple. Este botoncito de placer, descrito como una pequeña protuberancia en forma de frijol que se encuentra en la pared anterior de la vagina, puede provocar orgasmos fabulosos en aquellas mujeres que lo encuentran, e incluso desencadenan la eyaculación femenina. Es muy probable que para encontrarlo necesite una pareja o un consolador torcido o un vibrador diseñado especialmente; ya que se encuentra muy arriba y la mayoría de las mujeres no tienen dedos tan largos. También es muy fácil estimularlo en varias posiciones (la del perrito es buena), lo cual significa que la mujer debe tener suficiente experiencia para levantarse y hacer algo para lograr este orgasmo supuestamente increíble. Tal vez no todas las mujeres tienen esta área en particular o que sea muy difícil encontrarla, lo cual sugiere que no existe una respuesta sexual universal por la que deba que luchar.

Otra área que se debe estimular, rara vez explorada, es la punta de la esponja uretral que se encuentra en la base de la diáfisis del clítoris. La uretra es un área muy sensible, al igual que el ano, y puede usarse efectivamente para el placer sexual. Además, muchas mujeres requieren de una gran variedad de estimulaciones simultáneas para lograr un orgasmo, como la mano de su compañero en el clítoris y el punto u, el pene en la vagina, un tapón en el ano y sus dos manos manipulando los pezones; eso es, si ellas están dispuestas a tocarse.

¿Qué hay acerca de la eyaculación femenina? ¿Qué es lo que en realidad ocurre? Esto todavía es tema de debate en muchos círculos. El líquido claro e inodoro que exuda de las glándulas parauretrales, el cual puede ser producido por muchos tipos de estimulación, es claramente distinto a la orina en su composición química. Algunas mujeres que eyaculan sólo sienten que están muy mojadas y otras pueden chorrear en la cama; de cualquier forma, una vez más, la mujer se debe sentir muy cómoda para dejarse llevar y no preocuparse de que está a punto de orinarse cuando se excita. La expectativa, ansiedad y confusión respecto a lo que pasa puede detener la ruta de un orgasmo y a él mismo; además, el cese violento y las sensaciones nuevas pueden permitir que se desborde. Por supuesto, la clave está en practicar, practicar y practicar.[8]

Por desgracia, las mujeres que anhelan uno de estos explosivos momentos físicos pueden perderse de mucha de la diversión de tener un orgasmo. Un orgasmo puede ser tan delicado como un suspiro o tan sorprendente como una ola de mar, según el tiempo, el lugar y las circunstancias. Esta encantadora liberación no es siempre un suceso físico, puede ocurrir en cualquier parte y en todas partes del cuerpo de inmediato, sin importar qué parte se estimule, o no. Hay mujeres que pueden tener orgasmos sin tocarse, sólo fantaseando. Hay algunos hombres y mujeres discapacitados que tienen sensaciones sexuales al meditar o soñar despiertos. En realidad no tenemos idea de todas las alteraciones de esta experiencia, pero sólo podemos mejorarla con mucha experiencia y permisibilidad.

¿Qué imágenes la excitan? Un día puede ser el pensamiento de quedarse atorada en un elevador sin ropa interior y con un hombre enmascarado a su lado. Otro día puede ser estar recostada con las piernas abiertas sobre la arena mientras dos mujeres le succionan los pezones y dos hombres introducen en sus dos aberturas su pene enorme y erecto. Pero nunca lo sabrá hasta que lo intente una y otra vez.

Debido a que la práctica es esencial para adquirir destreza, las mujeres que viven con alguien o están casadas tienen mayor oportunidad de alcanzar un orgasmo, ya sea mediante la manipulación mutua, las técnicas orales o la interacción sexual, ésta última es más difícil de lograr. Una mujer soltera, incluso una que tenga pocas parejas con las que podrá estar en un futuro, deberá tener una vida sexual regular para adquirir la capacidad de respuesta. Lo anterior no quiere decir que no puede ser soltera y excitarse con facilidad, pero se requiere fe para llegar al siguiente paso.

Cuando logra buen sexo lo quiere de nuevo. Lo espera porque recuerda que la última vez se la pasó de maravilla. Entonces está lista, preparada y lubricada cuando ese primer beso o caricia en la mano le indica el inicio de la experiencia sexual. Después de terminar todo, usted recuerda las mejores partes y arma un video que puede ver en su mente una y otra vez hasta la siguiente ocasión, cuando de nuevo, está al borde del placer gracias a la última vez. Por supuesto, si ésta fue hace cuatro meses, usted necesita mucho más ayuda mental, emocional y física para llegar al mismo lugar. De igual forma, lo anterior funciona de manera contraria. Las mujeres que han sido abusadas, de niñas o adolescentes, tienen que superar sus recuerdos para sentirse lo suficientemente cómodas para experimentar el sexo otra vez.

Si tan sólo tuviéramos maestros mayores que nos aseguraran el progreso de nuestras habilidades sexuales. Nuestra madre y tías nos ayudan a decorar el departamento nuevo y nos dicen cómo vivir con un presupuesto. ¡Pero nunca nos dan una guía para obtener lo más posible del sexo! En realidad es como andar en bicicleta. Necesitas a alguien que te sostenga cuando ya no usas las llantas entrenadoras, sólo en caso de que te caigas las primeras veces. Eso es lo que podemos usar al dominar el sexo; un hombre mayor nos da ánimos respecto a que lo hacemos bien y sin duda mejoramos. También necesitamos que nos digan que está perfectamente bien que caigamos; en este caso, que no tengamos un orgasmo.

Hay culturas en las que las mujeres mayores sirven de guías para el contacto sexual femenino. Por ejemplo, en Polinesia, por tradición, las mujeres que pasan por la menopausia son utilizadas como educadoras sexuales. Sin embargo, nuestra civilización ha distorsionado el sexo. Debemos tenerlo, y aun así las puertas de la biblioteca que contiene toda la información están cerradas con llave y bloqueadas. No hay forma de descubrirlo excepto saltando al ruedo.

¿Cómo conseguirlo? Algunas mujeres tardan vida y media en descubrirlo.

A los 35 años no tiene a nadie, pero no está sola

Las personas que tienen bebés han sido el objetivo de los anunciantes en la última década o más porque son las personas que tienen dinero. Ellos compran casas, autos, cosas para sus casas y autos, compran cosas para sus hijos, se van de vacaciones, se divorcian y vuelven a casarse y hacen todo de nuevo.

Las mujeres que nunca han estado casadas o que nunca se volverán a casar son el nuevo objetivo de los anunciantes. De acuerdo con la Oficina del Censo, en los últimos 15 años aumentó más de un tercio, a 30 000 000, el número de mujeres que viven solas en este país. Las mujeres solteras ya no son menores de 30 años sino de todas las generaciones. Como las mujeres ganan más y gastan con confianza se han vuelto las protagonistas de la economía.

De acuerdo con el Proyecto Nacional de Matrimonio de 2002, una enorme encuesta de la Universidad Rutgers realizada a individuos sin estudios universitarios de 20 a 29 años de edad, una gran mayoría de las mujeres solteras buscan "relaciones sexuales sin ataduras y relaciones sin anillos de compromiso". El sexo casual que domina la autopista de 12 carriles de las citas está perfecto si no está lista para una relación, la cual la llevará al carril de la fidelidad mutua. A la mayoría de las mujeres de esta época les gusta la idea del amor, pero no pueden lidiar con todo el bagaje emocional que se vive al buscarlo. Muchas de ellas, en especial las afroamericanas que tal vez han visto a su madre, tías o primas abandonadas por los hombres que no pudieron comprometerse a llegar a comer, mucho menos a quedarse, sienten que deben salir adelante solas. Quieren buenos trabajos, casas agradables y relaciones sexuales cuando sea posible; incluso ellas proporcionarán los condones.

Usted puede conocer, o puede ser, una mujer que por mucho tiempo busque una relación viable:

Un guardián definitivo: Soy una mujer inteligente, simpática, aventurera y segura de sí misma "en la ciudad" o en el bosque. Hasta el momento he pasado mi tiempo creando una vida profesional. Ahora quiero encontrar una pareja de por vida. ¿Eres responsable y cuidadoso? ¿Puedes reír y llorar? ¿Necesitas más juego y ternura en tu vida? Soy un tesoro... ven y encuéntrame.

Ser soltera ya no es un estigma. En cualquier momento usted puede poner un anuncio como el de arriba en una columna del periódico, todo lo que debe hacer es describir todo lo que es y todo lo que anhela en 50 o menos palabras. El término "solterona" ha salido del léxico; por supuesto, la razón es que la sociedad nos da permiso de crecer más lento que antes. Hoy en día se considera correcto retrasarse en el plano romántico, debido al enorme número de individuos que viven con sus padres después de la universidad por razones financieras o que comienzan un nuevo camino en su carrera cada diez años. Incluso el parto no tiene que ser similar al de los viejos tiempos.

Muchas mujeres dicen que es preferible ser toda una persona antes de comenzar a buscar una relación. Hoy en día, convertirse en la esposa de alguien no es el problema, sino formar una sociedad en la que se sienta cómoda y bien, sin importar la edad. Así que las mujeres solteras pueden disfrutar la compañía de los hombres y no estar hambrientas por ellos. Piense en la proliferación de los equipos de volibol mixtos y en las clases de swing o en la nueva moda de la participación de las mujeres en las clases de Home Depot para aprender a colocar una pared o el azulejo en el piso del baño. Sí, quizás ahí conozcan a alguien guapo, pero el verdadero objetivo de la visita es aprender la actividad. Una actividad que necesita practicar cuando no hay un hombre.

Patricia: el yo antes de la relación

Patricia tiene un gran círculo de amigos cercanos, hombres y mujeres. A todos les gusta pasar el tiempo con ella. Es una maravillosa cocinera y con frecuencia hay gente interesante en su cocina por las noches o los fines de semana. Sin embargo, a los 35 años ella nunca ha tenido una relación sería y comprometida. Dice que un hombre tiene que golpearla en la cabeza o de lo contrario ella no se da cuenta de que están interesados en ella. "Creo que parte de eso viene de mis padres. Eran muy mayores, inmigrantes húngaros y judíos que rara vez hablaban inglés en la casa. Yo era su pequeña *ketzelah*, su gatito, y ellos me trataban como si fuera mucho más frágil que mi hermano, quien era dos años menor. Algo podía sucederme, no debía meterme en problemas, ésa era su actitud. Creo que ésa es la razón por la cual hasta hace unos cuantos años, cuando estuve sola con un hombre, comencé a sentirme inquieta y tensa. Sentí como si estuviera haciendo algo que ojalá no hubiera hecho, y entonces, bingo, quedé en silencio. Nos hubiéramos puesto cómodos y yo no hubiera dicho una palabra. Sí, si quiero; no, no quiero. Las palabras no podían salir de mi boca. Estaba paralizada."

La parálisis verbal de Patricia se trasladó a su estado físico. Ella estaba rígida cuando intento tener relaciones sexuales y fue muy difícil o imposible que su pareja la penetrara.[9] Estaba desesperada por cambiar esta parte de ella, de convertirse en la mujer salvaje y loca que en realidad creía ser; pero las oportunidades nunca se presentaban. Tenía 35 años cuando se encontró a un hombre que conoció hace 15 años e iniciaron una relación.

"Él fue útil y muy sensible. Entendió cuán difícil era para mí y sólo dijo, 'Bueno, vamos a hacer que suceda.' Sentí que me quitaron una gran carga de encima porque él iba a hacerlo por mí. ¡Me decía 'sexy'! No puedo decirle que tan aliviada me hizo sentir. Él se tomó su tiempo, me tocó por doquier y fue muy cortés con respecto a mi cuerpo, no de forma hipócrita sino como si en realidad lo viera y apreciara cada parte. Me abrazó, me besó y al final dijo, 'Me gustaría llegar más lejos.' Fue tan tierno y amable, volvió a decirme que estaríamos bien." Ella sonrió. "Creo que le creí. Finalmente, mis músculos se relajaron y no hubo ningún problema. Excepto..."

Judith preguntó, "¿Excepto qué?"

Con voz calmada confesó que nunca, en sus 35 años, había tenido un orgasmo. Por sugerencia de una amiga, compró un vibrador. "Lo compré y lo guardé en el armario. Simplemente no lo tocaba. Mi amiga seguía molestando al respecto —¿Bueno, todavía lo tienes? ¿Se está empolvando? Así que en una tarde lluviosa, lo saqué y probé: Me obsesioné con él. Tenía tantas ganas de tener un orgasmo que lo empujaba y no permitía que mi cuerpo reaccionara."

Patricia dice que no está segura si se ha venido. Tal vez algunas veces siente unas pequeñas olas que podrían relacionarse con un orgasmo. Pero mientras tanto, hace algo más por ella que hubiera sido imposible realizar un par de años atrás. Está madurando sexualmente y experimentando con su sexualidad. Lleva año y medio con su amante actual y se ha puesto cómoda sólo jugando con el sexo.

Ella dijo: "No la pasamos tan bien. Él vive lejos, así que a veces nos vemos en hoteles, lo cual es algo prohibido y lujoso, hemos hecho cosas como usar crema batida y juguetes sexuales y nos hemos amarrado un poco con cuerdas de seda. Una vez llegué a su casa con sólo un abrigo y tacones altos, eso es todo, porque él me retó y nunca pensó que lo haría. De hecho, he usado el vibrador enfrente de él, pero quiero dejarlo porque no quiero depender de él. Finalmente, he descubierto las maravillas del sexo oral. Estoy muy cerca de tener un orgasmo con él cuando me hace sexo oral. Cruzó una línea imaginaria que me detiene y me hace darme cuenta que hay potencial ahí y que todo lo que debo hacer es aferrarme a él.

Le pregunté si él era un guardián y ella suspiró: "No, hay muchas complicaciones, no es algo eterno. Sin embargo, ahora estoy abierta emocionalmente a conocer gente, como nunca lo había estado. Es como si se hubiera abierto la caja de Pandora. He deseado que esta parte de mi vida se sienta bien y la estoy devorando, me encanta. Entre los dos últimos amantes he tenido una gran oportunidad de experimentar, hice cosas que la gente por lo general hace a los veinte años. Creo que mi crecimiento se truncó un poco, sexualmente hablando; pero tengo esperanzas."

Hay algo atorado y tenso acerca de la descripción de Patricia respecto al sexo. Hay una mujer competente, consciente de quedarse muda, con el pensamiento de hablar para defenderse en una situación íntima, que no abriría sus piernas a un hombre porque dentro de ella siente que le gritan: "¡Te van a lastimar! No lo hagas." Aun así, ella quiere superarlo. Ha emprendido un proyecto creativo sobre el sexo, algo en que hurgar, como si renovara una casa vieja. Es posible, con tiempo suficiente y mucho esfuerzo.

¿Quién necesita el matrimonio? A muchas de las mujeres que Sandra asesora no les importa si nunca llegan al altar. Pero, al mismo tiempo están conscientes que su condición de solteras convierte al sexo en una gran responsabilidad en vez de un juego delicioso. Hay tanto esfuerzo involucrado para disfrutar la intimidad que para muchas es difícil alcanzar su potencial sexual.

No obstante, el matrimonio es una respuesta. Esta enorme institución que la sociedad ha codificado e institucionalizado por miles de años significa menos para muchas de ellas de lo que antes significaba. Hoy en día, las joyerías anuncian "anillos de matrimonio y compromiso" para aprovecharse de la nueva moda de las uniones gay y las sociedades que no están sancionadas por la ley, pero implican una relación diferente. El amenazador reloj reproductivo que empujaba a las mujeres al matrimonio ha reducido, como si hubiera sido manipulado por Salvador Dalí ya no es un factor tan potente como solía serlo. Gracias a la tecnología usted puede tener un bebé a los 40; incluso a los 50 años si desea adoptar o tener un huevo de una donadora joven. Por lo que puede posponer el matrimonio el tiempo que crea apropiado.

Sin embargo, algunas mujeres se asustan con la idea de estar solas a los 50 años, por lo que a los 25 creen que deben darse prisa. Tal vez ver a su madre soportar un mal matrimonio y un divorcio, quizás leer muchos de esos artículos de *Cosmo* acerca de pasar el Año Nuevo sola, es lo que les afecta después de un tiempo. Ellas tienen marcado en la memoria que las mujeres menstrúan, se embarazan y lactan; los hombres fertilizan y así es como ha sido y será siempre.

Por esta razón, siempre habrá mujeres desesperadas por tener ese documento legal, incluso si la naturaleza de la relación que están a punto de celebrar es muy diferente a la que esperaban su madre o abuela. La argolla de matrimonio es el símbolo de totalidad que desean, en la cama y en la vida. Demuestra que han crecido, echado raíces y que están en camino de producir una generación nueva. Sus familias tienen una mejor opinión de ellas, hasta puede que les den mejor asiento en el restaurante. El sexo es legítimo, asimismo lo es pasar una larga tarde del domingo con su amor sin sentir que debe maquillarse, comportarse de manera inteligente o ser alguien que no es.

Hay un tipo de relajación tan pronto se ponen el anillo. Como dice una vieja canción, "Un hombre persigue a una mujer / Hasta que ella lo atrapa." Después de años de buscar, desear y dudar cómo diablos podrá estar sólo con el sexo o el romance, ahí está, la carrera para llegar a *home*: El matrimonio.

3
La cópula:
sexo disponible

Hay una caricatura que ha venido circulando por varios años en los dormitorios y grupos de mujeres. La ilustración es de dos gráficas de sectores que muestran la forma en la que pensamos: una para los hombres y la otra para las mujeres. La gráfica de los hombres está mal dividida en tres secciones: los deportes, el sexo y la profesión. El cuadrante del sexo tiene una pequeña división conocida como "la relación" y también hay algunas categorías no importantes que son partes pequeñas de la gráfica, entre las que se encuentran "quedarse calvo", "envejecer" y "crecimiento extraño de vello en la nariz y las orejas."

La gráfica de las mujeres es más simple. Tres cuadrantes de la gráfica están completamente dedicados a La Relación, y dentro de esta categoría hay una pequeña etiqueta plateada que dice "sexo". Las otras partes diminutas que constituyen el resto de la gráfica incluyen "comida" (con una subdivisión que dice "alimentos que no debo comer), "mascotas", "envejecer", "orinar" y "destruir hombres". Nos reímos, pero aceptamos de mala gana que sin duda no existe la mujer que no determina sus relaciones dentro de todo lo que hace en la vida.

Nos unimos a las mujeres que están a nuestro a lado en la fila del cine o con la que intercambiamos comentarios de los jitomates en el supermercado. Nunca es sólo el cine o los jitomates; es cómo nos sentimos al ver una película o al apretar una verdura podrida. Ésa es la razón por la que las mujeres tienen tendencia a estar descontentas con los hombres, aun cuando desean con desesperación unirse a uno de ellos. Para la mayoría de los hombres una película es sólo una película y un jitomate es definitivamente un jitomate. Para las mujeres es algo más, algunas veces puede expresar todo el alcance de la emoción humana. ¿Por qué los hombres no lo entienden?

No es tanto que los hombres y las mujeres no se comuniquen con efectividad, sólo que trabajan el mismo material con herramientas diferentes y tienen distintos resultados. Por supuesto, esto conduce a los problemas que los hombres y las mujeres tienen al jugar, pelar, mezclar y empatar su sexualidad.

Las mujeres son expertas en encontrar formas de usar la relación en todas las formas posibles. Pueden hablar y pensar en la relación que no tienen en la actualidad y pueden obsesionarse en tenerla, en la relación que tienen en curso; tiene sus puntos buenos aunque también muchos problemas; en la relación de la que acaban de salir y de la que se libraron; en la relación extra que están considerando o que las tiene confundidas porque su relación principal las tiene un poco insatisfechas, pero no lo suficiente como para terminarla; en la relación que nunca tuvieron, pero para la que están listas, una que pueden imaginar con todos sus matices y cambios.

La salida fácil sería decir que las mujeres tienen una necesidad seria de ampliar el sexo y combinarlo con los temas más problemáticos de la cópula. Porque ellas siempre abarcan esos problemas, no pueden sólo disfrutar el placer físico y emocional que ocurre cuando se les toca, besa y acaricia. No pueden liberar el mayor orgasmo de su vida porque simplemente no pueden ser vulnerables con alguien que quizá no esté ahí mañana.

Pero ésta no es una preocupación infantil que las mujeres tienen que superar. Es un hecho bien establecido que la mayoría de las mujeres son firmes en que un tipo de relación debe desarrollarse antes del sexo y continuar después de él o simplemente no funciona para ellas. La gran mayoría de las mujeres quiere afecto, caricias y un hombre que recuerde su aniversario, más que tener un gran semental.

¿Qué es una relación y por qué las mujeres necesitan una?

Definamos la palabra "relación" para que todos tengamos la misma idea. Es una conexión entre dos individuos que implica docenas de papeles y expectativas entrelazadas, desde amistad hasta atracción, curiosidad, balance de poder, quietud, bienestar y compartir muchos intereses.

Por supuesto, las mujeres pueden manejar solas una vida, y muchas lo hacen, en particular si son mayores, mientras puedan echar raíces en un lugar donde tengan acceso al trabajo, sustento y entretenimiento. Pero ellas tienen tendencia a enviar señales a la familia, los amigos y conocidos dondequiera que estén en formas que los hombres no. Hacen relaciones dondequiera que estén.

Eric Erikson dijo que para las mujeres la intimidad precede a la identidad. Que ser íntimo significa estar con alguien más. El amor es algo que la mayoría de las mujeres sienten que tienen derecho y hacen muchas concesiones para obtener ese sentimiento emocionante. Es posible que por esta razón muchas solitarias empedernidas piensan que permanecer solteras puede no ser tan malo.

¿Es menos sexy ser soltera?

Ser soltera no es una garantía de satisfacción sexual, incluso en estos tiempos igualitarios donde la mujer es libre de invitar al hombre para ver sus impresiones y donde el sexo antes del matrimonio es casi de rigor. A los solteros se les crea el mito de que son almas despreocupadas que tienen relaciones sexuales aquí, allá y en todos lados. ¿Pero en realidad lo hacen? A pesar de protestar y quejarse del triste estado del sexo marital, a la institución no le va tan mal. Al menos 65% de las parejas tienen relaciones sexuales más de una vez a la semana, incluso después de diez años de matrimonio.[1] ¿Cuántos solteros pueden tener esa cantidad de sexo? Si sale con alguien, quizás no es la persona perfecta, tiene mayor oportunidad de realizar la danza del apareamiento que si vive solo con su gato.

En el tiempo que dure una relación el sexo aumentará y disminuirá dependiendo de varios factores: cuanta privacidad tengan, si se sienten seguros en la relación, si están profundamente enamorados, hasta la coronilla o apenas se soportan. También depende en gran parte el lugar que ocupe el sexo en la fila de las otras cosas que comparten y deben hacer. Incluso cuando la pareja no es extática debe ser práctica. La gente tiene más relaciones sexuales cuando vive con su pareja, porque la disponibilidad es, en la mayoría de los casos, más importante que la pasión.[2] Seguro es divertido sentir una oleada de placer cuando atrae una pareja después de otra, pero, ¿qué mujer adulta quiere mantener ese tipo de vida frenético por siempre?

Si escucha lo que la cultura popular dice hoy en día acerca de las solteras, es claro que éstas tienen más angustia que orgasmos. Las cuatro chicas elegantes de *Sex and the City* en realidad no tienen tanto sexo tantas veces como las que hablan o fantasean con él; al menos dos de ellas, Carrie, la heroína que escribe una columna sexual en un periódico, y Charlotte, la recatada protestante anglosajona que con desesperación quiere relacionarse con un hombre. Pero a pesar del matrimonio de Charlotte y la relación comprometida de Carrie, las cuatro están unidas una con otra, no con un hombre. El desastre que representa la vida amorosa de Ally McBeal es un comentario triste de la joven profesional. Ella fue obligada a trabajar con el amor de su infancia, quien se casó con otra mujer (y luego él muere de un tumor cerebral), y la danza sexual está más presente en su vida de fantasía que con cualquiera de los hombres con los que sale. Ella suspira, añora y tiene ganas de caminar con un hombre bajo la puesta del sol.

La mayoría de las mujeres son como Carrie y Ally; incluso aquellas que valoran su libertad personal y sexual sobre todas las cosas, algún día quieren ser parte de una pareja. Eva lo hizo porque una fuerza más grande la animó (también porque la primera pareja de Adán, Lilith, no colaboraba); pero casi todos lo hacen porque esa primera pareja ha decidido unirse porque se siente... bien. Una mujer no se establece con una pareja no sólo por soledad o por la presión de sus semejantes, aunque estos elementos alguna vez entran en juego, sino porque ha pasado un tiempo conociéndose, ella se da cuenta de que está lista para compartir ese bono con alguien más. Crear una familia, tomar decisiones compartidas y ser parte de dos tiene un encanto. Aun las mujeres que han tenido una pareja y las que no lo han tenido, nunca pierden la esperanza de que el siguiente lazo emocional que hagan será el perfecto.

La práctica de vivir juntos en una unión formal o informal se ha ampliado y se ha reducido en la última década. Las mujeres han solicitado un balance en las relaciones y lo están consiguiendo. Los hombres se han vuelto mejores parejas así como las mujeres han pedido más calidad en casa. Por supuesto, las mujeres satisfechas con un matrimonio "tradicional" donde manda el hombre, se unen con individuos que se conformarán con ese patrón. Una mujer que desea tener una relación de igualdad a menudo encuentra hombres dispuestos a proporcionar ese tipo de regalo. También hay parejas que no están muy seguras de lo que quieren cuando están juntas, pero lo solucionan con el paso del tiempo.

En la actualidad hay docenas de variaciones en el tema de las relaciones comprometidas, algunas sancionadas por la ley, otras no. Vemos tres tipos importantes de relaciones y matrimonios que se cruzan: aquellas que están basadas principalmente en la familia, existen para proporcionar seguridad a un grupo de individuos en vez de sólo a dos; aquellas en las que la amistad y el compañerismo es lo principal; y las que el romanticismo y el sexo son primero. Cada una de las uniones tiene elementos de las otras, aunque una de ellas por lo general suena como nota dominante.

Casi la mitad de todos los matrimonios termina en divorcios, pero un enorme 40% dura el tiempo de vida de la pareja. Las que sobran son las personas que nunca se casaron y aquellas que se divorciaron y se volvieron a casar porque resultó ser que su lazo era más fuerte que cualquier otro que pudieran formar con otra pareja. Algunos matrimonios cambian y las parejas sólo se ven a veces porque uno de ellos viaja por razones laborales, incluso vive en otro estado. Existe el matrimonio serial, un fenómeno que se vuelve más popular conforme la gente crece y supera los lazos de las primeras relaciones. Está el compromiso de las lesbianas, equivalente al matrimonio, ya que es raro que los gay obtengan un permiso y se labren el camino hasta el Nirvana del matrimonio legal. También existe la unión libre para los heterosexuales, una prueba para el matrimonio que tiene menos reglas y normas en la que algunas parejas se extienden hasta el infinito. También hay parejas que abren los límites tradicionales para adoptar niños o estilos de vida diferentes. Por ejemplo, hay individuos casados con una persona, pero viven con otra, o están separados y pasan la noche en casas distintas. Hay arreglos comunes en los que hay lesbianas que viven con hombres gay para ofrecerles a sus hijos un modelo masculino, donde cada pareja tiene permiso de involucrar a sus amantes dentro de la relación. Y también hay individuos que aman su privacidad y tienen dos familias.

El sexo para los individuos que forman una pareja es un reflejo de lo que hace cientos de años dijo George Bernard Shaw acerca del matrimonio: "El matrimonio es popular porque combina lo máximo de la tentación con lo máximo de la oportunidad." Su pareja está ahí todo el tiempo, así que si quiere puede tenerlo.

La búsqueda de la pareja

¿Cómo encuentran las mujeres a ese ser especial? La mayoría de nosotros busca un hombre o una mujer con una variedad de rasgos que admiremos porque nos ayudan a sentirnos valorados, amados y apoyados; equilibran las deficiencias que creemos tener. Usted puede ser una buscadora del matrimonio tradicional que quiere un hombre, primero y antes que nada, para que sea un buen proveedor y un individuo estable que la protegerá, tranquilizará y ayudará a criar y alimentar a los niños. O quizá esté más inclinada a establecerse con un compañero en quien confiar, una persona a la que le puede contar todo, un amigo que la ayudará a compartir los retos de la vida diaria. Otra vez, puede ser una buscadora de emoción que necesita un sentido agudo de ella, una persona que desee obtener un Vesubio de un matrimonio donde las peleas y el amor tengan la misma intensidad. Gran parte de lo que necesitamos en esta mezcla tiene que ver con las posturas y los ideales que desarrollamos cuando somos niñas y adolescentes, y con los modelos de nuestros propios padres. También se remonta a las experiencias que vivimos hasta ahora.

Probablemente hay varias personas en el mundo de quienes nos podríamos enamorar y formar una unión feliz. No obstante, de acuerdo con la encuesta sexual de 1994 acerca de los patrones de sexualidad en los Estados Unidos,[3] la mayoría de nosotros elegimos parejas que son aproximadamente de la misma clase y el mismo nivel intelectual que nosotros. Los obreros se casan con obreras o vendedoras; los doctores con doctoras. Las reglas sociales se desvían un poco, pero no son del todo flexibles. Tal vez hay un poco más de libertad que la que tuvimos cuando nuestra familia arreglaba el matrimonio (aún en la actualidad, en Estados Unidos hay muchas culturas que lo siguen haciendo), pero podemos engañarnos al creer que tenemos libertad cuando lo hacemos nosotros mismos.

Para la mayoría de las mujeres, la capa en la superficie de todos estos criterios es el amor, como sea que lo defina cada quien. Este conjunto de sentimientos complejos es vital para la mayoría de las relaciones duraderas. La mayor parte de las mujeres quieren afecto y cuidado para acostarse con un hombre, y si la relación continúa necesitan sentirse unidas a su compañero para establecer un compromiso de "pareja". Aun si esa unión se rompe con el tiempo, muchas mujeres todavía sienten amor por el hombre con el que alguna vez compartieron su vida.

La unión

Sue comentó: "Después de los primeros meses de matrimonio el sexo no era tan frecuente, espontáneo o atrevido, pero tenía una cualidad diferente. Era más profundo, más divertido, lleno de algo que no nos pertenecía a ninguno de los dos." Sue y muchas otras mujeres entrevistadas para la realización de este libro, hablaron del tipo especial de intimidad en el sexo de una pareja que quizá tenga algo que ver con el control o desde un punto de vista más evolutivo, la unión.

Helen Fisher, reconocida antropóloga sexual y autora de *The First Sex* (*La primera relación sexual*) y *The Anatomy of Love* (*La anatomía del amor*) explica que los humanos han separado convenientemente el vigor sexual o la lujuria de lo que ella denomina atracción o unión.[4] Estos tres sistemas emocionales distintos pueden estar casados con funciones cerebrales diferentes. Es triste decirlo, pero los grandes romances de la vida pueden estar unidos por una oleada de poder de los neuroquímicos que nos dicen si debemos excitarnos, suspirar y soñar, o planear la boda.

La primera, la lujuria, la más importante del trío, es un instinto. Los animales al igual que la gente sienten lujuria. No importa mucho cual sea el objeto de este deseo mientras permita tenerlo a él o a ella controlados. Este tipo de sensación, fuera de control, es determinado por los andrógenos, los cuales pueden provocar la producción de la hormona folículo-estimulante (FSH, por sus siglas en inglés) y la hormona liteinizante (LH, por sus siglas en inglés).

Después, pensemos en la atracción. Sí, puede ser fatal porque cuando se siente, hay un objetivo especifico de interés. No es sólo cualquier persona. Usted puede soñar y fantasear con esa persona al punto de que los pensamientos inoportunos abrumen su conciencia. El componente de atracción de nuestras emociones parece depender de catecolaminas, neurotransmisores como la dopamina, la cual produce euforia, pérdida de apetito y sueño, y norepinefrina, la cual no sólo nos excita, también nos hace marcar el objeto de nuestro afecto, como lo hacen los cisnes cuando son pequeños. Estamos atrapados; nos tambaleamos en un deslumbramiento.

Sorprendentemente, los niveles altos de serotonina pueden provocar que perdamos el interés sexual porque nos llenan de una gran cantidad de bienestar que no necesitamos. Ésa es la razón por la que el Prozac es un tranquilizante para muchos amantes. Pero los niveles bajos de este neurotransmisor pueden ayudar a regresar el videocasete en nuestro cerebro; esto es, que el sentido de fijación en tiempo, lugar y lo que él llevaba puesto y cómo olía, pueden agitarse con ese químico.

Luego está la unión, la cual implica un hogar, una familia, establecerse en un lugar, ver a sus bebés a través de los ojos de su pareja. Significa sentir como si una parte de usted ha sido desprendida cuando no está con esa persona. Éste es el coctel de la monogamia: dos químicos péptidos llamados oxitocina, la cual también es producida por las madres que están amamantando, y vasopresina, la cual, en los animales, está asociada con el cuidado paterno. Como sabemos, gracias a los estudios realizados en individuos de matrimonios arreglados, ellos pueden no sentir lujuria ni atracción, pero están comprometidos con la persona asignada como su compañero de por vida. Literalmente, las mujeres chorrean las hormonas de la unión, las cuales son liberadas en el orgasmo y al amamantar. Hablando de divisiones, los hombres pueden eyacular en una variedad de formas sin quedarse atrapados en una.

Sería agradable pensar que la unión se ha conectado a las primeras etapas, en muchas ocasiones así es. La persona que elegimos como pareja a menudo es la que nos excita. Para las mujeres complicadas que lo intentaron con unas cuantas parejas antes de casarse, la compatibilidad emocional es uno de los principales requisitos.

No del todo casados: unión libre

De acuerdo con el Departamento del Censo de Estados Unidos, el número de parejas sin casar que viven juntas aumentó 454% entre 1970 y 1990, llegando a la enorme cantidad de 2.9 millones de parejas.[5] El 60% de todas las parejas casadas vivieron juntas antes de casarse, aunque sólo sea por un mes. Sólo 10% lo hizo de la forma adecuada y correcta según la década de los años cincuenta.

Una de las motivaciones más comunes para tomar la decisión de compartir la casa con alguien es asegurarse que tendrá disponibilidad y acceso al sexo. La gente que vive en unión libre tiene relaciones sexuales más que nadie en Estados Unidos, 19% de los hombres y 17% de las mujeres tienen intimidad cuatro o más veces al día.[6]

El problema de vivir en unión libre es que ésta no tiene una verdadera idiosincracia en sí misma. No hay nombre para esa "persona especial" y no hay seguridad de que vivir en unión libre conducirá a un futuro juntos, y a veces, una relación construida con mucho sexo no sobrevive. Una vez pasado el fulgor inicial de toda esa pasión las dos personas pueden verse y preguntarse de qué trata todo ese alboroto. Si descubren que no son compatibles, se dividen las cosas y contratan una mudanza; no se debe romper ningún convenio formal. Por supuesto hay alboroto emocional, pero es mucho más fácil en términos de papeleo que un divorcio formal.

Para muchas mujeres es muy atractiva la idea de vivir juntos por razones prácticas. "Odiaba levantarme en la mañana para ir al trabajo y saber que mi suéter favorito estaba en mi departamento. El sexo era fabuloso, pero todo lo demás era un problema, extinguía el fulgor de los orgasmos. De repente todo se volvió más simple cuando al fin decidimos compartir un departamento. Tenía un lugar para mis cosas y mi almohada de aromaterapia estaba bajo la suya. Hacer el amor era más equitativo, no estaba cubierto con la idea de mi departamento o su departamento."

¿Son fieles las personas que viven en unión libre? En un estudio de Blumestein y Schwarts de 1983, sobre la pareja estadunidense, 17% de los hombres y 16% de las mujeres que vivían en unión libre engañaron a su pareja en los primeros dos años, los números aumentaron para los dos mientras permanecían juntos más tiempo. Éstos son números más altos que los de la tabulación de los autores para los casados, sólo 9% de los esposos y 7% de las esposas fueron infieles durante los primeros dos años de matrimonio.[7]

Las personas que viven en unión libre no desarrollan las mismas raíces profundas que los individuos casados, ya sea que vivan juntos por uno o diez años. Siempre están creando y recreando lo que hacen juntos, lo cual es maravillosamente reconfortante, pero al mismo tiempo, es enervante para muchos.

Abigail, casada después de vivir dos años en unión libre, me dijo: "Cuando vivíamos juntos nunca estuve segura de si en realidad funcionaba, aunque habíamos hablado de casarnos desde la primera semana que nos conocimos. Antes de la boda tenía estos sueños dos veces por semana donde acabábamos de salir y yo no lo podía encontrar; no había nada malo entre nosotros. Pero esos sueños desaparecieron después de que nos casamos."

Por supuesto, su sueño estaba basado en la preocupación práctica. Aproximadamente 38% de la gente que vive junta antes de casarse termina en un periodo de diez años, lo contrario a 27% de aquellos que viven separados antes de casarse. Vivir en unión libre no es una preparación para el matrimonio ni tampoco un seguro contra el divorcio.

La unión libre es una experiencia de exploración que sirve como un método conveniente para aprender los hábitos, gustos y aversiones de la pareja. La gran pregunta por lo general llega después de que los dos han pasado juntos cerca de un año: ¿Nos separamos? ¿Nos casamos?

La opción del matrimonio

Los números son inquietantes: Más de 90% de las mujeres estadunidenses brincarán a la alberca del matrimonio antes de cumplir los 49, como un salmón que nada a contracorriente, insegura de su objetivo al final del camino. Hoy en día las mujeres se casan más grandes de lo que antes lo hacían —la edad promedio para el primer matrimonio es 26.7 años[8]— lo que indica que por lo general obtienen una buena cantidad de experiencia sexual para el momento de casarse. Éste es un contraste marcado en comparación con las mujeres de la generación de nuestra madre, quien probablemente tuvo su primera relación sexual la noche de bodas o justo antes.

¿Cuánta importancia tiene el asunto del sexo en el matrimonio? La mayoría de las mujeres que coinciden en que es maravilloso cuenta con 10%, en que es espantoso con 90%. Cerca de 35% de las parejas tienen relaciones sexuales al menos dos veces a la semana, si no es que más; y 35% tienen un promedio de una a cuatro veces al mes. El restante 30% son abstemias o célibes; han tenido relaciones sexuales unas cuantas veces al año o no las han tenido.[9] El enojo y la hostilidad son los factores más grandes en la erosión de la vida sexual de un matrimonio. Después está la fatiga, luego el aburrimiento y al final la infidelidad, la cual con frecuencia es originada por un ataque de rabia y aburrimiento. En el capítulo 5 hablaremos de aventuras extramaritales, pero por ahora es suficiente decir que cuando la mayoría de las parejas se engañan, buscan una diversión fuera de su compromiso, el escape que los sacará de una situación insostenible. Debido a que 85% de las parejas casadas dicen que la monogamia es una necesidad, las que se arriesgan en cierto modo están insatisfechas o buscan un cambio.

Los hombres parecen beneficiarse más del matrimonio que las mujeres. Los estudios muestran que éstos tienen tendencia a vivir dos años más cuando están casados, pero las mujeres un año menos si se quedan solteras. Los hombres ganan mayores oportunidades en el progreso profesional cuando llevan un anillo de matrimonio; las mujeres pierden conforme intentan lograr algo en esta difícil tarea. La salud mental de los hombres mejora demasiado; las mujeres sufren depresiones y síntomas de estrés con más frecuencia cuando están casadas que estando solteras.[10] Tal vez esto no sea por el hombre con el que se casan, sino por la sutil forma en que las mujeres cambian tan pronto y se consideran responsables de una familia, en especial si tienen hijos. Debido a que la mayoría fuimos educadas para cuidar a otros primero que a nosotras, es muy común que una mujer casada quede sin sentido al formar "una casa agradable", lo que deja poco tiempo y energía para ser sexual.

Las mujeres latinas con más probabilidad optarán por el matrimonio que cualquiera de las mujeres caucásicas o afroamericanas, ya que su cultura sostiene la idea de que una mujer es más ella misma cuando forma parte de una pareja. Para una mujer hispana está bien que su hombre esté arriba, mientras que muchas mujeres afroamericanas son tan independientes como para querer someterse a cualquier hombre y muchas caucásicas sufren la inquietud perenne de que el hombre que elijan quizá a la larga no sea el correcto.[11]

El matrimonio basado en la familia

El matrimonio es una institución formidable que ha sido moldeada por siglos y con mucha lentitud y que se ha hecho más maleable y flexible. A muchas familias les proporciona una forma de unión con beneficios económicos ventajosos y una forma de pasar una herencia de una generación a otra. Es mucho mejor si la pareja se gusta. Es un gran éxito si se aman o se enamoran con el paso del tiempo. El sexo se vuelve legítimo con el matrimonio. Todos sus prospectos están encerrados en el contrato formal que firmaron. A veces la comprensión de lo anterior puede inquietar a la mujer; puesto que ellas se preguntan al regresar de la luna de miel: ¿En verdad esto es todo? Pero por otro lado, si hay más piezas aparte de la atracción para formar la ecuación del matrimonio, ellas pueden darse cuenta de que están contentas. El doctor Thomas Fuller escribió hacia 1732: "Hay más cosas aparte de las cuatro patas de la cama que le pertenecen al matrimonio", lo cual es evidente en el matrimonio que está basado en la familia.

En esta forma tradicional de unión las reglas son labradas en cemento fresco muy al principio de ésta. Por tradición el hombre tiende a tomar el mando en la mayor parte de las cosas que la pareja hace, entre ellas el sexo. Su esposa se define como "una esposa" en vez de "una compañera" y es responsable de la mayoría del trabajo doméstico y del cuidado de los hijos, aun si ella trabaja tiempo completo y gana más dinero que su esposo. La estructura de su relación está basada en su dependencia. Hoy en día este tipo de matrimonio puede encontrarse en todos los niveles socioeconómicos en Estados Unidos, aunque entre más dinero y educación tenga la pareja es más posible que ésta rechace el arreglo convencional y quiera igualar su sociedad.

El arrastre de la familia puede ser tan fuerte o más fuerte que el vigor sexual. Nosotros en verdad valoramos nuestra independencia y autonomía, pero si crecimos en un grupo muy unido y nos apegamos a sus creencias y tradiciones, nos veremos impulsados a repetir el patrón que nos dio tanto apoyo y sustento cuando fuimos jóvenes. Si odiábamos a nuestra familia, quizá a la hora de unirnos con alguien apostamos por hacerlo mejor, y deberíamos, en beneficio de la generación siguiente y el nuestro.

Apegarnos a nuestra propia clase es muy chovinista, pero aun así lo hacemos, la mayoría de nosotros lo hace, incluso aquellos que piensan que está bien romper las reglas de la sociedad.

Una joven judía me dijo: "Tenía que dejar de salir con hombres que no fueran judíos. En la universidad nunca decidí si saldría con alguien o con quién dormiría basándome en su apellido, pero ahora que estoy lista para encontrar a alguien pienso diferente. No podría casarme con un hombre que no se riera de las películas de los Hermanos Marx, ni combinara el yiddish en su conversación, ni supiera las cuatro preguntas de la copa de pascua. Nunca fui una judía religiosa, pero necesito hacer mi vida con un hombre judío."

Aunque la mayoría de las estadunidenses eligen a su pareja por su cultura inmediata, algunas todavía permiten que la comunidad elija por ellas. Los matrimonios arreglados no son comunes en Estados Unidos, pero existen grupos étnicos que no han perdido por completo su cultura, y le ofrecen a la mujer un tipo de seguridad singular. No es que ellas renuncien a su habilidad de tomar decisiones, sino que simplemente la han cedido a aquéllos en quienes confían.

Asha, una mujer de India del este perteneciente a la primera generación, dice: "Soy muy liberada y moderna, pero cuando me casé yo esperé a que mis padres eligieran a mi esposo. Cuando salíamos alguien nos cuidaba todo el tiempo y cuando tuvimos una hermosa ceremonia india me sentí enlazada con mi pasado. Mi esposo pasó tres noches acariciándome y hablando antes de sugerirme tener relaciones sexuales. Yo era virgen y él también, y los dos teníamos que hacernos a la idea. Me pareció muy romántico. Nuestra relación siempre ha sido así, cortés y respetuosa."

Las mujeres musulmanas eligen a sus esposos, pero la cultura dicta que primero es la familia, así que enamorarse o estar atraída físicamente no es tan importante como lo es sentirse cómoda. Se supone que una pareja musulmana debe establecer juntos la armonía y crear un hogar donde los hijos puedan crecer. La religión y oración son un principio; una mujer nunca debe confrontar a su esposo acerca de ser rudo e insensible en la cama, en lugar de eso ella debe orar y pedirle a un miembro de la familia que intervenga por ella si ella no puede indicarle a su esposo que no está satisfecha con él.[12]

Las familias católicas, protestantes, anglosajonas y judías tradicionales le ofrecen bienestar y conexión a todos los miembros. Es más probable que una mujer regrese al seno familiar cuando llega la hora de encontrar una pareja adecuada, incluso si ha andado por todos lados cuando estaba soltera. Con frecuencia la pareja es devota y debido a que ambas partes pueden venir de origen muy religioso, por lo general son monógamas. Si con el tiempo la mujer ve que el sexo sin pasión es aburrido, simplemente puede incorporar esa actividad al vasto número de quehaceres con los que tiene que lidiar durante el curso de su ocupada semana o mes.

Matrimonios amistosos o de compañerismo

Hay otros para los que la cualidad de la amistad es más urgente que los antecedentes familiares de alguien. Es muy común escuchar que una mujer se casó con "su mejor amigo". Cualquier mujer que siempre quiso al compañero incondicional en la preparatoria recuerda el alivio de saber que no importa lo que suceda, ahí estará alguien que la ama incondicionalmente y le dará una buena opinión. Ella compartirá secretos, actuará como una tonta, comerá todo el litro de Häagen Dazs llorando sobre la miseria de tener un pésimo jefe o por haber subido dos kilos más, acompañada de alguien que piensa y siente igual que ella.

Hoy en día, la urgencia de un mejor amigo que también sea un amante es la idea de muchas mujeres cuando buscan unir su vida con alguien. Para las lesbianas, esto es un resultado natural de la amistad, ya que es muy fácil darse cuenta de que se siente atraída hacia la mujer con la que pasa horas tomando café, viendo películas y caminando en el parque. La búsqueda es más difícil para las mujeres heterosexuales. Primero, no hay muchos hombres que se comporten como la mejor amiga y la mayoría de las mujeres heterosexuales no los querrán. Luego, ¿quiere compartir todo con la pareja con la que vive y ama? ¿Si no deja sólo un poco de misterio, perderán sus límites los dos y se mezclaran en uno solo?

Al principio de cualquier relación en la que los dos están enlazados, regularmente, hay mucho sexo. Las dos partes están emocionadas por conocerse y encantadas de descubrir las distintas cosas que pueden ha-

cer juntos. Daria, quien ahora, después de 18 años de estar con su esposo, por lo general tiene sexo una vez a la semana, comentó, "Literalmente teníamos sexo tres veces al día justo después de conocernos. Yo estaba
en terapia al mismo tiempo y recuerdo haberme reído del hecho de que
nunca había querido tener tantas relaciones sexuales antes y en realidad
estaba indignada, pero me encantaba. Entonces dije, 'Bueno, esto no
puede continuar' y el médico me preguntó por qué no, a lo que contesté,
'Porque uno no puede vivir su vida de esta manera.' La vida se trata del
sexo. Pero lo que yo no sabía entonces era que el comienzo de cualquier
relación, al menos de la mía, tenía que ser el sexo. Si no hubiera estado
así de inquieta por ver sus manos en mi cuerpo, su olor, su voz profunda
y fuerte en mi oído, no hubiera estado ahí tantos años."

Hay matrimonios amistosos en donde no hay nada de sexo, pero la
mayoría de las mujeres valoran un tipo de intimidad física. Una mujer
nerviosa me dijo que ella y su esposo, con quien llevaba dos años de
casada, no habían tenido relaciones sexuales en los últimos seis meses y
de inmediato me aseguró, "Pero hacemos muchas otras cosas: Nos acu-
rrucamos y besamos mucho en la cama." Tomarse de la mano y besarse
es, para muchos amigos, tan bueno como cualquier otro tipo de juego
sexual. Puede ser más tranquilo, pero quiere decir lo mismo: te amo.

Ser amigos durante un matrimonio largo es tan valioso que el sexo no
se puede interponer. En este momento es cuando debemos mencionar los
otros tipos de matrimonios de amigos, lo cual sucede entre dos mujeres.

Compromiso entre lesbianas

Conforme se disuelven las restricciones sobre los matrimonios tradicionales, buscamos a lesbianas para que nos aconsejen sobre la forma de
hacer esta institución aun más equitativa y equilibrada. Como una cultura, todavía nos repugna el matrimonio entre personas del mismo sexo;
de hecho, el estado de Vermont es el único en el país que garantiza las

mismas protecciones a las parejas gay o lesbianas, en asuntos relacionados con la adopción, herencia, beneficios de salud y pensión y de amnistía fiscal, así como lo hace con las parejas heterosexuales.

A una buena parte de la población heterosexual le asusta la idea de un matrimonio gay. Las imágenes de orgías salvajes, con las correas y los vibradores, circulan en la cabeza de aquellos que critican la escasez de sexo en una relación lésbica, no el exceso.

Por lo general cuando dos mujeres se unen comienzan como buenas amigas y son menos aparentes los asuntos de poder y control que cuando un hombre y una mujer están juntos, aunque pueden existir. Si piensa en la forma en la que la mayoría somos educados cuando niños, en la textura y consistencia de una relación, se llega al hecho de que es deseable ser un poquito menos "usted" cuando forma parte de una pareja. Las mujeres tienen tendencia a perderse más en una relación con otra mujer que con un hombre. Aquí no se aplica la máxima de "vivir la diferencia" de la heterosexualidad.

Si regresa al capítulo 1, recordará que las niñitas son premiadas por ser complacientes y cooperativas. Por lo general, en clase ellas levantan la mano antes de decir la respuesta y a menudo se refieren a sus compañeros hombres para ver primero qué piensan. Esto a veces, aunque no siempre, se traduce a su comportamiento políticamente correcto, y más cómodo en lo emocional, de no iniciar ideas o actividades. La simbiosis es más apreciada de lo que puede ser cuando un hombre y una mujer se establecen en una casa.

¿Pero qué es lo que provoca esto en el sexo? ¿Tendrán relaciones sexuales si usted siempre espera a que su compañero sugiera un poco de juego y diversión o si en realidad quiere que la seduzcan y su pareja lo hace? La información proporcionada por Blumstein y Schwartz indica que las lesbianas tienen relaciones sexuales con menos frecuencia que cualquier otro tipo de pareja. Por muchos años ésta ha sido la teoría que prevalece, pero las pensadoras feministas de la actualidad lo ven como un mito destructivo. De acuerdo con Suzanne Iasenza, psicóloga clínica y terapeuta sexual, "la muerte de la cama de las lesbianas" es un concepto que existe en la conciencia heterosexual para restar importancia a los lazos fuertes de cariño que pueden formar las mujeres cuando se comprometen una con otra. Iasenza afirma que hay un decremento natural de la intimidad en todas las relaciones de pareja, pero que sobresale más en las parejas de lesbianas porque las relaciones sexuales no existen en el léxico lésbico.

Para dos mujeres "tener relaciones sexuales" puede incluir un enorme repertorio de actividades diferentes. Lo anterior significa que cuando las lesbianas interactúan sexualmente comúnmente pasan más tiempo haciéndolo que la gente heterosexual. Iasenza también señala que en estas relaciones la "pasión es una flama suave en vez de ser una bola de fuego."

Un fenómeno común de las relaciones lésbicas es que una mujer pudo haber identificado su sexualidad muy temprano y sólo haya tenido relaciones lésbicas, mientras que la otra acaba de darse cuenta y antes sólo ha salido con hombres. Puede ser desconcertante oír que su pareja todavía siente atracción por el sexo opuesto, incluso si no hace nada para alterar el balance de la relación actual. Faye, cuyo compromiso de cuatro años terminó, comenta: "En realidad nunca confié en el hecho de que Leslie era mía por completo, no es que se pueda decir eso de alguien. Pero creo que en la comunidad lesbiana todavía hay un recelo hacia las mujeres bisexuales. Como si ellas necesitaran ese pene dentro de ellas para sentirse femeninas, lo cual me hacía sentir menos apreciada en la cama."

Muchas de las mujeres gay que han iniciado una relación han experimentado años de vergüenza viviendo en el clóset, donde pudieron haber dormido con hombres o darse el gusto de algún comportamiento promiscuo con mujeres, pero encubierto. Cuando se enamoran y deciden comprometerse para ser una pareja puede tomar un tiempo descubrir con exactitud qué es lo que las hace sentir bien y les permite el máximo placer. Ellas pueden liberarse de la obligación para jugar un papel fijo en la relación y en vez de eso ser amigas, amantes o una pareja equitativa. Éste podría ser un modelo tan bueno para las mujeres heterosexuales que buscar una relación equitativa con un hombre.

Entre más confianza desarrolle una mujer, más autorizada se sentirá para ser sexual cuando lo quiera. Como sucede en cualquier pareja, la discrepancia en el deseo (ver a continuación) puede crear una gran diferencia en la que bien o mal las dos mujeres se ajusten a las necesidades de su compañera, sexuales y otras.

Matrimonios románticos y sexuales

Todavía existen parejas que pueden mantener gran pasión durante un matrimonio largo, sean gay o heterosexuales. ¿Cuál es su secreto? Estos individuos dan prioridad al sexo; es una parte vital de quién y qué son. Tomándolo en consideración, ellos no son tan distintos a las otras parejas; no son necesariamente más atractivos o más modernos. Hay un destello de magia en sus ojos, aunque se puede saber al momento de verlos juntos que se adoran y se desviven por ese lazo físico. De algún modo han descubierto una forma de bloquear las distracciones, las preocupaciones y las obligaciones en beneficio de su placer sexual. Tal vez tuvieron matrimonios sin amor o sin sexo y sienten que al fin han encontrado su verdadera pareja, alguien cuyo amplio vigor sexual se compagina muy bien entre ellos. La mayoría no tienen hijos, o tienen hijos con su ex y por lo tanto tienen mucho tiempo libre, poseen una gran imaginación que siempre les permite ver su amor fresco y nuevo. Algunos de ellos no viven juntos todo el tiempo, lo cual hace que el corazón se aficione aún más.

Eleanor comentó, "Recuerdo haberme puesto muy triste cuando obtuve un trabajo en el gobierno en el que tenía que viajar a Pakistán cada nueve meses y estar tres meses allá. Acababa de casarme y todo lo quería hacer era quedarme en la cama con Steve; pero resultó fabuloso. No podíamos esperar a vernos y arrancarnos la ropa. Podía sentarme en el cuarto de hotel y mojarme con sólo mirar su foto; era como si sus manos estuvieran tocándome cada vez que cerraba los ojos. Entonces, cuando al fin nos veíamos, era extático. Tenía un orgasmo después del otro y él apenas y me tocaba."

Este tipo de matrimonio también es posible cuando la pareja comparte una casa. Francine habló de una mirada que su esposo le daba cada vez que iban juntos a una fiesta. "Me dijo que el resto del cuarto desaparecía y que yo era la única que estaba ahí. Creo que el hecho de que él se excitara también me hacía desearlo más. Claro, algunas veces, como en esa fiesta, terminábamos besándonos en otro cuarto. Es como si estuviéramos saliendo, pero desde que nos casamos sentimos una unión total. Incluso cuando nos enojamos, nunca dura mucho. Para nosotros no vale la pena aferrarnos a sentimientos rencorosos."

Por supuesto, el buen sexo se vierte en el resto de la relación y lubrica sus partes interiores. Para que una relación del siglo XXI sea satisfactoria parece claro que la institución del matrimonio necesita un ajuste y una ropa adecuada para quien la va usar. Con esperanza, se desarrollará en una institución más fluida y creativa mientras las mujeres tengan un papel más activo en el proceso de la adaptación y se sientan con derecho a ser iguales en la vida doméstica y la sexual.

Una pareja implica nunca tener una cita

Si sale con alguien tiene la tendencia a soñar en el tiempo que pasan juntos. Usted comienza a planear las situaciones alrededor de las cosas que les gusta hacer a los dos, tanto en público como en privado. Si a ambos les gustan las actividades al aire libre, salir de excursión o a andar en canoa; si les gusta la vida nocturna, probarán buenos vinos y tomarán clases de tango. Pero la forma en que se conecten cuando hay gente cerca, ya sea con miradas, palabras o caricias, tendrá un impacto en lo que hagan cuando estén solos. Para la mayoría de las parejas el efecto de esa sincronía es el deseo de privacidad e intimidad.

A pesar de la razón por la cual haya hecho la cita, usted anticipó, en algún momento, que también van a tocarse. Esto puede suceder antes o después de otras actividades que tengan planeadas o justo en ese momento (¿Se acuerda de esas comidas que empezaban a preparar juntos donde sólo tenían que apagar el horno?).

Pero vea lo que sucede después de que empiezan a vivir juntos: Hay oportunidad todo el tiempo. Están en el mismo lugar, haciendo cosas domésticas, limpiando el refrigerador, bañándose o caminando medio desnudos, esto último puede ser seductor o descuidado. Los hombres ven a sus esposas con una mascarilla facial y las mujeres ven a sus esposos limpiarse los dientes. Vivir juntos elimina el misterio del sexo. Cuando sale con alguien puede irse después y soñar en lo que acaba de hacer y que hará la próxima vez. Cuando ya están unidos, todo lo que hacen es voltearse y dormir.

Esto funciona de diferente manera según el balance de poder en la relación. Como sociedad, por siglos hemos dado por sentado que los hombres quieren tener relaciones sexuales con más frecuencia y que las mujeres están contentas al dar placer a su pareja. El hombre busca y la mujer acepta o se niega. Hay muchas parejas donde la mujer inicia y el hombre responde, pero las encuestas indican que no son tan felices porque el hombre se siente fracasado cuando él no es el que inicia y la mujer tiene la tendencia de verlo como debilucho si él siempre está esperando a que ella ordene.[14]

Este patrón tradicional de llamada y respuesta en la cama equilibra el poder entre la pareja, uno establece lo que van a hacer y el otro acepta o se niega. Hay mucha tensión y suspenso si la armonía de un matrimonio es alimentada con esta fórmula. ¿Quiere o no quiere? ¿Dirá que sí o que no? La mezcla sexual por lo general refleja el balance de poder en otros ámbitos, como el trabajo y el dinero. Si uno de los dos gana más y tiene un mejor trabajo es común que la pareja dé por sentado que esa persona es el "líder", también en la cama. Para los dos es mucho más difícil seguir en una posición igual si uno es muy exitoso y el otro apenas se las arregla. Lo anterior también sucede si uno trabaja y el otro cuida a los hijos.

Los millones de parejas cuyas vidas sexuales siguen este patrón tradicional tienen una ventaja; su interés erótico puede ser muy alto. Tan complicados como somos a la mayoría de las mujeres les dicen que les gusta perseguir. Así que queremos sacar nuestras antenas y luego deseamos que alguien tenga ganas de perseguirnos. Puede ser muy excitante fantasear acerca de las situaciones que nos llevan al borde, pero no más allá. Una mujer de mente abierta que le gusta mucho el sexo puede soñar en tener un hombre en particular que se desnude, así como sueña que él le pida que le haga sexo oral. La antigua danza entre el hombre y la mujer tiende a aumentar en intensidad mientras se definan mejor esos papeles.

Pero en un "matrimonio equitativo"[15] no hay líder o seguidor. ¿Quién está primero si somos exactamente iguales a la persona que amamos? ¿Quién seduce y quién sucumbe? En un mundo perfecto cada uno jugaría el papel dominante medio tiempo, pero la mayoría de nosotros no hemos desarrollado ese punto. La clase de comportamiento civilizado que coincide con la idea de compartir todo de manera equitativa disminuye el sexo apasionado y erótico.

Toby me dijo, "Quiero ser deseada y él también. Eso quiere decir que es casi imposible que uno de nosotros viole al otro. Nos respetamos, nos gustamos, estamos absorbidos por la clase de comunicación que tenemos, pero ya no tenemos pasión."

Toby y Len trabajaban en la misma compañía de diseño cuando se conocieron hace diez años, pero cuando la compañía se fusionó con una compañía más grande ellos se salieron y pusieron un negocio independiente. Vivieron y trabajaron juntos por tres años, construyendo lentamente su lista de clientes antes de decidir que estaban listos para el matrimonio.

"Hasta tuvimos nuestra boda en el departamento donde vivíamos y trabajábamos. Era como decir, ¿Oye, podemos salir de la casa? El problema con nuestra vida sexual comenzó con nuestro ambiente. Nunca pudimos descifrar si estábamos en el trabajo o en casa. Nunca nos tocábamos en la oficina — esos dos cuartos estaban prohibidos — pero hasta ir a la recamara a mitad del día era extraño porque todavía estábamos trabajando. ¡Qué horror, siempre estábamos en el trabajo! Por supuesto, cuando tienes tu propio negocio quieres que esté antes que todo. Así que ahí estábamos, desnudos en la cama después de almorzar y el teléfono podía sonar, tal vez Len me estaría haciendo sexo oral y yo estaría gimiendo y moviéndome violentamente hasta tener que contenerlo para poder hablar con un cliente. Len que está más preocupado que yo en ganar suficiente dinero me da ánimos para hacerlo. O me hablará del trabajo en la cama cuando estoy tratando de hacerle cosquillas en los testículos, por lo que es muy difícil mantener el ímpetu. Por lo general antes de dormirnos estoy muy cansada para tener relaciones sexuales después de un día de trabajo. Las mañanas son nuestros mejores momentos, cuando los dos estamos relajados y distraídos, pero tenemos que sacar al perro", ella suspira.

Toby anhela ser una pareja sexual maravillosa, pero ¿cómo puede serlo cuando siempre trabaja? Ella quiere ser juguetona y seductora con Len, pero su trabajo está primero. El tipo de igualdad en muchas relaciones de pareja requiere una nueva forma de equilibrio en los papeles sexuales, ya sea que cohabiten, estén casados, sean lesbianas o heterosexuales. Las mujeres que han madurado en el matrimonio y descubierto su propio potencial a menudo son el catalizador para este tipo de relación. Si en realidad no quieren ser sumisas y recatadas ellas necesitan mostrarle a su pareja que quieren ser aceptadas como un semejante en la cama.

¿Qué puede hacer la gente como Toby y Len para despertar de nuevo la pasión? Los dos tienen que coincidir en ser líder y seguidor. Tienen que fijar fechas para tener relaciones cuando los dos decidan hacer a un lado la oficina; tal vez tengan que salir de casa para acostarse y desayunar o ir a un motel de paso. La intensidad de las relaciones equitativas ofrece un gran reto: Permitir respeto y admiración hacia la persona elegida como compañera de su vida para transformarlos en encanto y anticipación, quizás después de todo, usted no conozca mucho acerca de ese individuo. Debe estar dispuesta a arriesgarse y crear algo nuevo en su repertorio sexual que surtirá otra vez las cosas en el reducido campo del interés sexual así dejará provocativamente sin equilibrio el sube y baja.

La discrepancia en el deseo

Más que la falta de sexo o el mal sexo, el problema que enfrentan la mayoría de las parejas es encontrar tiempo cuando dos quieren tener sexo. Nuestros deseos libidinosos llegan y se van de forma precipitada. Cuando uno está excitado el otro no; cuando A lleva puesta ropa interior sexy, B quiere dormir o ver la televisión. Mientras menos sincronicen su horario sexual, más dudarán si en realidad están hechos el uno para el otro, si son las almas gemelas destinadas a permanecer juntas por el resto de sus vidas.

Miles de mujeres se preguntan, *¿Por qué no puede leer mi mente? Si me amara, sabría cuándo tengo ganas y lo que quiero en la cama.*

Bueno, así no funciona. Los orgasmos simultáneos y la lectura de la mente son grandiosos, pero por lo general suceden gracias a la suerte o a una gran cantidad de práctica, conocimiento o comunicación, no a la percepción extrasensorial.

En una escena clásica de *Annie Hall* vemos que la pantalla se divide y un hombre y una mujer hablan con sus respectivos psiquiatras. Woody Allen, desesperado por tener más sexo, se queja con su terapeuta, "Ella sólo lo quiere tres veces a la semana," mientras que Dianne Keaton se queja con el suyo, "¡Él lo quiere todo el tiempo! ¡Como tres veces a la semana!" Uno de ellos es apasionado y el otro no.

Una de las pacientes de Sandra le dijo con incredulidad: "No lo entiendo, entro al baño en ropa interior a lavarme los dientes y él se me echa encima. Se la pasa moviendo su pene como si fuera una enorme bandera. Pero todo lo que quiero hacer es lavarme los dientes, el sexo es lo último que está en mi mente." Otra mujer dijo haber perdido toda excitación cuando su pareja puso su mano en su entrepierna a la mitad de una película de acción, y aun así otra estaba pasmada al ver a su esposo con una erección a mitad de una seria discusión acerca del dinero. "¿Por qué quiere tener relaciones sexuales cuando es claro que estamos haciendo algo más? Es como si ni siquiera estuviera pensando en mí; es sólo como si yo estuviera ahí convenientemente para que me ponga su otra cabecita."

Pero también puede ocurrir lo contrario. Los hombres que tienen enormes apetitos sexuales antes de tomar los votos ahora están encantados de estar tranquilos. Casi ni necesitan tocar unos senos o un muslo porque están ahí mismo, viéndolos a la cara día y noche. Muchas mujeres describen cómo después de la noche de bodas sus esposos se volvieron inactivos, casi tímidos. El soltero libertino que había suspirado propuestas candentes en el asiento trasero del auto o en una playa desierta, de pronto se quedó mudo en su cama nueva; ahora está contento de tener sexo una o dos veces a la semana en la posición misionera con las luces apagadas y bajo las sábanas.

Mientras que después del matrimonio muchas mujeres quieren dejarse llevar y hacer cosas que no habían considerado antes. Pero, ahora que llevan un anillo se sienten muy cómodas con su pareja para experimentar el sexo oral o anal, ver un video erótico o hacerlo en la tina bajo las burbujas; pero cuando llegan con su esposo todo lo que obtienen es una mirada de asombro. El esposo pregunta perplejo, "¿Por qué necesitamos ahora todas esas cosas extra? Estamos casados, ¿no podemos sólo hacerlo?"

Por supuesto que se necesitan dos para alterar la química sexual. Una mujer que está lista para retozar, aceptada por un hombre que está satisfecho con reposar en la pasión, puede empezar a cuestionarse sobre su propio apetito sexual. Una mujer me dijo: "Acostumbraba ver mi reloj conforme llegaba la hora de salir de la oficina porque no podía esperar llegar a la casa y estar con él. Los primeros meses, él estaba igual de dispuesto que yo, pero después de un tiempo teníamos algo más que hacer. Ahora, dos años después, a veces me quedo a trabajar tarde. El sexo todavía está bien, pero no pienso en él todo el tiempo."

Bueno, está bien hacer cualquier cosa mil veces, aunque no es lo mismo que la quinta vez. El factor de seducción decae, el romance se apaga, el cortejo ha pasado y ha concluido. Es difícil decir que no aun cuando en particular no lo siente. Parte del ajuste de los primeros años de un matrimonio es un proceso de aflicción, los dos se quejan y pierden la pasión que los unió como un trueno; pero eso es todo lo que implica ser un adulto. Es como si los dos se estuvieran viendo de la forma en que Adán y Eva tal vez se vieron en el Paraíso sin las hojas. Ellos dicen, *Espera un momento, esto ya no es emocionante y placentero; es serio.*

Para las mujeres con un trabajo, o hasta dos, además de llevar trabajo a la casa, el sexo puede ser un breve descanso al final de una semana ocupada, o la soldadura que los une a la vida que no necesariamente eligieron, pero que de cualquier modo tienen. El sexo se puede convertir en la comodidad con la cual una mujer mantiene igualdad económica. Sin duda hay mujeres que son "sexualmente activas" para alimentar a su familia. Esto es verdad si aman o no al hombre con el que se casaron, si él abusa de ellas, si quiere a sus hijos o si está enojado porque tiene hijos. Pregúntele a Tina Turner, "¿Qué tiene que ver el amor con eso?", pregunta que para muchas mujeres es importante.

La condición de mujer casada

Dalma Heyn, una reportera perspicaz sobre la escena del amor y el matrimonio, habla acerca del proceso por el cual las mujeres se convierten en esposas.[16] Esta sutil alteración no le ocurre a todas las mujeres que llevan un anillo de matrimonio, pero le sucede a un gran número. Todo tiene que ver con la identidad. Las mujeres tienen la tendencia a crecer y madurar mejor en una simbiosis con otros; por lo que se siente bien ser parte de una pareja; además, las mujeres también añoran la autonomía. Tienen mucho miedo a perder la personalidad dentro de la entidad de la pareja que ellas han ayudado a formar.

Por consiguiente, a menudo se establece un tipo de parálisis alrededor del matrimonio cuando la mujer trata de ser ella misma y ser parte de la relación, lo cual puede cortar de manera impresionante la línea sexual hacia su esposo. Es difícil tener el misterio del abandono y el erotismo alrededor del sexo maravilloso cuando también se busca una aventura compartida tranquila y organizada.

Marilee, casada por un año, le dijo a Sandra: "Creo que mi esposo en realidad estaba listo para casarse cuando me conoció." Ella era una diseñadora de Oregón que conoció a su verdadero amor en Nueva York al visitar a unos amigos. "Desde la primera semana que nos conocimos, él estaba interesado en el compromiso y ninguna de las personas con las que yo había salido había hablado del futuro, así que fue muy halagador. Pero ahora, tú sabes, tenía 30 años, estaba cansada de las citas y buscaba a alguien serio en la vida. Gene tenía 36 años, pasó la mayor parte de los últimos diez años estableciendo su negocio de computadoras. Ahora, en una semana, me vio y dijo: '¡Hasta aquí llegó todo! ¡Ella es la indicada!'"

Sandra le preguntó si él le atraía sexualmente. "Ah sí, digo, él era guapo y tenía una maravillosa sonrisa. Lo veía mucho cuando él no se daba cuenta. Nos divertimos tanto juntos. Fuimos a la playa y nos quedamos con mi amiga, cocinamos al aire libre, nos recostamos bajo las estrellas; era muy romántico. Creo que fue el tercer día que estábamos juntos cuando simplemente nos quitamos la ropa al regresar a la casa y nos bañamos y así nos quedamos. Tengo que decir que no tuve un orgasmo con él, y todavía no lo tengo a pesar de que tuvimos sexo oral, lo cual él no disfruta mucho. Vivimos juntos un año y luego nos casamos." Su voz se hundió y movió su cabeza conforme se daba cuenta cuán deprimente había hecho sonar esa palabra.

"Tú sabes, lo quiero mucho, pero él es la clase de hombre que tiene que ir a la recámara, quitarse la ropa y doblarla, apaga la luz y se acuesta. Entonces él puede pensar en el sexo. No es espontáneo, no es... creativo." Ella suspiró. "Una vez tuve un amante cuando estuve de vacaciones en Jamaica, simplemente alguien que conocí. Y ésa es la única persona con la que alguna vez tuve un orgasmo al tener relaciones sexuales. No tenía nada en común con este hombre, era una atracción química total, y el se tomó su tiempo, me sedujo y me dijo todas estas cosas sensuales mientras nos desvestíamos. Tú sabes, no era yo, estaba tan excitada. Cuando él se acostó encima de mí sus testículos golpearon esa franja de piel que es muy delicada y sensible (el perineo) y no pude creer lo que estaba sucediendo cuando empecé a venirme. Y no terminó ahí, esa noche tuvimos relaciones sexuales varias veces, simplemente no me cansaba. No es así con mi esposo," ella dijo al final. "Pero amo a Gene. Y en verdad se van a mejorar las cosas porque voy a trabajar en ello. Voy a hablar al respecto."

La determinación es tan conmovedora y reiterada en la voz de muchas mujeres casadas. Las dos hemos hablado con mujeres que adoran a sus esposos, pero describen su vida sexual como "una rutina" o "muy aburrida, no querrás oírlo." Una mujer confesó que estaba a punto de conseguir un manual sexual o ir a una *sex shop* a comprar juguetes. Muchas de estas mujeres, las decididas, todavía se masturban, aunque no lo hayan hecho de niñas ni de jóvenes, por lo general no empiezan después de la luna de miel. Es una dicotomía triste, se casan y se dan cuenta de que es difícil o imposible igualar la realidad con esa fantasía que fue tan candente y seductora. La familiaridad no es una buena compañera de la pasión en la cama.

Oferta y demanda en la cama

¿Por qué la vida sexual de una pareja tiene que ser tan inestable? Piense en la relación de pareja como un sistema económico que funciona bajo la ley de la oferta y la demanda. Los productos son el sexo, el romance y el afecto. Para los solteros hay mucha demanda, pero la oferta es efímera, algunos días puede encontrar lo que quiere, pero luego puede pasar por un periodo de depreciación (celibato) antes de que haya algo nuevo.

La cohabitación y el matrimonio eliminan ese problema. La oferta es interminable, en particular cuando la relación comienza. El sexo está disponible y la demanda es alta. Ambas partes están emocionadas con la justificación apasionante de cómo encajan sus cuerpos y cuán maravilloso es pasar juntos tanto tiempo haciendo muchas cosas para darse placer.

Pero conforme pasa el tiempo, aunque la oferta todavía es abundante, la demanda disminuye. Otras demandas se abren paso a la fuerza; se vuelve más importante decorar la casa, ir a la clase, prepararse para los días festivos o recuperar el sueño perdido. El tiempo importante que ha sido puesto a un lado para el sexo es relegado para nuevas actividades. La consecuencia es que cuando la demanda del sexo se vuelve muy baja, la oferta también comienza a disminuir. Mientras que una persona pudo haber insistido en que esto era una prioridad, él o ella dejarán de intentarlo después de varios rechazos o respuestas insulsas.

Cuando nadie lo intenta y a nadie le importa tanto la intimidad física, ésta se vuelve una obligación. Es casi vergonzoso recordar esos momentos cuando el sexo era el número uno de la lista. Cuando la oferta y la demanda disminuyen, la pareja reorganiza su relación alrededor de algo más, ya sea el trabajo que hacen, el dinero que tienen o los hijos, cuyas necesidades son primero.

Existe una forma de poner a funcionar de nuevo el sistema: hacer que aparezca otra vez la demanda. Idealmente, ambos deben reconsiderar sus actitudes hacia compartir esta parte importante de la relación. Si no lo hacen, la cama tomará las cualidades del comedor de la señorita Havisham, un campo fantasma de memorias y viejos sueños.

Es verdad que en la actualidad no necesitamos tener pareja y que podemos ser independientes económicamente y tener nuestro sexo también. Pero a menudo el estimulo de la unión es mucho, quizás vivir con alguien o estar casados no es una panacea, pero la mayoría de las mujeres sienten que es la mejor alternativa. Debemos esperar que la actividad sexual fluya conforme sube y baja la oferta y la demanda.

Carl Jung escribió: "Rara vez, o tal vez nunca, un matrimonio se desarrolla como una relación individual y sin crisis; no se toma conciencia si no hay dolor." No es fácil vivir en pareja, pero puede mejorarse con el tiempo.

Tantas cosas nos pueden seducir a convertirnos en uno de dos y a permanecer de esa forma con una u otra pareja. Piense en la tranquila comodidad de dormir con una persona cuyo olor es como ningún otro. Y si en verdad tiene suerte, tal vez descubra que su mejor amigo, su alma gemela, la persona que la excita es la misma persona a la que le dijo "acepto."

Pero si no, él puede ser grandioso con los hijos.

La maternidad: ¿qué tiene que ver el sexo con ella?

Usted no necesita un esposo para ser madre, ni una pareja ni un útero ni un ovario. Ya no. Lo que necesita más que nada es motivación, dinero y habilidades de control. Las nuevas tecnologías de reproducción finalmente han separado la procreación del sexo.[1]

Con el tiempo cualquier pareja unida enfrenta la pregunta: ¿Tenemos o no tenemos hijos? Para la mayoría de las parejas casadas los hijos son una prioridad, a veces al principio, pero conforme pasan los años las posibilidades de concebir disminuyen. Antes uno se casaba para iniciar una familia. En la actualidad, con las técnicas de reproducción avanzadas, la procreación ya no va de la mano con la intimidad física. ¿Adónde se va el sexo cuando llegan los hijos? Para muchas de las nuevas madres la pregunta es, ¿a quién le importa?

En 1960, sólo 24% de las mujeres casadas entre los 20 y 24 años no tenían hijos. Pero conforme las personas que nacieron en el boom de natalidad de los años sesenta crecieron y decidieron terminar la universidad o empezar a ganar más dinero que los salarios de subsistencia, era más importante recordar el uso del diafragma o tomar la píldora. Para 1981, con tantas mujeres posponiendo la concepción hasta que lograr una licenciatura, más de 80% de los nacimientos en la población fueron de mujeres de más de 25 años, y 20% de los primeros nacimientos fueron de mujeres de 30 o más años.[2] En la década de los noventa, las mujeres esperaban aun más, poniendo su matrimonio, su carrera y a ellas mismas antes de siquiera soñar en un bebé. Podía tener su primer bebé a los 47 años y nadie la vería con recelo o tener el segundo a los 54 con un huevo de una donadora más joven.

No es verdad que todas las mujeres que quieren casarse quieren tener hijos. Nancy Chodorow, una de las voces más convincentes en hablar en contra de la idea de que todas las mujeres poseen un instinto maternal,[3] sostiene que tanto hombres como mujeres ante un recién nacido comienzan a darse besitos, hablar en voz baja y a realizar labores "maternas". Ella sugiere, al igual que muchas feministas, que las mujeres han tenido más entrenamiento para ser madres que los hombres, y que las mujeres que tuvieron los antecedentes necesarios (jugar con muñecas, cuidar a sus hermanos menores) simplemente caen en el papel cuando se presenta la oportunidad de ser madre.

Hasta hace muy poco, se daba por sentado que las mujeres cuidarían a los hijos y se quedarían en casa por un tiempo para criarlos. Hoy en día, ése no es el caso necesario. Muchas parejas jóvenes deciden que no van a tener hijos, incluso antes del matrimonio. No tener hijos por voluntad propia se ha vuelto más popular conforme la sociedad lo aprueba.

Para muchas parejas tener al menos un hijo está en "algún lugar" de la lista de las "cosas que hacer". Luego llega el día en que deciden que es tiempo de hacerlo, ya sea cuando el reloj biológico de la mujer va rápido o porque la pareja al fin está en un momento donde las finanzas y la carrera parecen estar en equilibrio. Lo anterior no siempre es una elección agradable, en especial para las mujeres que son competitivas y ambiciosas.

Cuando las mujeres alcanzan un punto en su trabajo o carrera donde parece apropiado hacer un cambio drástico en la vida, comienzan a pensar: *No será tan distinto; puedo hacer las dos cosas; mi esposo es un hombre maravilloso y compartirá todas las labores del cuidado del niño.* Otras están resignadas, sienten que si no lo hacen ahora nunca lo harán y que ese impulso instintivo las arrastrará inexorablemente al embarazo. Otras determinan que no serán esclavas de la maternidad y conseguirán ayuda de sus parientes, amigos y/o de una niñera profesional u optarán por la guardería. La clase de igualdad doméstica que existe en muchos matrimonios libera a la mujer para hacer todas las cosas que su esposo hace en el trabajo y también tener hijos. Esto cambia sutilmente la dinámica sexual entre la pareja. Como en una pantalla de computadora, la ventana de la paternidad cae frente a la página romántica/erótica del sitio del matrimonio.

Así que ellos empiezan a intentarlo. Las esperanzas son muchas.

La maldición de la esterilidad

El número de parejas que quieren con desesperación tener un bebé, pero no pueden concebirlo ha aumentado exponencialmente en los últimos veinte años. Al menos de 10% a 15% de las parejas estadunidenses, o una de cada seis, son clasificadas como «estériles». Se ofrece el diagnóstico de que si en seis meses de tener sexo sin protección (un año si tiene más de 35 años de edad) no ha dado paso a un embarazo, según el doctor, el problema no es la falta de información acerca de cómo tener relaciones sexuales o una disfunción interna sexual.

Las parejas estériles para las que el problema es emocional o psicológico son la minoría. Es más común tratar un problema físico u hormonal, ya sea por un factor de esterilidad masculina, femenina o uno combinado.

Si esto fuera sólo un problema privado de la pareja, sería suficientemente difícil, pero la sociedad espera que con el tiempo las parejas intenten la paternidad. Todos preguntan, "¿Bueno, y qué están esperando?"

Y si intenta embarazarse, y simplemente no funciona, el sentimiento de fracaso es monumental. Se acuerda de todas aquellas faltas en la universidad cuando estaba tan aliviada de ver esa mancha mensual justo a tiempo. Es tal la carga de recordar cuando no quedaba embarazada, y ahora, cuando precisamente quiere lo opuesto, tiene la sensación de que los dioses la ven y se ríen. ¿Ningún bebé? Tengan más relaciones sexuales, quizás funcione la próxima vez, pero ahora no hay muchos incentivos para ir a la cama.

Si piensa en ese trío de sirenas que nos llevan al sexo — procreación, deseo e intimidad — y usted se decide por una, ¿qué tanto afecta eso a toda la mezcla? La mayor parte del tiempo, estamos contentos de quitar la primera, y con certeza hay muchos individuos que lo hacen sin la tercera, pero cuando el objetivo es la creación de una nueva vida para que llegue a un hogar con amor, es difícil jugar el juego sin todas las piezas. Donde la pareja embarazada llega a lograr buenas asociaciones entre su juego sexual y lo que florece de él, la pareja estéril ve el sexo como un yermo que no lleva a ningún lado. Por lo que el sexo puede convertirse en algo que sucede sin frecuencia y mientras haya oportunidades de hacerlo, menos posibilidades hay de lograrlo.

Una vez que la pareja decide poner este problema en las manos de un profesional, ellos empiezan una serie de rutinas que convierten la actividad de ir a la cama tan atractiva como ver el canal de inglés. Es frío y cansado, y no hay garantía de lograr algo. Tal vez se practique una cirugía de las trompas de Falopio para corregir los problemas anatómicos o tratar las adherencias provocadas por una enfermedad inflamatoria pélvica; tal vez intenten una terapia de fármacos para provocar que muchos huevos maduren en los ovarios; y por supuesto, está el "calendario sexual", para asegurarse de que el esperma tiene su mejor oportunidad aquellos días cuando la ovulación es más posible.

El ritual de apareamiento que viene justo alrededor del tiempo de la ovulación puede ser tenso con tal presión y ansiedad que el resto de la relación empieza a sufrir también. Al principio la tensión es sutil, luego aumenta, la frustración y la crítica pueden andar en el aire como un mal olor. El sexo puede ser un feo recordatorio de cuán terriblemente están logrando su destino biológico. La mujer estéril tiene la tendencia de pensar en el sexo sólo unos cuantos días antes o durante la ovulación, no se concentra en el placer, sólo quiere concebir, pero no puede. O quizás es él. Tal vez ella se casó con un hombre que no era todo lo que parecía en la superficie. No es suficiente que él pueda tener una erección, él debe producir. La palabra "estéril" sigue en su mente.

El sexo se convierte en una labor divorciada del erotismo lascivo e incluso del orgasmo femenino. Imagínese como era antes, recostada en la cama, con su pareja al lado, acurrucada o queriendo decir una broma obscena o decirle lo excitada que se pone cuando siente su erección en la mano. Ahora imagine cómo es cuando el sexo de repente se convierte en un objetivo orientado. Todo lo que le importa es obtener ese géiser de semen que se dirige hacia el Valhala que se encuentra entre sus piernas. El sexo para tener hijos es una tarea difícil, en especial cuando no está funcionando. Se requiere una eyaculación para hacer que los espermas se muevan en la dirección correcta, pero algunos expertos sienten que no hay ninguna diferencia si la mujer alcanza el clímax, ya que el útero puede ser receptivo a los espermas en su estado inactivo. Aquellos pequeños nadadores van hacia las trompas de Falopio sin ninguna ayuda de las contracciones originadas por el orgasmo de la mujer. Asimismo, está la ansiedad de no producir, usted ni siquiera obtiene una palmadita en la espalda para dejarse llevar y disfrutarlo mientras lo intenta.

Por supuesto, el otro tipo de inquietud es el dinero. El menú médico para hacer un bebé es muy caro. Las parejas han contraído deudas por años de 50 000 dólares y más; han hipotecado por segunda vez su casa, han olvidado salir de vacaciones y hurgado en cuentas de retiro, lo cual puede crear mucha fricción en la cama. Poner su fe en un endocrinólogo que se dedica al tratamiento de la reproducción significa que siempre está consciente de una tercera parte que le da instrucciones sobre lo que debe hacer y cómo hacerlo. Sólo ciertas posiciones están aprobadas (el hombre arriba es la más conveniente para la gravedad); sólo ciertas veces son propicias para tener relaciones sexuales. Aunque se les aconseja a las parejas tener dos tipos de sexo; uno con un objetivo y el otro sin él, ya que el estrés puede ser abrumador conforme pasan los meses sin obtener ningún resultado.

Una mujer aspirante a ser madre le dijo a Judith, "Acostumbrábamos a tener sexo 'divertido' en el sillón del cuarto de televisión, y sexo 'para concebir un bebé' en la cama. Pero no lo podíamos hacer bien. Parecía que él sólo podía tener una erección en el cuarto de televisión, pero cuando yo estaba fértil, él simplemente no podía mantener una erección. No es necesario decir que el objeto de mi propio placer no venía mucho. Podía ver a mi esposo sentir el tipo de sexo que era sólo para nosotros menos importante, pero era el único tipo que le gustaba, o debería decir, el único tipo de pene que le gustaba. Luego empecé a cuestionarme si en realidad él quería tener un bebé. Teníamos peleas espantosas al respecto. Con el tiempo él entendió y vería lo que había dentro. Durante este tiempo hubiera sido sorprendente si hubiera podido quedar embarazada."

¡No sorprende que conforme el proceso de tener un hijo se aleja más y más del sexo, éste puede ser mejor! En muchas encuestas realizadas en clínicas de esterilidad cerca de un tercio de las parejas que no podían tener un bebé de la manera antigua optaron por la fertilización *in vitro*, se las arreglaron para deshacerse de la culpa y responsabilidad y se acostaron sólo para pasarla bien. Abdicaron de su responsabilidad de hacer bien el sexo y se lo dejaron a los doctores que mezclaban y hacían una prueba de compatibilidad de sus huevos y esperma en tubos de ensayo en el laboratorio. Mientras tanto, ellos se encontraron de nuevo. Aunque los sentimientos de dolor, pérdida y daño acerca de la esterilidad rara vez desaparecen, un factor de recuperación es que la pareja realmente enamorada descubre que tiene una vida por delante. Si los procedimientos de alta tecnología no funcionan o si ya no tienen dinero, juntos pueden elegir otra cosa, adoptar o vivir sin hijos.[4]

Los bebés y el sexo, ¿son compatibles?

Cuando el sexo conduce a un embarazo, planeado o no, el panorama cambia de nuevo. El primer impulso de tomar esa decisión es muy emocionante. Algunas mujeres dicen que el deseo por su esposo es abrumador, que ellas nunca tuvieron tanta iniciativa en la cama como cuando intentaban tener un bebé. Otras comentan que el intento de crear una nueva vida agrega una especialidad casi mística al acto.

Una joven dijo: "Sentí tal emoción de amor por él cada vez que me tocaba, incluso si sólo estábamos tomados de la mano. Era diferente a la sensación de estar excitada, aunque con certeza yo quería tener relaciones más que nunca. No podía esperar a terminar mi trabajo, deseaba que estuviéramos juntos y quizá concebir. Se sentía como si la cama estuviera cargada de energía."

Cuando en realidad sucede la concepción, ocurre otro cambio usual entre la pareja. Por un lado existe un sentido de placer maravilloso, pero por el otro, un sentido de que las cosas todavía no están establecidas. Muchos futuros padres ven a sus esposas más vulnerables, frágiles, como una burbuja de jabón que puede deshacerse si la tocan mucho o muy fuerte. Muchas mujeres también hablan de la fantasía de ser "invadidas" por algo que casi ni pueden describir.

La sexualidad femenina es un arte interno. Estamos conscientes cuando nos sentimos sexuales, llenas de olas interiores con una intensidad incontrolable que van del clítoris hasta la vulva y se diseminan a través del área pélvica, y desde ahí, por todo el cuerpo. Se siente excelente ser sexual y tocar afuera, como lo hacen los hombres, los senos y los labios responden, pero es muy diferente sentir algo que va hacia adentro de ti y te abre. Conforme crece el bebé una vez más nos inquietamos cuando nos damos cuenta que nada adentro es de la forma que era antes. Podemos sentir el feto patear, voltearse o descansando en la vejiga. Estos monólogos internos del niño que hemos ayudado a producir nos ofrecen otro vistazo a nuestra sexualidad.

Durante el primer trimestre, el fenómeno dos en uno no parece muy real pues por lo general no es visible. En realidad nadie necesita saber excepto la pareja, y por razones de superstición, la mayoría elige no decirle a nadie más que a la familia inmediata. En las primeras semanas confusas, la nueva mamá por lo general se siente mareada, con náuseas, cansancio y casi tan lejos del interés sexual como nunca lo había estado.

Su cuerpo empieza a traicionarla; de repente se vuelve torpe, tiene indigestión o no ve tan bien de noche; engorda con la nueva vida y conforme pasan los meses, ya no puede dormir sobre su estómago o no se puede amarrar las agujetas.

El panorama hormonal es muy diferente de lo que era antes de la concepción. Los niveles de estrógeno y progesterona están muy altos y preparan los senos para producir la leche, hacer más grueso el tejido uterino para la implantación y luego para prevenir un aborto. Tener tanta cantidad de ambas hormonas gonadales provoca también peculir interés sexual, la futura madre puede estar excitada por el estrógeno y al mismo tiempo tener mucho sueño y estar irritable por la progesterona. El volumen de la sangre de una mujer embarazada aumenta 40% respecto a antes de estar embarazada, lo cual ocasiona calambres en las piernas, timpanitis y sangrado en las encías. Sus ligamentos empiezan a ablandecerse en preparación para el parto y el nacimiento, lo cual hace que sienta como si sus huesos estuvieran alrededor de sus órganos. Hasta sus ojos cambian de forma debido a la retención de fluido y la presión en la vejiga del casi constante crecimiento del feto en gestación.

Por lo que el sexo se convierte en un reto, lo cual no es algo tan malo. Simplemente se tienen que cambiar las rutinas antiguas y aburridas, ya que la posición misionera se vuelve imposible, y la posición de la mujer arriba se vuelve incómoda o difícil, así la pareja tiene que comenzar a explorar nuevas opciones. Estar mareada o cansada en ciertos momentos del día significa que el juego sexual tiene que ser colocado de diferente forma, si siempre lo hizo en la mañana, tal vez quiera experimentar en los recesos del almuerzo o hacer el amor antes de la comida mientras se pone el sol.

La mujer embarazada se siente sexy en momentos cuando el embarazo parece seguro y no muy estorboso; es decir, principalmente en el segundo trimestre. Cuando todo lo que está adentro y el estrógeno hacen que la mujer se lubrique como una fuente, la fantasía regresa. En el tercer trimestre, hasta con un cuerpo voluminoso y delicado, la mayoría de las mujeres están interesadas, mientras su esposo las vea bellas y puedan explorar nuevas posiciones para acomodar la barriga hinchada y el bebé que crece en el interior. Hacía el final del periodo a menudo hacer el amor se vuelve mucho más que una labor. Los esposos dicen que están muy nerviosos cuando ven que la barriga de su esposa se abulta mientras un pie patea al azar o ellos en realidad sienten al bebé durante la penetración; como un mirón que espía desde el interior, juzga a mamá y papá por sus actos lascivos. Muchos médicos sugieren que justo antes del nacimiento el esposo estimule el orgasmo de su pareja al succionarle los pezones o manipular el clítoris para que el parto empiece. Tener un bebé, ese proceso doloroso pero brillante, les enseña a muchas mujeres como dejarse llevar. Fisiológica y psicológicamente ellas pueden estar mejor preparadas en el futuro para tener orgasmos.[5]

Hay mujeres embarazadas que adoran todo acerca de su embarazo, hasta el sexo, y están las que son cuidadosas. Estar embarazada y casada es una muestra al mundo de que ha tenido relaciones sexuales (todos sabemos que nuestros padres lo hicieron una vez), y ahora está limpia de todos los rastros eróticos. Aun las mujeres que se consideran con mucha experiencia sexual tienen la tendencia de aclarar las cosas un poco cuando confrontan las preguntas sobre otros amantes o hasta otros momentos con su pareja que fueron de alguna forma salvajes o anormales. Ellas olvidan la ropa interior sexy o el rapidín en el asiento trasero o tener relaciones sexuales en la cocina de su madre durante las largas horas de preparación para la cena de Acción de Gracias. Todo eso es historia, la barriga madura lo dice.

Para algunas mujeres, estar embarazadas ayuda a asociar esos tres elementos básicos que no conducen al sexo en primer lugar: deseo, reproducción y deseo de intimidad. Si no sentíamos atracción o un impulso instintivo hacia el apareamiento, nunca nos hubiéramos juntado para hacer una vida nueva ni hubiéramos buscado hasta encontrar a ese individuo especial que nos ayudará a lograr la meta. Pero cuando los tres sistemas trabajan juntos, el sexo puede tomar un nuevo sentido. Algunas mujeres embarazadas sienten que han llegado a su propia sexualidad por primera vez.

Ellen, una maestra de educación especial que creció en una familia presbiteriana conservadora, empezó a sentirse excitada al final de su primer trimestre y aquellas buenas sensaciones comenzaron a esparcirse en su matrimonio. "La verdadera oportunidad para mí era que no estaba tan distraída como por lo general lo estoy. Tú sabes, el casete que está tocando en tu cabeza acerca de las cosas que debes hacer y por qué pierdes el tiempo en la cama. ¡Bueno, en cuanto llegué al cuarto mes, el sexo me distrajo de todo lo demás, hasta de mi trabajo!

"Tenía sueños sexuales maravillosos. Acostumbraba levantarme en la víspera de venirme y a veces me masturbaba. En realidad estaba excitada y me sentía tan relajada y confiada en mi cuerpo. Conozco a muchas mujeres que odian la forma en como se ven embarazadas y están nerviosas por entrar en la talla ocho al momento de que termina el nacimiento, pero yo no tuve esa reacción. Disfrutaba comer, verme en el espejo, especialmente porque mis diminutos senos al fin tenían forma. A mi esposo le encantaba eso, él quería jugar con ellos todo el tiempo. Por desgracia, los tuve muy irritados el primer trimestre, así que estaban prohibidos, pero hicimos muchas cosas.

"Yo fui la que por primera vez inició el sexo en nuestro matrimonio y él pensó que era grandioso, a él le hubiera encantado que siempre fuera así y yo descubría que estaba tomando la responsabilidad de decir con exactitud lo que me gustaba y lo que no en la cama. Me impacientaba y dejaba de estar excitada si él no adivinaba con exactitud lo que yo quería sin decirlo, ahora estoy más relajada al respecto. A veces me pregunto como se relacionó eso con prepararme para ser una madre mejor. Mi esposo era muy rudo en mi clítoris y yo le decía que fuera más despacio y se tranquilizara. Ahora me río pensando en cómo le diría lo mismo a mi hijo cuando juega con otro niño: 'Sé más amable con Susie, sé gentil con ella.'

"Y eso era extraño, a veces, cuando no necesitaba tener un orgasmo, aunque por lo general tengo muchos orgasmos. El objetivo no sólo era obtener placer, era algo más que eso. Tenía que ver con este proceso que me había unido a mi esposo y con lo que decidimos crear juntos. Quiero decir, era muy íntimo."

Hay una fuente de poder que Ellen ha descubierto, la cual poseen las madres desde la época en que trepábamos árboles hasta en la que acampábamos en cuevas. Un estudio reciente muestra un componente importante de Darwin para obtener el éxito en la maternidad, en vez de nuestra noción antigua de que las mujeres tienen que quedarse en casa y renunciar a su autonomía cuando procrean, empiezan a dominar el orden social. La doctora Sarah Hardy, especialista en primates, de la Universidad de California en Davis, compara a las madres humanas con las chimpancés, descubrió que los primates se reproducen con éxito y tienen un alto nivel, son los progenitores de su propia dinastía.[6] Muy ambicioso, las mujeres que en realidad luchan usan sus habilidades en la cama para continuar con la raza humana.

Hay una gran transición entre ser una pareja casada y una pareja casada que va a tener un hijo y esto requiere un cambio en las expectativas y prioridades. El sexo, vital para un hombre y una mujer que comparten la vida, es parte de todo el panorama para aquellos que eligen crear una familia. El sentimiento de mezclarse con otro o no tener límites (como mucha gente enamorada lo afirma) forma parte del marco de ser padres, lo cual tiene sus propias líneas de expansión. Si es muy adulto para decidir que puede dar algo de su placer para alimentarse siendo joven, tal vez sea lo suficientemente adulto para decir lo que quiere en la cama y no esperar menos. Las náuseas, el cansancio y el desplazamiento físico del embarazo pueden dejarse a un lado por algo en verdad esencial, el sexo es como un codicilo para amarse no sólo uno al otro, sino a varias personas.

Las madres sin un hombre

Usted no piensa mucho en las dificultades de ser una madre lesbiana hasta que va a la biblioteca local a buscar un libro clásico de niños llamado *Heather Has Two Mommies* (*Heather tiene dos mamás*). No está en la sección de niños sino en la de no ficción para adultos, con los estudios de la mujer y exámenes de sociología sobre estilos de vida alternativos, sexualidad y suicidio en adolescentes.

Le preguntamos al bibliotecario, ¿por qué? y nos dijo como a la defensiva: "Bueno, no querrá que por accidente cualquier niño tome el libro. No es que lastime al niño, añadió con rapidez, pero los padres pueden molestarse." No debe sorprenderle a nadie saber que las madres lesbianas pueden vivir en medio de las comunidades donde este libro está encerrado con un recelo tan feroz. Ellas hasta pueden trabajar en la biblioteca.

La antigua diosa representa una deidad hermafrodita que podía jalar a mujeres fuertes de su vientre sin la ayuda de un hombre. Y aunque no estamos muy atraídos a hacer eso, seguramente podemos renunciar a todo menos al esperma en la ecuación de la creación de un bebé. Las mujeres lesbianas tienen bebés juntas en números que van en ascenso, con la ayuda de bancos de espermas o de amigos hombres que donan una muestra una vez al mes durante esos días fértiles.

¿Cuántas madres lesbianas hay en la actualidad? No es posible decirlo porque muchas están en el clóset. Aun en aquellas que han salido del clóset y son pareja, pero no están casadas legalmente, no hay forma de tabular sus "matrimonios" o sus hijos, pero han aumentado las cantidades mientras más mujeres reconocen su elección. Charlotte Patterson, una investigadora que cubre la escena de la paternidad de lesbianas y gays, ha contabilizado cantidades que oscilan desde varios miles[7] a uno o 5 000 000[8] reflejando las tabulaciones confusas en el campo de las mujeres que ocultan su orientación y las que salieron del clóset. Basta decir que en los últimos diez años se ha visto un enorme aumento de las familias de lesbianas vía inseminación de un donador y/o la donación de un huevo y la adopción.

El panorama de la maternidad con un padre es difícil porque el hombre quizá no sienta lo que es llevar a un niño en el vientre, dar a luz y alimentarlo. Después del nacimiento, muchos hombres empiezan con las órdenes: *Tú eres la mujer, debes saber estas cosas por instinto*, incluso cuando no tenemos la menor idea. Los padres nuevos con frecuencia comentan que se sienten más protectores con la mujer de su vida, que con el recién nacido, lo cual puede hacer que el sexo sea menos boyante y descuidado.

Pero con otra mujer, la pregunta es ¿Quién es la verdadera madre? Por esta razón muchas lesbianas que tienen recursos optan por la alta tecnología. Tienen un endocrinólogo que se dedica al tratamiento de la producción, recolecta los huevos de una, los fertiliza con el esperma de un donador, conocido o desconocido y luego los implanta en el útero de la segunda. De esa forma la otra vive toda esa interacción en el vientre, aunque sólo el ADN de una de ellas está presente en el niño. Además siempre pueden tener otro hijo, si las dos son fértiles y cambiar los papeles. Otra opción es adoptarlo, en donde ninguna está relacionada con el niño y no hay competencia acerca de eso.

Las cuestiones de género se desvanecen antes de las delineaciones de papel. ¡Hay tantos papeles! ¿Trabajan las dos? ¿Las dos van a descansar? ¿Una de ellas tomará el papel del ama de casa por unos cuantos años y luego cambiará con su compañera cuando ella regrese a trabajar? ¿Empieza a cambiar sutilmente la pareja equitativa cuando una es más disciplinada y la otra menos?

¿Cómo afecta lo anterior en la vida sexual de los padres? Sheryl-Anne y A. J. trabajan en una compañía de grabación en Nueva York y se sienten agradecidas de tener un ambiente laboral muy tolerante. Sheryl-Anne, una mujer afroamericana cubana que creció en Harlem me dijo: "No puedo acordarme de un momento en que no quería tener un hijo. Estaba pensando ser una madre soltera, pero luego llegó A. J. y todo en lo que podía pensar era en ella."

A. J. dijo: "Crecí en Nebraska con un padre que prefería tener prostitutas en la casa que lesbianas. Por supuesto, yo no sabía que era lesbiana hasta que llegué a Nueva York, así que no me avergonzaba. Sólo salí con hombres hasta que me cansé. Pero después de llegar a Nueva York se me abrió el mundo. Empecé a salir con un grupo de mujeres y luego conseguí un trabajo y conocí a Sheryl-Anne. Empezamos a salir juntas, ella me presionaba acerca del bebé, a lo que yo respondía que esperáramos un año a ver si seguíamos juntas. En verdad me agrada el hombre que es nuestro donador, planeamos tener un segundo hijo, yo lo llevaré en mi vientre, él ha prometido hacer el trabajo de nuevo para que los niños estén relacionados biológicamente. Nuestro médico nos dio unas jeringas y unos frascos con tapa. Empezamos a intentarlo en febrero y nos embarazamos en julio."

A. J. comenta: "Lo único que no es bueno es que en cuanto nos embarazamos pudimos ver que se nos va de las manos nuestra vida sexual. Había muchas cosas más en qué pensar, como en la forma de lidiar con la homofobia cuando los niños molesten a nuestra hija por no tener un papá y cómo asegurarnos que no esté confundida por su sexualidad como yo lo estuve. He recorrido las tiendas buscando juguetes que no sean sexistas, también quiero que ella tenga el mensaje correcto de que la gente puede enamorarse de un hombre, una mujer o ambos. Había un conjunto de "hechos de la vida" pero ahora hay muchos más sucesos. El sexo parece mucho más tenso con el significado, tú sabes, no puedo llegar y hacerlo como antes."

Sheryl-Anne coincide: "No lo hacemos mucho. Cada una se masturba, no es como si hubiéramos perdido el deseo, pero parece que no podemos sincronizarnos cuando queremos estar juntas."

A. J. añadió, "Las dos decidimos que nunca tendríamos sexo sólo para complacer a la otra, que sólo compartiríamos la intimidad porque cada una lo quería. Aunque algunas veces cuando estoy recostada en la cama y la deseo, pienso que ella lo sabe. Simplemente se acuesta y me abraza. Eso se siente maravilloso."

Sheryl-Anne y A. J. claramente protegen sus sentimientos acerca de estar juntas para lo que será cuando haya un tercero en la mezcla. También es posible que estén inquietas sobre los cambios que ocurrirán en su relación después de que nazca el bebé, lo cual las hace tener menos deseo sexual.

Parece haber más igualdad y equidad cuando las madres lesbianas tienen un hijo que no está biológicamente relacionado con una de ellas, pero el camino de la adopción está atestado de conservadores, lo cual lo hace un proceso muy difícil. Una pareja de lesbianas no puede adoptar, debe ser una adopción de alguien soltero, ¿cómo le hacen las mujeres para resolver esto? La adopción privada vía anuncios o la adopción en el extranjero son otras posibilidades, pero esto requiere un "estudio del hogar" por parte de las agencias de servicio social de la corte, así como el permiso de ser un padre adoptivo. Justo cuando pensaba que estaba bien reconocer su sexualidad la juzgan otra vez.

La emoción de hacer una vida con una pareja no está necesariamente comprometida cuando se decide tener un hijo, pero con certeza representa un nuevo reto para la relación. Con dos mujeres juntas hay la oportunidad de diferentes personalidades, diferentes tipos de maternidad y una perspectiva compartida. Si el sexo desparece por un tiempo, bueno, puede regresar. ¿Imagínese que no tiene nada? ¿Imagínese que ha tomado la decisión de ser padre solo?

Madres solteras y divorciadas

Las categorías de madres solteras son fijas. La oficina del Censo nos dice que de 10% a 15% de las familias caucásicas tiene un padre soltero; en las afroamericanas el número aumenta de 40% a 50%. La mayoría son mujeres. En 1960, sólo 5% de la población tenía hijos fuera del matrimonio, hoy en día, (contando los partos de adolescentes) el número es de 30%. Y la gran parte tienen bebés solas, por elección. Otros hogares de padre soltero son llevados por una mujer divorciada quien desea tener su antigua pareja.

¿Cómo se desarrolla una vida sexual cuando se necesita trabajar para pagar las cuentas y su ingreso no cubre los altos precios de las niñeras? Si tiene padres, hermanos o amigos que la ayuden, usted tiene mucha suerte.

Una mujer, madre de un niño de seis años por elección, comentó, "¡Era muy difícil encontrar un hombre antes de que tuviera un hijo! Y ahora llegó con un bagaje, así que es menos posible que desarrolle un romance duradero. Entonces pensé, ¿por qué esperar a alguien más para hacer algo que de cualquier forma haré? No es que no me gusten los hombres, tengo grandiosos amigos hombres así como mujeres, pero no estoy loca por hacer mi vida con un hombre. Tengo la idea de que Alex tenga algunos modelos masculinos cerca cuando yo lo quiera."

Por lo tanto es agradable tener a un hombre cerca cuando vamos al zoológico o a comprar el árbol de navidad, pero ¿qué hay acerca de llenar ese espacio en la cama? Muchas mujeres solteras son célibes no por elección sino por la situación. Atraer a un hombre cuando tienes un hijo puede ser difícil, pero reconocer cuándo y cómo ser íntimos puede frustrar la pasión más candente. Ella está en su casa, pero ¿quién se quedará con su hijo si quiere pasar la noche con él? Muchas mujeres solteras no quieren presentarles sus citas a sus hijos porque es dañino inspirar la fantasía de que tal vez este hombre se quedará y se convertirá en "papi". Asimismo, las mujeres que están determinadas a ser buenos modelos no quieren dar el mensaje de que el sexo es una actividad casual, a pesar de que admitirán que es un descanso de la difícil tarea de criar solas un hijo.

¿Pero qué pasaría si su hijo encuentra su recamara cerrada cuando nunca lo había estado? ¿Qué pasaría si ella se encontrara a su novio en el baño a media noche, o los viera desnudos? Ninguno de estos eventos provocarían un trauma, pero pueden hacer que desaparezca el placer y la espontaneidad del sexo. ¿Y qué pasaría si la persona con la que se encuentran es otra mujer? Conforme crecen los hijos de una mujer soltera, pueden preguntarse acerca de la sexualidad de sus padres. Es mucho más fácil hablar con honestidad con los niños en una forma adecuada que simplemente esperar a que tengan un encuentro accidental y sepan la verdad.

Una madre soltera me dijo: "Es muy difícil alimentar sus esperanzas cuando lo más probable es que la relación termine en las tres citas o en unos meses. Me gusta tener el mando y debes tenerlo cuando estás sola con un hijo, pero eso no les gusta a muchos. Ellos quieren andar en calzoncillos en la cama y yo estoy acostumbrado a eso. A mí me gusta iniciar el sexo, como estar arriba, hasta me gusta decir con exactitud cómo deben tocar mi clítoris. Un hombre me dijo: 'No tienes que ser tan mandona.' Yo pensé que todo lo que hacía era expresarme, ¡por Dios! Pero creo que para él dejé de ser suave y femenina. Entonces que se vaya al diablo."

La masturbación es un salvavidas para muchas mujeres, algunas dicen que aman su vibrador más que a cualquier hombre conocido. A pesar de que ésta es la actividad sexual de la que la mayoría de la gente se avergüenza, muchas mujeres solteras la ven como una experiencia placentera de la que se pueden dar el gusto al menos una vez a la semana.[9] Tal vez renten un video sexy de vez en cuando o vayan a clubs nudistas de hombres, como Chattertons, con un grupo de amigas que puedan reír acerca de su escasez sexual. La idea de construir una relación toma un nuevo sentido cuando se piensa en las muchas partes que debe colocar y la falta de sexo parece un pequeño precio que se tiene que pagar a cambio de la seguridad. Una mujer que ha salido con hombres por seis meses sin hacer nada más que besarse dijo, "Me conozco, me involucro totalmente con un hombre cuando el sexo es bueno y no puedo quitarle ese tipo de atención a mis dos hijos."

Una mujer con un hombre y un hijo es vista por el mundo como una persona que tiene pocos papeles, al mismo tiempo ella es vista como una madre, esposa, amante, compañera, entre otros. Pero una mujer sola con un hijo es vista por el mundo como una madre, la cuidadora dedicada cuya imagen es más parecida a la de una matrona que a la de una madonna. Una madre soltera no es "soltera", es pareja del hijo que ha traído al mundo. Ella y ellos comprenden una familia, aunque el sexo tenga poco o nada que ver con los lazos que los unan. La mujer que emocionalmente está arriba de sus propias necesidades está más preocupada de preservar el tiempo que pasa sola para ella misma y lo usa para meditar, hacer ejercicio o tomar una lección de piano, en lugar de salir a buscar una pareja que encaje en su familia.

Ser madre todo el tiempo

Una joven siria judía de 26 años, de Brooklyn, encantada con sus tres hijos dijo: "Yo soñaba con el día en que daría a luz, cuando podría hablarle a una hija como mi madre me habló a mí; ella tuvo su noveno hijo cuando tenía 39 años. Es una bendición, es lo más hermoso que hay en el mundo. Cuando me siento con ellos en el parque, no puedo creer la suerte que tengo al levantarme todos los días y darme cuenta que puedo ayudar a formar su vida, su futuro y su felicidad. Por supuesto, están las tareas diarias, y son... bueno, son sólo tareas. Pero lo que me atrae es la cercanía y el amor que tengo con ellos y lo que les puedo dar. No me imagino haciendo otra cosa en la vida que criar a mis hijos."

La Biblia enaltece a una esposa y a una madre virtuosa como algo valioso (Proverbios 31, "Es mucho más preciosa que una perla".) En la familia musulmana, también la maternidad es tan maravillosa como el papel de la mujer. Los musulmanes pueden tener hasta cuatro esposas y deben tratarlas igual. Cuando una tiene un bebé su influencia aumenta. Una musulmana de Nueva York le dijo a Judith que se necesitan cuatro mujeres para mantener a raya a un hombre, para mantenerlo en sus oraciones y obligaciones.

"Es difícil compartir al hombre que amas, pero para algunas familias funciona bien. Cuando tienes hijos empiezas a tener muchas responsabilidades así que es bueno tener a alguien con quien dividir el trabajo. Usted tiene una casa de la cual encargarse, una madre, una suegra, tiene el plato lleno. Debe proveerla de todo y darle seguridad, comida, casa y vestido. Y si está ocupada con un nuevo bebé no es tan malo tener a otra mujer que le dé sexo a su esposo hasta que usted esté lista otra vez. El Corán habla de cuatro ángeles que rodean la cama del matrimonio, el primero a la derecha, el segundo a la izquierda, el tercero al frente y el cuarto atrás. Pero en el momento de intimidad entre un hombre y una mujer, los ángeles se van para que pueda tener su privacidad. Es muy romántico."

La mujer musulmana puede dividir sus prioridades. Puede estar completamente sola con el hombre que ama cuando se siente sexy, sin ángeles, ni niños, ni otras esposas; luego entregarse al hogar y a la familia cuando otra mujer está ocupando la cama conyugal. Lo anterior hace posible que una mujer juegue otro papel, en vez de ser al mismo tiempo una mujer seductora, madre, mejor amiga y ama de casa, y todas las muchas cosas que otras soportan además de integrar ese cuarteto.

Pero si usted no viene de una cultura como ésa, si siente que debe tener éxito en el mundo "real" de la carrera y el intelecto, y luego arreglárselas para tener hijos antes de que sea demasiado tarde, sus prioridades son muy diferentes. La mayoría de las madres que trabajan y se toman unos meses para cada nacimiento tiende a tener doce oídos, mil manos y un vigor sexual fragmentado. Una joven africana me dijo: "Cierro la puerta y son las diez de la noche, sé que están dormidos, Bill está mordisqueando mi oreja y en todo lo que puedo pensar es, '¿Vacié el bote de los pañales del cuarto del bebé y lavé la playera favorita de mi hijo que va en primer año?' ¡Me divido y ahora puedo enmendar el error!"

La mayoría de las mujeres coinciden en que el fenómeno de la pantalla dividida comienza en el embarazo y se divide aún más después de que nacen los hijos. Los hombres tienen una maravillosa habilidad para desconectarse de todo, excepto del canal del sexo. Por el contrario, las mujeres hacen malabares todo el tiempo. Es difícil dejar todo y de repente tener deseo y sentirte erótica si estás distraída y cansada por las docenas de responsabilidades y labores. Es difícil sentirse sexy cuando estás llena de saliva, también es difícil hormonalmente volver a capturar el deseo cuando estás lactando.

Existe otro bloqueo, el de la relación entre la mujer y su hijo o hijos. Gracias a la magia de las hormonas oxitocina y vasopresina, la mayoría de las mujeres vemos, olemos y tocamos al bebé que salió de nosotras y desde la primera vez estamos enganchadas de por vida. Lo anterior es un evento evolutivo vital, si no nos importara mucho, no nos importunaríamos con la molestia de alimentarlo, cambiarlo, bañarlo y protegerlo del peligro. Lo que sentimos es la atracción intuitiva. ¿Cuántas mujeres que están a millas de su bebé se sienten tristes en el momento exacto que su bebé se levanta y empieza a llorar? Esto no puede ser sólo cronometraje, debe ser magia.

Los senos desde el sexo hasta el alimento

Cuando una mujer se percata de que está más enamorada, más atraída y más encantada con su nuevo compañero (su bebé) que con el antiguo (su esposo), es común que no se sienta excitada cuando el sexo se aproxima. Es como si el cerebro hubiera vaciado su memoria justo en el expediente del bebé, y el del esposo estuviera borrado. Alimentar a un bebé cierra un trato, aquellas hormonas fluyen, sin mencionar las horas que se pasan alimentando al bebé, las cuales restringen muchas otras actividades, entre ellas el sexo. En la actualidad, gracias a la presión de los nutriólogos pediatras, la mayoría de las mujeres le dan pecho a su bebé al menos un mes para que su hijo pueda obtener los beneficios nutritivos. Muchas lo hacen por un año o más, lo cual significa que durante ese tiempo sus senos pertenecen casi exclusivamente al niño.

Hace miles de años, se veía a los senos de las mujeres como órganos reproductores, la raza humana nunca sobreviviría tanto tiempo si no hubiera mujeres de las cuales alimentarse. Las mujeres de clases más altas siempre rechazaron esta actividad, dejando la tarea a las nodrizas, y el diseño de su ropa se volvió muy estructurado para prohibir el acceso. Intente pensar en tratar de sacar sus senos de uno de esos corsés victorianos. Por lo que los senos fueron ocultados y, como todo lo que es escondido, se volvieron más atractivos. Con el paso del tiempo, los senos femeninos tuvieron un significado sexual en vez de alimenticio.

Entonces los estilos cambiaron y los cuellos fueron más bajos para dar un vistazo a la magia mamaria. Eso lo cerró, los senos tenían que ser objetos sexuales. Tal vez es porque las vaginas nunca salen de la ropa, dando una promesa tentadora de lo que son. Pero los senos casi se derraman pero no del todo a la vista del público, ofreciéndole a cualquiera una fantasía gratis. En el momento que una mujer se convierte en madre, sus senos se vuelven más hermosos y expresivos, pero espere un momento, ¡ya no son juguetes sexuales sino máquinas de leche! La mayoría de las mujeres sienten un cambio radical conforme su cuerpo cambia de propósito y función. La mayoría de los hombres ven esto, pero no lo entienden muy bien. Para el esposo ésos todavía son senos, los cuales tienen una función nueva y secundaria.

¿Cómo mantiene su gusto de tener a alguien acariciando sus senos, lamiéndolos y succionándolos cuando los ha relegado a su hijo? Toda esa estimulación está atada a una respuesta de decepción y entonces piensa en su hijo y de repente ya no está excitada.

Algunas mujeres pueden arreglárselas cuando su esposo quiere intentar un poco de juego con los senos, ellas cambian de canal en el interior y permiten que esta succión sea cosquillosa y erótica, lo opuesto a la misma succión de su bebé, la cual se supone no debe ser sexual. Pero muchas piensan que sus senos están prohibidos a sus maridos mientras les pertenezcan a sus hijos.

En Estados Unidos, se alienta a tener relaciones sexuales, al menos se permite, después de las primeras seis semanas del parto, y la contracepción motiva lo contrario que la abstinencia y aquellas hormonas de lactación. Pero hay bastantes mujeres que no se concentran en el deseo y la excitación cuando sus hijos son lo primero, y a veces, la única prioridad.

Cuando lo último que tiene en la mente es el sexo

Cuando la leche empieza a fluir los suministros de estrógeno bajan, lo cual puede hacer que el periodo de posparto sea desagradable y triste ya que esta hormona vital es la que interactúa con los químicos del cerebro para darnos un sentido de bienestar.

Las nuevas madres están condenadas hormonalmente, lo cual en verdad afecta demasiado a la mayoría de las mujeres. La fatiga es una compañera constante y luego el recién nacido rara vez la deja tranquila. Al principio usted debe acostumbrarse a tener en casa a una personita con insomnio que está despierta cuando usted quiere dormir. Después, justo cuando logra que el bebé tenga un horario advierte que no puede dormir igual que antes porque tiene miles de cosas que hacer y debe ensayarlas en su cabeza antes que amanezca. Las mujeres comentan que se durmieron al volante, en la mesa de la suegra o mientras calentaban el biberón en la cocina. Sus huesos están tan cansados que la idea de hacer algo más en la cama que no sea dormir, como tener relaciones sexuales, parece una mala broma. A menudo esta fatiga está compuesta por regresar al trabajo muy rápido o tener los hijos muy seguidos.

Por supuesto que debe estar más que cansada, tal vez esté cansada y deprimida. Después de todo ha estado esperando nueve meses el bendito evento, éste sucede y luego no puede dormir, su episiotomía le duele y su cuerpo es un caos hormonal. Los nuevos padres y madres experimentan una depresión después del parto, el padre porque se siente desplazado, inútil y alejado. Lo anterior puede tener un gran impacto en la libido.

Las mujeres sufren de depresión dos veces más que los hombres y por lo general la padecen en momentos de estrés. La falta de moral y principios en la adolescencia puede provocar depresión; la falta de una pareja puede provocarla años más tarde; la preparación de una boda puede hacer que una llore; la menopausia es un momento común en el cual la mayoría de las mujeres se encuentran vulnerables. Pero para algunas mujeres el periodo posparto es cuando están más vulnerables, pueden estar tan angustiadas y desorientadas que sienten que lastimarán a su hijo o a ellas mismas. El sexo es lo último que tienen en la mente.

La relación de la pareja es clave para restaurar un tipo de equilibrio, como un gran sistema de soporte. Una mujer comentó respecto al nacimiento de su primer hijo: "Si mi mamá y mi hermana no hubieran estado ahí para ayudarme creo que hubiera saltado por la ventana. Mi esposo no tenía ni idea de qué hacer conmigo y yo tampoco. No me gustaba él ni mi bebé, o yo. Pero cuando pasé sola un tiempo y supe que mi hija estaba en buenas manos las cosas se vieron mejor. Salí y comencé a correr para estar de nuevo en forma, fui a mi recamara con tapones en los oídos y tuve un maratón de sesiones de sueño. En cerca de un mes estaba bien. Al menos ya podía hablar de nuevo con mi esposo, en cuanto a tener sexo con él. Eso me llevó más meses."

La cuestión es, ¿cuándo regresa el sexo y cómo será? ¿Es posible volver a capturar el viejo placer y la espontaneidad cuando los hijos están cerca? ¿O es imposible crear algo más que sea igual de importante, incluso si carece de la pasión de los días antes del embarazo? Aun cuando el cuerpo de las mujeres regresa a su figura de nuevo, el deseo se queda atrás. Eso puede ser verdad, no sólo los meses después del parto sino también por los años siguientes.

Una madre de tres hijos le dijo a Sandra, "No es que ya no me guste el sexo, sino que hay muchas cosas que interfieren y parecen más urgentes. Ya no tenemos la privacidad de antes y siempre estoy preocupada de que nos oigan. Era muy escandalosa en la cama, creo que los orgasmos se sienten mejor si puedes gritarlos, pero no puedo hacerlo cuando ellos pueden levantarse y entrar a la recámara. Así que a veces siento que es mejor no hacerlo."

Esas llamadas de apareamiento que le informan a su pareja que siente atracción y tiene ganas en el momento son pérdidas enormes para algunas mujeres. Así como pueden perder su habilidad para comunicarse verbalmente con su pareja, por lo que también pierden la destreza de revelarle a él y a ellas mismas, aquello relacionado con el sonido durante la relación y sentir un enorme placer. El sexo no sólo se trata de tocar, probar y oler, el sonido es una gran parte del juego sexual que nos atrae hacía nuestra pareja. La espiral descendente de silencio hace mucho más difícil mantener el sexo al frente del matrimonio.

También hay mujeres muy atadas a la maternidad, que se vuelven torpes con respecto a su sexualidad, lo cual puede durar y durar. Sally de 32 años, le dijo a Sandra, "Diez años... hace diez años que nació mi hijo. Y he sentido que mi necesidad y deseo por el sexo han disminuido más y más cada año. Se dice que las mujeres alcanzan su plenitud sexual a los 35 años. ¿Se está preparando mi cuerpo para llegar a ese punto? ¿Alguna vez llegaré? ¿Qué fue lo que hizo que mi libido despareciera?"

¡Cómo lamenta este ayuno de deseo! Incluso expresa esa pérdida con palabras que usaría con un niñito. No es una Madonna o una mujer lujuriosa, con un balance inclinado hacia la izquierda, en vez de eso parece haber un cambio de lealtad. La afiliación es tan apasionada en algunas mujeres que deja poco espacio para cualquier otro amor verdadero. También es incomprensible para muchas madres cómo los padres no pueden involucrarse en la vida de sus hijos y aún así tener problemas de erección cuando el bebé está llorando, gritando o los hijos que están en tercero o quinto grado tienen una pelea de agua en el patio trasero.

Conforme los años de maternidad separan a una mujer de su sexualidad, ella puede tener problemas en recordar cómo se siente tener deseo sexual. Su relación puede desarrollarse en una completa práctica de compañerismo donde la función de la madre y el padre es reemplazar el placer de ser amantes. Las madres que son muy buenas al hacer muchas labores necesitan encontrar una forma de apagar el botón y sólo hacer una cosa a la vez cuando están con su pareja. ¿Pero cómo lograrlo?

Cuando pensamos en Claire, madre de un niño de un año con un matrimonio problemático que vino a pedir ayuda a Sandra, se vuelve claro cómo puede ocurrir esta división interna entre la madre y el padre.

Cuando empezó a hablar sobre su matrimonio ella se interrumpía, se movía en su asiento, luego se disculpaba.

Empezó de inmediato con una descripción de su relación con su esposo, Jim. Se había casado con un joven del que se enamoró en la universidad. Después del cortejo turbulento, trataron de colmarse con la boda, todos los gastos de la luna de miel fueron cortesía del padre de ella, quien también les compró una casa nueva y le dio trabajo a Jim en su negocio. Al principio Claire estaba extasiada con las fantasías de la adolescencia acerca de arreglar el departamento de sus sueños, escoger las cortinas perfectas, la pintura y la decoración. En vez de eso se vio en un matrimonio decepcionante con un hombre inmaduro que pasaba las tardes con sus amigos arreglando autos en el garaje. Sólo entraba para comer, acompañado de su mejor amigo.

"Pensaba que el sexo sería mejor después de casarnos, tendríamos más privacidad, pero en vez de eso empeoró. Tú sabes, antes nos quedábamos despiertos hasta tarde y teníamos días de campo y nos enloquecíamos haciéndolo casi todo. Recuerdo haberme excitado al oír su voz por el teléfono. Luego nos casamos y yo me ocupé de la casa y él de cierta forma regresó a estar con sus amigos. Después de un tiempo me trataba como... otro amigo. Uno de ellos. En realidad nunca apreció tenerme cerca. Era como la televisión, algo que guardas para tener compañía aun si no la ves."

Suspiró: "Y el sexo. Era mejor. Quiero decir, a veces tenía ganas de hacerlo, pero ahora, desde que nació el bebé, nunca tengo ganas." Hizo una pausa y se frotó la nariz. "Tal vez es porque siempre estoy cansada. Siempre hay algo que se atraviesa a la hora de estar solos, alimentar al bebé, cambiarlo, lavar la ropa. ¡Algunos días no me baño hasta mediodía! De cualquier forma, el deseo de las relaciones sexuales tiene malas asociaciones para mí."

Sandra preguntó de inmediato, "¿Cómo está eso?"

"No quiero dejarme llevar."

"¿Por qué no?"

Ella giró la mirada. "Bueno, cuando estaba en la universidad me embaracé y tuve que abortar," dijo con suavidad. "¡Juré que nunca tendría relaciones sexuales! Claro que lo hice, pero después de eso no me gustó mucho. Dios, estaba convencida de que nunca iba a embarazarme después de deshacerme de un bebé. Estaba segura de que sería castigada."

"Pero no lo fuiste."

"¡Ay no, nos embarazamos tan rápido! De hecho muy rápido." Ella soltó esa risita de nuevo. "Pero tuvimos suerte, tuvimos a Pete. Mi pequeñito es tan dulce, tan maravilloso. A veces, cuando estoy sentada en la mecedora y lo alimento siento tanto placer, creo que eso es el cielo." Ella se avergonzó. "No es algo sexual, no quise decir eso."

"Lo sé"

"Sólo quiero abrazarlo." Apareció en su cara esa mirada lejana cuando pensó en su hijo. El amorío estaba claramente definido.

"¿Trataron tu esposo y tú de tener un bebé'"

Claire respondió con entusiasmo, "Claro. En verdad queríamos tener hijos. Todas mis amigas se embarazaban. Creo que pude haber esperado un poco más, pero a Jim no le gusta usar protección y simplemente pasó. Estaba tan feliz; era como si esperara que eso lo haría enamorarse de mí otra vez. Tú sabes, jactándose, *la madre de mi hijo*."

"¿Bueno, y cómo han estado las cosas con tu esposo desde que nació Pete?"

Sandra preguntó, pero ya sabía la respuesta.

Claire frunció los labios. "Bueno, para él está bien. Creo que se la pasa tan tranquilo y de cierta forma yo lo resiento. Siempre me siento tan apurada porque Pete puede despertarse. Así que no me puedo venir por completo."

"¿Tenías orgasmos? Antes de que naciera tu hijo."

"A veces. No es que no me acuerde lo que se siente. Así que la idea de tener sexo en realidad no me interesa, prefiero jugar con el bebé o ver una película. ¡Pero no le digas eso a Jim! ¡Él piensa que es el regalo de Dios a las mujeres!"

"¿No le has dicho cómo te sientes?"

"Ay, qué diferencia habría. Él sabe que estoy totalmente cansada de estar con Pete todo el día, así que sólo ocurre cada dos semanas, si es que ocurre."

Ella cruza las manos, abrazándose de la forma en que tal vez quisiera que alguien la abrazara. Dice en voz baja: "No deseo tener relaciones sexuales. No lo deseo a él. Sólo quiero dormirme al finalizar el día y no despertarme por la razón estúpida de que él necesita alguna atención." Ella suspiró. Pero lo chistoso es que quiero sentir diferente. Quiero tener deseo y quiero desear a Jim. ¿Qué debo hacer?"

A mitad del camino

Claire, Sally y los millones de mujeres que han intercambiado el buen sexo por la maternidad no están condenadas a un matrimonio frío y desunido. Pero van a tener que trabajar más duro para volver a capturar el placer, lo que significa que tendrán que estar motivadas.

Hay técnicas estratégicas que pueden emplear: hacer citas, usar a los abuelos, contratar niñeras, planear fines de semana en la cama lejos del hogar para volver a capturar el romance y arrancarse físicamente de los brazos de pulpo de sus hijos y todo lo que acarrea cuidarlos. Pero la parte difícil va más allá de utilizar juguetes sexuales o masajes con aceites. El factor crucial es si puede balancear los dos tipos de relaciones amorosas, una con la pareja con la que empezó y otra con la pareja nueva que es completamente dependiente y le ofrece amor incondicional. Si cree con sinceridad que la sexualidad es su derecho, lo hará una prioridad, lo pondrá en el calendario, hablará al respecto, lo planeará, lo reclamará como propio. Pero debe separar su vida con los hijos de la vida como mujer; por eso le ofrecemos muchas estrategias en la segunda parte de este libro.

Para algunas esta labor es muy difícil. Y como Sally, se quedan en el limbo, esperando a que los hijos crezcan y se vayan de la casa, fuera del auto y de la mente. Esperando el momento que la vida no se revuelva alrededor de los juegos de futbol y las prácticas de juego. Encontrarlo la hace sentir cálida y responsiva incluso cuando su esposo no consigue un bono navideño o peor aun, pierde su trabajo.

Esperar hasta la menopausia cuando el furor de las hormonas aumenta y luego, al final, baja. Casi siempre es el momento que la mujer sexual puede resurgir, mayor y más sabia, quizás no tan jugosa como antes, pero lista para todo tipo de acción.

La mujer en la menopausia: en neutral y luego avanzar

Como una generación que nacimos en un auge de natalidad tenemos muy mala suerte. Llegamos muy tarde para tener la píldora, pero muy cerca para evitar el azote de VIH/SIDA. Algunas de nosotras envejecimos y nos casamos jóvenes, antes de la revolución sexual y tuvimos un poco más de libertad que nuestras madres. Pero las que al borde de la década de los años sesenta temblamos con la posibilidad de que sabíamos que el sexo, las drogas y el *rock and roll* eran nuestros por derecho, no teníamos que preocuparnos mucho sobre las consecuencias de algunas de nuestras acciones apresuradas e inconscientes. Estábamos preocupadas acerca del embarazo, pero la mayoría podíamos tener un aborto si lo queríamos, al menos después de 1973 (*Roe v. Wade*). Aquellas de nosotras que nos atrevimos a desafiar nuestras memorias anteriores de nuestros padres y maestros como "la policía del sexo" tomamos las cosas en nuestras manos, si no teníamos pareja disponible, nos masturbábamos o usabamos nuestro confiable vibrador.

Sabíamos de las enfermedades por transmisión sexual, aunque las que eran más transmisibles, como la gonorrea, las ladillas y los piojos púbicos, eran seguras en comparación con el HPV y el VIH. Gran parte de las mujeres que ahora pasan por la menopausia pudieron tener 20 o 30 parejas y nunca se creyeron promiscuas. El sexo casual no era considerado inusual en los años sesenta y setenta, y para algunos, era un elemento social que debíamos tener para continuar una relación. Hasta aquellas que no experimentaban mucho en el momento crecían en una atmósfera donde la libertad sexual era una opción permisible. Por consiguiente, éramos un grupo de mujeres que no se espantaban con facilidad, en particular respecto a la sexualidad, lo cual nos hace enfrentar a la menopausia con una paleta más grande de opciones.

Cuando se cumplen 50 años, es difícil ver su mano enfrente de usted sin lentes; cuando va de caminata o juega tochito con sus hijos su cuerpo no se lo perdona al día siguiente. Ya no se sentirá igual que antes, lo cual significa que el sexo también se siente diferente. Una relación íntima que no tiene nada que ver con atraer a una pareja o engendrar un hijo puede ser intimidante para una mujer que nunca ha considerado una perspectiva más amplia en su vida sexual.

Para el momento que una mujer alcanza lo más alto de su sexualidad, ya sea que tenga 45 o 65 años, ella probablemente ha tenido a sus hijos, varias relaciones tanto buenas como malas y sabe el tipo de placer que quiere conseguir o evitar. Está cansada de dejar que el sexo fluya en la relación como un recordatorio ligero de esos sueños románticos que puso a un lado hace años. Se pregunta, *¿Esto es todo lo que hay o me estoy perdiendo de los elementos esenciales? ¿Estoy contenta, y qué significa eso en realidad? ¿Hay alguna otra forma de hacer lo que he hecho? ¿Qué arriesgo si cambio las piezas de la pizarra?*

Todas sus opciones son difíciles porque involucran una búsqueda personal que cambiará su situación presente. Algunas mujeres deciden evitar el sexo, después de muchos años de tolerarlo, mientras otras deciden hacerlo con abandono. Aun así otras sienten que deben cambiar el curso para explorar algunas áreas que han aparecido con anterioridad sólo en sus fantasías. La sexualidad en la menopausia, según su actitud y la experiencia de la vida, puede convertirse en un reto, una ráfaga o un placer, y a veces puede convertirse en los tres.

De acuerdo con una encuesta de la Universidad de Chicago, alrededor de 30% de las mujeres que tienen matrimonios duraderos tienen relaciones sexuales una o dos veces por semana,[1] sólo porque es parte de lo que hacen la mayoría de las parejas, ya sea que estén emocionados el uno con el otro o no. La mayor parte del tiempo está bien, con frecuencia es divertido, aun si no es lo primero de la lista de "quehaceres". Regularmente, estas mujeres describen sus matrimonios como buenos, o al menos, funcionales. Tienen mucho en común con la vida de pareja que ellas conocen así como se conocen a ellas mismas y no quieren que sus parejas busquen bienestar y excitación en otro lado. Como una mujer le dijo a Judith cuando le preguntó si fantaseaba o se masturbaba: "Bueno, eso ya no es lo que me interesa." Con el paso de los años ella llegó a pensar en sí misma como una colección de papeles: esposa, madre, mujer profesional, decoradora y ama de casa, chofer, atleta, dietista, entre otros. Se volvió más difícil sentirse como un objeto de deseo, el de ella o de alguien más. Por lo que el sexo se convirtió en un taladro, lo hacía cuando estaba muy cansada sin importarle si lo hacía o no excitada y si tenía o no un orgasmo.

Otras mujeres hablan como si hubieran llegado a la fiesta justo cuando terminaba. Una lesbiana de 50 años de Chicago dijo: "Era más agradable, pero mi amante y yo no nos conectamos demasiado. Muchos de nuestros amigos pasan por la misma situación, aunque no lo vemos como algo malo. Sólo necesitamos el sexo si tenemos el resto de la relación. Nunca tuve un vigor sexual muy fuerte."

Aun así otras voces son inflexibles acerca de la menor importancia que tenía para una mujer mayor. El sexo estaba bien antes de tener hijos, pero se volvió sin valor o molesto mientras escuchaba los murmullos de todos esos piecitos en su cabeza, así que ¿para qué molestarse? Una gerente de 52 años, de Queens, declaró con brusquedad: "No pienso mucho en el sexo. Me gusta mi esposo, mis hijos y acabo de tener mi primer nieto, eso es lo que en realidad me interesa. De cualquier forma hay tanto que hablar sobre el sexo y le da a la gente la idea equivocada de que es lo que mantiene un matrimonio."

Hay mujeres que nunca se casaron, están divorciadas o son viudas y todavía añoran el amor al que no pudieron reemplazar. El número de mujeres sin pareja aumenta conforme pasan las décadas. Aunque es posible conocer a esa persona especial después de la menopausia, y hay muchas parejas que se unen o se casan en los últimos años de su vida, los hombres solteros que pasan por la andropausia por lo general buscan mujeres más jóvenes. No tener una pareja regular por mucho tiempo puede conducir a la apatía sexual y a la disminución de la excitación. Cuando la mujer es sexualmente activa, sus genitales están listos para el sexo, su cuerpo tiene la costumbre de "excitarse". Pero los periodos de abstinencia a los 50 y algo de años puede arruinar el funcionamiento, lo cual significa que cualquier mujer que cruza por la menopausia y quiere seguir siendo sexual debe trabajar más. Los ejercicios de Kegel, la masturbación, los reemplazos de hormona y los lubricantes con base de agua han sido la salvación de muchas mujeres que anticipan un regreso al sexo en un momento.

Por supuesto está la mujer cuya vida sexual ha establecido una pausa y no está interesada de ninguna forma en comenzar de nuevo. Ella en realidad nunca disfrutó del sexo durante sus años reproductivos, y como ha estado inactiva por tanto tiempo lo normal ha sido que no sienta ninguna excitación. Está formada de una manera diferente, su cuerpo se ha suavizado, su actitud se ha endurecido; sabe el tipo de relación que tiene y no puede imaginar cambiarla. Puede continuar de esta forma, no del todo célibe pero no del todo sexual, hasta que ella y su esposo sean muy viejos para tener camas gemelas o incluso duerman en recamaras distintas. Ella ya no tolera sus ronquidos y valora su privacidad más que su intimidad.

La mujer que llega a la menopausia está detenida en neutral y no está necesariamente deprimida o enojada. Simplemente no considera el sexo como una actividad importante en su vida. De hecho, la mayoría de las mujeres que pasan por la menopausia muestran una pérdida de apetito a la diversión de la cama. Pero no olvidemos que hay otro grupo de mujeres que pasan por la menopausia entusiasmadas y hambrientas por la intimidad. La menopausia marca el primer momento en que muchas mujeres piensan en su identidad sexual y descubren cómo se sienten en realidad. Es más probable que aquellas a las que les encantaba el sexo en su juventud quieran continuar siendo sexuales en este momento; tienen la experiencia y conciencia de completar su círculo, el cual ha comenzado con sus primeros periodos o su primer beso, cuando esa oleada de placer indescriptible pasó en su cuerpo.

Muchos de los inhibidores han desaparecido, pueden caminar desnudas enfrente de un espejo, pueden gritar y reírse cuando tienen un orgasmo y no necesitan preocuparse de que hacer el amor derive en un embarazo. Están listas para sacudir sus matrimonios, tomar terapia o dejarlo todo y considerar la búsqueda de un amante, hombre o a veces mujer. Ellas quieren romper la caja del matrimonio en la que han estado por años. Tal vez sienten atracción o deseo hacia un amante más joven, o quizás están contentas con alguien de su propia edad con mucha experiencia y una gran valoración de las mujeres. Al final ellas pueden aprender a masturbarse, pueden interesarse en la literatura o en las películas eróticas, experimentar con aventuras extramaritales por el Internet. De cualquier modo, en los años que se sentaron en casa a ver *Plaza Sésamo* y barrían los *Cheerios*, comenzaron a salirse de su camino "derecho". Ahora en la menopausia estas mujeres se sienten con derecho a renovar sus energías sexuales.

A veces un cambio en el matrimonio, como la separación, el divorcio o la muerte del cónyuge, puede impulsar a una mujer fuera de su concha y regresar al mundo real. Ya no están abrigadas por las demandas de la casa y el hogar, muchas mujeres que pasan por la menopausia exploran. Mientras ven envejecer y morir a sus padres y ellas desarrollan un sentido de la salud y piensan en su propia mortalidad, se dan cuenta que ésta puede ser el último momento que tienen para tomar un receso y explorar.

Estas almas intrépidas aprenden con la práctica; incluso si nunca habían iniciado antes el sexo, están deseosas de iniciar algo. Laila, una administradora de una coalición nacional de adolescentes, le dijo a Judith: "Desperté en mi cumpleaños número 48 y pensé, ¿Qué sucede? Tengo relaciones sexuales tal vez una vez a la semana hace 26 años; mi esposo apenas entiende lo que significa el sexo oral excepto si yo lo hago, y últimamente compré un vibrador por Internet porque dije, qué importa, no me hago más joven. Me ponía nerviosa respecto a la masturbación, como si fuera algo de qué avergonzarse, pero en los últimos días he descubierto con exactitud cómo y dónde quiero que me toquen. Mi cuerpo se siente vivo, con más respuesta que nunca. Estoy pensando en comprarle a mi esposo un video erótico para Navidad porque en verdad quiero enseñarle qué es lo que me sucede, pero si es demasiado serio, bueno, lo veré sola."

La sexualidad en la menopausia es un punto crítico. Usted puede sólo permanecer ahí, esperar indefinidamente algo mejor, o puede arriesgarse y seguir adelante, aunque no sepa con exactitud qué enfrentará. Un grupo de mujeres que pasan por la menopausia, aquellas que se sienten fuertes, seguras y confían en su sexualidad sin duda enfrentan el riesgo.

¿Por qué algunas mantienen el sexo y otras lo eliminan? Es difícil vivir las varias razones que se confunden, desde las experiencias sexuales gratificantes anteriores al camino de la menopausia, sin ningún esfuerzo a la disponibilidad e interés hacia una pareja, a la nueva falta de inhibición que puede venir con el desarrollo de una imagen más fuerte y saludable de sí misma.[2]

Encontrar un significado en la menopausia

Usted deja de sangrar una vez a la semana. Le salen algunas canas y líneas de expresión alrededor de los ojos y sube unos kilos de más. ¿En realidad qué significan estos cambios? Nadie le puso mucha atención a la menopausia hasta que las personas que nacieron en el auge de natalidad de los años sesenta hicieron algo especial.

Esto no es algo malo. Después de todo entre más discusión exista más educación tendremos, entre más atención pongan las personas que están al servicio del cuidado de la salud más preparadas estaremos. Necesitamos estar conscientes de que comer soya puede ayudarnos a proteger nuestros huesos y nuestro corazón; debemos saber que el ejercicio es vital en este momento de la vida. Igual de importante es saber que el comienzo de la resequedad vaginal no implica el final del sexo, ir al doctor no sólo puede darnos una receta para una terapia de reemplazo de hormonas sino también apoyo y comprensión. Cuando nos reunimos con un grupo de mujeres como nosotras no nos sentimos solas en el desierto.

La menopausia puede ser interpretada en diferentes formas, según su perspectiva del mundo y aunque algunas mujeres están presionadas o deprimidas, otras la encuentran muy liberadora. ¿Qué es lo que sucede exactamente? El proceso es físico, mental, emocional, social y con certeza espiritual.

Justo antes del cambio de la vida, un cambio de expectativas

En la mayoría de las mujeres la premenopausia y la perimenopausia[3] marcan el comienzo de una cabalgata hormonal de eventos, lo cual engendra un aumento en la fantasía y el interés sexual o el desinterés total.

Las razones psicológicas son aparentes cuando se ven los cambios en el sistema endocrino que suceden a los 40 años. Durante la perimenopausia los niveles de estrógeno aumentan conforme las hormonas cerebrales FSH y LH son producidas en mayores cantidades y a su vez estimulan la producción de testosterona, la hormona del deseo.

Para la mayoría de las mujeres, no hay mucho cambio de la perimenopausia a la menopausia. Las alteraciones físicas y emocionales son muy graduales, el proceso de envejecimiento casi parece una invasión. Muchas mujeres son liberadas por la menopausia porque al final todas las trampas han surgido, ellas pueden considerar el sexo sin más preocupaciones sobre el sangrado o el embarazo.

Cuando el sexo no se siente bien. Los problemas con el deseo, la excitación y la dispareunia

No obstante, para algunas mujeres las cosas no son fáciles. A los ocho o diez años que descubrieron el placer sexual, el cuerpo puede dar un cambio impredecible. De repente pueden tener una falta de deseo sexual, pueden excitarse, tener un orgasmo, y luego tener dispareunia, donde el sexo es insoportablemente doloroso.

Algunos de los problemas mencionados arriba están relacionados con otro incremento hormonal que azota al cuerpo. Después de 40 años y a principios de los 50, el sistema endocrino va a sobremarcha, trata de llevar el paso que ha mantenido a través de la perimenopausia. Pero en los siguientes años, la producción alta de FSH puede estimular los ovarios y no producir mucho estrógeno.

Después de la menopausia por lo regular los niveles de estrógeno disminuyen una quinta parte del nivel que tenían en los años reproductivos. Como resultado, muchas mujeres sienten fatiga y cansancio gran parte del tiempo, lo cual hace menos atractiva la idea del sexo. La capacidad de la vagina se hace más angosta y ya no es estimulada con un baño de estrógeno y su tejido uterino se vuelve más delgado y menos elástico. Lo anterior puede provocar que la penetración sea difícil o dolorosa y la posibilidad de repetir los encuentros sexuales incómodos reduce la frecuencia de las fantasías sexuales. Si una mujer anticipa el dolor cada vez que se mete a la cama, no sorprende que sea mucho más difícil excitarse.

Las glándulas de Bartholin, las cuales mantienen lubricados los pliegues de la vagina, simplemente no producen como antes lo hacían, tener relaciones sexuales puede ser un terrible intento para algunas. Aun cuando esté excitada, los tejidos genitales de una mujer, como los labios, el clítoris, la vagina y el útero, no tienen mucha corriente sanguínea, lo cual implica una disminución de la sensación en el clítoris y los labios, los senos, los pezones y otras áreas que antes eran muy erógenas. Por consiguiente el sexo no es tan bueno como era antes. A pesar de que las mujeres que pasan por la menopausia con mucha frecuencia están preocupadas de ganar unos kilos, en realidad pierden tejido adiposo subcutáneo en la vulva, lo cual también hace más lenta la habilidad de la mujer para lubricarse y también puede convertir la dinámica del sexo en una batalla desagradable en vez de una danza armoniosa.[4] Un insulto más, el vello púbico empieza a caerse. Una cosa es oír a su esposo quejarse de su pérdida de vello, pero ¿qué puede hacer la mujer para reemplazar el "arbusto" velloso? El escaso vello en la vulva recuerda a la niñez o a una edad muy avanzada, un tiempo en que los genitales se encuentran abiertos, expuestos y sin el atractivo de unos montes cubiertos de vello.

Los destellos o los chispazos candentes de la menopausia, provocados por la disminución de la regulación de la temperatura manejada por el hipotálamo, pueden hacer del sexo un asunto en decadencia, literalmente algo muy candente de manejar. El goteo de orina durante el orgasmo debido al cierre incorrecto del esfínter uretral puede hacer que el sexo sea vergonzoso. El tejido menos elástico alrededor del clítoris y de los labios puede irritarse o infectarse durante la manipulación sexual o la penetración del pene. Mientras que pocas mujeres tienen estas quejas, muchas experimentan al menos una o dos de ellas. Con tantas posibilidades para que estos mecanismos internos se descompongan, cerca de 40% a 60% de las mujeres que pasan por la menopausia[5] se desvían del sexo, al menos por un tiempo.

En la actualidad existen muchas opciones para alterar el panorama hormonal de la mujer, éstas pueden hacer una diferencia positiva (véase el capítulo 8). El mejor de los tratamientos para las mujeres que pasan por la menopausia es la terapia de reemplazo de hormonas (HRT, por sus siglas en inglés), una combinación de estrógeno y progesterona naturales y sintéticos, para las mujeres con un útero intacto, el cual puede proteger el corazón y los huesos así como provocar con mayor facilidad la excitación y hacer que el sexo sea más agradable al añadir lubricación y elasticidad a los tejidos. El estrógeno es una hormona extraordinaria con diferentes funciones, la cual afecta alrededor de 300 tejidos en el cuerpo. Sin embargo, la progesterona, la hormona de contrapeso, la cual protege el crecimiento del tejido uterino y del cáncer bajo la influencia del estrógeno, es una espada farmacéutica de doble filo.[6] Con el paso de los años el papel de la progesterona en el cáncer de mama ha sido tema de debate vehemente. Un estudio reciente de 46 000 mujeres (1999) del Instituto Nacional del Cáncer sugiere que la progesterona puede aumentar el riesgo de cáncer mamario después de la menopausia. Pero luego nos tenemos que preguntar, ¿qué es lo que va a ayudar o a dañar más? Por supuesto, si está pensando en el sexo, por lo general se piensa en el componente de estrógeno como un beneficio.

Pero, hay un giro irónico. El buen sexo requiere no sólo una falta de dolor y excitación fácil, también deseo verdadero. El producto combinado (Prempro) de estrógeno y progesterona, recetado para las mujeres con un útero intacto le roba testosterona al cuerpo. Para tener sexo necesitamos el deseo por el sexo, y la testosterona es la que ayuda a lograr este objetivo, la "hormona del deseo" producida en mayor parte por las glándulas adrenales. La mayor parte de la testosterona en nuestro sistema fluye a través de la sangre con una proteína conocida como globulina transportadora de las hormonas sexuales (svg, por sus siglas en inglés), dejando libre en la sangre sólo un pequeño porcentaje. Pero el estrógeno estimula la producción de esta proteína, la cual une con eficacia la mayor parte de la testosterona que tenemos. Así que una terapia de reemplazo de hormona puede hacer que el sexo se sienta mejor físicamente, pero al mismo tiempo, disminuye la libido.[7]

La testosterona tiene un papel aun más trascendental, el de retener nuestro ánimo para salir y participar en la vida. El flujo de fatiga y cansancio de los que muchas se quejan en la menopausia puede estar relacionado con una disminución de esta hormona, la cual comienza a escasear a los 35 años y para la mayoría, sólo se hace evidente al llegar a los 50 años. Si usted está muy cansada incluso para pensar en el sexo, el deseo caerá. Mientras el deseo disminuye la intimidad también.

Por supuesto, la producción de testosterona tiene un descenso aún más rápido si los ovarios son operados o extirpados. Para las mujeres a las que se les ha hecho una ooforectomía (extirpación de los ovarios) o quimioterapia, la cual estropea efectivamente la función de los ovarios, la libido disminuye desde el siguiente día de la operación.[8] Aun para las mujeres a las que se les ha hecho una histerectomía (extirpación del útero) con los ovarios intactos, los niveles de hormona empiezan a caer tres o seis meses después de la cirugía y nunca recuperan su nivel de producción. Debido a que hay receptores de testosterona en los senos, el clítoris y la vagina, no sorprende que la menor cantidad de esta hormona disminuya la sensibilidad sexual en esas áreas. Conforme envejecemos no tenemos tantos receptores ni producimos el mismo número de encimas que nos permiten usar la testosterona en un nivel celular.

Gran parte de las investigaciones actuales están dedicadas a esta hormona fascinante, y muchos médicos pisan con pies de plomo cuando tratan a las mujeres con un reemplazo de testosterona. No hará que vuelva a crecer el vello púbico, pero restaurará la vitalidad y el vigor sexual, lo cual es mucho más importante en la cama. Cada vez es más claro que gran parte de lo que se ha denominado como "depresión menopausica" en realidad puede ser la deficiencia de testosterona. En vez de dar antidepresivos a las mujeres, los cuales pueden disminuir la libido meses después, puede ser aconsejable probar Estatest, una combinación de estrógeno y testosterona, un gel o crema, como reemplazo de testosterona. (Véase el capítulo 8 para obtener información completa de las hormonas y otros medicamentos que afectan la respuesta sexual.)

La pérdida de deseo hace que unas mujeres estén muy tristes, mientras otras dicen que "se supone debe pasar" de esta forma. Un colorario interesante del movimiento feminista era que la mujer finalmente despertó al hecho de que ella no necesitaba ser apreciada por los hombres para apreciarse a sí misma. Una mujer que pasa por la menopausia, quien en los últimos días se dejó crecer el cabello canoso y comenzó a hacer yoga, dijo: "Esperé 40 años para pensar algo bueno sobre mí. Tuve una introducción tan perversa al sexo, por mi padrastro, y luego me casé a los 19 años con un hombre al que no le gustaban para nada las mujeres y me lo hacía saber. Después de mi divorcio permanecí célibe por muchos años, nada me excitaba. Fue sólo después de la terapia que descubrí lo que merecía, lo que sólo yo podía ofrecerme. Me interesó la masturbación y mi vida de fantasía se aceleró. Como La Bella Durmiente, desperté cuando descubrí que era una princesa, y un príncipe."

No tener deseo sexual es más significativo que no desear una pareja. Lonnie Barbach, una terapeuta sexual e investigadora importante acerca del sexo, señala que la falta de deseo sexual no está muy relacionada con el sexo, sino que está más relacionada con nuestra relación o el cambio de nuestros sentimientos conforme envejecemos.[9] El deseo es un asunto muy complicado, mucho más la excitación. Una mujer que tiene bastante testosterona en su sistema puede no tener ningún deseo sexual porque está enojada con su pareja o porque su madre acaba de morir. Puede estar excitada, pero si ha llegado a creer que no es agradable que una mujer mayor sea sensual, ella puede arruinar toda la pasión. Pero puede ser lo contrario, puede tener una deficiencia hormonal y aun así sentir tal intimidad y cercanía con su pareja que puede sentirse impulsada a mordisquear su oreja o a comprarse lencería sexy. Un bajo vigor sexual, al igual que la batería de un auto, puede cargarse. También es normal sentirse cargada de energía con bríos un día y no sentir nada al siguiente.

Pero es deprimente no sentir nada. Esa calma de monja sin nada burbujeando bajo la superficie que puede descender a finales de los 40 años o a principios de los 50, tiende a hacer que las mujeres se sientan menos femeninas y atractivas y dañar su autoestima.

El cambio del cuerpo.
Nuestra imagen sexual en la menopausia

A pesar de nuestros mejores esfuerzos por conservar ese brillo de juventud, con el paso del tiempo el cuerpo pasa a través de su propia metamorfosis, lo cual puede ser un asunto desgarrador para la gente que nunca se consideró inútil. Muchas mujeres que pasan por la menopausia se avergüenzan de su piel menos que elástica, los senos y la barriga, o al menos no se ven sensuales. Una mujer de 53 años le comentó a Judith: "Siempre me gustó mi cuerpo, aunque mis caderas no eran muy anchas. Pero el otro día voltee a la hora de ponerme la ropa interior y vi a mi madre; tú sabes, los pliegues de la piel colgando sobre el tirante de mi sostén. Como bien, diario hago ejercicio y aun así tengo dos pancitas, eso me molesta. Partes de mi cuerpo todavía se ven tonificadas y musculosas, pero otras están cayendo. Creo que si todo se viera de una forma no sería tan incongruente, pero ahora, me siento como el retrato de Dorian Gray en el clóset, me transformo pero no para bien."

Si no se puede parar enfrente de un espejo y aceptar su cuerpo más pesado o arrugado, ¿cómo puede mostrarse ante su pareja? ¿Todavía puede retozar en la cama por la mañana o a la hora del almuerzo, o ha relegado el sexo a la oscuridad de la noche? ¿Está consciente de las caricias amorosas o de la celulitis, o de la forma de la piel de su estómago, el cual parece más o menos plano cuando se para derecha pero se cuelga en pliegues cuando está montada sobre su pareja? ¿Imagínese que le han practicado una mastectomía y no puede soportar la idea de mostrar su seno alterado? (Véase el capítulo 9 para una explicación más amplia de la forma en la que el cáncer de mama puede afectar la respuesta sexual.)

La mayoría tenemos problemas sobre el peso y nuestra apariencia, y eso que nos creemos inteligentes. Sabemos que va a ser difícil bajar el kilo y medio que subimos en las vacaciones, y ¿si no lo bajamos y el siguiente año aumentamos otro kilo y medio? ¿Qué significa esto en términos de la forma en la que nos vemos como entes sexuales? Vivimos en una sociedad que hace un fetiche de las cinturas y las piernas delgadas de las sajonas. Lo pequeño es perfecto, un poco más grande es dudoso. La verdad del asunto es que el cuerpo aloja más de sus reservas de grasa abdominal conforme envejecemos, lo que significa que no importa lo que haga, probablemente no se verá igual incluso si pesa lo mismo después de la menopausia. Es bueno pesar un poco más en la menopausia, ya que el cuerpo puede reemplazar algo de estrógeno que pierde al convertir androstendiona, una substancia producida por los ovarios y adrenales, en una forma más débil de estrógeno en el tejido adiposo. Lo anterior es más fácil cuando el cuerpo tiene menos grasa.

Algunas mujeres pasan por la menopausia y sus parejas finalmente reconocen que las figuras más llenas están bien, tal vez más que bien. ¿Cuán refrescante es decir que un grupo de filántropos que recaban fondos en un pueblito de Inglaterra en los últimos días ha publicado un calendario "con mujeres casi desnudas" para juntar dinero para los estudios sobre la leucemia? Estas mujeres, de 45 a 66 años, posan desnudas, tienen puesto sólo sombreros y perlas, con la esperanza de conseguir 2 mil dólares para su causa. En vez de esa cantidad, las ventas del calendario alcanzan los 550 mil dólares.

Los hombres estaban encantados de "ver mujeres reales en vez de insectos con labios de puchero y limpia pipas en lugar de piernas".[10]

El estereotipo de la mujer en la menopausia en tiempos de nuestra madre era el personaje de Edith Bunker, una esclava de sus hormonas, con cara roja y malhumorada, la última persona en el mundo que considerarían sexy. Pero en la actualidad es vista con más exactitud como una mujer que sabe lo que quiere y al final es lo suficientemente madura para obtenerlo. La nueva cosecha de modelos y actrices canosas es testimonio de la población mayor, entre más envejecen los ancianos, más jóvenes nos vemos en la menopausia.

En la menopausia el cuerpo no sólo cambia en el exterior, a veces hay alteraciones internas. Las más comunes son la histerectomía, la cirugía más realizada en Estados Unidos, practicada con más frecuencia en la menopausia.

Histerectomía: el sube y baja

Cada año se llevan a cabo demasiadas histerectomías en este país (650 000, de acuerdo con la mayoría de las fuentes). Las mujeres que se quejan mucho de su salud ginecológica con los médicos, que están presionadas por el tiempo, en particular las mujeres pobres y las de color que tal vez no tienen acceso al mejor cuidado de la salud, por rutina son alentadas a someterse a esta operación una vez que pasaron la menopausia. Simplemente es más fácil extirpar el órgano que da molestias que tratar a la paciente, perder el tiempo y usar tratamientos caros que quizá no le resuelvan sus problemas físicos y médicos.

¿Pero eso hace equivocado este procedimiento? Con certeza no, si es hecho por necesidad médica. Para algunas mujeres que tuvieron gran dolor o sangraron mucho y continuamente, o que han tenido que luchar con fibroides dolorosos, la extirpación del útero tiene sentido. Quizás también ayude a restaurar el nivel de bienestar de la mujer y su interés sexual.

¿Cómo afecta la histerectomía los sentimientos de una mujer hacia ella misma? ¿Qué impacto tiene en su sexualidad? Antes de responder estas preguntas retrocedamos y primero consideremos el procedimiento más drástico, una ooforectomía, y lo que ocasiona al equilibrio hormonal. Cortando ambos ovarios de un golpe se extirpan los órganos productores de testosterona y se pone rápidamente a una mujer en la menopausia, con todas sus señales y síntomas presentes. En el pasado, donde existía la preocupación y el pavor de que algo pudiera tener consecuencias cancerosas, recomendaban la extirpación de los ovarios cada vez que realizaban una histerectomía. No obstante, en años recientes las mujeres han establecido una postura de conservar al menos un ovario, lo cual puede mantener la producción hormonal, aunque en un nivel más lento y puede facilitar la transición a la menopausia. Milagrosamente, conservar algo del tejido ovárico para una mujer que aún no ha tenido hijos puede significar que aún conserva su fertilidad. Si usted es candidata para esta cirugía, debe hacer un esfuerzo para convencer a su médico de salvar cualquier tejido sano que tenga.

El valor de mantener el útero no es aparente. Puede llenarse de tumores fibrosos que pueden ejercer mucha presión en la vejiga, el recto o la vagina y pueden convertirse en cancerosos; pueden sangrar en abundancia hasta robarle la fuerza, o colapsarse en la cavidad pélvica. ¿Hay una buena razón para conservarlo si no funciona de manera adecuada?

Una vez más salta la pregunta de las hormonas. Algunos estudios revelan que a las mujeres a las que se les ha practicado una histerectomía pasan por la menopausia cuatro años antes que sus hermanas con un útero intacto, porque la extirpación del útero afecta la circulación sanguínea hacia los ovarios y ocasiona una disminución en las hormonas. Lo anterior puede provocar potencialmente una pérdida ósea prematura y problemas cardíacos.[11] Si ha tenido dificultad con los síntomas clásicos de la menopausia, como bochornos, resequedad vaginal, irritabilidad y ataques de depresión repentinos, puede descubrir que el sexo no siempre es tan atractivo.

Para muchas mujeres el cambio después de la histerectomía es positivo. Alan DeCherney, profesor y presidente del Departamento de Ginecobstetricia de la Escuela de Medicina de la UCLA, dice, "he descubierto que una vez que la mujer se recupera de una operación, se siente bien y mejora su sexualidad, no porque la libido cambie, sino porque cualquiera que haya sido el problema, éste ha desaparecido, ya sea fibroides, endometriosis, sangrado o dolor pélvico. La reacción de una mujer también depende en primer lugar de cuánto le guste el sexo, antes de tener los síntomas incontrolables. No es necesario decir que gran parte de la ecuación es la relación con su pareja. La pérdida de un órgano interno puede culpar al matrimonio y arruinarlo.

Probablemente la parte más alarmante de la cirugía ginecológica es no saber qué tipo de reacción tendrá su cuerpo. De acuerdo con la doctora en Medicina, Diane Hartmann, ayudante de ginecosbetricia en la Universidad de Rochester, los pacientes dicen que las preocupaciones postoperatorias sexuales son un factor contribuyente a la inquietud antes de la operación. La noche anterior usted pensará en ese órgano interno, el que tal vez llevó a termino a varios bebés, el que sangró cada mes, y le hizo saber que su sistema reproductor funciona, que todo estaba bien. Siempre fue un participante escondido en su vida sexual pero ahora lo sacan y lo tiran.

El problema es que las mujeres no obtienen apoyo de quienes pueden decirle la verdad si les importara mucho o estuvieran menos apenados acerca del sexo. Más de 55% de las mujeres que pasan la perimenopausia y la postmenopausia y participaron en una encuesta de 1999, dicen que sus médicos nunca sacaron el tema de la salud sexual, aunque 70% de estas mujeres querían que lo hicieran. Si los médicos no hablan del tema cuando el cuerpo esta completamente sano. ¿Imagine cuántas veces callan cuando está presente una enfermedad?

La histerectomía puede involucrar más que el útero. ¿Importa si también se extirpa el *cervix*? Hay evidencia que conservar el *cervix* reduce la incidencia del derrame de orina durante el dolor y el sexo.[12] A menos que el *cervix* esté enfermo se extirpa, aunque una vez más usted tiene que tomar la iniciativa y hablar con su médico al respecto, nunca lo deje a discreción de un profesional. De cualquier forma, tener el útero durante el clímax sexual es menos pronunciado después de la menopausia y puede no afectar a la mujer que no estaba consciente de él anteriormente.

Para aquellas que sufrieron años de sangrado abundante, algunas veces continuo, la histerectomía puede restaurar y mejorar las relaciones sexuales. Cerca de mil mujeres que fueron vigiladas por dos años después de que se les practicó una histerectomía sintieron que después de la cirugía el sexo estuvo mejor, hubo menos dolor, más frecuencia, más deseo y más orgasmos.[13] Con un impulso general en la salud y menos dolor y sangrado, tuvieron menos preocupación sobre la incontinencia urinaria, menor ansiedad por manchas en la ropa y las sábanas; el sexo mejoró enormemente para muchas mujeres.

Dijo Pauline, abogada de 53 años, de Nueva York: "Estaba muy deprimida cuando el médico me dijo que en verdad tenían que extirpar el *cervix* y al menos un ovario. Tuve años de sexo malo o sin sexo, porque sangraba casi todo el tiempo, me volví anémica. Después de mi divorcio no salía mucho, sólo me sumergí en el trabajo. Cuando llegó el momento, el médico dijo, 'Mira, no puedes esperar más tiempo, voy a realizar la operación ahora.' En ese tiempo, conocí a un hombre maravilloso, un joven que se dedicaba a la música. Él era muy divertido y tan diferente a mi ex esposo, y ¡siempre lo deseaba! Le dije al doctor que tenía que dejarme la vagina exactamente como estaba porque la iba a usar mucho. Tan pronto como puede tener relaciones sexuales, lo hice, cerca de seis semanas después de la cirugía. Nos fuimos lento, muchas caricias, jugueteo y sexo oral. Cuando al fin tuvimos relaciones sexuales sentí una verdadera diferencia, ¡fue fabuloso! Toda esa preocupación acerca de cómo se sentiría el sexo sin útero y sin *cervix*... bueno, no eran del todo necesarios. Mi cuerpo se sintió más vivo que nunca."

Pero para algunas mujeres nada de esto ayuda, ni siquiera con una pareja atenta y activa. Por muchas razones físicas, emocionales, incluso espirituales, hay mujeres que sienten más fatiga e inquietud y tienen una función física más limitada y menos placer después de la cirugía. Es sabido que cada histerectomía no siempre tiene el mismo buen resultado como el de Pauline. Puede haber una cicatriz alrededor de la estructura vaginal, lo que significa que este órgano mutilado quizá no pueda alojar el mismo tamaño de pene que antes alojaba y la penetración puede ser dolorosa. Los nervios que corren a través del plexo vaginal han sido cortados, esto puede afectar de forma negativa los orgasmos, en especial si el *cervix* es extirpado. También afecta la pérdida de estrógeno; después de la cirugía puede acelerar la menopausia si es que no ha comenzado ya y provocar resequedad vaginal al igual que otros síntomas, entre ellos la fatiga, la depresión, la artritis y otros tipos de dolores en las coyunturas. Las mujeres con las mayores quejas postoperatorias parecen ser aquellas con los problemas que ya existían antes de la intervención.

Las mujeres a las que les gusta el sexo, incluso después de la operación, en realidad experimentan más y son más comunicativas. Quienes eran parciales y tenían dificultades con sus esposos dicen que no vale la pena seguir intentándolo, o sólo lo hacen para mantener satisfecha a su pareja. Hay mujeres que nunca tuvieron orgasmos antes de la histerectomía, pero tuvieron orgasmos múltiples después de ésta, y viceversa.

Por supuesto, el sexo no sólo es una conexión entre los nervios y la piel. Para algunas mujeres de ciertas culturas el útero es un icono de su feminidad, y perderlo, es perder una parte esencial de lo que las hace mujeres. Esto es verdad en particular con aquellas que nunca tuvieron hijos y ahora no podrán tenerlos. Usted tal vez sepa, racionalmente, que el útero sólo es una bolsa que guarda un hijo, los ovarios son los órganos responsables de la fertilidad, pero los sentimientos femeninos son complicados y pueden afectar en la extirpación de este órgano simbólico.

Mark Glasser, jefe de ginecosbtetricia en *Kaiser Permanente* ubicado en San Francisco, señala que la decisión de practicarse una histerectomía puede tener raíces profundas en los antecedentes culturales y étnicos de una mujer. Dice: "En el Sur se realizan cuatro veces el número de histerectomías que en el condado de Marin. La cultura del Sur está muy enfocada en la historia de la familia, si la madre o la abuela de una mujer tuvo una histerectomía y ella es una posible candidata para la operación, la mujer y su pareja estarán muy interesados en conservar sus órganos. En ciertos grupos étnicos una mujer sin útero vale menos." Las mujeres afroamericanas que son la estructura de un matriarcado fuerte protestarán porque no quieren someterse a la cirugía, ya que no pueden perder su "naturaleza". Las musulmanas y las indias del Este, valoradas por su potencial reproductivo, seguramente optarán por la miomectomía (una operación que extirpa los tumores fibroides pero deja el útero) o la ablación endometrial (un procedimiento donde la capa mucosa del útero se extirpa con láser) en lugar de perder su preciado órgano de concepción.

Las mujeres a las que se les detecta con anticipación el cáncer cervical tienen una opción, aunque el tratamiento, conocido como una traquelectomía radical, todavía no es realizado por la mayoría de los cirujanos estadunidenses. Realizada en Francia desde hace una década la operación para la reducción de órgano implica replegar el *cervix* al jalarlo hacia abajo a través de la vagina, cortando la lesión cancerosa, tomando una muestra del tejido que está alrededor para confirmar que es benigno y hacer una sutura con pliegues alrededor del *cervix* para unir su abertura al útero. Los embarazos que ocurren después de esta cirugía son de alto riesgo porque el *cervix* ha sido debilitado por el trauma de la operación. No obstante, han nacido 55 bebés de mujeres que se han sometido a este procedimiento. Debido a que sólo se han realizado 300 traquelectomías en el mundo hasta el momento de la redacción de este libro y ninguna de las mujeres ha pasado su quinto aniversario de vivir sin cáncer, el veredicto es que aún se duda de la eficacia del procedimiento.[14]

Por supuesto, nuestra sexualidad no depende de los órganos físicos. Es cierto que no necesitamos un útero para ser sexuales. Seguir adelante sin él puede ser mejor o peor para usted, con seguridad será diferente y puede darle la oportunidad de redefinir lo que significa para usted ser una mujer sexual.

La imagen que tengamos de nosotras es vital para sentir deseo porque es como un boomerang, lo que usted da se regresa.

La armonía del buen sexo

Olivia, quien a los 57 años de edad lleva 29 de casada, comentó: "Nunca entendí bien por qué mi madre cantaba cada domingo por la mañana, pero nunca en otro momento. Ella en verdad no tenía una voz maravillosa. Finalmente cuando me gradué de la preparatoria, ella y yo fuimos solas a la playa un fin de semana y yo le pregunté. Sonrió abiertamente y me dijo que era porque ella y papá hacían el amor cada sábado por la noche y nunca fallaba, esto hacía hermoso todo hasta la siguiente semana. Luego añadió con una sonrisa, "eso es lo mismo que me pasa a mí. Sé que mi esposo va a estar de mejor humor después del sexo y yo también. A veces él me compra cositas, regalos tontos que significan algo sólo para los dos. Francamente, creo que eso es una enorme razón por la que todavía tengo sexo con él. Nos disfrutamos más cuando tenemos intimidad, como dos personas compartiendo un secreto que nadie puede adivinar."

Muchas mujeres están tan impulsadas por su apetito sexual como los hombres y en especial en la menopausia, cuando el cuerpo no está receptivo y los años del matrimonio han apagado la emoción; para las mujeres es importante tener otra fuente de estimulación para hacer deseable el acto físico. Antes pensábamos que el deseo generaba excitación y si no se sentía excitada con la pasión por su pareja, su vida sexual estaba condenada. Pero Rosemary Basson, profesora de la facultad de medicina de la Universidad de British Columbia, en Canadá, habla acerca del ciclo que mantiene interesadas a las mujeres con el paso del tiempo.[15] La intimidad es la llave que mueve el ciclo de respuesta.

Para empezar el ciclo ellas deben sentirse excitadas cuando busquen las señales sexuales que de otra manera pueden ignorar. Una vez excitadas, comenzarán a sentir deseo, y deseo en correspondencia, lo que conducirá a más intimidad emocional. Hay un gran incentivo para decir que sí a una invitación sexual o iniciar ellas mismas el sexo para mantener la intimidad.

El ciclo puede romperse en cualquier momento, por ejemplo, si la pareja tiene una discusión, esos pensamientos rosas pueden volverse negros. En lugar de fantasear cosas positivas acerca del hombre al que quiere acercarse, imaginará una serie de antifantasías: *está engordando, no gana tanto dinero como yo, repite las mismas historias estúpidas veinte veces,* lo cual detendrá en seco al sexo. El ciclo puede romperse porque la mujer está deprimida, abrumada con distracciones que no son sexuales o permite que pase "el momento" cuando quizás haya ocurrido algo cálido y espontáneo.

Pero desde el punto de vista de Basson, si espera que el sexo aumente la comunicación y traiga un regalo, ya sea un ramo de flores, un halago entusiasta o más ayuda en la casa, ella verá que el ciclo mantiene su curso. Porque las mujeres quieren arreglar las cosas; así como mantienen su dedo en el pulso emocional de la relación en su adolescencia y los primeros años de las citas y el matrimonio, ahora ven necesario nutrir y a veces mimar la relación conforme madura y se vuelve menos intensa.

Por supuesto, no todo es responsabilidad de la mujer. Mucha de la facilidad o dificultad de encender las flamas emocionales o físicas depende de la persona con la que comparte su vida sexual.

Problemas de pareja

Los Beatles querían saber si los necesitaríamos y alimentaríamos cuando cumplieran 64 años. Muchas mujeres que pasan por la menopausia notan que dan más de lo que reciben. Es duro mantener la pasión durante ocho o diez años, incluso es más difícil durante veinte o treinta años. ¿En verdad puede ser todo para una pareja por ese tiempo? Usted cambia, él o ella cambian, ¿ahora imagine que no van en la misma dirección?

A su vez, los hombres en el climaterio empiezan a descubrir la diferencia entre el miedo y el pánico en la cama. El miedo aparece la primera vez que no pueden tener una erección dos veces; el pánico la segunda vez que no pueden tener una erección una vez. ¿Usted suspira o lo soporta si su esposo tiene disfunción eréctil? ¿Lo apura para que vaya al urólogo por una receta de Viagra (véase el capítulo 8) o deja de tener relaciones sexuales porque es demasiado vergonzoso y problemático?

Por supuesto, aunque tenga una pareja totalmente funcional no significa que esté apasionada hacia él o ella. Para la mayoría de las mujeres que pasan por la menopausia el sexo no tiene la prioridad que tenía antes. Para las mujeres que no iniciaban el sexo, pero que se excitaban con la erección y el deseo de su esposo, es común percatarse de que ya no responden a los mismos estímulos. Una mujer recordó que la señal de su esposo para tener relaciones sexuales era poner el pie sobre el de ella en la cama. La simple idea de lo que eso significaba, el recuerdo de otros tiempos cuando él hacía lo mismo y la expectativa a lo que esto derivaba, la humedecía y excitaba. Pero de repente, en la menopausia, su pie ya no encendía esas luces coloridas. Ella estaba muy preocupada por herir sus sentimientos al decirle que necesitaba otro tipo de jugueteo sexual.

Entonces, también, la menopausia es un momento cuando una variedad de problemas circulan en su cabeza y los doctores les recetan algo. Debido a que la mayoría de las mujeres se casan con hombres, varios años mayores, es más probable que sus parejas comiencen a experimentar los problemas físicos antes que ellas. Un esposo que toma antidepresivos, medicina para el corazón o la diabetes, o que está sometido a un tratamiento contra el cáncer, puede percatarse que los fármacos al igual que su estado físico malo debilitan su estado físico y su desempeño. Y si su esposa está saludable y es capaz de desear, como muchas de las mujeres en la menopausia lo están, puede ver muy frustrante querer atención física pero no obtener nada.

Una de las pacientes de Sandra, Melissa, una mujer dinámica con una ligera capa de cabello canoso y rubio, expresó su consternación a la disminución de interés sexual de su esposo. Ellos estarían recostados en la cama y ella se acurrucaría cerca de él para besarlo, pero él la había desanimado con un comentario de lo cansado que estaba y lo temprano que debía levantarse a la mañana siguiente. Era un pretexto, pero no una excusa. Después de todo, hacer el amor no tiene que mantenerlo despierto toda la noche. Sandra le preguntó si sabía lo que era lo que ella creía que estaba sucediendo.

Melissa suspiró, "Antes era lo contrario. Él quería tener sexo candente y apasionado y yo quería hablar y acariciarlo. Ahora yo soy la apasionada y creo que eso lo avergüenza. Él siempre tenía que ser el guía."

"¿Hace cuánto tiempo que sucede esto?"

"Probablemente desde que mi hijo menor empezó a ir a la escuela todos los días. Recuerdo que estaba parada en la cocina una mañana sintiéndome tan... relajada. No había juegos de grupo ni pintar con los dedos. Podía hacer lo que quisiera; así que hice salsa de jitomate. Tú sabes, ¿avientas los jitomates en agua hirviendo, y en unos cuantos segundos, la piel se arruga y puedes pelarlos. Bueno, era justo así. Estaba lista. Estaba saliendo de mi antigua piel. Como si hubiera alcanzado una etapa de la vida cuando todo se sincroniza. Los niños estaban solos y yo también. Todo funcionaba, excepto que Jack no lo entendía. Nos acostábamos y yo me encendía y me agitaba y él hablaba de la cuenta del agua. Yo quería hacer cosas de las que había leído en las revistas, como que él pospusiera sus orgasmos o tal vez hacerlo en una posición nueva, pero me cohibí porque él podría preguntar dónde había aprendido eso. Él no es frío, antipático o cualquier otra cosa, siempre es dulce, amable cuando explica que está muy cansado o no tiene ganas."

"¿Tiene problemas médicos?"

"Él toma pastillas para la presión y cada semana va al quiropráctico."

"¿Y en la cama...?" La pregunta quedó en el aire.

"Tal vez de vez en cuando él tiene problemas. Es sólo que siempre pasa mucho tiempo entre una y otra vez. Él me quita toda excitación en cualquiera de las veces. Quiero decir, ¿cuántas veces puedes no estar excitada por tu esposo?"

Era claro que ella estaba herida. Las mujeres asumen que los hombres siempre están listos para el sexo, así que es humillante cuando la mujer tiene que preguntar. Y cuando es rechazada algunas veces, ella comienza a pensar que es su culpa, que no es atractiva o no es "buena" en la cama.

"¿Qué te gustaría hacer al respecto?"

Melissa suspiró, pero no respondió. Luego se hundió en el respaldo de su silla, con la mirada perdida en el espacio. "Quiero que Jack me ponga atención, que me toque la nuca o mis tobillos y me encienda. ¿Pero cómo se lo sugiero?" Suspirando murmuró, "Tú sabes, en verdad amo a mi esposo."

Entonces su cara cambió. "Tengo que tener a Jack de alguna manera. Antes no lo hacía, pero ahora lo necesito más. Es más que ser una mujer con deseo, el sexo me hace pensar diferente, ser diferente con otras personas que conozco..." "A veces —su voz se desvaneció en un suspiro—, cuando me acuesto con Jack imagino que hay otro hombre ahí. Es una fantasía maravillosa. Quiero que Jack venga a terapia conmigo porque si yo me di permiso de cambiar entonces él también puede hacerlo. De lo contrario —mueve su cabeza con tristeza—, no sé qué va a ser de nosotros. ¿Sabes, éste no es un viaje que quiero hacer sola?"

Melissa acaba de descubrir lo que vale. Es lo suficientemente mayor y sofisticada para no agonizar por saber cómo "se supone" que debe ser el sexo y empezar a imaginar qué lugar ocuparía en su vida. Ella no ve su infancia, la iglesia, el esposo, los noticias escandalosas acerca de mejores orgasmos, quiere volver a escribir las notas de las viejas reglas y cantarlas cuando quiera. También está consciente de que su frustración en la cama está relacionada con los problemas que no tienen nada que ver con el sexo. En los años que pasan juntos, las parejas construyen patrones de falta de comunicación, de resentimiento o de problemas que no resuelven, entre ellos, quién inicia el sexo y qué es apropiado hacer en la cama.[16]

Encontrar juntos formas de ser sensuales que no sean específicamente físicas, como aprender a dar masajes, leer historias eróticas, compartir fantasías o ver videos eróticos, puede mejorar la idea del sexo, ¡lo cual puede ser mejor para muchas parejas que el sexo en sí! La terapia a corto plazo es claramente útil para Melissa y con esperanzas será para su esposo y para ambos como pareja.

Las mujeres que no tienen una noción clara de qué hacer respecto a su vida amorosa con frecuencia cierran los ojos a las cosas morales que poseen y no tienen que hacer y permitir que la fantasía se vuelva realidad. Otro camino que han tomado muchas mujeres, algunas con culpa y otras con justificación, es una aventura amorosa.

Aventuras amorosas... y sus consecuencias

Si usted ha estado casada por varios años sabe con certeza qué es lo que tiene y qué espera. Usted y la persona con la que se casó hace tanto tiempo se sienten como una unidad, hasta parecen y suenan un poco como el otro. Hay lazos familiares y financieros. Si nunca tuvieron hijos hasta deben estar más concentrados en el lazo entre los dos. Es la comodidad de tener a esa persona a su lado en la cama y en la mesa, la facilidad de pronunciar sólo parte de una oración y entenderla por completo.

¿Entonces por qué arriesgar todo? ¿Por qué tener una aventura amorosa? Claramente, algunas mujeres están tentadas por algo más que el placer físico. Ellas quieren una afirmación de la persona que por muchos años se ha escondido en su interior, la que dio un vistazo a la pasión delirante, la cual hicieron a un lado, sólo para levantar la cabeza de nuevo y reclamar atención.

¿Hoy en día las mujeres pueden lidiar con el sexo sin amor? El anonimato de una noche —alguien a quien conoció en el bar o en la convención— es degradante; aun así las relaciones por Internet o teléfono (véase el capítulo 7) pueden ser intrigantes. Hay unas cuantas mujeres selectivas que dicen que pueden tener "sólo sexo" como pueden los hombres cuando encuentran a una pareja regular que les da total libertad sin ninguna atadura. Pero la mayoría de las mujeres por lo general buscan una relación que sea más satisfactoria emocionalmente que la que tienen en casa cuando engañan a su esposo.

Coquetear es divertido y con certeza nos hace sentir deseadas e interesantes. La pregunta es, ¿estamos concientes de cuándo cruzamos la línea del coqueteo a la invitación? ¿Cuando la cruzamos, podemos regresar? El psiquiatra Stephen Levine señala que las aventuras amorosas nos ponen al borde del abandono.[17] De hecho, al tomar este paso podemos perder todo por lo que hemos trabajado tan duro con el paso de los años, como la verdad, la cercanía del esposo, los hijos, los padres y amigos, sin mencionar al amante en cuestión. La decisión no siempre es una elección lógica y consciente de probar nuevos aires. Frecuentemente se siente como si los extraterrestres hubieran invadido la psique, provocando que un individuo perfectamente normal y racional engañe a su pareja, a pesar de que nunca antes lo había considerado. Si las cosas se ponen duras o están estancadas tal vez necesite alborotarlas, el nuevo amante puede ser un nuevo depósito para todos esos anhelos de hacer la vida nueva y emocionante otra vez.

Anitra le dijo a Sandra en una de sus sesiones de terapia, "Amo a mi esposo y también me gusta, pero a veces no es suficiente." A los 51 años ella tenía detrás un matrimonio de 27 años y cuatro hijos, uno que estaba a punto de marcharse a la universidad y el resto en la preparatoria y la secundaria. Ella reconoció: "Él es una persona maravillosa, pero nunca sentí lujuria por él. Nunca lo veo y pienso, ay me gustaría tener relaciones en la noche."

"Bueno, tuve la gran oportunidad hace seis años. Conocí a alguien más, alguien con el que estaba en el comité del pueblo. Por años lo había visto en la localidad, pero esa noche nos sentamos juntos, yo estaba que ardía. Sentí que me sonrojaba, ¡tú sabes, en mí realmente se nota por mi color de piel sueca! Sentía mariposas y mi corazón palpitaba con rapidez, todo lo que pasa en el enamoramiento. No sé de dónde vino. Estaba tan abrumada que cuando derramó un vaso de agua sobre mí y yo lo tomé y nuestras manos se rozaron lo dejé caer. Nos empapamos y mojamos el piso. ¡Que tonta!"

Sandra le preguntó, al ver que mientras contaba la historia Anitra se ruborizaba: "¿Esa noche pensaste en tener una aventura amorosa?"

Ella movió la cabeza negándolo. "Él lo sabía antes que yo. Bromeaba conmigo y dijo algo acerca de que ahora ya sabía cómo sería bañarnos juntos. Más tarde en la semana, fantaseando con él, seguía imaginándonos en la tina. Tenía la necesidad de verlo desnudo, no puedo describirlo de otra forma. Quiero decir, por Dios, él estaba casado y yo también. Seguía pensando que había alguien más en mi cuerpo haciendo esto, no podía ser yo. Tú sabes, conforme conseguí a mi nuevo amante..., lo llamaré Ed..., ni siquiera tenía el mismo respeto por él que por mi esposo. Quiero decir, claramente sus valores morales no son tan fuertes como los de mi esposo. James tiene normas éticas muy altas, tal vez es por eso que no me excita, puesto que es muy honrado y muy serio."

Sandra le preguntó acerca del sexo con Ed y cuál era la diferencia con la experiencia física que ella tenía con su esposo.

Anitra sonrió, "Como dos actividades distintas. Hacer el amor con Ed era como bailar con Fred Astaire. ¡Yo era buena! Era creativa, flexible y completamente espontánea. Por primera vez en mi vida no me sentía como inepta en la cama. Claro, James era el primero y el único hombre con el que me había acostado y después de un par de tardes en el motel con Ed, entendí que mi esposo no era una buena pareja sexual. Tú sabes, nunca he sentido atracción por los genitales de mi esposo; rara vez los toco. Pero puedo decirte qué bello es el pene de Ed. Me encanta tocarlo, y a sus genitales. Adoraba ponerlos en mi boca. Su boca y sus manos eran tan expertas. Rara vez tengo un orgasmo con mi esposo, pero siempre los tuve con Ed. Los dos podíamos hablar del sexo. ¡Podíamos hablar de todo y de cualquier cosa!"

Sandra le preguntó, "¿Como qué?"

"Ay, como las cosas que sentíamos y decíamos palabras obscenas. No creo haber dicho algo como, 'Quiero tu polla dentro de mí.' Suena tonto decirlo aquí", ella añadió sonrojándose de nuevo, "Porque después de todo no es real."

Sandra decidió ponerla bajo presión, "¿Qué quieres decir?" Hubo un largo silencio. "Era una fantasía y yo podía tener ambas. Mi esposo y mi amante, por siempre, cada vez que los quería. Suena muy inmaduro; no está bien." Ella tosió y miró para otro lado. "Pero no diría que está mal." Ella suspiró otra vez. "Bueno, terminó. Ambos estábamos tan nerviosos de que alguien se enterara. Lo lamentábamos y no lo lamentábamos, sí sabes a lo que me refiero."

Justo después de que terminaron, la madre de Anitra murió y ella regresó a Suecia al funeral. Ella comentó, "En verdad me sentía como extraña en una tierra extraña. Era como si hubiera sido abandonada en la mitad de la nada sin un mapa. Se habían apagado todas las luces."

Ella trabajó en su matrimonio para no derrumbarse, pasó más tiempo con sus hijos y empezó a tomar clases de remo. Tomar esa canoa cada mañana con once mujeres fuertes la hizo sentir competente y exitosa, también cambió su cuerpo.

Se encontrba en maravillosa forma física, emocional y espiritualmente cuando se topó con Ed. "Nos veíamos y era como si nunca hubiera terminado. Todo el anhelo, la curiosidad y la pasión estaban ahí." Pero cuando él pidió iniciar de nuevo la relación amorosa ella lo rechazó.

"Yo quería, más que nada. Podía saborearlo de nuevo, recordar la sensación de sus manos sobre mí, y cómo me gustaba esa sensación. Fui en contra de mis instintos al decir que no. Sin embargo algo importante había cambiado, ahora yo tenía una hija de 14 años. Nunca me había sentido culpable respecto al sexo fuera del matrimonio, todavía no me siento así. Pero ahora tengo que ser un modelo sexual para mi hija adolescente. Así que mi historia influía en mí para hacer una elección. Para mí, en el presente, quería otra vez toda esa emoción delirante y salvaje que tenía con Ed. Por la jovencita que había sido y por mi hija tenía que corregir el pasado. Así que en vez de darme el gusto con una antigua fantasía me masturbaba mucho e hice que mi esposo me hiciera el amor en el auto. Al principio él dudaba, pero creo que en realidad lo disfrutaba, a pesar de que lo impactó."

Hizo una pausa y luego dijo, "No creo haber dañado mi matrimonio, creo que lo he ayudado. Mira esta blusa que llevo puesta", dijo señalando el escote de un suéter negro que se entrecruzaba en sus senos, exponiendo un poco de ellos. "Nunca antes me hubiera mostrado de esta forma, todo lo que tenía era de cuello alto. Pero el hecho de querer ser tocada me dio otro sentido completo de qué tipo de tela quería en mi cuerpo y cómo quería verme, sacó todo el lado sensual de mí. Seguí con las clases de remo, entré al gimnasio, comencé a ejercitarme y dejé de fumar. En verdad, muchas cosas sorprendentes sucedieron por mi aventura amorosa.

Luego exclamó: "¿Sabes qué? Me gustó. Cuando era joven había veces en las que pensaba que era muy masculina, en realidad no me sentía como una mujer. Pero ahora sí; soy una persona diferente. Me siento triste de que por muchos años en realidad no fui yo cuando estaba haciendo todas esas cosas en mi matrimonio sólo para complacer a James. Soy mucho más agresiva porque tuve una aventura amorosa y aprendí a decir lo que quería. Ése es el lado de mi personalidad que estuvo ahí y tenía miedo de sacarlo."

Hay una etapa más allá del descubrimiento del potencial erótico, donde la mujer asume responsabilidad por su propio placer y lo acepta como mera gratificación. Anitra sabía lo qué significaba para ella la aventura amorosa y cómo afectaría el resto de su vida, ella podía reconstruir el rompecabezas de su nueva conciencia y valor.

La determinación de Anitra de sobresalir por ella misma, vivir donde quiere, vestirse como le gusta y ser la nueva persona atrevida que emergió recientemente todavía podría mejorar su vida de casada. Su esposo parece estar estimulado por su confianza en sí misma, si no es que está muy cómodo. Ella me comentó: "Él debe cambiar de opinión. He decidido darle a mi matrimonio cuatros años más y ver como van las cosas. Quiero empezar a trabajar otra vez y tengo una base financiera, sólo en caso de que las cosas no funcionen entre nosotros; pero en realidad espero que funcionen."

Debido a la pasión lenta en la trayectoria de la sexualidad femenina, lleva un largo tiempo para algunas mujeres despertar en la cama y darse cuenta qué significa el sexo para ellas. La mujer extremadamente cachonda con tendencias a las bacanales puede desgarrar su manto de responsabilidad y culpa y aprender exactamente qué necesita para llegar al éxtasis. A las mujeres les toma más tiempo madurar sexualmente porque están conscientes de los riesgos y lleva tiempo apreciar el costo al igual que los precios.

Tomando diferentes caminos: las lesbianas en la menopausia

La población mayor de las lesbianas ha crecido sin parar en las últimas dos décadas como una sociedad lenta pero segura que hace más fácil ser gay, al menos en las ciudades de Estados Unidos. Las celebridades como K.D. Lang, Melissa Etheridge y Ellen DeGeneres hicieron que el salir del clóset fuera un acto maravilloso de atrevimiento. La cultura más popular celebra la apariencia, el sonido y la actitud inquieta de las lesbianas. No obstante, en el mundo real las lesbianas todavía son excluidas, perseguidas (piense en las dos mujeres que no hace mucho fueron asesinadas en el camino a los Apalaches) e insultadas.

En la actualidad hay muchas mujeres que pasan por la menopausia y han vivido juntas por décadas como "compañeras de cuarto" que al final salieron del clóset. Por lo general dos mujeres que pasan juntas por la menopausia tienen menos problemas porque cada una relaciona los bochornos, las palpitaciones o cualquiera que sean los síntomas que compartan y sin duda siempre han utilizado cremas hidratantes y lubricantes vaginales como parte del juego sexual. Un estudio de Ellen Cole sobre las lesbianas en la menopausia indica que debido a que la naturaleza del poder en la relación es más equitativa que en la mayoría de las parejas heterosexuales, por lo común ambas mujeres experimentan una identificación y una integración más fuertes de su personalidad.[18]

Tener intimidad con otra mujer, o con alguna otra mujer, lo cual es más el punto, es una pequeña pieza de lo que significa ser lesbiana. Una mujer le dijo a Sandra: "Mi identidad es gay. Eso quiere decir que a veces quiero sexo y otras no. Cuando conocí a mi pareja estaba tan aliviada de sentir que podía confiar en ella. Con las mujeres la confianza ha sido un punto focal de estar con quien yo elija. En verdad, la decisión de pasar mi vida con las mujeres está relacionada con la comunicación, menos que con el sexo y la confianza."

Algunas se identifican como lesbianas, pero nunca le hacen el amor a una mujer. Otras se llaman heterosexuales o bisexuales, pero cohabitan con una mujer. En la menopausia esto puede ser más pertinente porque la generación mayor de mujeres que hacen el amor a mujeres ha vivido con un legado tan grande de homofobia que puede ser difícil admitir, de una vez por todas, que ellas llevan la bandera de otras mujeres que tomaron decisiones más difíciles. Muchas saben, al instante de conocer a una heterosexual, si están seguras de salir del clóset o no, no van a arriesgarse al rechazo y al abuso.

Para muchas lesbianas la menopausia es simplemente la cima de la montaña. Tienen una idea vaga de quienes eran en la niñez; ellas salieron del clóset en la universidad o justo después y pasaron un gran tiempo consolidando sus sentimientos acerca de ellas mismas y su pareja actual, no están en la etapa donde su identidad puede combinarse y reagruparse.

Lo interesante acerca de la menopausia, sea heterosexual o gay, es que todas empezamos a crecer hacia la mitad. Las más femeninas se vuelven un poco más masculinas; las más masculinas permiten que emerja su lado femenino. Este tipo de condición andrógina saludable ofrece un límite a las mujeres que pasan por la menopausia, una vez satisfechas sus papeles desarrollados de esposa, madre y encargada de un pariente mayor, están listas para impulsar cualidades más agresivas y promotoras que quizás las motiven a explorar el placer y los elementos más profundos de su sexualidad como nunca lo habían hecho.

¿Qué queda por delante?

Actualmente, las mujeres tienen aún un tercio de su vida después de la menopausia, lo que significa que el camino es largo y está lleno de posibilidades. Los caminos divergentes de la sexualidad en la menopausia — dejar caer la pelota o aprender nuevas formas de llevarla — pueden no estar tan separados como parecen. Está bien que le guste el sexo un día y ser fría al siguiente. Cuando aceptamos eso hemos reconocido que el sexo no es un acto sino *es lo que somos*, lo que significa que está cambiando todo el tiempo. ¿No sería grandioso si pudiéramos tolerar días de abstinencia y no darles importancia a los orgasmos excitantes porque todavía poseemos la expectativa de capturar la pasión que está a la vuelta de la esquina?

El sexo no es simple, como debe ser muy aparente hasta ahora, y tiende a ser más volátil mientras más envejecemos. Podemos pasar por periodos donde la fantasía se desmorona y la invitación más devastadora nos deja fríos. Y aun así, una mañana de primavera podemos despertarnos de un sueño sintiéndonos mojadas y con deseo y nos tocamos entre las piernas o tocamos a través de la cama hacia nuestra pareja para recargar el ciclo de la intimidad.

Puede cambiar otra vez, morir, encenderse con el cambio de estación o el humor en particular en que estemos. Entre más viejos nos encontremos más importante será que nunca cerremos los ojos al potencial que nos ofrece nuestra sexualidad cuando le permitimos familiarizarse con toda nuestra vida, no sólo en esas horas que pasamos en la cama.

La mujer en la postmenopausia: todavía sexy después de los años

En la película *Harol and Maude*, un joven se enamora de una mujer mayor; su edad no importa en lo absoluto, la discrepancia en años se vuelve intrascendente conforme se desarrolla la historia. Pero esta mujer, interpretada por la actriz de 70 años Ruth Gordon con todo el brío de una diosa sexual y joven, es un estímulo para el joven algo aburrido que empieza a vivir y así despertarse. Maude recibe el "anillo de compromiso de Harold" el que de inmediato lanza al lago, "así sabré siempre dónde está." Ella es disparatada y astuta, y él ama sus caricias, pero eso no afecta sus planes de suicidarse al cumplir los 80 años. Cuando se llega a esa edad, uno tiene prioridades que están antes que el sexo. En realidad no los vemos teniendo relaciones sexuales; sólo vemos un Harold golpeado por el amor, soplando burbujas hacía su bella durmiente a la luz de la mañana.

Maude es la guía de Harold en su vida. Su posición como mentora y guía no sería considerada poco común en muchas culturas, donde las mujeres mayores siempre educan a un joven para que conozca el mundo. La idea de un tutor en el amor, por supuesto, es para preparar adecuadamente al hombre para que cuando se case sepa qué hacer para complacer a su pareja. Maude tiene un enorme apetito por lo sensual, ella está loca por los girasoles y placeres en el sabor, la apariencia y el olor de la comida. Le gusta manejar rápido y sentir el viento en su cabello. Como muchas mujeres de su edad, está más interesada en la relación que en la satisfacción física. Y, como muchas mujeres de 70 y 80 años, no se conmueve por lo que otros quieren de ella, desalentada en su entusiasmo por alcanzar sus metas.

No obstante, su sexualidad nunca fue un problema. ¿Por qué no vemos a los personajes principales haciendo el amor? Porque el público que la vio no podría soportarlo. En la vida real, la sociedad ve sin sexo a las viejitas locas y la idea de juntar en la pantalla los genitales de una persona de 20 años y una de 80 sería considerado por la mayoría como extraño y hasta repulsivo. La gente mayor que actúa sexualmente ha roto un mandamiento sagrado: No lo harás ni pensarás en hacerlo más.

Tan recientemente como la década de los años 60, aun Masters y Johnson, los más expertos del sexo saludable, no condonaron "el sexo en la gente mayor". (Recuerde que Virginia Johnson era mucho más joven que su mentor y colega, con quien ella tuvo una relación sexual. En su conocido trabajo, *The Human Sexual Response* (*La respuesta sexual del ser humano*), ellos escriben qué difícil es para una mujer mayor saludable conseguir que su pareja incapacitada físicamente participe en la cama, y añaden: "También es *obvio* que las parejas sexuales fuera del matrimonio no son esencialmente disponibles para las mujeres de esta edad."[1] (las itálicas son nuestras) Ese tipo de entusiasmo juvenil y aventurero en la postmenopausia (nuestra palabra para la etapa que sigue a la menopausia) todavía es sospechoso en una mujer mayor, aunque condescendientemente lo aplaudimos. ¿No es fabuloso que Maude tenga una condición física, mental y emocional tan grandiosa? ¿No nos gustaría a todos ser como ella cuando lleguemos a esa edad? Pero ella decide terminar su vida en el cenit en lugar de esperar, como hacemos la mayoría de nosotros, para un decaimiento lento y tranquilo.

Es verdad, a los 70 y 80 años el cuerpo no es lo que era antes. El proceso de envejecimiento a menudo nos roba la vitalidad y el bienestar físico. La incontinencia, la cual se puede desarrollar por cualquier número de razones, vuelve vergonzoso e incómodo el sexo. La fatiga general y la depresión pueden agregar preocupaciones a esa carga en aumento. Es más difícil hacer cualquier actividad física cuando se siente incapacitado o enfermo, entre ellas el sexo.

Por suerte, más y más de nosotros estamos envejeciendo muy bien, y no damos muestras de debilidad hasta los 80 o 90 años. Obviamente, hay muchos beneficios en envejecer con salud. Los cambios hormonales de la menopausia por lo común terminan a principios de los 60 años, lo cual significa que el cuerpo empieza a encontrar su propio equilibrio. Los bochornos y las palpitaciones terminan y aunque la pérdida de memoria a corto plazo no termina por arte de magia, con frecuencia mejora la memoria a largo plazo. La atrofia vaginal por lo general se estabiliza y aquellas mujeres que por una década se han sometido a la terapia de reemplazo de hormonas quizá ahora no tengan tanto problema al excitarse como lo hacían hace diez años. Masters y Johnson descubrieron que las mujeres de 50 a 70 años se masturban más de lo que antes acostumbraban.[2] ¿Lo anterior podría ser porque se percataron que era más fácil tener un orgasmo mientras más continuaran o porque en la ausencia de una pareja estaban determinadas a continuar siendo sexuales?

La excitación y el orgasmo se vuelven un viaje, hasta la mujer que tiene un poco de dificultad para lubricarse se tardará mucho más para entender que lo está logrando. Como explica un médico, el sexo cuando uno es más joven es como esquiar colina abajo, te subes a la cima de la montaña y luego bajas de repente. Pero el sexo cuando eres mayor es como esquiar en un lugar con árboles. Te tomas tu tiempo, ves el escenario. Te toma tiempo disfrutarte, pero en la postmenopausia te tomas mucho más tiempo. Puedes estar retirado o al menos no estás atado a un horario y haces el amor cuando quieres. A una pareja masculina de esta edad le tomará una hora responder al Viagra, pero mientras espera a que tenga una erección sucede cualquier cosa. No toma más tiempo cuando tiene que excitarse y lubricarse a los 60, 70 u 80 años y puede tomar una hora o más venirse. El orgasmo ya no es tan importante como antes, las sensaciones, los olores, los sabores y el calor del sexo pueden ser valorados más que la liberación física del clímax. Porque los tejidos son mucho más delicados, una caricia suave es importante, en particular si hacer el amor continuará por un rato. Además, otra buena razón para que el sexo se vuelva algo más que físico es que la pareja logra nuevos niveles de intimidad.

Luego está el asunto del deseo, el cual puede ser un problema a cualquier edad. Las mujeres de más de 65 años tienen tres veces la posibilidad de quedarse viudas y si no hay nadie cerca para hacer que fluya el jugo el deseo puede decaer. Es más difícil encontrar una pareja interesada e interesante. Por cada cien mujeres mayores de 65 años sólo hay 77 hombres, así que la competencia es grande.[3] Las mujeres en los Estados Unidos por lo general viven solas por 11 años después de la muerte de su esposo, pero pueden extender el recuerdo de su vida. Algunas de estas mujeres permanecen en su casa, algunas eligen instalaciones independientes para vivir, otras se mudan con la familia o con una amiga cercana, y unas más se mudan a una institución de asistencia o cuidado a largo plazo.[4] Las historias en las comunidades retiradas son una leyenda sobre las mujeres que "se apresuran" hacia un viudo reciente, ofreciéndole comida y pasteles, el entusiasmo para pillar un candidato posible que pueda ofrecer compañía, servicios de chofer y tal vez calor y una cama más caliente.

Las mujeres de 70 y 80 años tienen menores niveles de testosterona y dehidroepiandrosterona (DHEA) que las mujeres más jóvenes,[5] lo que significa que el "deseo" puede originarse por otra razón distinta a las ganas de tener una pareja. Cuando se les pregunta a mujeres mayores acerca de la fantasía, los sueños sexuales y la masturbación por lo general son reservadas para confesar lo que ellas pueden muy bien sentir. Pero la libido puede ser muy activa, incluso en una edad muy avanzada.

Jessica, una mujer de 69 años, confesó: "Mi madre no había sido ella por mucho tiempo. Así que en realidad no estaba consciente de que teníamos que elegir una clínica de reposo cuando cumpliera 93 años. Ella era una mujer débil y delicada de otro país, tenía 40 años cuando me tuvo por error. Se había criado en Inglaterra en la época victoriana. También era muy propia, nunca nos hablaba de sexo a mí o a mis hermanas. De cualquier modo cuando la llevamos a la clínica, visitarla era todo lo que podía hacer. No podía soportar el lugar, era frío, funcional; así que pagué para que le dieran una terapia de masajes una vez a la semana, la cual hizo el cambio más sorprendente en ella.

"Un día, cuando estaba sentada con ella, empezó a cantar. 'Estoy cansada de vivir sola; quiero un hombre joven para mí sola/Un hombre que me desvista/Un hombre que me acaricie/Estoy cansada de vivir sola.' No sé de donde vino esta cantinela, probablemente era una canción popular de 1890. Pero que la tocaran con regularidad había despertado algo en mi madre, algo que literalmente la hacía cantar."

Evidentemente, el deseo es generado en muchas más formas que la simple producción de andrógeno y una mujer que siente mucho, ya sea porque está comprometida con la relación o porque ha encontrado un fruto de emoción en su propia alma, se sentirá como un ser sexual, no importa su edad.

¿Qué sabemos de la sexualidad en la postmenopausia?

Hay pocas estadísticas y muy poca evidencia con respecto a la sexualidad en la postmenopausia. Pocos sexólogos han tenido la suficiente astucia para preguntarle a esta población acerca del sexo, aparte de Starr y Weiner,[6] dos investigadores que en 1981 estudiaron a los individuos (de 69 a 91 años) y Bretschneider y McCoy,[7] que en 1986 vieron a personas de 80 a 102 años en clínicas de reposo. Así que la información más reciente viene de las encuestas de la Asociación Americana de Personas Retiradas (AARP, por sus siglas en inglés) y el Consejo Nacional de la Edad. La AARP le preguntó a mil de sus miembros, todos mayores de 50 años, pero que tienen mucha experiencia, que contestaran una encuesta simple en 1999.[8]

Los resultados fueron alentadores: Cerca de 60% de este grupo saludable y activo estaba satisfecho con su vida sexual; 18% dijo que sentía que desafiarían las estadísticas de la gente de su edad; 61% dijo que el sexo era bueno o mejor que cuando eran más jóvenes; y 70% tenía relaciones sexuales al menos una vez a la semana. Incluso si habían estado sin pareja por años, podían despertar instantáneamente el deseo nuevo y estar listos psicológica y emocionalmente para ser sexuales cuando un amante apropiado apareciera en escena; 34% dijo que su vida sexual era sosa e inexistente, en mayor parte debido a una enfermedad, pérdida de la pareja, efectos secundarios de medicamentos o tratamientos como la diálisis o la quimioterapia que los despojaron de las reacciones de energía y entusiasmo. Muchas de las personas del último grupo tampoco tenían un lugar privado para ser sexuales, ya que se habían mudado con familiares o una parte pequeña estaban en una institución. La última línea: Pudo existir una frecuencia y un comportamiento sexuales lentos, pero no de apetito.

Por supuesto, también hay mujeres mayores que no quieren tener nada más que ver con el sexo y no pueden ver todo el alboroto al respecto. Ellas nunca pudieron hacerlo cuando eran más jóvenes, pero se sintieron obligadas a fingir. Si el sexo antes de la postmenopausia hizo que ganaran un poco de autoestima, si era vergonzoso, doloroso, estresante, ya sea física o emocionalmente, pueden estar muy cómodas con la abstinencia, tengan o no una pareja. Las autoras de este libro obviamente son parciales al alentar a las mujeres para que sigan siendo sexuales a lo largo de cada etapa de la vida; pero no querer una vida sexual no es necesariamente una elección mala para su salud. Para que el afecto sea significativo no necesita ser físico; además muchas mujeres prefieren usar sus últimos años para crecer y cambiar en formas que no tengan nada que ver con la sexualidad.

El sexo en la postmenopausia depende en gran parte de las bases que ha construido. Una mujer que siempre ha adorado su cuerpo y a su pareja y siente que la intimidad es su derecho no va a retirarse de su sexualidad. Esta libertad y este desarrollo sexual en cualquier momento de la vida es un símbolo de la nueva ola de aceptación de tipos de intimidad que antes estaba prohibida o era evadida. Las antiguas religiones, como las tradiciones tántricas y taoístas de la India y de China, las isleñas del Pacifico del Sur y los nativos estadunidenses, enseñan que la sexualidad promueve la longevidad y que entre más sexual se sea más se vivirá. Lo que parece ser más el punto para las mujeres en nuestra sociedad es que cuando ellas se permiten la libertad de ser sexuales todo el tiempo, tienen más razones para cuidarse y pueden disfrutar cada faceta de la vida.

Cuando se topa con una mujer de 90 años que es vital y se siente viva usted sabe que la mujer atrevida que ella era en los sonados años veinte está en algún lado, esperando liberarse. Una mujer dijo: "Tengo muchas arrugas y él también, pero no las podemos ver muy bien porque nuestra vista no es tan buena; pero sin duda podemos sentirnos."

Una nueva perspectiva de ser "mayor"

Si usted le pregunta a un grupo de mujeres de 50 años si se pueden ver teniendo relaciones sexuales a los 80 la mayoría bromeará al respecto: "Dormiría con mi esposo cuando tenga treinta, pero él tendrá 82, ¡ay Dios! ¡No le podrían dar suficiente Viagra!" Otra dijo: "No hay tantos hombres con los que tener sexo cuando tienes 80. Si todavía están vivos sólo desearán que los cuides. Incluso si todavía tienen deseo, tendrás miedo de que les dé un ataque cardíaco y se mueran. A menos que puedas encontrar un hombre más joven, ¿qué haces?"

Pero si le preguntas a mujeres de 65 a 75 años, si eran de las que hablaban del sexo, están muy cómodas con la idea de continuar la práctica hasta la muerte. Lo anterior se debe a que las mujeres en la postmenopausia están irritadas de que otros las vean como alguien que no tiene sexo sólo por su edad. Comentó una mujer que ha vivido lo suficiente para tener opiniones importantes y no tiene miedo de expresarlas: "Con frecuencia me enfurezco de que la gente asuma que hay un tipo de momento crítico después de que estás vieja. Como me siento bien no me siento vieja a menos que esté enferma o un poco triste."[9]

Hacemos difícil para la gente mayor verse como alguien sensual. El cuerpo de una mujer de 80 años constantemente se ve sin sexo en nuestra sociedad, pero, ¿qué tan seguido vemos a una mujer de esa edad? En una galería de Nueva York, la exhibición para el cambio del milenio que muestra fotografías de mujeres desnudas, por Manabu Yamanaka, era más escandalosa que el presunto cuadro blasfemo de la supuesta madonna elefante en la exhibición del Museo de Brooklyn. La piel de estas mujeres en las fotos es variada, un mapa de arrugas que hace difícil descifrar con exactitud qué parte del cuerpo observas. Las mujeres están inclinadas, sus huesos son prominentes, sus senos cuelgan hasta la pelvis. Ellas sonríen a la cámara, con la boca abierta, sin dientes, perfectamente felices de ser vistas tal y como son, en toda su imperfección y simplicidad. Aun así un crítico de *The New York Times* describió a estas mujeres como "desnudas de forma insultante" y dijo que al público las fotos le parecieron perturbadoras a la vista.[10]

Judith una vez fue de vacaciones a las costas de México frecuentadas por turistas alemanes de edad avanzada. Las mujeres de 60 o 70 años estaban *topless*, como si estuvieran en casa, aunque las parejas del Medio Oeste en la cabaña de al lado casi se ahogan con sus margaritas cuando vieron esa piel floja y amplia. Sus ojos abiertos parecían gritar, *¡Esas bolsas viejas y obscenas! ¿De dónde sacan la libertad para exponerse?* Cubrimos las arrugas y las marcas de la edad, por miedo a que nos recuerden que nosotros, también, envejecemos y nos acercamos, aunque lento, al momento en que la piel no importa nada.

Pero importa hasta el último momento, y de hecho, poner atención a la vista, al olor y al tacto del cuerpo hace normal la sexualidad y disminuye nuestros temores acerca de los pasajes de la vejez. También es importante recordar que aun si ya no siente deseos por las relaciones sexuales o si ya no son posibles, hay otros métodos para tener intimidad, y las mujeres comienzan a explorarlos sólo cuando están cerrados otros caminos.

Recordar y vivir hacia delante

El grupo de mujeres que pasa por la postmenopausia abarca una gran parte de la historia. Las mujeres que tienen más de 60 años alcanzaron la madurez sexual y la maternidad alrededor de los 50 años, cuando los rellenos y los cinturones de castidad para restringir el cuerpo imitaban el recato y los orgasmos fingidos que "atraparían" a un hombre hacían que se diera la vuelta y propusiera el matrimonio. Es difícil imaginar una atmósfera más represiva para aprender acerca de los placeres de la piel y el espíritu y la importancia de la autonomía femenina en la cama o en cualquier otra parte.

Hielen, una mujer de 66 años que acaba de enviudar, le dijo a Judith, "El sexo era peligroso. Mi madre nos decía que no podíamos tocarnos nunca, si lo hacías, estarías fuera de control. Decía que nunca pasáramos tiempo a solas con los hombres. Las chicas populares de la escuela tenían que dejarla porque quedaban embarazadas y yo estaba determinada a que eso no me pasara. Así que mi esposo fue mi primer y único amante y consumamos la relación sólo después de que nos casamos. Fue un alivio saber que nada malo pasaría, pero yo no tenía orgasmos y él no tenía idea de cómo complacerme; además, él se negaba a usar condón y yo no sabía nada sobre control natal, así que siempre asocié el sexo con hacer bebés. Estaba bien, pero tuvimos ocho hijos, ella sonrió, ¡Esto es realmente excesivo!"

"El sexo no era tan bueno hasta que los niños crecieron. Yo estaba muy aburrida y a él le gustaba mas o menos la idea de tener una aventura, por lo que decidimos intentar unas cuantas cosas nuevas. Ese verano, cuando los hijos se quedaron con su hermana en New Hampshire, nos correteamos por la casa; conseguimos unos videos; pusimos un espejo en la recamara. Ese periodo duró algunos años, hasta que llegué a la menopausia, y perdí el interés. Luego a él le dio un ataque al corazón y por un tiempo yo lo cuidaba y pusimos al sexo detrás del horno. Es difícil pensar en un hombre como un semental cuando le cuesta respirar y está dormitando todo el tiempo Pero él mejoró después de la rehabilitación y lentamente, el sexo comenzó a ponerse bueno de nuevo, aunque no teníamos relaciones sexuales tan seguido. Mi esposo no podía hacerlo como antes, necesitaba tiempo para recuperarse; pero cuando lo lograba hacíamos el amor en la noche y a la siguiente mañana al levantarnos. Después pasaba mucho tiempo entre cada acto, pero estaba bien. La frecuencia era menor, pero el placer era el mismo. Tú sabes", —ella se sonrojó—, "en verdad lo extraño."

"Hablo con muchas mujeres que no tienen un hombre, como yo, y muchas de ellas no piensan que necesitan para nada el sexo. Conozco a una cuyo esposo murió hace mucho tiempo, ella disfrutó del sexo, pero dormían en camas gemelas, lo cual para mí es extraño. Es difícil no tener relaciones sexuales, extraño la cercanía, dar placer a alguien, en cierta forma es como si fuera un todo. Todo fluía cuando estábamos tan cerca el uno del otro."

Eileen estaba consciente de que las oportunidades para conocer a un hombre de su edad no eran buenas, pero ahora, la masturbación y las fantasías llenan el vacío para ella, ocasionalmente. Una mujer con valores tradicionales y una perspectiva cuadrada del sexo no puede imaginarse con un hombre más joven. Esto no sería tan difícil si ella hubiera nacido una década antes. Algunas mujeres que crecieron durante la segunda Guerra Mundial tuvieron una experiencia sexual más amplia, franca y abierta que las mujeres más jóvenes, tal vez porque muchas de ellas se quedaron solas cuando los hombres estaban en ultramar y ellas tuvieron un breve periodo de libertad de sus papeles tradicionales. Las mujeres de 70 años que disfrutaron el sexo y todavía lo hacen tiene menos miedo de lo que es permitido para ellas.

Beni, de 72 años, nacida en Nueva York de padres alemanes y judíos, al igual que Eileen ha llegado a creer que el sexo es sucio. "Un día vi en el baño la cosa de hule de mi madre y ella casi explotó. Mi hermana y yo hablábamos al respecto de su uso, pero en verdad no creo que descubriéramos que era algo relacionado con el sexo. Yo me masturbaba, aunque no creo que haya tenido un orgasmo, pero estaba en mi último año de la universidad antes de tener relaciones sexuales con un hombre. Naturalmente mis padres me dejaron saber de manera exacta que yo me casaría con un judío, entonces pensé que el sexo estaría bien si la persona con la que estaba involucrada era un hombre judío y quizás terminaría casada. Así que una noche en un club campestre un joven me sacó a bailar. Terminamos besándonos en el cuello y él me llevó afuera y empezó a tocarme. ¡Fue maravilloso! Aunque en verdad quería que me tocara los senos. Yo era una de esas niñas que pensaban que si no me veía como Mae West brincaría por la ventana."

"Fui a NYU y viví en mi casa. Un día, en mi primer año, mi madre y mi tía me llevaron de compras y un actor de Hollywood estaba en el pasillo con nosotros. Bueno, mi tía obtuvo su autógrafo y empezamos a platicar y nos invitó a ver su show de esa noche en el Copacabana. Durante el intermedio él me invitó tras bastidores y me pidió que fuéramos a almorzar al día siguiente; así que para no hacerte el cuento largo, el almuerzo fue en su suite en el Waldorf, y a los dos minutos de haber cruzado la puerta estábamos en la cama. Tenía un pene enorme, tal vez me dolió mucho, no me acuerdo, después de que me penetró escurrió toda esa sangre. Por supuesto estaba aterrado al saber que era virgen y se asustó pues tal vez pensó que yo no era tan grande como había dicho."

"Luego empezó a hacerme el amor de nuevo y respecto al sexo, en verdad él sabía lo que estaba haciendo. No pude apreciarlo del todo en ese momento. Me dijo que era hermoso, y mencionó cuánto le encantaba mi trasero... él dijo cosas que nunca había oído y para ser franca, ni oí de cualquiera de mis esposos porque la mayoría de los hombres son muy callados en la cama. Dijo que era grandioso tocarme; además nombró todas las partes de mi cuerpo y me mostró qué hacerle. Hizo que le succionara el pene y me enseñó como: 'más, más suave, frótalo, lámelo, usa así la mano.'

Fue tan erótico. Entonces sonó el teléfono y era su esposa que llamaba desde Hollywwod. Yo me quedé ahí, congelada, pero él no tuvo problema para tocarme y hablar con ella al mismo tiempo. Después, cuando le pregunte cómo hacía eso, él se rió y dijo que eran dos cosas distintas."

"Mi vida se volvió totalmente confusa porque yo estaba tan loca por el sexo, algo que a los hombres les gustaba de mí. Así que con mi primer esposo, quien era una máquina sexual, tuve relaciones sexuales en nuestra tercera cita, lo cual era muy pronto en esos días. Él era diecisiete años mayor que yo, muy malo, muy controlador, pero era maravilloso en la cama y por eso le dije que sí, pero no puedo decirte por qué me quedé con él dieciséis años. Excepto que en esos días sentía que para los niños no era justo un divorcio. Tuve varias aventuras amorosas, una con un vecino que eran tan amable y dulce que pensé, no tengo por que estar aquí, hay otras formas de hacer mi vida. Al final me salí. Me daba miedo estar sola, pero lo hice por un tiempo. Me sentía tan sola, hice cosas espantosas, como tener relaciones sexuales con un hombre que vino a trabajar a la casa."

"Luego empecé a ver una terapeuta y en verdad me hizo sentar cabeza, luego conocí a mi segundo esposo; estaba lista para una relación adulta. Él es un hombre dulce, humanitario, sensible y hemos trabajado en el matrimonio y lo hemos hecho los últimos diecisiete años. No es tan sexual como yo, por eso peleábamos, también porque teníamos mucho tiempo, sin hijos en casa y ningún trabajo en particular al cual ir. Hubiera sido agradable simplemente ir a la cama después del almuerzo y quedarnos ahí un momento. Soy el tipo de persona que no puede separar el sexo del amor... me gusta la lujuria, me gusta el jugueteo; pero para mi esposo es algo muy importante y serio. De cualquier modo, la edad me ha detenido. En los últimos diez años veo que no es tan terrible vivir sin él. Si es una elección, digamos, entre salir a andar en bicicleta o estar en cama y hacer el amor, bueno, andar en bicicleta puede ser igual de divertido."

"Tengo que decir que no me gusta sentirme como una persona sexual, se une a mi apariencia. Quiero decir, todavía me puedo mantener sin maquillaje, no estoy fuera de forma. Pero entre más cerca estoy de convertirme en alguien tranquilo menos significativa es mi vida. Tengo fantasías, voy a una clase de bailes de salón y coqueteo. Hasta tengo un hombre al que le gusta tener sexo por teléfono conmigo de vez en cuando. Es más un amigo. Admiro su vigor, es mayor que yo, pero cree que soy la mejor. Tengo la idea de que se pondría muy nervioso si le sugiero que en verdad lo hagamos, pero mientras es seguro para ambos en el teléfono. También es bueno para mi ego. Lo mejor del sexo es su vivacidad, terminar con cada nervio temblando y experimentar sensaciones intensas con lo que estás haciendo, todo funciona al mismo tiempo."

La tristeza de Beni sobre los cambios del envejecimiento hacen eco en el sentimiento de muchas mujeres de su edad, aunque en su caso no se volvió algo incómodo que la pusiera en contra del sexo. Tienes todo mientras estás sana, como hubiera dicho nuestra abuela judía. En la postmenopausia te lleva más tiempo comprenderlo.

La gente mayor saludable

Beni y Eileen son mujeres complicadas, robustas y saludables y no son las únicas, de ninguna forma. Entre más sepamos del envejecimiento, más enfermedades y discapacidades prevenimos o al menos podemos reducirlas. Pero gran parte del proceso de envejecimiento está relacionado con la suerte. ¿Quisiera tener sexo sin tener una pareja? ¿Quisiera salir y unirse a organizaciones de voluntarios e ir a hoteles para gente mayor y tomar clases de *tai chi* sólo con el propósito de conocer a un hombre nuevo? ¿Qué se sentirá salir con alguien a los 70 u 80 años?

Muchas mujeres mayores dicen que es agradable perder la conciencia del cuerpo. Al menos, dicen que lo que ven es lo que obtienen. Que importa si una tiene un gran trasero y si se sometió a una mastectomía; que importa si se quita su puente en las noches y lo pone en un vaso con agua. El cuerpo se vuelve menos un templo que una fábrica, usted no necesita renovarse mientras sus sistemas estén sacando el producto.

El doctor Robert Butler, gerontólogo experto en sexualidad, aclamado internacionalmente, es optimista respecto a las posibilidades de intimidad y cercanía conforme envejecemos. Le dijo a Judith: "Necesitamos una definición más amplia de la sexualidad. Hay muchas razones para querer ser sexuales, entre ellas están la amistad, la seguridad y la confianza. Es confortante tener a otra persona que te cuide; pero si una mujer se casa con un hombre mayor puede terminar cuidándolo, un trabajo que no es sensual."[11] Lo anterior significa que para muchas mujeres en la postmenopausia sería mejor no comprometerse tan a fondo como lo han hecho años antes.

La cohabitación o dos viviendas separadas tienen mucho sentido porque el matrimonio después de los 65 años viene con muchos problemas. Las declaraciones a hacienda conjuntas cuestan más; su pensión y Seguro Social no benefician necesariamente a su pareja si usted muere y los hijos de matrimonios anteriores se ponen muy nerviosos acerca de la herencia. Además, ¿cómo sana la pena de perder a la persona con la que pasó un tercio o hasta la mitad de su vida? Tal vez no sea tanto su dolor por la compañía sino por la familiaridad, ésa era la persona que usted conocía mejor que la palma de su mano y él ya no está aquí, así que nada está bien.

Entonces lo único que tiene que hacer es superar la culpa. Para las mujeres que nacieron en la década de los años veinte o treinta, quienes quizá tuvieron una experiencia sexual limitada o no la tuvieron antes del matrimonio, la idea de sentirse excitadas otra vez puede ser muy inquietante. Si usted creció con la idea de que no había justificación para el sexo sin haber primero amor, y después el deseo de tener hijos, tal vez se quede perpleja respecto a estos nuevos sentimientos y a cómo mediar con ellos. Le gusta un hombre, o quizá hasta le gustan dos y pasa un tiempo con cada uno. ¿Esto es hacer el juego? ¿Es usted una fácil? ¿Imagínese que se siente más atraída sexualmente a estos pretendientes nuevos que de lo que alguna vez se sintió hacia su pareja de toda la vida, el padre de sus hijos? Para una generación que dejó al hombre hacer todos los movimientos, la liberación apasionante de iniciar o de disfrutar abiertamente el sexo puede ser inquietante. ¿Cómo supera el sentimiento de que usted engaña a alguien, aun si su esposo está muerto?

Tal vez no, y su nuevo placer de ser agresiva, hacer lo que considera *malo*, agregará una ventaja a la relación nueva. Puede ser un beneficio maravilloso para su ego saber que no una, sino varias personas están muy interesadas en pasar el tiempo con usted y no importa si el interés es sexual, personal o social. Muchas mujeres que pasan por la postmenopausia descubren que se gustan a sí mismas, les gusta su cuerpo y su mente más de lo que antes les gustaban.

Butler ve una nueva tolerancia para alternar estilos de vida entre las personas mayores. Ya no es inquietante para una mujer tener más de una pareja (aunque muchas viven solas en su propia casa) o no tienen pareja y en lugar de eso dependen de grupos de amigos para el contacto social, y usan la masturbación, el coqueteo, los masajes y el ejercicio físico para la liberación física y sexual.

Él dice: "Esto es una señal de sabiduría por parte de las mujeres, no quedarse con un hombre estadísticamente más propenso a convertirse en una carga."

Amy me comentó una tarde cuando tomábamos café: "Me gusta vivir sola." Ella es una mujer de 73 años, vive en la casa que compraron hace 35 años ella y su fallecido esposo, Ed. "Nunca quise casarme otra vez o vivir con un hombre. ¡Lavar sus calcetines, hacerle de comer sólo para tener un cuerpo cálido a mi lado! No tiene sentido." Ella atendió a su esposo hasta que lo tuvieron que llevar a una institución de cuidado, y ahora quiere conocer hombres nuevos, pero en sus propios términos. Tampoco está interesada en quedarse en su casa todo el tiempo, pero disfruta su puesto de medio tiempo como recepcionista en un museo local, lo cual le deja tiempo libre para tomar largos fines de semana si quiere irse lejos o dormirse hasta tarde en las mañanas si su artritis la molesta.

"Mis hijos quieren que venda la casa y me mude a una de esas casas de descanso, donde tienes tu lugar independiente para empezar, pero si lo necesitas, puedes pasarte a una casa con ayuda y luego para aquellos que en realidad quieren quedarse juntos, incluso cuando ya son decrépitos, está la clínica de reposo. Es tan deprimente ver cómo los empujan en su silla de ruedas o como alimentan a esos bebés de 90 años. Eso no es para mí; encontraré una forma de salir antes de que eso suceda."

Respecto a sus prospectos sexuales ella es racional y lúcida. "El sexo con la mayoría de los hombres no me parece atractivo porque están tan enfocados en su desempeño que con probabilidad tendré que pasar la mayor parte del tiempo haciéndolos sentir bien. Además, hay una incidencia grande y nueva de VIH en hombres mayores porque con el Viagra todos han revivido sus penes y visitando prostitutas. ¡A mi edad no puedo imaginarme teniendo una discusión acerca de usar un condón! Así que me las arreglo masturbándome, aunque no puedo llegar al clímax de esa forma. La única vez que me vengo ahora es cuando me dan un masaje, si una persona que no conozco me toca la cadera y las piernas. Es tan placentero y relajante, no estoy consciente de ninguna fantasía, sólo me dejo llevar por el momento y luego me vengo, muy discretamente. No creo que las masajistas, todas mujeres, se den cuenta."

"Voy a las noches de solteros a un centro de gente mayor, a conciertos, a jugar cartas por la noche, y a veces a bailes. Ed y yo acostumbrábamos mucho ir a bailar, a mí me encanta, en verdad es muy sexy, en especial si consigues una pareja que te sepa guiar. El baile es casi tan bueno como el sexo."

Tenemos la tendencia de pensar que nuestras opciones se reducen entre más envejecemos. No nos podemos mover rápido, ver tan lejos o hacer el amor toda la noche. Además, la gente mayor saludable puede tener soluciones imaginativas para problemas viejos y descubrir que se disfrutan demasiado, aunque no establezcan ningún récord para las olimpiadas eróticas. Lo que quieren es lo que toman, como la liberación, la relajación y la compañía.

Sexo con valor

Betty Dodson ahora tiene 77 años; vino al campo de la sexualidad humana al menos hace tres décadas, cuando habló con pasión de la importancia
del placer de uno mismo. Tras años de matrimonio convencional donde
tenía relaciones sexuales una vez al mes, ella lo terminó a los 35 y experi-
mentó como una loca con hombres y mujeres, pero la mayor parte de las
veces con ella misma. A sus 50 años era famosa por ser una entrenadora
iconoclasta de la masturbación y por ayudar a mujeres a moverse, respirar
y hacer sonidos mientras descubrían sus genitales y el poder que ellas
solas podían darse. Descubrió que las relaciones sexuales con penetración
eran incómodas después de la menopausia y pasó diez felices años sin
tener nada más que un dedo, una legua o un pequeño consolador dentro de
su vagina y un vibrador eléctrico en su clítoris. A los 65 años necesitaba
dos reemplazos de cadera, pero ahora que tiene 70 ha dado la vuelta en
otra esquina y se ha encontrado un amante de 25 años. A ellos les gusta
tener relaciones sexuales un día sí y otro no. "A él le gustaba todos los
días, pero tengo que dejar algo de energía para mi trabajo creativo", ella
sonríe. "Así que él lo complementa con la masturbación."

¿Aguantarán los verdaderos Harold y Maude? ¿Qué ve una mujer de
70 años en un amante más joven? Dodson dice, "Es maravilloso, refrescante y puedo ejercer mi poder. Él es un asistente, un aprendiz, un amante apasionado y dice que ve mi alma y belleza cuando me ve, en vez de
ver mis arrugas. Después de todo, le doy años de conocimiento sexual
invaluable con todo el trabajo que he hecho. Piense en todas las mujeres
mayores que podrían compartir su experiencia con un joven maravilloso. Pero la mayoría de las mujeres —suspira—, no saben nada del sexo
a los 70 años."

La práctica terapéutica de Dodson incluye ayudar a mujeres que toman el mando de su sexualidad y ella ve a mujeres de todas las edades,
entre ellas a las que tienen 60 o 70 años cuyos esposos están preocupados de que no tengan suficiente diversión en la cama y quieren disfrutarse.

Sus sesiones son conducidas con un vibrador y una barra vaginal diseñada por ella para la penetración. Ella ve a las mujeres estimularse y luego las entrena para que se relajen, se dejen llevar, rían y respiren. "La mayoría de las mujeres vienen a mí porque están cansadas de no tener orgasmos y placer durante el sexo. Ellas están listas para tomar las riendas de su sexualidad."

Hay muchos prejuicios acerca de la masturbación. Se supone que cuando nos volvemos adultos debemos dejar a un lado las cosas de niños y darse placer a uno mismo es, para la mayoría, la primera experiencia sexual. Aquellos que continúan haciéndolo cuando tienen una pareja a menudo no lo confiesan y es rara la pareja que compartirá la masturbación como parte de hacer el amor. A pesar de toda la mala fama que ha recibido la actividad, sabemos que es segura, nos libera de la tensión, puede llenar nuestros días y nuestras noches con un sentimiento de bienestar y para las mujeres mayores ofrece muchos beneficios físicos al mantener los genitales lubricados y elásticos al estimular la producción hormonal. Además de mejorar la función y la habilidad de sentir nuestro cuerpo, obtenemos una mejor idea de cómo tocar a otros cuando nos tocamos.

De manera similar, el masaje de pareja puede tomar el lugar del sexo o hacerlo más agradable. Frotar, acariciar, golpetear y sobar los músculos, los tendones y las coyunturas puede parecer algo sin importancia, pero cuando esas partes del cuerpo están irritadas o adoloridas, entre más las tocamos, mejor. El masaje es una de las técnicas terapéuticas más antiguas: Jesucristo era un creyente firme en posar las manos para alentar el equilibrio físico y espiritual. Al trabajar en el cuerpo de esta manera usted puede relajar los músculos, reducir la tensión, liberar toxinas del sistema linfático, estimular un sueño mejor y hacer sentir querido y alimentado al receptor (e incidentalmente a quien dé el masaje). Por supuesto, los órganos sexuales se vuelven más frágiles con la edad, y es necesaria una mano delicada humedecida con aceite o loción.

Una de las cosas interesantes acerca del masaje es que usted no puede ayudar a la persona que se lo está dando; si lo intenta, las cosas fallan.

Entre más pasivo permanezca más cederá al bienestar de esas manos curativas, ganará más. Ahora el sexo no es como esto, piense en toda la ansiedad sobre el desempeño que puede sentir con una pareja o la frustración cuando no recibe lo que quiere. Pero con el masaje, todo es para usted. Cuando se da permiso de recostarse, ponerse a cargo de otra persona y relajarse, usted pude recibir el verdadero espíritu de la sexualidad. Los dedos, las manos, hasta los codos, las rodillas, los pies y los dedos de los pies se vuelven instrumentos de un enorme placer.

Las lesbianas en la postmenopausia

Para cuando usted es "una vieja lesbiana", en el lenguaje de la comunidad lesbiana, es mejor que se haya aceptado. Al estar acostumbrada a las traiciones, a las fallas, a la exclusión de una forma y otra a lo largo de su vida, puede ser más fácil lidiar con esas pérdidas que vienen naturalmente con la edad. Dos mujeres que han compartido gran parte de su vida saben el mecanismo, están ajustadas a los cambios de cada una y tal vez son más flexibles que las heterosexuales acerca de los papeles que deban realizar. Evelyn de 70 años dijo: "Cuando Jill se enfermó de cáncer a los 55 años no me imaginaba cómo lo superaríamos. Antes que nada ella era el principal sostén de la familia, era la organizadora de la casa. Estaba aterrada de morir y dejarme sin dinero porque por supuesto no me darían su pensión como si fuéramos una pareja casada de un hombre y una mujer. Yo sólo tenía miedo de que muriera. De alguna manera ella superó la quimioterapia y la radiación y nos las arreglamos para hacer algo, lo cual era divertido. El sexo desapareció del panorama, fuimos tan ardientes en años anteriores. Al principio lo extrañé y luego estaba tan ocupada como para extrañarlo. Ahora lo más importante era atenderla. ¿De cualquier modo quién necesita más de un seno? Ella es hermosa así como es."

Tener una pareja en la vejez es algo a lo que aspiramos la mayoría de nosotros; pero muchas lesbianas y bisexuales están solos cuando llegan a la postmenopausia. Aunque ahora muchas lesbianas jóvenes tienen hijos, eso no ocurre en la última generación, muchas no tuvieron la fortuna suficiente de tener a alguien que las cuide o hasta las ayude a tomar decisiones en los últimos años de su vida. Tal vez no tengan pensión ni seguro, lo que dificulta o hace imposible la seguridad de recibir un cuidado adecuado de la salud con practicantes comprensivos.

La soledad de las mujeres mayores que quizá no tengan ningún recurso a su disposición de alguna forma puede ser mitigada por los nuevos tipos de "familias" que surgen en las comunidades. Al igual que los hombres gay se unieron durante la crisis del SIDA (cuando muchos fueron repudiados por su familia), las mujeres también han creado comunidades extensas donde pueden socializar y relacionarse. En 1999, desde los días de la sublevación de *Stomewall* en la ciudad de Greenwich en Nueva York, se volvió aparente que había una fuerza en números. Y como sus contrapartes masculinas, las lesbianas feministas se unieron en la década de los años setenta y ochenta, creando estructuras y recursos formales e informales a las que se atiene el grupo.

Si usted es heterosexual y llega a cualquier urbe de Estados Unidos recibirá publicidad oficial de la Cámara de Comercio: volantes de lugares, eventos, restaurantes y hoteles. Pero si tiene un "radar de gays", usted saldrá sola y buscará librerías, teatros, clubs y centros comunitarios que han sido la base del movimiento Lesbiana-gay-bi-transgénero (LGBT, por sus siglas en inglés). Esto todavía es más difícil para las lesbianas y bisexuales mayores, quienes tal vez sufren de su propia exclusión basada en su edad.

Hay muy pocas organizaciones dedicadas al soporte y servicio sociales para lesbianas y gays de edad mayor, escasos lugares a dónde remitirlos para que reciban atención médica, vales de comida y servicios legales, así como un ambiente agradable donde puedan estar con sus semejantes y ser ayudados por consejeros que saben de sus necesidades. En la ciudad de Nueva York está SAGE; en San Francisco GLOE; también puede encontrar servicios sociales si vive en Fort Lauderdale, Palm Beach, Minneapolis, Búfalo, Ottawa y algunas ciudades en Rhode Island y

Massachusetts. En otros lugares las elecciones son escasas, en especial si usted vive en los suburbios o en localidades rurales. Pero la mayoría de las lesbianas de edad mayor están solas, algunas puede que nunca salgan del clóset.

Las mujeres de esta edad comúnmente pasan por heterosexuales la mayor parte de su vida, viven en la sombra de su orientación verdadera y no les importó salir hasta después de su jubilación porque la revelación de su secreto podía poner en peligro su trabajo y / o pensión. Pero muchas lesbianas de edad mayor nos dicen que el momento justo para salir es después del divorcio o la muerte del esposo, que es el tiempo para que sus hijos sepan quienes son y para afirmar su identidad a ellas mismas. Es tiempo de llevar una vida abierta como lesbiana, aun si tienen 60, 70 u 80 años, exigiendo por completo su sexualidad.

¿Adónde van las mujeres cuando envejecen?

Un día, estamos cuidando a nuestros hijos y a nuestros padres, y luego, en un parpadeo, el mundo está patas arriba. Los hijos han crecido, regresan a la casa (a veces con sus propios hijos), luego por suerte, fuera de la casa. Nos jubilamos de nuestro trabajo, perdemos al esposo, y de repente, ya nadie puede vernos. Aquellas que pertenecen a la brigada invisible de mujeres pueden jugar tenis con rudeza, ser voluntarias en un hospital, inventar una tormenta, pero no son las primeras, incluso las quintas, invitadas a una fiesta exclusiva; por supuesto, a menos que sean muy ricas. ¿Cuándo ocurrió el cambio?

Ruth, una viuda de 68 años que vive sola en la casa que ella y su esposo compraron en la década de los años cincuenta, tiene buena salud, está involucrada activamente en su comunidad, es una gran lectora y toma clases de yoga una vez a la semana con una pareja de buenas amigas. Ella tiene un novio, Sam, quien pasa cerca de la mitad de la semana en su casa y ella pasa una o dos noches en la de él. Sus hijos están un poco apenados de esta situación. Ruth una vez escuchó a su hija que le explicaba a su nieta que el auto de Sam estaba mucho tiempo en el garaje de la abuela porque era muy difícil encontrar estacionamiento en estos condominios.

Un día, mientras trataba de sacar su auto del hielo, Ruth se resbaló, se cayó y se rompió la cadera. Ya que sus huesos no son tan densos como alguna vez lo fueron le llevará más tiempo sanar lo suficiente para estar sola. Ella no puede subir la escalera de su casa, por lo que se mudó al cuarto que sobra en casa de su hija y su yerno. Sus hijos la convencen de vender la casa y aunque esto la deprime mucho ella siente que no tiene elección. Aunque Sam trató de convencerla de que estará bien y como nueva en sólo unos cuantos meses, ella se las ve duras para ver más allá de la siguiente cita con el doctor. Sin privacidad, discutiendo sobre su independencia, ella y Sam se separan. Ya no está preocupada por su ropa y maquillaje, y deja de pensar en ella como una mujer atractiva y sexy. Después de todo ya nadie le hace cosquillas en los pies o le besa sus cejas en la forma que Sam lo hacía.

¿Cuántas mujeres pasan por esta transformación? Una transformación para cambiar lugares con sus hijos, quienes ahora toman las decisiones, a pesar de sus mejores esfuerzos; para sentir desasosiego cuando usted y su novio se toman de la mano o se besan; para que la lleven a un centro de cuidado una vez que sus ojos son muy malos para manejar, justo como usted hacía cuando sus hijos tenían 2 o 3 años. Aunque es más madura, se conoce y es más sabía que nunca, usted regresa a la niñez, para que esté más segura y "la cuiden". Es paralizante que la despojen al mismo tiempo de sus pertenencias, su ambiente, su salud y su dignidad. No es difícil ver que la sexualidad se desvanece rápidamente bajo estas circunstancias.

Es más difícil recuperar la vida de uno si padece cualquier condición debilitante. Las enfermedades y discapacidades son los enemigos del sexo, como los medicamentos que las acompañan. Muchos fármacos que son producto de primera necesidad en la postmenopausia pueden dañar la libido y hacer estragos en el desempeño. Una mujer que toma medicamentos contra la depresión, la psicosis, hipertensión, o quimoterapéuticos o hasta antihistamínicos puede sentir que está nadando corriente arriba cuando trata de sentirse excitada o de tener un orgasmo. A su vez, muchas mujeres de edad mayor abusan del alcohol para mitigar la soledad, una receta segura para una libido dañada.

Cuando está enferma es suficientemente difícil sentir placer en general, como el placer de ver la puesta del sol, una comida buena, un cheque imprevisto en su correo, ni pensar en el placer sexual. Si usted tiene cáncer la mayoría de los momentos que está despierta pueden estar basados en cuánto tiempo vivirá y en qué hará su familia sin usted. Los tratamientos llevan mucho tiempo y son agotadores y ¿cómo se puede sentir completa cuando en realidad no lo está, si usted perdió un órgano, como un seno o la vejiga? Las enfermedades cardíacas la dejan sin aliento y, quizá, aterrorizada de que mucho esfuerzo en la cama le provoque un ataque cardíaco. Aunque su médico pudo haberle dicho que podía hacer el amor con seguridad tan pronto y como usted pudiera subir dos pisos, usted tal vez no quiera intentarlo. ¿Qué hay de la artritis, la cual tulle y deforma el cuerpo dolorosamente? Luego está la incontinencia, donde se ruboriza al admitir que necesita una funda de hule en su cama, sólo por las dudas. Su vergüenza acerca de mezclar la función excretoria con hacer el amor está compuesta de si se le ha practicado una ostomía; si tiene que preocuparse de limpiar el estoma y llevar a cabo todo el acto de sujetarlo.

El sexo lleva más trabajo, es verdad, aunque en realidad el factor de independencia es más crucial. Una cama de hospital o una silla de ruedas no reducirá el interés sexual, si usted puede cerrar la puerta y ponerle seguro; pero el camino es más difícil para las mujeres que son dependientes por completo de alguien que las cuide.

Discapacitada y todavía sexual

Las mujeres de edad mayor se sientan en una silla de ruedas por una variedad de situaciones. De los 40 000 000 de mujeres mayores de 50 años en los Estados Unidos, 15 000 000 tienen una discapacidad, la cual tiene un impacto en su sexualidad. ¿Cuánto depende de la actitud de una mujer, pero también de su problema en particular? Estas personas tienen la tendencia a tener mucho dolor en las coyunturas, a padecer espasticidad, incontinencia, debilidad e inmovilidad. Si ni siquiera puede abrir tanto las piernas para un examen pélvico, usted puede relacionarlo con la visión del *Placer Sexual* de lo que significa hacer el amor.[12]

Ser una mujer sexual libre supone cierta cantidad de libertad personal, pero si está discapacitada tiene menos de eso. Tal vez viaje por el mundo en la silla de ruedas o necesite dos bastones para subir un escalón. Una desalineación anatómica puede ejercer mucha presión en la vejiga y el recto y puede desarrollar más infecciones perineales que otras mujeres. Muchas discapacidades son problemas relacionados con el tejido de conexión del cuerpo, lo que significa que la falta de lubricación sucede a cualquier edad y está más presente en la menopausia. Las mujeres atadas a una silla por lo general padecen los problemas cardíacos de cualquier persona sedentaria, pueden estar obesas, les puede faltar el aire, sufren de taquicardia o tienen una temperatura irregular.

Por supuesto la discapacidad no es una enfermedad y si una mujer ha conseguido atención médica y ocupacional apropiada sin duda está en el juego. Una ex atleta que se lastimó en un accidente automovilístico y ha estado en una silla por treinta años me dijo: "Me pareció muy interesante hacer el amor ahora. Tienes que hacer cosas que nunca antes hiciste, lo haces en la silla, de perrito, de lado. Compramos unas almohadas para el cuerpo, fabulosas, y las usamos para apoyarnos donde sea y en lo que sea. Me encanta cuando mi pareja y yo nos bañamos juntos o intercambiamos masajes, es más íntimo de lo que antes era. La gente me ve y sé que creen que ya no lo hago, pero, de hecho, el intercambio sexual es más frecuente ahora que antes, aunque no tengamos relaciones sexuales muy seguido."

Algunas mujeres discapacitadas dicen que pueden tardar más y tal vez deban tomar analgésicos o elegir un momento del día cuando tengan menos dolor; pueden no sentir mucho en ciertas áreas, pero sienten más en otras. La excitación hace que los músculos se relajen, lo que significa que el sexo puede reducir la espasticidad tan común en las personas discapacitadas. Ciertos estudios con pacientes que padecen artritis señalan que hay un orgasmo que les proporciona seis horas sin dolor después de terminado el evento erótico; puede ser un efecto placebo provocado por el sentido de bienestar que otorga el sexo, pero ¿quién discute cuando se trata de sentirse más relajado y cómodo?

Maestría y sexualidad

¿Adónde estaremos si vivimos hasta una edad muy avanzada? El número de personas de cien años crece de prisa. Un calculo reciente es que un tercio de los niños nacidos en el año 2000 vivirán cien años. Más y más de nosotros estaremos solos, aunque habrá quienes terminen en instituciones de cuidado o en clínicas de reposos. En estos días, hasta las instituciones cambian sus políticas mientras más clientes demanden sus derechos conyugales. Hay clínicas de reposo donde hay comprensión y se permiten visitas conyugales o la cohabitación, incluso cuando la pareja no está casada, aunque muchas residencias separan a las parejas porque la condición médica y física de uno es molesta para el otro o porque los hijos (quienes pagan la cuenta) sienten que no es apropiado que su madre viva con su nuevo novio.

Por supuesto el problema de tener permiso o no para ser sexual nunca surge si usted sigue siendo independiente. Ser viejo y saludable significa que vive una vida autónoma, no necesita que otra gente le diga qué hacer y usted confía más en su persona, tanto física como mentalmente.

Eric Erikson creó un modelo de etapas del hombre como una secuencia de retos, el último es la identidad del ego contra la desesperación.[13] Los adultos que en verdad han madurado pueden ver más allá de ellos mismos. No ven sus logros miserables o la falta de algo como el comienzo y el fin del mundo; en lugar de eso integran todas las cosas que han tenido en lo que se han convertido y buscan resultados. Tienen un sentido de dignidad de su propia vida, pueden renunciar a varios sueños imposibles, esto último les proporciona un tipo de sabiduría que sólo pueden lograr las personas que han vivido muchas décadas. Erikson vio que la gente mayor que evoluciona más al aceptar su vida puede lidiar con la muerte y tener una visión espiritual única del universo.

La visión del mundo de Erikson ofrece una perspectiva más amplia de la sexualidad. ¿Qué hace si no hay una pareja con la cual compartir el éxtasis o si el cuerpo tiene mucho dolor para experimentar solo? El acto sexual, la determinación del deseo, la excitación o el orgasmo pueden desaparecer en un tipo de olvido agradable. Pero el significado y las sensaciones del sexo pueden llevarnos más allá del cuerpo. Después de todo una maestra no necesita algo más, como la luz de las velas, los masajes con aceite y los suspiros dulces al oído, porque ella posee ya la motivación y la sabiduría de crear su propio placer.

Hay una mujer llamada Anna Wilmot que a los 102 años vive sola a la orilla de un estanque al oeste de Massachusetts. Cuando fue entrevistada por la Cadena de Radio Pública describió su vida como calmada, perfectamente placentera. En el invierno veía los pájaros volar sobre el agua congelada y en verano se bañaba desnuda.

El joven reportero casi canturreó: "¡De verdad!"

La señora le contestó riéndose: "Seguro, espero a que caiga la noche y me fijo para asegurarme que ninguno de esos pescadores esté cerca, luego me quito todo y me meto al agua. Es mi forma de recordarme quién soy. Es lo mejor."

Aquí hay una mujer que se aventura bajo el abrigo de la oscuridad, no le importan sus huesos frágiles, su piel arrugada o lo que alguien más pueda pensar de ella si supieran su secreto. Ama el sonido de los grillos, el olor a tierra, el lodo entre sus dedos, el contacto suave con el agua entre sus piernas, como cualquier amante que la haya tocado. Aprendió a darse placer y no está asustada de tomarlo todo. Estas personas están más cerca del éxtasis de lo que la mayoría de nosotros creemos, después de diez décadas de vida.

Tal vez, cuando seamos maestras no necesitemos anhelar el sexo. Estará ahí, será parte de nosotros, sin siquiera buscarlo.

Segunda parte: disfrute más y mejor sexo

Evangeline, una profesora jubilada de 68 años, comentó sonriendo: "Mi abuela nunca estaba desnuda. Ella me crió en la hacienda propiedad de mi familia desde la Guerra Civil y era una dama sureña propia. Mi hermana y yo dormíamos en el desván, arriba de su recamara. Cuando era hora de dormir ella se ponía el camisón encima como una carpa y yo la veía ocupada ahí debajo, quitándose cosas hasta que tenía una pila de ropa en el piso. Por la mañana hacía el mismo proceso de reversa. Se bañaba con ropa interior en la pileta de la cocina. Me dijo que el abuelo y ella nunca se habían visto desnudos, que no era apropiado. ¡Te puedes imaginar! ¡Esa mujer tuvo seis bebés y vivió con su esposo 53 años y nunca estuvo desnuda!"

Evangeline pone una mirada de complicidad en su cara y añade: "No había forma de que me pudiera escapar de ese tipo de educación. En mi primer matrimonio, estaba tan avergonzada de mi cuerpo y de mi sexo, que recuerdo que agradecía el vapor en el espejo del baño para no verme al salir de la regadera y poder enredarme en una toalla. Todas las noches me metía a la cama antes que mi esposo y apagaba las luces. Siempre hicimos el amor en la oscuridad. Era un sexo muy pero muy callado, yo no decía ni pío, aun cuando llegaba al clímax. Era sexo 'agradable', tú sabes, familiar, como una piyama usada."

"Así que después de que murió mi esposo en realidad no se me ocurrió que alguna vez tendría intimidad con otro hombre. Luego, después de estar sola por cerca de ocho años, un amigo me presentó a Joe y durante nuestro cortejo sentí que desperté. Joe era una persona más agradable, nunca violento, nunca agresivo, ¡pero tocaba mi mano o mi hombro y me derretía! Empecé a verme a través de sus ojos. Él piensa que soy la cosa más maravillosa y le encanta verme; así que me quité la ropa e hice el amor cuando había luz. Se me crió con la idea de que las 'niñas malas' se mostraban o daban un espectáculo, pero para nada me sentí 'mala'. Me sentía con derecho de abrir algo encerrado en mi interior por tanto tiempo. Creo que lo que en un tiempo sentí del sexo estaba bien para mí, pero ahora era diferente. No era que el sexo fuera malo o bueno, era como pensar que caería de la orilla del mundo y descubriría que era redondo."

Estar desnuda es estar vulnerable, expuesta. Significa que se revela, el alma y el cuerpo, se dejan abiertos para que disfruten la experiencia. Se tiene que gustar una misma para soportar sus senos y su alma, proceso que puede llevar años.

La verdad es que la mayoría de nosotras crecimos con la dicotomía de Evangeline: el sexo era limpio o sucio, bueno o malo, sagrado o profano, demasiado o muy poco. El dualismo nos ha alejado de sentirnos cómodas con el hecho de que no somos una cosa u otra, sino, de hecho, una gama de posibilidades enormes.

Podríamos empezar nuestra vida sexual en un tipo de posición misionera figurativa (puedo aburrirme, pero al menos soy normal) y terminar como un pionero sexual, atreviéndose a ser dominante, a cargo de nuestros sentimientos y comportamiento, percatándonos que también es normal. La vieja convención de que el sexo está dividido en dos polos de romance y lujuria puede ser relevante en una etapa del desarrollo, pero conforme avanzamos y retrocedemos damos un vistazo a la gran variedad de elecciones que hay en medio. Y las mujeres empiezan a verse más y más atractivas conforme se dan permiso de pensar diferente respecto al sexo.

Así como las mujeres experimentan los ciclos menstruales y reproductivos también experimentan ciclos de romance nuevo y separación, nacimiento y maternidad, dolor y pérdida; corren estos ciclos sexuales donde el interés y el deseo aparecen y desaparecen con diferentes disfraces. La vida sexual que tenemos en este momento no es necesariamente la única disponible ni será la que aceptemos para siempre. Gracias al control natal, al aumento de la libertad económica y social de la mujer, al acceso al cuidado médico mejorado y a la longevidad mayor, cada mujer tiene el potencial de ser todo, tomar un papel, dejarlo y tomar otro, una y otra vez durante su vida sin comprometerse con ninguno. Podemos ser voraces para el sexo, fantaseando muy seguido y buscando una pareja, y luego con un cambio de circunstancias, como tener un bebé o perder a un esposo, podemos dejar por completo la chispa sexual. Después, conforme crecemos un poco, tal vez nos involucremos en una relación por Internet o nos cautivemos con un cambio cosmético en nuestra cara y cuerpo, la necesidad puede regresar de nuevo, con mayor o menor fuerza. Podemos permanecer inactivas por años, ignorando las hormonas y las fantasías, o hervir a fuego lento y bullir. Entre más fluido, más conscientes estaremos de este momento, entre más podamos tomar ventaja de las nuevas oportunidades o pensar diferente acerca de nuestras opciones actuales, el resultado será una vida sexual diferente y casi siempre mejor.

Nuestra sociedad nos ofrece algunos días para pensar en el sexo, es tratado como una preocupación de la salud o una diversión que recrea. Hay una pequeña plática o celebración del sexo marital o el que se tiene con una pareja hace mucho tiempo. La mayor parte de las veces, no le damos prioridad a esta actividad una vez que estamos instalados en relaciones estables, están primero el trabajo, la escuela, la comida, los hijos y el sueño. No tenemos ninguna celebración que respete nuestro interés en la sexualidad, como lo hacían las tribus antiguas cuando inventaron los ritos y las iniciaciones de la pubertad. Pero si usted valora el sexo, si lo hace una fuerza potente en su vida y si se da cuenta de que siempre tiene la opción de cambiar de parecer, retroceder, dar la vuelta y comenzar otra vez, lo hará, como Evangeline, verá que el mundo es redondo y la desnudez está perfectamente bien.

Convertir al sexo en una prioridad: reclame su deseo

Si no le gusta lo que suceden en este momento en su vida sexual, o si no tiene vida sexual, es tiempo de respirar profundo y hacer algo al respecto. Por supuesto desea un cambio y ésa es la meta de esta parte del libro. Es tiempo de pensar de manera diferente respecto al sexo y sobre el placer propio para que pueda obtener el sexo que desea. Es tiempo de invitar al sexo a que sea el protagonista de la escena y darle permiso a desempeñarse brillantemente. Para tentarla a hacerlo, le daremos ideas concretas y sugerencias específicas para incitar un interés que usted pensó que no estaba ahí o no podía resucitarse. Si usted es el tipo de mujer que espera pasiva para que sucedan las cosas, le sugerimos adoptar un acercamiento más activo. Anímese si piensa que ya no tiene formas para tomarse esa rápida media hora entre las sábanas una vez a la semana, personalmente satisfactoria. Haga del sexo una prioridad y mejorará. Cuando esté pensando en él y con sinceridad crea en su habilidad de convertirse en una mujer más sexual, se estimulará lo suficiente para mejorar lo que sucede dentro de usted y con su pareja.

En este momento decida que va a reclamar el deseo o desarrolle uno si nunca lo ha tenido. Entienda que usted puede mejorar su vida sexual, puede hacerla más interesante, atractiva y parte de su vida.

¿Cómo lo logra? En las páginas siguientes le ofrecemos una serie de ideas, técnicas y tecnología avanzadas y modernas, así como algo del bueno y viejo sentido común. Algunas de las ideas que encontrará aquí son muy accesibles, otras pueden requerir un tiempo y esfuerzo considerables. Si en verdad está motivada para ser una mujer encendida no se detendrá con las sugerencias de jugueteo de la mayoría de los manuales de sexo. Mientras sea sólo divertido contemplarlos y pueda disfrutarlos una o dos veces, estas ideas no harán una diferencia duradera en su vida si es todo lo que hace. Necesita ir más allá, intentar una variedad de opciones nuevas hasta que dé con las que le funcionen, ese reto prolongará y ampliará el punto de vista que tiene de usted y su sexualidad.

Primero queremos darle *permiso* de pensar en las opciones que nunca antes había considerado, después, queremos darle *información*. Puede sorprenderse de descubrir que algunos mitos o miedos antiguos que tenía están basados en el error y cuando tenga la verdadera historia puede proceder de manera diferente. Luego le daremos sugerencias específicas que nos gustaría que intentara, primero sola y luego con una pareja. Algunas parecerán relativamente fáciles y agradables, otras requerirán un poco de fe. Si no se siente bien, todo lo que tiene que hacer es detenerse y buscar algo más. Al final, hablamos de la *terapia*, la cual ayuda a las mujeres a reclamar o exigir por primera vez su propio derecho a ser sexuales y darse cuenta de que tienen derecho al placer. Si no funciona ninguna de las ideas que ofrecemos, es posible que esté lidiando con asuntos viejos y sin resolver; por lo que un profesional puede ser un guía para llevarla a través del bosque oscuro hasta llegar a la luz.

Estamos a punto de ofrecerle un menú variado de opciones con la esperanza de que usted las intente y luego se quede con las que le acomoden mejor. ¿Utilizaría un juguete sexual o se daría una escapada en Internet? ¿Experimentaría con una droga que quizás la haga sentir con más intensidad o hacer que se excite más rápido o consideraría cambiar su cuerpo con hormonas o cirugía? ¿Experimentaría con leer historias sensuales o algo erótico más explícito o fantasearía y tomaría diferentes papeles en la cama?

La sociedad está en un torbellino acerca de lo que está "bien" o de lo que es "apropiado". Vemos a mujeres con poder, pero también las vemos usadas como material sexual para la industria publicitaria. Vemos a mujeres ir de la mano y besándose en la calle, pero también nos da miedo que los jueces de la Suprema Corte puedan revocar nuestro derecho de libertad de elección. Mientras más barricadas se derriban, tenemos más plasticidad en términos de los caminos que elegimos, pero depende de nosotros ponernos los zapatos y empezar a explorarlos. No tenemos que encontrar una bala mágica para afectar nuestra sexualidad, podemos y debemos mezclar y emparejar las ideas y las terapias. No tenemos que ser exclusivamente homosexuales, heterosexuales, monógamos, polígamos, amantes del sexo o evasores del sexo, ya que hay docenas de matices en medio. Las mujeres de 50 años que bailaron en Woodstock y las de 20 años con varias perforaciones en el cuerpo tienen analogías en su metamorfosis sexual.

Vea las opciones que ofrecemos en esta parte del libro. Usted puede despertar al mundo del ciberespacio, el cual permite cambios de la expresión sexual o hurga en una colección de fármacos valiosa. Puede alterar su cuerpo con la cirugía; alterar su mente con la meditación o la conciencia. También ampliar su existencia sexual en una práctica secreta con técnicas y creencias que han existido por siglos.

Hace miles de años, las mujeres adoraban diosas que eran iconos idealizados de su propio poder; hoy en día, el poder radica en nuestro interior. Todas las mujeres, si eligen hacerlo, pueden seleccionar desde una variada colección de parejas, objetos, actividades y sentimientos. Cuando estamos lo suficientemente confiadas para convertir el sexo de trabajo en un juego, los aspectos sagrados y profanos de éste pueden volverse una unidad. Dé un vistazo a las opciones que le ofrecemos e *intente algo, cualquier cosa, algo que no había considerado anteriormente.* El reto de obtener el sexo que desea es continuo y maravilloso.

7

El cibersexo: virtualmente excitada

Usted está en buena compañía cuando se conecta a Internet desde la oficina o en la privacidad de su recamara. Al menos 70% de los estadunidenses usan la red algún tiempo de su vida, más de la mitad están en línea regularmente en el trabajo y 43% tiene acceso a Internet en la casa. Algunos exploradores intrépidos están conectados 24/7 con un servicio de línea digital de enlace dedicado, el que sirve como enlace permanente a la carretera de la información. Si busca una cita, si busca a otros con el mismo interés sexual o si sólo quiere una respuesta a una pregunta acerca de un tema delicado, éste es el lugar indicado.

Un estudio reciente de la Universidad Stanford señala que entre más tiempo pasemos en la red, menos tiempo pasaremos con seres humanos *reales*.[1] (las itálicas son nuestras) Por supuesto, nuestra definición de "real" es muy coherente en el ciberespacio. Si lo que queremos de la sexualidad es un sentido de comunicación instantánea que amplíe el tiempo y el espacio y nos ofrezca placer inmediato y siempre esté presente, esto está disponible rápidamente en la línea.

Si ha vivido protegido y con posibilidad de crecer sexualmente, se casó con su novio de la preparatoria o la universidad, con poca o sin oportunidad de investigar el amplio mundo de las opciones sexuales Internet puede ser un lugar para ampliar sus horizontes. Aun si considera que está a gusto con lo que sabe acerca de usted sexualmente, Internet le ofrece una forma segura y provocativa de ir un poco más lejos, de ver qué la excita más, qué la hace emocionarse o qué detona algunas fantasías emocionantes y nuevas.

La red puede ser un medio importante para explorar su sexualidad con seguridad. Si no puede soportar la forma en que se ve, o se siente muy incómoda y se niega a buscar una pareja en VR (la vida real, en el ciberlenguaje), puede tener mucho éxito en la VV (la vida virtual) en la red, donde será valorada por su facilidad de palabra y su agilidad mental. En lugar de ser juzgada al instante por su apariencia, ocupación o edad, en línea usted será valorada por su sentido del humor, percepción y lo más importante quizás, por su habilidad de dejarse llevar por el momento y compartir aspectos escondidos de su personalidad.

Una de las pacientes de Sandra, Laura, era muy tímida, con una condición congénita endocrina, enanismo, con 96 cm de altura, muy bien dotada, pero que físicamente se "sentía como fenómeno". Laura fue abusada sexualmente por un maestro de piano cuando era niña, por lo que el sexo nunca le atrajo de adulta y ella tenía fobia a las situaciones sociales tradicionales, como las fiestas o las reuniones de la comunidad. Comentó: "Trabajaba en una oficina y me iba a casa. Bueno, mi vida sexual era, digamos de una escala del 1 al 10, simplemente 0. Cuando empecé a moverme en la red para encontrar gente, fue con la idea de que estaba interesada en las mujeres, pero no quería que nadie me viera, en la forma en la que me veía."

"Mi pasión son los libros y encontré un par de salas de chateo de lesbianas dedicadas a la literatura. Era como un mundo nuevo que explotaba enfrente de mí, y era todo mío. Las mujeres en realidad hablaban con la otra, ellas eran apasionadas acerca de lo que leían y lo que decían. Al principio no dije nada, pero cuando una mujer que se llamaba "Buddachild" publicó un boletín de anuncios, yo lo contesté y le dije una de mis ideas; así que de esa manera nos hicimos amigas y al final tuve el valor suficiente para hablarle cuando estaba en línea. Con el tiempo, nos pusimos en nuestra lista de amigos y concertamos un chat privado. Ése fue el principio de nuestra relación en línea, lo que fue increíblemente maravilloso."

Internet puede servir como ecualizador para las mujeres, ya que al entrar en una sala de chateo, al contestar un aviso del boletín de anuncios o responder un correo electrónico sensual, usted inicia o dirige una relación en línea. Si usted se encuentra atado a su casa o a una silla de ruedas puede viajar con facilidad en el ciberespacio a lugares y sitios que de otra forma estarían cerrados. Usted tiene el control sin riesgo, al menos mientras mantenga la relación en pantalla. Con un conocido en línea no hay peligro de quedar embarazada, ser violada, contraer una ETS, si usted protege su anonimato. En línea puede encontrar a otros como usted, gente que con la que pueda hablar y escuchar, permitiéndose sentir que no está sola en el mundo. Internet le ofrece potencial y puede ser algo positivo.

NAVEGANDO

Navegando en la red: las bases

Ya sea una novata total o alguien que esté familiarizada por completo con muchos aspectos del Internet, es importante saber qué hacer cuando explora sexualmente en línea para que no se sienta frustrada o avergonzada, o se meta en situaciones difíciles o comprometedoras. Lo que haremos en este capítulo es llevarla por las avenidas más importantes de la exploración sexual, que son navegar, comprar, chatear y salir con alguien; además de guiarla, paso a paso, por cada una de ellas para que pueda navegar con rapidez y seguridad en este cibermundo desafiante y nuevo.

Si usted se topa en la red con sitios en su investigación sexual que no la excitan, la deprimen o la hacen encogerse, si se ve "atacada" (le gritan, la desprecian o insultan) por alguien en la sala de chateo que no está de acuerdo con sus ideas o se comporta de una manera hostil, usted no tiene porque soportarlo. Recuerde, una computadora es una máquina, siempre la puede apagar.

¿Pero le puede permitir a otros rastrear sus movimientos? Todos están paranoicos de ser descubiertos cuando buscan sexo en la línea. Imagínese que su hermana usa su computadora y por accidente ve que usted ha navegado en una sala de BDSM o que su esposo descubre el último mensaje que le envió a un amigo sexual en línea. Es esencial que aprenda cómo tomar precauciones para que esto no suceda.

Cuando comienza a explorar en Internet para encontrar fuentes y estimulación sexuales, debe decidir qué área quiere explorar primero. Es mejor empezar con la búsqueda de información en temas que le interesan, donde usted sienta que hay vacíos en su educación. Para encontrar información sobre sexualidad comience con un motor de búsqueda; por ejemplo, www.google.com o www.excite.com, y sea tan específica como sea posible en sus palabras de búsqueda. En vez de sólo pedir "sexo", quizá quiera ver "orgasmo femenino" o "relaciones sexuales anales". Asegúrese de poner entre comillas las palabras claves para que no le salgan un millón de sitios para cada palabra que ha escrito. Los sitios de búsqueda por lo general ofrecen alguna información acerca de lo que puede encontrar en los sitios que mencionan, lo que significa que usted puede saber muy rápido si la pornografía es algo destacado en este sitio.

Sin embargo, recuerde que Internet es un campo extenso y sin reglas. Si quiere asegurarse de que no entrará en una liga tres X, quédese en los sitios femeninos más tranquilos, como www.ivillage.com, www.thriveonline.com o www.oxygen.com. (Para ver más sitios como éstos vaya a la sección de Fuentes).

Si usted quiere aventurarse y navegar fuera de las secciones de la red sobre sexualidad y salud femenina que valen la pena y tiene información confiable, puede toparse con sitios pornográficos. Si entra en algún lugar que encuentra sórdido y feo, cierre todas las ventanas de Internet que ha abierto, con hacer clic en la x en la esquina superior derecha de su pantalla es suficiente. Luego simplemente vuelva a abrir su navegador y continúe.

Si navega en algunas áreas particularmente eróticas querrá pensar en las *cookies* que son depositadas en su máquina. Una *"cookie"*, un nombre adorable para un fenómeno no tan adorable, es un pequeño segmento de código que el remitente usa para determinar cuándo ha entrado usted en un sitio. Entonces él puede saber su proveedor de servicio, sistema operativo, tipo de navegador y en el último servidor que estuvo. Las *cookies* pueden ser utilizadas para almacenar información acerca de dónde ir en línea, por lo que hay compañías que publican anuncios especializados que creen le serán atractivos. ¡Puede imaginarse qué tipo de anuncios recibirá si está deambulando mucho en sitios de sexo!

Si quiere ver las *cookies* que ha aceptado, cuando esté conectado en el sitio sólo teclee en la barra de direcciones "JavaScript:alert" (document.cookie). También puede elegir descubrir con anticipación si está recibiendo *cookies*. En el explorador de Internet (IE, por sus siglas en inglés), vaya al menú "ver", después haga clic en "opciones", luego vaya a "opciones avanzadas" y haga clic en "advertencia antes de aceptar *cookies*". Esto es un poco excesivo, ya que estará recibiendo mensajes de advertencia, pero también puede regresar y deshabilitar esta función si no le gusta.

También puede permitir a las *cookies* llegar pesadas o rápidas y luego limpiar su sistema con regularidad. En IE, en el drive C, vaya a Windows, archivos temporales de Internet, haga clic en carpeta principal, vaya a "Edición" y haga clic en "Seleccionar todo", diríjase a "Archivo" y haga clic en "borrar". En Netscape, encontrará un archivo llamado cookies.txt (o magic-cookie en la Mac), búsquelo. Puede borrar todo el contenido de este archivo, no ponga atención a la advertencia que recibe. Después de que el archivo está vacío guárdelo y establezca el atributo de archivo sólo de lectura, archivo oculto y archivo de sistema. Al salir del Netscape todas las *cookies* se borrarán.

¿No quiere que nadie más vea dónde ha estado? También puede borrar su historial así como sus *cookies*, en particular si tiene hijos ciberexpertos, un padre o una pareja que no aprobarán su exploración. Antes de desconectarse presione Ctrl H o vaya a la ventana de Historial en su navegador y seleccione todo, luego borre (en la mayoría de los sistemas se usa el botón derecho del ratón). Limpie las semanas en las que ha estado divirtiéndose en línea.

Finalmente use el sentido común. No entre en sitios pornográficos si no está preparada para las fotografías de entrepiernas e imágenes a menudo degradantes de mujeres en situaciones violentas y detalladas explícitamente. No acepte correos electrónicos de nadie que no conozca. Sólo haga clic en el correo y sosténgalo y arrástrelo hasta la basura. No responda a ningún correo basura que reciba y no responda a las oportunidades de "cancelar su registro" del sitio que le envía el correo basura, eso sólo les abre la puerta para enviarle más basura. Una vez más, haga clic, sosténgalo y arrástrelo hasta la basura.

Lidiar con la culpa y angustia de la exploración sexual en la línea

Mientras navega, Internet le ofrece muchas oportunidades para perder sus inhibiciones y experimentar formas que no se atrevería en la vida real; además puede causarle culpa y angustia. Sandra atiende a muchas mujeres que se han asustado o molestado al excitarse con imágenes, descripciones e historias que les son desagradables intelectual y psicológicamente. Ellas se sienten amenazadas e inquietas al descubrir que se excitan con fotos de mujeres con senos enormes, mujeres acostadas con las piernas abiertas, colgadas en ganchos o con historias de mujeres que son ultrajadas por grupos de hombres.

Jennifer, quien había sido dominada y violada cuando tenía 19 años, tuvo fantasías repetidas mucho después de su abuso en las que se excitaba con sexo a la fuerza y hasta degradante. Ella navegó en uno de los sitios que mostraban mujeres amarradas a la fuerza, lo cual hizo que ella se colapsara porque se excitó al ver estas imágenes y su reacción fue cerrar su sexualidad. Dijo: "Siempre di por sentado que lo que necesitaba era excitarme con velas y romance, palabras cariñosas y caricias suaves. No podía creer que en realidad me mojaba al ver fotos agresivas, explícitas y violentas; me pareció inquietante y atemorizante." Nos llevó un año de terapia para ayudarla a aceptar que las fantasías eran una forma de copiar su violación, en lugar de un deseo genuino por la violencia.

Sandra tuvo otra paciente, Mary, a quien su madre siempre le dijo que se "cubriera". Ella siempre se había desvestido en la oscuridad y estaba impactada por la idea de mostrar sus genitales, aun a su esposo. Aun así, cuando empezó a navegar por la red, encontró mujeres que publicaban sus fotos amateurs pornográficas. Al principio estaba horrorizada, pero descubrió que ella volvía a ver las fotos. Un día exploró algunos sitios que venden juguetes y disfraces sexuales y comenzó a imaginarse en una tanga y un collar de piel. Sandra le preguntó que si los usaría si los hubiera comprado, a lo que respondió que no estaba segura, y que aun así, hace un mes, con hacer clic al ratón, se había comprado un traje que sería perfecto para la *Penthouse* o *Hustler*. No se había puesto la ropa en un encuentro con su esposo, pero lo pensaba. Ya sea que aumente o disminuya sus sentimientos de atracción y deseo es completamente dependiente de su confianza y sentido de autonomía.

Otra paciente heterosexual más bien conservadora se excitó con una foto de dos asiáticas besándose. Ella se preguntó si muy en el fondo podía ser gay. Tuvimos que convencerla para tranquilizarla de que era normal responder sexualmente a cuerpos bellos haciendo cosas sexuales.

El ciberespacio le ofrece la oportunidad de explorar y realizar sus fantasías más privadas, pero no proporciona un barómetro de cómo interpretarlas. Puede avergonzarse al excitarse con algo que siempre ha considerado malo o repugnante, por lo que, de nuevo, puede verlo como un acto prohibido y decidir: *Esto es algo que nunca haría en la vida real, pero sí refleja algún aspecto de mí. No tengo que tener miedo de mis fantasías y puedo decidir cómo quiero usarlas.* Aceptar las contradicciones inherentes de su propia sexualidad, puede abrir la puerta a un mayor entendimiento de usted y otros.

La educación del cibersexo

Al explorar primero la red para la estimulación sexual le aconsejamos empezar en sitios que le ofrecen literatura o arte erótica femenina, donde puede mojarse los pies (y otra parte de su anatomía) sólo al leerla. Para empezar el proceso intente en sitios que ofrecen literatura pornográfica que está dirigida a las mujeres, como ww.nerve.com, ww.libida.com, www.askisadora.com y www.blowfish.com. Le ofrecemos más sitios que seleccionar en la sección de fuentes.

También puede encontrar información acerca de temas de sexo más generales al entrar a sitios que son de naturaleza educacional, como *Sex Information* y *Education Council* de los Estados Unidos (www.siecus.org), *Kinsey Institute fot Sex, Gender, and Reproduction* (www.indiana.edu/~kinsey) o el *Institute for the Advanced Study of Human Sexuality* (www.iashs.edu).2 Cualquiera que sea lo que trata de buscar en línea, vaya a una fuente con la mente abierta.

Por lo general Sandra sugiere a las pacientes que primero entren en línea con la meta de aprender algo nuevo. No hay preguntas "tontas" respecto al sexo; la mayoría de nosotros todavía luchamos con el legado de mensajes de represión y verdades a medias de nuestra niñez. La red nos ofrece información que puede darle vergüenza preguntar en otro lado. *¿Estará bien que tenga sexo oral cuando tenga ocho meses de embarazada? ¿Dónde puedo ir para que me hagan un aborto de menos de 200 dólares? ¿Sería seguro tener relaciones sexuales mientras me están tratando por una infección por hongos? ¿Puedo tomar el Viagra de mi esposo si tomo medicina para la hipertensión? ¿Cómo sabré cuando esté muy vieja y pueda intentar tener un bebé con mis propios óvulos?* Las personas que descubren que son transexuales pueden encontrar a otras que pueden aconsejarlas acerca de negociar relaciones nuevas; las mujeres que han estado enclaustradas intelectualmente de una educación sexual pueden aprender las áreas básicas o más explícitas del sexo, como las indias, musulmanas, judías ortodoxas o bautistas del Sur. La red las educará y estimulará.

Pero prepárese porque no hay algo que diga lo que obtendrá mientras brinca de sitio a sitio o con cuál opinión se casará de una página en particular. Al buscar en los corredores virtuales del ciberespacio usted enfrentará cualquier número de respuestas a sus preguntas, pero no todas las respuestas son acertadas. Sandra dice siempre a sus pacientes que busquen la misma información en sitios diferentes, primero en organizaciones nacionales para la educación sexual mencionadas arriba para eliminar las equivocaciones descabelladas por exageración ligera. Si consigue mucha información muy gráfica puede perder la excitación.

Sandra ayudó a una joven india que estaba a punto de entrar en su matrimonio arreglado. A ella le habían dicho que necesitaría dos saris para el largo evento, un vestido magnífico para la ceremonia y uno más bien oscuro, sencillo, para después, pero nadie le había explicado porqué. Ella no tenía forma de saber que el traje de dos saris se pensó para evitar que las vírgenes sangraran en su vestido bueno. En un intento por educarse (al menos ella sabía que la ropa extra tenía algo que ver con el sexo), entró a una página para mujeres y siguió una liga después de otra hasta que llegó a un sitio sexual explícito que la asustó con imágenes de fricciones toscas y comportamientos extraños. Se desanimó tanto por estas imágenes vívidas que al menos un mes después de su boda no pudo pensar en tener sexo y al final buscó una terapia de corto plazo.

No obstante, hay mujeres que ven liberador este tipo de exploración. Una monja de 40 años que acababa de dejar el convento dijo que era mejor saber algo que nada. Elain comentó: "Estaba paralizada de miedo por tener una cita. Tenía fantasías sexuales, pero se me había dicho que eran algo del demonio, así que ni siquiera podía pensar en llevarlas a cabo. Internet me ayudó. ¡Entré en un grupo de conversación acerca de la virginidad y descubrí que había otras mujeres como yo! Algunas tenían aversiones sexuales, otras estaban muy asustadas para tener citas; pero en línea nos tomamos las manos y eso lo hizo más fácil."

La red no sólo tiene palabras, también posee imágenes y en el sexo una imagen gráfica a veces es ilustradora. Usted puede encontrar archivos o fotografías que muestran a personas haciendo las cosas más extravagantes, lo cual puede encontrar seductor o repulsivo, y hay sitios privados que cobran una cuota para ver fotografías poco comunes, frecuentemente representaciones clásicas o antiguas de las posiciones y comportamientos sexuales. Incluso en la línea hay programas de sexo en tiempo real, si usted tiene un deseo intenso de ver lo que otros hacen cuando copulan.

Las exhibiciones visuales en la red pueden satisfacer nuestras ganas de mirar a alguien más o quizá desmitifican al sexo. También pueden allanar la experiencia y herirnos sobre los aspectos impactantes de la sexualidad. Sin embargo, las investigaciones sugieren que las imágenes visuales producen impresiones fugaces en el cerebro. Después de las primeras horas de ver algo angustioso podemos recordarlo exactamente como era; después de 12 horas podemos volver a capturar la mayor parte de la imagen, pero es borrosa. Y después de 24 horas no es probable que recordemos con mucho detalle, aunque la idea todavía pueda tener impacto.

El tipo de liberación mental y emocional que logran las mujeres en línea a menudo las motiva a intentar algunos comportamientos diferentes; por ejemplo, comprar un juguete sexual o usar un traje en la cama. Aquí, también, la red ofrece un mundo feliz de plástico, hule, piel, encaje y plumas.

REGLAS PARA LA EXPLORACIÓN EN LA SUPER CARRETERA DE LA INFORMACIÓN

1. Cuando use un motor de búsqueda sea específica al momento de buscar. Use comillas en las palabras de su frase para limitar la búsqueda.

2. No entre a ningún sitio pornográfico, a menos que quiera ser bombardeada con anuncios y correo basura; no los conteste, ni siquiera para "cancelar registro".

3. Limpie su sistema de *cookies* con regularidad o configure su navegador para que le advierta antes de aceptar *cookies*.

4. Si está preocupada de que otros descubran donde ha estado, en especial sus hijos, vaya a la ventana de historial en su navegador, seleccione todo y bórrelo.

5. Comience con sitios de renombre y de corrientes más importantes que hablen de la salud y la educación sexual de la mujer y siga sus ligas. Para asegurarse de que la información que reciben es acertada, revise la misma pregunta en varios sitios.

6. Si por accidente entra en un sitio pornográfico, sólo cierre todas las ventanas o apague su navegador.

La tecnología como cualquier otra cosa puede ser usada para bien y para mal. Practique el sentido común en el uso de la computadora y estará bien.

COMPRAS

Compre y pruebe

Para las mujeres que sienten que han perdido el contacto con su sexualidad, Sandra recomienda que compren en línea algo sexy. Portar ropa interior es una forma de recordarse o descubrirse por primera vez que es una persona sexual, incluso si por el momento no tiene una pareja o siente que nunca obtendrá ningún placer del sexo. Casi todas las mujeres pueden disfrutar el sentimiento de tener algo suave y sensual en su piel, ya sea un pedazo de seda, un negligé de encaje o un sujetador largo de terciopelo. Llevar algo un poco ilícito o atrevido debajo de su ropa normal, como un hilo dental o una mariposa de piel que vibre, no sólo le ofrece emociones privadas durante el día, también le sirve de recordatorio de que usted es una persona sexual.

Nos gustaría proponerle gastar un poco de dinero en forma loca en una excursión de compras en la red. ¡No le deje a su pareja la compra de ropa sensual o juguetes sexuales! Al elegir y seleccionar algo que en verdad le atrae, usted da un paso positivo hacia el reclamo de su ser sexual. Vaya a sitios que venden ropa y juguetes específicamente diseñados para las fantasías de la mujer. Pruebe en www.goodvibes.com, www.evesgarden.com, www.bettydodson.com y www.websexshop.com y en las otras que están en la sección de fuentes. (Véase capítulo 11 para una exposición de qué hacer cuando llegan las cositas.)

Una mujer casada de 45 años se quejó de que ella y su esposo habían intentado en años tener un orgasmo y estaba a punto de darse por vencida. Ella tuvo muy pocos orgasmos cuando se masturbaba, pero hasta eso era difícil. Sandra le sugirió que considerara usar un vibrador y ella se rió. "¡Me encantaría tener uno de ésos, pero no tengo idea de dónde conseguir uno!"

Cuando se le dio la dirección de una página especializada en juguetes sexuales, ella estuvo entusiasmada de terminar la entrevista para estar en línea. Sonrió, "Yo sabía que debía haber algo mejor que esos masajes de la espalda con accesorios."

Los distintos sitios sexuales le ofrecen guías de información de cómo hacerlo, así como los libros de sexo. También hay audioerótico, así que usted puede escuchar historias candentes de pasión mientras se masturba o tiene relaciones sexuales con una pareja. Hasta puede comprar casetes para escucharlos con audífonos que suenan como si estuviera en medio de una orgía, con todos los gemidos, la respiración fuerte y hasta algunas palmadas y golpes resaltados con un sonido estereofónico vívido. Las películas eróticas, como las de la feminista erótica Candida Royalle, le permiten ver a otros en actos en los que usted quisiera tal vez fantasear, aun si no está lista para actuarlos en la vida real. (Véase sección de fuentes para encontrar una lista de grandes películas sensuales para mujeres.)

El obstáculo más grande, por supuesto, es liberarse de las actitudes viejas que tal vez le impidan obtener lo mejor de sus juguetes nuevos. Piense en un vibrador como una inversión que le da dividendos. Muchas mujeres al principio no están emocionadas con la idea de hacer el amor con una pieza de plástico o hule; aun así ellas sienten que deben hacer algo, *cualquier cosa*, para cambiar sus sentimientos sobre la importancia del sexo en su vida. Una mujer soltera le dijo a Sandra: "Le di un nombre, Sam, y me lo llevé a la cama. Después de aplazarlo por días, finalmente me lo puse entre las piernas, escuché algo de jazz y fantaseé. ¡Por primera vez en años comencé a sentirme excitada! Siempre había tenido problemas para tocarme con la mano, pero con Sam era fácil. En realidad era un buen compañero, él continuaba mucho después de que mis manos se cansaran. Lo compré en línea, en forma anónima, y llegó en una bolsa café del correo y nadie en el mundo lo supo en absoluto. ¡Gracias a Dios por Internet!"

Es importante que se dé la oportunidad de hacer algo que no forme parte de su conducta usual, cambiar de *nunca lo haré* a *quizá lo haga*. Practicar algo diferente a su patrón común puede romper el abatimiento sexual. Si no le gusta su nueva compra al menos puede decir que lo intentó. Pero puede sorprenderse, un vibrador o un consolador pueden ser una forma de ponerse en contacto con su propia excitación sexual. Nadie puede ver, oír y quejarse de que se tarda mucho y puede tener tantos orgasmos como quiera sin tener que preocuparse de su pareja.

Es seguro usar su tarjeta de crédito para hacer compras de sexo, ya que estos sitios son seguros. A menos que seleccione la ventana dando información personal (o no seleccione la ventana si la configuración es predeterminada); el vendedor no tiene permiso de vender su nombre a cualquier otro sitio. (Si por alguna razón usted hace clic sin pensarlo, sólo siga las instrucciones de la página 250 acerca de no responder a correo basura.) Sus compras llegarán en un paquete normal, así que hasta el mensajero de FedEx pensará que usted compra ropa o libros en lugar de un hilo dental de piel o un juego de pelotas *ben-wa*.

Por supuesto la red es la universidad del sexo y en ella hay muchas otras personas a las que les encantaría tomar clases con usted. Es el patio más grande de ideas y por supuesto, el lugar ideal para las relaciones.

CHATEANDO

Salas de chateo: las bases

Entrar en un sitio de sexo, ya sea por su información o para comprar algo, no lo involucra emocionalmente. Pero conocer y saludar a alguien en un sitio para hablar de asuntos íntimos es una historia diferente. Encontrar compañeros en el ciberespacio que piensen como usted es como ir a la universidad por primera vez, está con muchas personas que tienen antecedentes y expectativas diferentes. No sólo tiene una pequeña conversación como lo haría cuando conoce a una persona en una oficina, en tiempo real, o en una fiesta de la colonia. Puede compartir los sentimientos más profundos; hablar de filosofía, arte erótico y fantasías, y puede hacerlo casi de inmediato. La red siempre está corriendo en tiempo presente, lo que significa que no tiene ni pasado ni futuro. La revelación propia no sólo es aceptada sino esperada y usted puede descubrir que chatear en este intenso nivel puede ser un verdadero reto. Pero si primero aprende las reglas del camino, se sentirá más cómodo.

No importa qué sala de chateo quiere visitar, su prioridad es seleccionar un nombre en pantalla o establecer nombres que puedan ser rastreados. Si tiene una cuenta en AOL, puede tener cinco o siete nombres en la pantalla en una cuenta, según la versión que utilice. Sólo su nombre de registro original se puede rastrear, porque usted tiene que dar su nombre y dirección verdaderos y su número de tarjeta de crédito para comenzar, las otras identidades en pantalla y los servicios de mensajes instantáneos que establece con ellos están ocultos. Si no tiene AOL puede obtener una cuenta separada en cualquiera de los servidores que ofrecen un correo electrónico gratuito, como MSN, Yahoo o Excite. Para entrar a cualquier sala de chateo o para publicar cualquier mensaje usted debe entrar usando el nombre de usuario y contraseña. Se le pedirá su dirección electrónica y contraseña, así como un apodo al cual se le enviarán anuncios futuros; si olvida escoger un apodo ellos le enviarán todo al nombre verdadero de su dirección electrónica, algo que usted no quiere.

Esté consciente de que cuando selecciona sus distintas identidades, informa a la cibercomunidad cómo quiere que la imaginen. Los nombres que elija son anuncios de usted; así que si se hace llamar candente@msn.com o chicavírgen@yahoo.com, usted recibirá atención correspondiente a su nombre.

Mary Anne, una paciente muy nerviosa de hablar en salas de chateo, creó un nombre para su familia (que era el que se podía rastrear en su cuenta original), uno para los encuentros causales, otro más para sus exploraciones para descubrir el sexo y otro para tener cibersexo candente y apasionado sin ataduras. "Soy una persona diferente cuando escribo bajo el nombre de 'ven y atrápame'", confesó sonriendo. "Siento como si volara cuando estoy hablando con mis amantes en línea y me excito fácilmente por las descripciones de cómo me tocan los pezones o cómo lamen mi clítoris. Es divertido, no puedo decir cosas obscenas en la vida real, pero en línea se me da con facilidad."

La red puede ofrecerle un refugio seguro a quienes han sido muy lastimados, allí pueden pedir ayuda. Una colega que más tarde trató a la mujer me comentó: "Tuve una paciente que vino conmigo después de aventurarse en una sala de chat de ayuda luego de una violación. Pasó un mes sólo escuchando y finalmente tuvo el valor de revelar su secreto, el cual pensaba la marcaría de por vida. Era sólo porque la otra mujer en la sala había dicho sus historias primero, más horribles que las de ella, por lo que decidió buscar ayuda profesional."

Si usted batalla con un asunto difícil en particular, como una violación o una disfunción sexual, tal vez quiera intentarlo en un grupo de apoyo. Estos foros en línea son llevados a cabo por mujeres que han experimentado problemas similares y quieren compartirlo con otras, hablar de su dolor y recuperación. No obstante, debe decirse que los grupos de apoyo no siempre ayudan y algunos miembros pueden portarse desagradablemente. El fenómeno de incitar existe en toda la red.

También podemos encontrar mujeres que son malas y enojonas, entusiasmadas en reclutar otras a sus sesiones maratónicas por su causa o conducta sin tener una naturaleza terapéutica. Si se topa con alguien que la molesta no comience con discusiones, no contesté, sólo salga. Usted no es un rehén, nadie puede obligarla a estar en esa sala.

No entre en salas donde no haya un moderador para detener el mal comportamiento. Los moderadores en línea (como los de seguridad en un bar) están casi todo el tiempo y su propósito es mantener "la excitación" al mínimo y restringir las personalidades que son perjudiciales y abusivas.

Si advierte que alguien la persigue en línea, en contra de su voluntad, abandone el nombre bajo el cual la conocen. Simplemente no reciba mensajes en el buzón y no responda a ningún mensaje que le envíen bajo ese nombre. También puede excluir ciertas molestias de su cibermundo. La función de "localización" en AOL le permite a otros encontrarla en línea; pero si a usted alguien le parece molesto o atemorizante, puede deshacerse de él al teclear su dirección electrónica en el recuadro que le pregunta si aceptará mensajes de esta persona o si quiere bloquear el acceso a su buzón.

Dónde chatear

Le sugerimos que experimente con unas cuantas salas de chateo, no necesariamente las románticas y amorosas donde la gente habla abiertamente o es reservada, pero en una sala dedicada a uno de sus intereses más importantes. Si a usted le interesa la política, el arte, las películas o hasta la jardinería, ése es un buen lugar para comenzar. Una de las pacientes de Sandra se unió a la sala de judíos solteros en AOL y encontró un grupo de gente en la ciudad de Nueva York que pensaba como ella y se encontraban el domingo por la tarde en una cafetería. Ella dijo: "Me encantaban los hombres. Por lo general tenían los mismos antecedentes, los mismos padres y la misma familia que yo. Para el tiempo que nos conocimos todos nos llamábamos 'compañeros'. Nos reuníamos en línea y fuera de ella." Ésta era una mezcla perfecta de la vida real y la virtual.

Una forma común de encontrar compañía o amor en línea es buscar en los "perfiles" y diseñar uno propio. Los perfiles son currículos cortos, descripciones que usted crea para atraer a la gente que tiene intereses e ideas similares a las suyas; por supuesto si usted tiene cinco identidades necesitará cinco perfiles. Éste es el meollo del asunto: ¿cómo se define? Es difícil ver en su interior y ser sincero; de hecho, muchos se alejan de la honestidad en línea. Si se acerca por diversión, usted puede decir lo que se le antoje; pero si en realidad quiere usar la red de manera efectiva para salir con alguien, ya sea en vida virtual (VV) o en la vida real (VR), necesita descubrir qué hay en usted que sea sexy.

Por supuesto, la gente se describe como desea ser percibida y la variedad de disfraces es infinita, su nuevo amigo puede simular que ella o él es de diferente sexo, raza, edad o religión. En muchos casos lo anterior es para protegerse. Piense en una mujer en silla de ruedas que decide agasajar a sus contactos con la historia de cuando corrió el maratón. O una persona tímida medio reservada que nunca soñó estar al mando, pero en línea juega a ser dominante y le dice a los hombres que "besen" su maldito zapato o algo más.

Ciberchateo y cibercitas

Hay oportunidades infinitas para conocer parejas en línea, ya sea que busque un amigo, un alma gemela, una pareja de por vida, o como Erica Jong lo describe en su *Fear For Flying* (*Miedo a volar*), una "relación sexual sin cierre." Su mensaje y su nombre son el medio, usted se convierte en la imagen que eligió para protegerse. Hay todo un idioma de abreviaciones e iconos para ciberchatear, usted los puede encontrar en www.netlingo.com. Usted puede ser ingenioso o irreverente, poético o sarcástico, absurdo o triste. Puede pensar en lo que quiere decir y luego revisarlo, tiene todo el tiempo del mundo después de haber creado su misiva para pulsar "enviar", así no tendrá que sentirse apurada y presionada. Para la mayoría de las mujeres chatear es gratificante. Las pacientes de Sandra uniformemente le dicen que la cosa más sensual que conocen es tener una persona que las escucha y responde a sus palabras.

Digamos que conoció a alguien en la sala de chateo y se siente cómoda, han leído los perfiles de cada uno y en verdad son compatibles. Usted publica un mensaje en un boletín de avisos en la mañana, él le contesta en el momento en que usted llega a casa del trabajo. Él ya está en la sala de chateo en la tarde cuando usted entra. Los dos coquetean un poco, tal vez otra gente en la sala se da cuenta. El siguiente paso es una "sala privada", la cual le da espacio para hablar de uno a uno fuera de la multitud. Estos encuentros se pueden hacer en una variedad de formas. En AOL, ustedes son miembros de un sistema cerrado y pueden ponerse en su "lista de amigos". Al usar el software del *messenger* instantáneo (IM), el cual baja de la página de AOL, ustedes pueden hablarse en tiempo real, en un recuadro que aparece en su pantalla. Si no elige descargar AOL, aún pueden tener privacidad en línea con otros dos tipos de software, ICQ (en leguaje de la línea "*I seek you*") e IRC *(Internet Relay Chat)*. Estos dos sistemas le dan acceso a información acerca de quién está en línea en cualquier momento o en cualquier sitio y puede descargarlos gratis y contienen bastantes instrucciones de cómo usarlos desde su página principal. Esto puede ser el comienzo de una buena amistad o un romance. O puede apagarse después de la primera vez, en ese caso, usted simplemente no responda cuando esta persona le llame fuera de la sala. Y si es persistente, vea en la parte de arriba las formas para bloquear por completo la comunicación.

El amante que no se ve, pero siempre está ahí

Rachel, una paciente de Sandra le dijo en una terapia: "Era una de esas noches de insomnio, mi esposo estaba dormido arriba y yo estaba navegando porque así es como enfrenté el insomnio. Entré a AOL para ver quién estaba ahí y encontré a un nombre que me regresó décadas en el tiempo. Su nombre era 'Lysander', el cual no sólo es un personaje de Shakespeare sino también un vecino de donde me crié en las afueras de Seattle; así que me metí en el chat y le envié un mensaje por Internet, preguntándole si conocía a una familia de allí. No hubo respuesta en cinco minutos y luego dijo: 'Seguro, una señora de esa familia es mi tía.'"

"Hablamos alrededor de una hora y una cosa que en realidad me gustó fue que nunca me pregunto, mi 'ESU', la cual es la marca de un completo estúpido en línea. Ellos quieren saber tu edad, sexo y ubicación de inmediato para decidir si vale la pena pasar todo el tiempo contigo. Así que recordamos un poco y estuvo bien aunque me di cuenta de que yo era como veinte años mayor que él. Nunca nos preguntamos si habíamos publicado una foto en nuestros perfiles, yo lo había hecho, pero en verdad no quería decirle que la viera porque notaría que yo tenía 55 años y eso podría arruinar la fantasía; pues me estaba divirtiendo mucho."

"En las siguientes dos semanas lo busqué en línea y con el tiempo hicimos citas para no tener que adivinar cuándo entrar y descubrí que no era casado."

Sandra preguntó, "¿Crees que te decía la verdad?"

"Bueno, yo estoy casada y siempre digo la verdad, pero debes de tener un sentimiento atrevido hacia la otra persona. ¿Qué esconden? ¿Hacen algo un poco mejor, más brillante acerca de ellos mismos? Pensé que era verdad, en cualquier sentido, estaba muy atraída. Comencé a coquetearle, le pregunté qué tipo de mujer le gustaba, si le gustaba besar, cosas como esas. No sé, él parecía un poco tímido.

"Pero la vez siguiente que hablamos, me preguntó que llevaba puesto. Le dije que estaba en ropa interior, lo cual era verdad, ya que era una noche calurosa. Me pidió que se la describiera, lo que fue muy sexy. Le dije todo de mis calzoncillos y el encaje en el sostén sin varillas. Luego le pregunté si él quería que me quitara el sostén y hubo una pausa."

Sandra le preguntó cómo se sintió. ¿Se había excitado, estaba físicamente apasionada?

"No puedo decirte cuanto. Nunca había tenido sexo en línea con nadie, pero pensé, ahora va a suceder. Estaba muy mojada, completamente lista. Quería tocarme, pero quería que él me dijera con exactitud cómo debería hacerlo. No pensé en mi esposo ni en mi matrimonio, sólo en eso. Pienso que no hubiera hecho nada, aunque, bueno, en la vida real no estoy particularmente abandonada. Espero a que el hombre se excite y luego ya me enciendo."

Increíblemente, Rachel y su amante, no llegaron más lejos esa noche. Estuvieron al borde y luego él dijo que debía pensarlo más. Rachel estaba decepcionada, pero dijo que lo tomaba sin preocupaciones; después de todo, tal vez nunca lo conocería y sería divertido sólo coquetear. De cualquier modo, en la clara luz del día, ella terminó sintiéndose muy culpable acerca de "hacerlo todo en la privacidad de su propio estudio." Sabía que fundar una relación con muchas expectativas no reales sería una forma de quedarse atorada y ella no quería eso, deseaba estar libre.

Cuando Rachel vio a Sandra tres meses después le dijo que finalmente había "interactuado en el ciberespacio".

"¿Tú sabes lo que es eso? Nos escribimos exactamente lo que hacemos y cómo sentimos. *En éste te escribo con una mano; ay, eso se siente maravilloso; mis pezones están tan duros, ¿puedes sentirlos? Quiero que toques mi clítoris. ¡Ay, sí! Mi mano acaba de resbalar del tablero."*

Sandra le preguntó a Rachel cómo catalogaría esta relación. "¿Es una aventura? ¿Lo has conocido en la vida real?"

Rachel movió su cabeza con ansiedad: "No. Tuve la oportunidad. Estaba volando por negocios a través del país y cambié mi boleto de aerolínea para que pudiera interrumpir el viaje. Él parecía contento al respecto, pero luego lo pensé un poco más y decidí que no lo quería ver. Nunca. Tuve una visión de él que era toda mía y la realidad la mataría. Era suficiente con que me hubiera ayudado a reconocer una parte de mi sexualidad que no conocía. Y algo más; hubiera sido muy malo para mi matrimonio y devastador para él porque —dijo suavemente—, él era un sacerdote que pensaba dejar la iglesia. No podía sentirme responsable de eso."

Muchas de las mujeres que Sandra ha asesorado tienen amistades en línea y nunca quieren ir más allá. Otras han desarrollado amistades duraderas con ciberamantes. Con el tiempo, ellas encuentran amigos en línea con quienes pueden decirse todo. Un elemento clave de la atracción sexual es la proximidad, la cual en línea se obtiene mental pero no físicamente. Ya que la mayoría labramos nuestro camino en el sexo al conocer y confiar en un individuo que podemos ver y tocar, la proximidad del sexo en línea puede parecer superficial. El encuentro cercano simplemente no es suficiente.

Pero algunas mujeres desean ir más lejos, vivir una experiencia virtual y hacerla realidad.

REGLAS PARA CHATEAR EN LA RED

1. Seleccione un nombre o el nombre de pantalla que puedan ser rastreados hacia su cuenta regular. Su identidad en línea debe decirles a otros algo de sus ideales y deseos.

2. No chatee en sitios que no tienen moderadores, a menos que no le importe la efusividad ocasional.

3. Busque salas de chateo que reflejen sus intereses en lugar de salas de romance o sexo.

4. Aprenda el lenguaje visitando www.netling.com

5. Establezca un perfil para que otros puedan conocerla. Si decide usar una fotografía piense en una que a usted le gustaría que otros vieran.

6. Conozca a la persona en un grupo antes de ir a un chat privado, pero recuerde, siempre puede bloquear sus correos electrónicos si no resulta de su agrado.

CITAS

De chatear (vv) a tener una cita (vR)

Hay mujeres como Rachel que nunca considerarían conocer a una pareja en línea. No obstante, hay otras que específicamente usan el chateo como un puente para conocer gente. La mayoría de las pacientes de Sandra que se cansaron de los eventos de Padres sin Pareja y de todo el arreglo de los eventos de los solteros en su localidad, frecuentaron las salas de chateo sólo con la intención de encontrar una pareja verdadera, para el sexo y quizás para una relación más comprometida en la vida real.

El doctor Al Cooper, un terapeuta sexual cuya práctica está siendo rediseñada gracias a la red,[3] sostiene: "La forma en la que nos habíamos

266

conocido y cortejado por miles de años no nos ha llevado muy lejos porque el índice de divorcios todavía es de cerca de 50%. Parte de la razón para que eso suceda es que esas relaciones románticas y apasionadas no son estables, por lo general están basadas en dos personas que se encuentran muy atractivas. En la vida, tal vez usted conoce cien personas en el curso de un año y elija a 20 que son atractivas, de esas 20, si usted tiene suerte, hay tres con las que en verdad le gusta pasar el tiempo y quiere salir."

"Pero en la red usted puede escoger con facilidad a mil personas con las que sintió algo en común, de esas personas, usted puede desarrollar relaciones en línea con 20, y de esas 20 usted tal vez encuentre a diez con las que está interesada en explorar la dimensión romántica; quizás después de un tiempo disminuye el campo a tres que le parecen atractivas. Entienda que ésas no serán las mismas personas cuando las conoce en la vida real... porque en la vida real usted ve y juzga primero y luego llega a conocer. Lo más importante en la red es el interés común y el gusto por la forma en cómo le hablan, y por supuesto, si usted tiene suerte, ellas también pueden ser atractivas o pueden volverse más atractivas cuando las conoce."

La facilidad de chatear y coquetear no cambia el hecho de que la mayoría de las citas reales provocadas por la atracción virtual no funcionarán. Como todo lo demás en la red, implican un riesgo. Pero el tiempo perdido en línea es por lo general más seguro que el tiempo perdido en un bar y más barato que pensar en una clase de adultos con el único propósito de conocer a alguien. Usted perfecciona sus habilidades sociales y tal vez con cada experiencia se vuelva un poco más consciente de sus elecciones y deseos.

La mayoría de la gente quiere ver primero a la persona con la que va a salir. Sin importar cuántas salas y conversaciones telefónicas privadas haya tenido, usted todavía puede tener la esperanza de que el hombre no sólo es maravilloso, amable y divertido, sino que también se parece a George Clooney. Y la forma de hacer esto en línea es incluir de todo un poco con su perfil. Por supuesto, esto va en contra de la filosofía de la red, de que la mente es más poderosa que el cuerpo. Al agregar su foto usted le dice a su pareja potencial que la apariencia en verdad cuenta y sabe que a la otra persona probablemente le importan tanto como a usted los atributos físicos. ¡Entonces, también, si usted elige descargar fotografías es posible que al hacerlo contraiga un virus, lo que puede ser casi tan malo, si borra todo en su computadora, como contraer una ETS de un contacto en tiempo real! Asimismo, cuando usted ha publicado su propia fotografía, ésta también puede ser pasada de computadora en computadora y ¿quién quiere ser el equivalente visual de segundos húmedos?

Muchas de mis pacientes que decidieron conocer a la persona con la que han tenido una relación cercana en línea a menudo se asombran de ver que la foto de su posible amante se parece muy poco a la persona real. El hombre en la fotografía puede ser joven, delgado y con una cabeza llena de cabello, lo cual es mentira en la vida real. La decepción que puede enfrentar en línea puede ser intrigante y sensual o frustrante y molesta, según lo involucrada que esté.

Marsha, una madre con dos hijos y divorciada que es de Kentucky, dijo que había encontrado muy útiles las fotografías. "Puse una fotografía mía parada en una canoa y recibí muchas respuestas. Era muy chistoso, pero también era valiente. Cuando me mudé a Texas para conseguir un trabajo mejor no conocía a nadie en el área y decidí que quería tomar el juego de las citas con seriedad y no perder el tiempo. Una fotografía vale mil palabras en la red, pero no en la vida real."

"Si usted está en el mercado de conocer a alguien tiene que ponerse a trabajar y escribir un anuncio personal. Usted sabrá alejarse de los sitios grandes, como AOL, Yahoo o Excite. Es definitivo que se tiene que especializar, si usted es gay, hay muchos sitios para los GLBT, si le interesan las fantasías extravagantes o el fetichismo busque un lugar que satisfaga esos intereses. En lo personal yo tengo cuatro perros, así que cuando chateo entro en una sala para gente que le gustan las mascotas para encontrar un hombre que le gusten los perros o algo parecido. Usted puede estrechar el campo con más rapidez al comprar en el lugar adecuado.

Marsha dijo, "Miro los anuncios y veo cómo se presenta el hombre. Hago clic en 'hombres divorciados/Texas' y tal vez saco una lista de cien personas que llenan los requisitos. Luego espero un correo electrónico desde mi perfil. Si ellos están en línea les mando un mensaje instantáneo y les digo hola para ver si hay química en nuestra conversación."

"El siguiente paso es que nos pongamos en nuestra lista de amigos para saber cuándo el otro está en línea. Usted espera que él esté ahí cuando se conecte, pero si no, está bien, no hay preocupaciones. Por el contrario, si está ahí tres noches seguidas, usted sabe que quizá esté interesado y que está bien avanzar en el contacto telefónico."

"En realidad no sabes nada hasta que oyes esa voz y ves cómo es en realidad, cómo está la química. Tengo que decir que antes de que esté lista para conocerlo en la vida real necesito hablar con un hombre en el teléfono cuatro o cinco veces, intercambiar más correos electrónicos. Si no hay banderas rojas en ese momento concertaré una cita para tomar un trago o un café, por lo general en un lugar público como un Fridays o un Benignas. Siempre hago que una amiga me mande un mensaje a mi localizador una hora después de que empezó la cita, por las dudas. Si estoy desesperada por huir contesto y sólo le digo que fue un placer conocerlo sin darle ninguna esperanza de que se repetirá la cita. Si en verdad no me excita o pienso que es repulsivo, tal vez maneje en dirección opuesta a casa para asegurarme de que no me sigue. Pero si me gusta y quiero quedarme, ignoro la llamada y cuando terminamos nuestra bebida le sugiero que vayamos a casa y lo pensemos y hablemos en línea después o el día siguiente acerca de si pensamos que esto funciona."

"Con algunos hombres me he puesto muy sexy en línea antes de que nos hayamos conocido, hay como una atracción hacia la computadora. Ese tipo de sex appeal es muy desconcertante, pero estimulante. Si cuando nos conocemos la emoción todavía está ahí puede acelerar los pasos para llevarme a la cama."

El proceso suena muy arreglado de antemano y para unos solteros cansados el romance difícilmente entra en el panorama. La mayoría de los expertos recomiendan que si usted quiere conocer a la persona con la que ha estado coqueteando, espere no más de un mes antes de tener contacto real con ella.[4] Entre más espera, con certeza tendrá más expectativas y si todo se arruina será más doloroso. Pero siempre existe la esperanza de que en este mundo enorme usted tenderá un tentáculo delgado y alcanzará al único y verdadero amor y al sexo maravilloso. Es posible que descubra unos locos certificados, pero en la vida real también los puede encontrar. Si usted mantiene su ingenio y sigue las reglas de avanzar del cibersexo al encuentro cara a cara, tal vez tenga suerte y conozca una joya.

AVANZAR CON SEGURIDAD DEL CIBERSEXO AL ENCUENTRO CARA A CARA

1. Lea entre líneas. ¿Qué tipo de información obtiene de su futura cita? ¿Se comportan él o ella como usted lo esperaba en una relación en la vida real? ¿Cuánto tiempo pasa para que le responda? ¿Quién inició? Si usted hace todo el trabajo en línea es probable que deba hacer lo mismo cuando se conozcan.

2. Haga una cita si le gusta lo que oye en un chat privado. Si tres llamadas telefónicas la dejan muy interesada usted puede concertar una cita en tiempo real.

3. Asegúrese de hablar en el teléfono sobre lo que esperan ambos de su cita real.

4. Elija un lugar público, una cafetería o un restaurante, donde haya mucha gente. Nunca acepte encontrase en su casa o en la de su pareja.

5. Pídale a un amigo que la llame durante la cita y cuando conteste puede darle una señal si las cosas no están bien y usted quiere escapar.

6. Consiga que un amigo la recoja o estacione su auto lejos de su cita y tome un taxi para ir a su auto para que no la puedan seguir.

7. Acepte hablar con su cita por teléfono al día siguiente, después de que los dos han tenido tiempo para reflexionar cómo les fue.

Ciberabuso

Hay personas que se estancan en esta intrincada red y parece que no pueden salirse. Un estudio de 18 mil usuarios de Internet reveló que al menos 5.5% de las mujeres y 5.6% de los hombres dicen que ellos pasan de 11 a 20 horas visitando compulsivamente sitios de sexo y se involucran en ciberestimulación que no pueden obtener en la vida real.[5] De acuerdo con una encuesta de MSNBC, 200 mil estadunidenses pasan 11 horas o más a la semana *accesando* a material sexual en línea y admitieron ser "adictos".[6]

Al principio sólo es curiosidad, usted se queda un rato en algunas salas, conoce a unas cuantas personas en los chats privados y antes de darse cuenta no puede esperar a regresar a casa para conectarse. Un pasatiempo inofensivo se convierte en una obsesión. Es tan fácil "involucrarse" con alguien rápidamente en la red, y la supuesta intimidad es lo que mucha gente anhela. Está escondida, es segura y es muy satisfactoria. La pornografía aumenta la altura sexual y usted puede hablar de cualquier cosa que la excite bajo el amparo de la computadora, hasta puede hablar de actos ilícitos como una violación o un abuso infantil.

Aquellos que usan la red sólo para conseguir emoción en su vida pueden empezar a pasar menos tiempo con su familia y amigos con los que tienen contacto cara a cara, lo cual puede desgastar un matrimonio, una familia o una carrera. Puede aumentar el número de mujeres que hacen el amor a una ciberpareja, pero no pueden soportar la idea de tener en su cama al hombre que juraron amar, honrar y obedecer.[7]

En algunos casos la red puede ser peligrosa. Las personas solitarias o parafílicas sólo esperan la oportunidad correcta para conocer a la persona cuya fantasía concuerde con la suya. Las ciberamenazas aparecen cuando el lazo se ha vuelto tan intenso que se vuelve imperativo consumir en vivo una relación virtual. Todos hemos oído historias horribles de mujeres asesinadas por un amante en línea que había jurado por correo electrónico o en un chat privado que la mataría. Pero la atracción de juntarse es muy convincente y la razón no siempre entra en ella. El sentido de anatomía ofrecido por el ciberespacio conduce a un riesgo mayor.

Es importante que sin importar cuán atractiva y segura se sienta en el abrigo virtual de un amante nuevo, usted siga las directrices que le recomendamos con anterioridad para mantener su autonomía y para estar segura. Esto puede parecerle evidente si usted es el tipo de persona que debe preguntar por qué alguien en su sano juicio haría una cita para conocer a una persona que le ha dicho en gran detalle exactamente lo que quiere hacerle. La respuesta tiene dos partes: primero, ella no lo considera un extraño porque está segura por su correspondencia y chats en línea que lo conoce lo suficientemente bien; segundo, todas las cosas que él sugiere sin duda son cosas de sus propias fantasías, lo que ella nunca realizaría sin su apoyo y valor.

Si usted está preocupada de que pasan mucho tiempo en línea o está cerca de tomar un riesgo al conocer a alguien que ha mostrado un lado muy oscuro de su personalidad, puede ser bueno sacar una cita con un terapeuta. A pesar de que Sandra rara vez atiende mujeres que sienten que son adictas a la búsqueda sexual en línea, atiende a muchos hombres, algunos llevados por una esposa preocupada que siente que el señuelo del sexo anónimo en línea le ha robado la atención de su pareja. Hay problemas reales y deben ser tratados con un experto.[8]

Exploración vs. infidelidad. ¿Cómo reconocer la diferencia?

¿El sexo en línea con una pareja desconocida es una infidelidad si se tiene una relación comprometida? ¿Es adulterio si todo lo que hace es entrar en una sala de chateo y hablar de sexo? ¿O si intercambia correos candentes con un amigo que se convirtió en un ciberamante? ¿Qué pasa si no tiene planeado conocer a su amante, pero manda y recibe mensajes e instrucciones sexuales mientras cada uno se masturba en su cama? De inmediato están juntos y separados en el ciberespacio y para definir "infidelidad" usted debe ver la diferencia en algo más pequeño que las microfibras. Es difícil hacer distinciones claras.

Por supuesto, hay diferentes grados de exploración sexual. Sandra atiende a muchas mujeres en su práctica que han usado sus incursiones sexuales como una forma de permanecer en una relación que se convierte en un yermo físico, ya sea por la falta de interés o por la capacidad de su pareja. Janice, una profesora de 51 años, comentó: "Supe que mi vida sexual de casada terminó cuando operaron a mi esposo de la próstata y se negó al tratamiento de problemas de erección. Él dijo que dejaría el sexo y que no tenía ningún interés en cualquier forma de intimidad física." Ella no podía vivir con esta elección porque todavía era una persona sexual y confesó, "Me perdoné y me metí en la línea para encontrar un amante."

Otra paciente dijo que se sintió con derecho de entrar a las salas de chateo y hablar sexualmente porque sabía que su esposo lo hacía; él bajaba pornografía y navegaba en la red por años después de que ella se acostaba. Cuando él se negó a hablarle de sus sentimientos acerca de este comportamiento, ella decidió entrar en la red. Cuando su esposo descubrió el alcance de "sus romances" en línea, él se enojó amargamente; ir a terapia de pareja fue el ímpetu de los dos para tratar de salvar su matrimonio.

Para las mujeres con parejas que las rechazan o desprecian constantemente una aventura en línea puede ofrecer una fantasía que ellas pueden usar cuando están en la cama con su esposo. Al contrario, según el grado de culpa involucrado, la experiencia de emociones en Internet con una persona que en realidad le habla y parece entenderla puede hacer el sexo más fatal de lo que era en su matrimonio y puede impulsar a algunas mujeres a tomar la decisión de terminar un matrimonio duradero. ¿Pasaría esto sin el estímulo de una pareja virtual? Es imposible decirlo.

Si siente que su conducta en línea es secreta, vergonzosa y desleal, entonces es tiempo de que lo confiese y lo hable con su pareja. A veces esto puede conducir a un incremento en la intimidad y a una resolución para hacer más interesante el sexo en casa; a veces conduce a la acrimonia. En cualquier caso, puede ser útil como una forma de forzar a las parejas a hacer un inventario de su relación sexual y emocional. ¿Pasan usted y su pareja suficiente tiempo juntos? ¿Se siente valorada, deseada o amada? ¿La exploración sexual representa una falla o una falta de intimidad en su relación actual? ¿Para qué está lista?

Cualquier cantidad de secretos, ya sea que impliquen la infidelidad o no, cambian la naturaleza de una relación íntima porque no están sobre la mesa todas las cartas. Hay un riesgo en volverse sexualmente activa en el ciberespacio. A diferencia de los hombres que navegan, hacen clic, se comen con los ojos a las mujeres y se desconectan, la mayoría de las mujeres quieren una participación interactiva con la estimulación erótica. Si usted llena este perfil, entienda que el cibercoqueteo puede hacer un vacío más grande en su matrimonio porque le permite evadir los problemas más importantes. Usted ha permitido que se satisfagan sus necesidades emocionales y sexuales por otra pareja, incluso si nunca se conocieron y por lo tanto puede arreglárselas para evadir un crecimiento y un cambio en su relación primaria.

Aquí hay un pensamiento revolucionario: ¿por qué no utilizar la red para arreglar su matrimonio? Así como Internet causa problemas al permitirle a la gente tener intimidad aunque estén separados, también puede servir como el pegamento necesario para arreglar la ruptura de la misma forma. Debido a que el ciberespacio es un medio ideal para la comunicación, ¿por qué no comunicarse con la persona que con la que en realidad desea tener intimidad?

¿Están aburridos usted o su pareja y no están satisfechos sexualmente? ¿Pues qué esperan? Corran, no caminen, a la computadora más cercana y empiecen a navegar juntos. Asegúrense de sentarse lo suficientemente juntos para hacer contacto físico, deje que sus muslos se toquen o deje que sus brazos se entrelacen con suavidad. Éste es un viaje que empezará a hacerlo anticipar la novedad en el sexo en lugar de lamentar todos los patrones antiguos que ha practicado por años.

¿Qué tan difícil es para usted hablarse con obscenidades? Si ustedes son padres de algunos niños en edad escolar, desde hace mucho tiempo tal vez han puesto mucha energía en evitar todas las palabras de cuatro letras y los dobles sentidos de su vocabulario. Ese tipo de limitación puede trasladarse a la cama cuando ustedes no ven. Pero cuando escuchan a otra gente haciéndolo en la sala de chateo o leyendo literatura erótica en voz alta pueden darse cuenta que se relajan un poco. Ustedes pueden inspirarse con las aventuras eróticas de otras parejas y encontrar nuevos usos para la cámara de video, la cual no sólo es útil para fotografiar los recitales de ballet o los partidos de futbol de los hijos, sino también es buena para capturar las sesiones candentes en su cama o en la sala.

Es muy fácil hacer su propia película erótica y nadie tiene que saberlo. Las mujeres que nunca se han visto lubricarse o tener un orgasmo en verdad pueden florecer conforme se alejan de sus inhibiciones y se descubran en la privacidad y seguridad de su lugar sagrado propio e interior. Las parejas pueden admirar la forma en la que se ven en la cinta en otro momento para tener una excitación adicional. Ustedes no tienen que ponerse en la red para apreciar la emoción de ver a otros. Dejen que las parejas atrevidas los inspiren. ¿Qué se siente estar completamente abandonado con la pareja que conoce tan bien? Para aquellos que no están tan inclinados a lo visual puede ser más fácil hablar en el ciberespacio; al menos puede abrirse a la persona con la que comparte su vida y revelarle qué es lo que lo excita. Sin duda hay algo ahí para los dos, los sitios pornográficos, la lencería, los chats, las historias candentes de seducción. ¿Por qué no explorar todas?

Una sala de chateo puede volverse muy interesante si usted tiene dos computadoras en diferentes partes de la casa. Ustedes sabrán sus identidades, pero nadie más entenderá que son una pareja. Pueden simular que son dos extraños que por primera vez tienen contacto en línea, viéndose, atreviéndose a ser un poco sugestivos o hasta sentirse cachondos. Pueden utilizar sitios en los que interpreten un papel para escoger otro hombre o mujer (si alguna vez fantasearon con un trío) o pueden intercambiar correos electrónicos lascivos que indiquen con exactitud qué quieren hacerse cuando estén juntos.

Melissa, una asesora en mercadotecnia de 33 años, comentó: "Mi esposo se enorgullece de que nunca aprendió a mecanografiar, pues estaba seguro de que tendría una secretaria que lo hiciera por él; así que cuando entramos a la sala de chateo yo tuve que escribir. Él permaneció detrás de mí con sus manos en mis hombros y me susurró lo que quería que escribiera. Luego la gente le contestaba y los dos tomábamos nota de su reacción. Sentí como si estuviera dentro de él, lo contrario de la relación sexual, porque él compartía esos pensamientos y sentimientos íntimos y yo los expresaba en palabras. Se me ocurrió que yo en realidad no prestaba mucha atención a mis fantasías mientras teníamos relaciones sexuales, dejé de pensar y sólo actué como un animal, pero poner mi excitación en la pantalla me hacía consciente de pedir lo que quería en la cama, algo que no había hecho antes porque estaba muy preocupada en los gemidos."

¿Qué tiene de interesante escribir las palabras o que nos muestren imágenes de cuerpos que nos salvan de decir las palabras fuertes y de mirarnos en el espejo? La emoción del ciberespacio tiene mucho que ver con el hecho de que usted tiene que esperar para obtener una respuesta después de que hace clic, usted ha iniciado algo, un coqueteo con otra persona o checar su imagen en la pantalla y luego le toma unos cuantos segundos bajar los resultados. En ese breve periodo de tiempo usted está en suspenso, esperando lo mejor y entusiasmada de obtener satisfacción. Como es sabido, en un matrimonio de muchos años usted no siempre obtiene lo que quiere, pero si lo intenta, al conocer a su pareja en el ciberespacio quizá obtenga lo que necesita.

El sexo es algo más que virtual

El ciberboom claramente ha cambiado la forma en que vemos las relaciones. Una mujer adolescente o de 20 años no recuerda el tiempo en que no utilizaba una computadora. Para ella no parece del todo inusual conocer un amante en línea y tener una relación cercana con alguien que conozca en la vida "real".[9]

Pero la realidad virtual es una forma de alejarnos del contacto humano. La verdadera razón con la que nos deleitamos en el vigor instintivo para copular es que sana la separación existencial que diariamente vivimos. La vista, los sonidos, el olor y los sabores del sexo real son más sutiles y complejos que los sonidos de la ciberestimulación. Vaya y disfrute de la red conforme es más y más inclusiva, pero nunca la deje reemplazar su instinto del deseo el gusto de ser uno de los dos seres humanos, desnudos y vulnerables, que quieren pasársela de maravilla.

8 Mejor sexo
a través de la química

Todo el sexo tiene que ver con la química. Nuestras hormonas, proteínas, enzimas, neurotransmisores y docenas de otras pequeñas piezas de emanaciones humanas contribuyen a nuestra sexualidad. Cuando usted está interesada y excitada sexualmente su cuerpo puede sentirse ligero y sustancioso, relajado y alerta, gracias a los químicos presentes por naturaleza. ¿A quién no le gustaría mejorar esas sensaciones maravillosas? ¿Quién no se pregunta a veces qué pociones puede *agregar* a la mezcla para hacerla mejor?

Usted por lo menos necesita tres cosas para ser receptivo al sexo: tener motivación e intimidad, incluso si no siente deseo físico; debe excitarse, hasta el punto del orgasmo; y tiene que considerar el sexo como una opción satisfactoria y valiosa en vez de una tarea frustrante; también ayuda tener una pareja interesada e interesante. Por medio de la magia de la química usted puede hacer trampa con los dos primeros elementos, ya que el tercero y el cuarto pueden estar fuera de control, pero tal vez sea mejor estar consciente de lo que la excita o también qué le permitirá lidiar con ellos.

Por desgracia, la química no sólo sirve para mejorar el sexo, también trabaja en contra de él. No sólo hay un bloque que impide obtener satisfacción sexual. Usted puede desear el sexo, pero no puede excitarse; puede lubricarse muy bien, pero no tiene interés en ninguna actividad sexual; puede sentir un dolor agudo en el clítoris y vagina, lo cual disminuirá el deseo y la excitación. Hay categorías y subcategorías de esas dificultades, por lo regular una está relacionada con la otra. Aunque algunas mujeres no juzgan su vida sexual por sus orgasmos, si usted nunca experimenta el clímax puede sentir de alguna forma que ha fallado o que supuestamente ha engañado a la actividad "natural". El último criterio necesario para el sexo es la satisfacción. Si usted no obtiene satisfacción, para parafrasear las palabras inmorales de Mick Jagger, debe rendirse. No más sexo y muchas gracias.

Los científicos trabajan rápida y furiosamente para inventar una panacea química que tendrá un impacto en un número diferente de sistemas, el hormonal, el central (el cerebro y el sistema nervioso) y el del comportamiento. En esta parte le ofrecemos una vista de los fármacos disponibles que inhiben la respuesta sexual y aquellos que la estimulan. Le ofrecemos directrices para ayudarla a tomar una decisión, si debe intentar un acercamiento farmacológico o alterar su respuesta sexual. Y por último, hablaremos de lo que puede hacer sin los fármacos para que esté bien la química.

FÁRMACOS ANTISEXUALES

Medicamentos que inhiben la respuesta sexual

Usted puede sorprenderse de la variedad y cantidad de cosas que puede tomar que disminuirán a cero su libido o le harán difícil sentir una excitación o un orgasmo. Para ver cómo ciertos químicos pueden causar estragos en su vida sexual debe entender qué tiene que ocurrir químicamente para sentirse sexy. Primero necesita un flujo sanguíneo adecuado en los genitales para excitarse y sentir ese hormigueo sexy, excitante. Los pezones, el clítoris y la vagina responden a la estimulación sólo cuando su sistema cardiovascular funciona adecuadamente. Luego necesita lubricarse, lo que ocurre cuando usted se excita. Cuando está seca el sexo es incómodo y puede poner un alto a toda la actividad antes de que empiece. También necesita una libido activa. Sentir deseo en parte está relacionado con los químicos en el cerebro conocidos como neurotransmisores y también es hormonal. Si está tomando un fármaco que evita el funcionamiento de cualquiera de estos sistemas tal vez no le importe en lo más mínimo el sexo.[1]

Flujo sanguíneo (afecta la excitación)

Muchos medicamentos para la hipertensión son conocidos como culpables de contribuir a las dificultades sexuales porque estos fármacos evitan la liberación del neurotransmisor norepinefrina, que reduce o bloquea sus receptores. Los bloqueadores simpáticos activados centralmente (reserpina y clonidina) se interponen con el deseo, la excitación y el orgasmo. Lo mismo sucede con los beta bloqueadores inderal y blocadren, aunque las variedades más nuevas Lopressor y Atenol no parecen provocar tantos problemas en la función sexual.

Los diuréticos como Lasix y Aldactone pueden evitar que la mujer experimente la excitación o el orgasmo.

Alternativas: Pregúntele a su médico si puede probar uno de estos fármacos más nuevos. Los canales de bloqueo de calcio (nifedipine o verapamil) dejarán intacta la mayor parte de la función sexual y tampoco tienen el efecto sedativo de algunos otros fármacos. Los inhibidores que convierten la enzima agiotensina (Captopril y Enalapril) pueden ser los mejores fármacos para el sexo para las personas con hipertensión, aunque pueden provocar tos. Los bloqueadores alfa-adrenérgicos Razosin y Terazosin pueden interferir con el flujo sanguíneo en los músculos lisos de la pared vaginal, pero no pueden afectar el orgasmo.

Lubricación (afecta la excitación)

Muchos fármacos bloquean los efectos de la acetilcolina, el neurotransmisor que ayuda a producir las secreciones vaginales y dilata los vasos sanguíneos en los genitales (y en otras partes) cuando usted está excitada. Los fármacos anticolinérgicos pueden secarla y hacerla sentirse menos sensual, entre ellos están los antihistamínicos, los antipsicóticos, algunos antidepresivos y algunos fármacos para las náuseas.

Antihistamínicos: los fármacos como Benadryl, Atarax y Periactin pueden secar las membranas de la mucosa, entre ellas las de la boca, la vagina y el ano, también tienen la tendencia a producir mareos, en lugar de eso elija la variedad regular que "no le cause sueño".

Alternativa: No los tome y elija un suplemento herbal como la echinacea, el zinc o la vitamina C. También puede intentar las gotas nasales de salina para limpiar las fosas nasales. Y un lubricante que puede comprar en la farmacia con base en el agua como Astroglide, Slippery Stuff o Aqua-Lube que ayudan con la lubricación.

Otros medicamentos que pueden interferir con el sexo, como Lomotil (para la diarrea), Urised (utilizado para prevenir la frecuencia urinaria), Scopolamine (para el mareo) y Ditropan (para vejigas muy sensibles), interfieren con el deseo, pero no con la excitación y el orgasmo.

Alternativa: Ninguna. Estar enferma del estómago o tener cólicos no la excitará de cualquier modo, así que tómese sus medicinas y espere.

Antipsicóticos: Haldol, Thorazine y Melleril pueden interferir con todas las fases de su respuesta sexual, desde el deseo hasta la excitación y el orgasmo.

Alternativas: Si debe tomar estas medicinas hable con su médico del tiempo y la dosis. Es posible que planee un encuentro sexual cuando el efecto del fármaco está al mínimo en su sistema.

Producción de neurotransmisores (afecta el deseo)

Antidepresivos: Si padece de depresión leve a moderada, su vida sexual es una de las primeras cosas que por lo general desaparece. Por desgracia, muchos de los fármacos para tratar esta condición también depromen el interés y el desempeño sexual. El estrógeno ayuda a aumentar la producción de norepinefrina, serotonina y dopamina, los transmisores para sentirse bien. El balance entre ellos es engañoso, cuando la serotonina está muy alta o la dopamina o norepinefrina están muy bajas, puede parecer que el deseo disminuye. Deben estar balanceadas para que usted se sienta bien con el mundo.

La absorción de los inhibidores de serotonina selectivos (SSRI, por sus siglas en inglés) como el Prozac y Paxil a menudo interfieren con la excitación y el orgasmo. Toman lugar a lado de sus primos más antiguos, los inhibidores MAO (Pernate y Nardil) y triciclos (Elavil, Nopramin, Tofranil, Asendin, Anafranil Sinequan y Pamelor); hacen estragos en el deseo, la excitación y el orgasmo.

El movimiento regulador de los neurotransmisores es un arte muy impreciso. Mientras el Prozac y otros SSRI ayudan a la persona serena a expresarse, y a la enojona a calmarse, pueden enfriar el ardor sexual regular.[2] Para sentirse excitados, con sentido del deseo, necesitamos el flujo de niveles de serotonina que se muevan a través del sistema nervioso según nuestras necesidades. Cuando el neurotransmisor es alterado químicamente, no experimentamos esos sube y baja que construyen y liberan la tensión. Asimismo, los SSRI pueden provocar otros síntomas, como las náuseas, la pérdida de apetito, la ganancia de peso si se usan por mucho tiempo, el sudor excesivo, el salpullido, los mareos y los dolores de cabeza, que pueden ser inhibidores del sexo.

Alternativas: Hay varios antidepresivos prometedores que pueden vencer los efectos secundarios sexuales de los SSRI. Celexa (citalopram), Wellbutrin (bupropiona), Serzone (nefazodona), Remeron (mirtazapina) y Desyrel (trazodona) al parecer tienen menos efectos antisexuales y reducen la depresión al mismo tiempo. Algunos médicos recetan Viagra para equilibrar las cualidades de disminución de la libido de Prozac y otros lo contrarrestan con Wellbutrin, el cual incrementa la cantidad de norepinefrina en el sistema nervioso central, de este modo mejora la transmisión nerviosa y aumenta el efecto de la serotinona en la sinapsis.

Usted también puede hablar con su médico sobre tomar "un receso de fármacos" quizás los fines de semana, cuando es más probable que tenga relaciones sexuales.

Fármacos para la ansiedad: La ansiedad, el miedo y por lo general los tranquilizantes recetados para tratar estas condiciones, también detendrán la respuesta sexual. Se cree que la causa de estas condiciones es un tipo de desequilibrio en la producción y liberación de neurotransmisores, en especial de las hormonas cerebrales, como la norepinefrina y serotonina. En esta categoría se encuentran el Valium, Xanax, Ativa, Tranxene y Librium, al igual que Buspar, Atarax y Vistaril, los que también tienen un efecto anticolinérgico de resequedad.

Alternativas: Si usted necesita estos fármacos debe tomarlos. También puede hablar con su médico acerca de tomar "un receso de fármacos".

En el futuro, es probable que los medicamentos que recetamos para alterar el estado de ánimo de una mujer ayuden en vez de impedir la función sexual. Los fármacos que en la actualidad están en el mercado y manipulan la transmisión de información emocional son "sucios"; es decir, afectan simultáneamente a muchos neurotransmisores. No obstante, en los diez años siguientes tendremos unos cuantos fármacos "limpios" que irán directo al objetivo y lo atacarán, dejando intactas las otras funciones y respuestas neurológicas. De hecho, la ciencia médica puede crear algo que combine la elevación del estado de ánimo, un Prozac, con la estimulación de un Viagra.

Hormonas (afectan el deseo y la excitación)

Los anticonceptivos orales: Muchas mujeres dicen que ciertos anticonceptivos orales, los cuales suprimen la producción de testosterona y andrógeno que influye en la libido, tienen indistintamente un efecto afrodisíaco. Así que mientras pueden tener el sexo que quieran, ellas no quieren. La razón de esto es una deformación química irónica en un "bolo" o en una dosis grande. El "efecto bolo" induce al hígado a incrementar la producción de un químico que se relaciona con la testosterona en circulación, lo que significa que hay menos testosterona para trabajar de manera positiva en su vigor sexual. Los fármacos que tienen una doble función como los medicamentos contra el acné (cuyos ingredientes activos predominantes son desogestrel o norgestimate) son lo peor para el sexo precisamente por su naturaleza baja en andrógeno.

Alternativas: Si usted toma Ortho Tri-cyclen, Desogen o Mircette para una piel hermosa, tal vez quiera cambiar a un fármaco cuyo ingrediente activo primario sea norethindrone, norgestrel o levonorgestrel, como Triphasil, Alesse u Ortho-novum. También puede cambiar a una pastilla que sólo tiene progestina, como Micronor u Ovrette, aunque puede experimentar más sangrado con estas pastillas. Mejor olvídese de las pastillas y elija un DIU que libere progestina, el cual actúa local en vez de sistemáticamente. El modelo más nuevo, ya en uso en Europa y que pronto será aprobado en Estados Unidos, libera levonorgestrel por más de siete días.

¡Aunque hay otras alternativas están el diafragma viejo y verdadero, el nuevo Nuva-Ring o el condón de látex!

Otros fármacos hormonales para tratar la endiometritis (el Danazol se toma a diario) y la esterilidad (GnRH-agonistas y antagonistas, administrados en inyecciones) a menudo calmarán el deseo. Por lo general estos fármacos son tomados por un tiempo corto, cerca de tres meses. Mantengamos la esperanza, el deseo regresará cuando usted ya no los tome.

Otros fármacos que interfieren con el sexo: Los medicamentos para controlar la diabetes, los desórdenes de la tiroides y la enfermedad de

Lyme tienen la tendencia de calmar el deseo. No hay alternativas para estos fármacos; no obstante, algunas mujeres que los toman tal vez sean candidatas adecuadas para el reemplazo de testosterona (véase más adelante). Los analgésicos de opio como Demerol o Codeina pueden afectar el orgasmo. Un tratamiento con analgésicos no es muy largo y el paciente puede cambiar a Tylenol o aspirina después de unos días. Los fármacos de la quimioterapia son los peores, algunos son muy tóxicos y en efectos antihormonales. Los antiandrógenos usados, como Tamoxifen, por lo general provocan una pérdida de la libido, al igual que atrofia vaginal (resequedad en la vagina), bochornos y cambios de estado de ánimo. Debido a que muchas mujeres se someten a quimioterapia como consecuencia de un cáncer relacionado con el estrógeno, no son candidatas para el reemplazo de hormonas y deben usar tratamientos naturales (véase capítulos 9 y 11) para restaurar por completo la libido. Las investigaciones hoy en día buscan la forma de determinar si las sustancias naturales son seguras para las pacientes que han padecido cáncer de mama.

Déjenos mencionar brevemente los químicos que cambian el estado de ánimo, disponibles de manera ilegal. Las mujeres usan marihuana, cocaína, methaqualone y lo mejor del año, éxtasis, para tener ganas de sexo. Algunas de estas drogas la relajarán, otras la animarán, pero la mayoría inhibirán el desempeño sexual aun si aumentan la excitación. Son muy peligrosas e implican una gran cantidad de riesgo personal, fisiológico y legal. Un vaso de vino, un masaje y algunas respiraciones profundas pueden hacer tanto por sus inhibiciones sexuales que unos cuantos medicamentos o una línea de coca. Y lo más importante, esto no hará que vaya a la cárcel o al hospital.

Pero si está interesada en jugar en la luz y la oscuridad de los químicos, tal vez quiera ver las drogas que se recetan. Todavía no hay nada seguro, pero hay muchas mentes ocupadas trabajando en los detalles elaborados para mejorar la función sexual femenina.

Drogas que pueden reducir la libido	Alternativas
1.Antihistamínicos	Trate su resfriado de forma natural, use lubricantes.
2.Medicamentos para la presión sanguínea	Pídale a su médico que le cambie de medicamento.
3.Diuréticos	Pídale a su médico que le cambie de medicamento.
4.Quimioterapia / radiación	Agregue lubricantes no hormonales
5.Medicamentos para la diabetes, la tiroides y la enfermedad de Lyme	Agregue lubricantes no hormonales
6.Antisicóticos	Pregúntele al médico por el tiempo de la dosis.
7.Analgésico de opio (drogas para el dolor)	Pregúntele al médico por el tiempo de la dosis.
8.Antidepresivos	Cambie medicamentos; pídale al médico un "receso de medicamentos".
9.Tranquilizantes	Cambie medicamentos; pídale al médico un "receso de medicamentos".
10.Anticonceptivos orales	Cambie medicamentos; use un diafragma, DIU o condón de látex.
11.Fármacos para endiometritis y tratamiento de esterilidad	Espere a que termine el ciclo; cambie medicamentos.
12.Drogas de la calle	En vez de eso intente con un vaso de vino y un masaje.

DROGAS QUE PUEDEN AYUDAR A SU VIDA SEXUAL

En el tintero: una píldora para mejorar el sexo

Los debates realizados en la actualidad en el pensamiento médico se ocupan de los depósitos, los laboratorios y las instituciones de investi-

287

gaciones farmacológicas con el fin de manipular la química para hacer maravilloso el sexo para una mujer y restaurar la sensación sexual donde una vez estuvo. Ésta es una labor mucho más difícil para una mujer que para un hombre. Para la mayoría de los hombres la erección que resulta del fluido sanguíneo en el pene es un estimulante visual para involucrarse en algún tipo de actividad sexual. Gracias a la hormona gonadal predominante del hombre, la testosterona, es muy fácil lograr el deseo, en especial cuando una erección firme es obvia y palpable.

Para las mujeres no es así de simple. Ellas no pueden ver nada de lo que sucede cuando se excitan sexualmente. Los pezones se pueden endurecer, pero normalmente se contienen en los confines del sostén. Con certeza el clítoris se para, pero muy pocas mujeres pueden verlo; de hecho, muchas mujeres no sienten si están húmedas, aun cuando una pareja verifica que lo están. Algunas se percatan de que su respiración es más corta y áspera, pero ellas lo pueden interpretar que es debido al esfuerzo en lugar del aumento en la excitación. Bueno, respecto a sentirse "cachonda", se ha descrito como una sensación cálida, pesada y hormigueante en los genitales, incluso algunas mujeres sólo ven esto como una leve diferencia de lo que es cuando orinan. Por desgracia debido a una falta de conciencia y una renuencia cultural a hablar directamente de la sexualidad femenina, la mayoría crecemos ignorando por completo qué sucede en nuestro cuerpo durante el encuentro erótico.

Las hormonas del deseo y la excitación

Las dos hormonas gonadales más importantes, el estrógeno y la testosterona, están presentes en los hombres y las mujeres. Aunque los dos géneros producen las dos, es la cantidad y el equilibrio de estos mensajeros químicos lo que influye en nuestro bienestar sexual y reproductivo. Las hormonas sexuales más importantes son la familia de los estrógenos (las tres más importantes son el estriol, el estradiol y la estrona) las progestinas (la más importante es la progesterona) y los andrógenos (el más importante es la testosterona).

La libido o el vigor sexual dependen en gran parte de cuánta cantidad disponible y de "liberación" tenemos de estas hormonas; es decir, que no estén atadas a receptores y su cantidad varía en cualquier parte del ciclo menstrual o de vida. Así que nuestro interés para derrocar ese problema tiene un patrón de casi la forma de una ola, el incremento y el decremento de nuestras secreciones tiene una gran influencia cuando nos acercamos a nuestra pareja con los brazos abiertos o si nos volteamos a dormir.

La testosterona para el ánimo, la fuerza y el deseo

El deseo es regulado por una combinación de lo que sucede en nuestro interior y exterior. La testosterona alimenta el deseo sexual, pero no determina si voltearemos hacia nuestra pareja o no lo haremos. Podemos estar simplemente conscientes del aumento en las sensaciones genitales y sonreír sin satisfacerlas. ¡Los hombres no la tienen tan fácil en esta opción como las mujeres! Algunas adecuan el deseo con las fantasías sexuales, las sensaciones de hormigueo y las necesidades de masturbación. Otras tienen necesidad de deseo sólo cuando se sienten especialmente amadas o cercanas a su pareja. Aun así, otras nunca experimentan un deseo sexual espontáneo, pero son muy sensibles al contacto sexual, lo que puede encender la pasión. Y por último, hay quienes reflejan el deseo y la excitación de su pareja. En otras palabras, cada una de nosotras arde a diferente temperatura, encendiéndonos con diferentes combustibles, lo que puede cambiar en momentos diferentes de nuestra vida.

Para sentir deseo físico una mujer debe tener cantidades suficientes de estrógeno y testosterona. Aunque es más común que una mujer no tenga suficiente testosterona después de la extirpación del útero y los ovarios (histerectomía y ooforectomía), la deficiencia de andrógeno no es conocida en mujeres más jóvenes. Ninguna mujer produce ni un poco la cantidad de esta hormona gonadal como los hombres.

En la pubertad los hombres empiezan a producir de 300 a mil picogramos de testosterona por mililitro al día, lo que les hace desarrollar los músculos, el vello púbico y axilar, la voz ronca y la preocupación por el sexo. Una mujer, que sólo produce una novena parte de la cantidad en sus adrenales y ovarios depende del estrógeno como su hormona gonadal más importante, pero debe tener un poco de testosterona o morirá en el intento su interés sexual. Una mujer que carece de testosterona no fantaseará con el sexo, se masturbará o se sentirá "con ganas" tal vez más si es estimulada por un video erótico o una mirada sensual. Por lo general ella también puede carecer de la sensación en los pezones y el clítoris y sentirá una falta general de vitalidad y energía.[3]

Conforme envejecemos no tenemos el mismo número de receptores de testosterona ni producimos el mismo número de enzimas que nos permiten utilizar esta hormona en un nivel celular. Al igual que en los hombres la mayor parte de nuestra testosterona viaja en la unión sanguínea con la proteína conocida como SHBG. Y el estrógeno estimula la producción de más SHBG, la cual agrega más testosterona. Necesitamos más testosterona libre para sentir el surgimiento de esa necesidad.

Pero no hay una regla general de cuánto es suficiente, ya sea unida o libre. Dos mujeres con niveles de testosterona idénticos pueden tener sensibilidades diferentes, una puede experimentar su nivel como pérdida y la otra encontrar el tónico que necesita para excitarse.

¿Cuál es el nivel normal de testosterona en una mujer en sus años reproductivos? Aquí está la pregunta que nadie puede responder. Una variedad de laboratorios confiables creó una serie muy amplia de productos que liberan testosterona, los que tenían 1.3 a 6.8 pg/ml (picogramos por mililitro) para las mujeres de 18 a 46 años. Y el consenso general es que de los 20 a los 50 años la testosterona disminuye hasta 50% conforme envejece una mujer.[4] Si una paciente que de ninguna forma tiene interés en el sexo y alguna vez lo disfrutó viene a terapia, Sandra le recomienda que consulte a su ginecólogo o a un endocrinólogo y pídale que revise sus niveles de dehidroespiandrosterona (DHEA) y testosterona. Si sus niveles descienden al nivel más bajo de lo que sea considerado normal para una mujer de su edad, entonces puede ayudarle agregar testosterona a su estructura hormonal. No obstante, los diferentes laboratorios usan distintos análisis y con frecuencia los resultados de un laboratorio no tienen mucha relación con los de otros laboratorios. También porque los niveles de testosterona de la mujer son más pequeños que los de los hombres es difícil obtener una lectura exacta. Puede ser útil probar una vez y luego repetir el examen en el mismo laboratorio un año más tarde para ver si hubo una disminución importante en los niveles.

Hay muchas mujeres que tienen niveles más altos del promedio con problemas en el deseo y mujeres que tienen niveles más bajos del promedio sin problemas para sentirse emocionadas, lo cual nos dice una vez más que la sexualidad femenina no se trata de una cosa, sino de muchas. Pero ya que el reemplazo de testosterona puede hacer alguna diferencia en unas mujeres, Sandra recomienda que si los niveles están bajos intente aumentarlos. Es un comienzo que puede motivarla a pensar más en su vida sexual. Muchas mujeres están preocupadas en tomar testosterona pues creen que puede hacerlas "masculinas"; es decir, hará que les crezca vello facial, tengan una voz ronca y grandes músculos, y dañará su hígado. Pero con las dosis bajas recetadas a las mujeres que toman preparaciones de testosterona no tendrán los efectos negativos y tal vez sólo obtendrá los beneficios adicionales como más vitalidad, menos fatiga y huesos más fuertes. Las mujeres responden diferente a la dosis, algunas tendrán un incremento grande en la testosterona con una dosis muy pequeña, y otras, en particular aquellas con enfermedades inmunitarias que tienen mucha deficiencia de testosterona, parecen necesitar más cantidad. Además, el suplemento de testosterona puede depender de otras drogas que esté tomando; por ejemplo, las mujeres que consumen píldoras de control natal (altas en estrógeno y progesterona) tendrán pocos efectos o ninguno.

Una paciente de Sandra, Adrienne, sometida a un reemplazo de estrógeno después de una histerectomía fue a terapia un año después de la cirugía y dijo que se sentía "completamente castrada". Comentó: "Simplemente nunca tengo ganas a pesar de que mi esposo es atento, cariñoso y muy divertido en la cama. Él siempre ha sido así, pero ahora no me provoca nada." Sandra le sugirió considerar que le recetaran una crema de testosterona o pedir que la cambiaran a Estratest, un producto que combina el estrógeno y la testosterona. Cuando Sandra la vio seis meses después, ella se veía como si hubiera pasado un tiempo en un spa europeo. ¿Cuál era la diferencia?

"Cuando lo tomé por primera vez dudé, pero en un par de semanas no podía pensar en nada más que no fuera el sexo. Me distraía mucho; además, me di cuenta que me enojaba por la cosa más mínima, por lo que mi ginecólogo disminuyó la dosis, y ahora, el sexo no es sólo bueno, es mejor que nunca porque hago un esfuerzo por recuperarlo. También siento ese ánimo que se supone brinda la testosterona, siento una confianza en mí y una fuerza personal.

En la actualidad hay varias formas de tomar testosterona:

Crema tópica: Su médico puede recetarle una crema tópica o un gel de testosterona natural micronizada, puede ser preparada por el dependiente de la farmacia. Cuando se microniza una fórmula de hormona puede ser prescrita por su médico en dosis de crema o gel. La mayoría de las mujeres prefieren una preparación tópica a una oral, ya que la testosterona aplicada directamente al clítoris o los labios puede aumentar la sensibilidad en esas áreas. También puede untársela en el brazo, el muslo o el estómago. Las dosis pueden oscilar desde menos de 1 mg hasta 25 o 30 mg por día, según los resultados de su examen hormonal.

Cápsulas, pastillas o gotas sublinguales micronizadas: La testosterona micronizada puede ser preparada como una fórmula oral en aceite de oliva o de coco.

Gel tópico: Solvay Pharmaceutical, trabaja en un gel de testosterona, Androgel, que se secará en un parche y liberará una cantidad adecuada de hormonas en la corriente sanguínea en un periodo de 24 horas. Virtualmente no existe una investigación hecha en mujeres de la importancia del ciclo de la testosterona, así que en la mañana es más alto y en otro momento del día es más bajo, como es el caso cuando es producida naturalmente por el cuerpo. Esto parece ser muy importante en los hombres, por lo que será interesante ver si la liberación de hormona continua en el parche, nivela el efecto en el deseo.

Píldora de combinación (Estratest): Esta píldora contiene una combinación de estrógeno y progesterona. Una mujer con un útero intacto también debe tomar progestina y progesterona natural para prevenir el crecimiento exagerado del tejido uterino y desarrollar células precancerosas, las que pueden desarrollarse bajo la influencia de estrógeno no opuesto. El derivado de testosterona en este medicamento en realidad nunca se convierte en testosterona natural en el cuerpo; además, puede comprometer la función del hígado y disminuir los niveles de HDL. Muchas mujeres sienten que el medicamento es suficiente para mejorar la libido, algunas sienten que es muy leve para ser efectivo.

Otras fórmulas con la adición de hormonas: Muchos médicos están preocupados por la conversión natural de testosterona en estrógeno, en particular en pacientes que estén en riesgo de padecer cáncer dependiente del estrógeno. La progesterona puede ser mezclada con testosterona para disminuir la conversión; también se les puede recomendar a las pacientes que tomen hierbas y suplementos para disminuir el efecto. El zinc oral, crisina y palmito son recomendados para esto. Pídale a su doctor que le recete una dosis apropiada. En Europa, las farmacias usan dihidrotestosterona, una fórmula diferente que no se convierte en estrógeno con tanta facilidad, pero que todavía no está disponible en Estados Unidos.

Además de las posibilidades mencionadas, hay un nuevo producto en el mercado, un parche, que se coloca en la cadera, en el trasero, que libera testosterona usando la piel como una membrana semipermeable. En 1995, la FDA aprobó el parche Androderm que se coloca por debajo de la piel en los hombres con una producción baja de testosterona; por eso los investigadores consideraron el problema del deseo en las mujeres. Decidieron estudiar a las mujeres a quienes se les extirparon los ovarios, donde la reducción de la testosterona fue inmediata y la disminución en su función sexual drástica.

"El papel de la testosterona en la biología femenina nunca ha sido apreciado", comenta Norm Mazer, vicepresidenta de la investigación clínica de los laboratorios Watson, la compañía que colaboró con Procter & Gamble en el parche femenino, el cual contiene una dosis baja (sólo 0.15 mg a 0.3 mg) de testosterona, la que comúnmente es la producción diaria de los ovarios durante los años reproductivos.[5] Libera el medicamento en un periodo de cuatro días y usa la misma molécula de testosterona que el cuerpo produce naturalmente, lo contrario a los derivados usados en tabletas.

Un estudio reciente en varios centros observó a 75 mujeres que se sometieron a una histerectomía y una ooforectomía que estaban en una terapia de reemplazo de estrógenos, pero se quejaron de un deseo y excitación sexual bajos. Se utilizó un parche de testosterona para determinar si la testosterona adicional estimularía más el interés sexual. Todas las mujeres en el estudio estaban casadas o tenían una pareja desde hace mucho tiempo y a cada una se le dio un placebo, un parche de 150 mcg de testosterona o un parche de 300 mcg de testosterona diarios en un orden al azar por 12 semanas. Al final del estudio de tres meses, todas las mujeres dijeron que su vida sexual era más satisfactoria, aunque las mujeres con dosis de niveles más altos de testosterona reportaron el aumento más importante en la frecuencia, el placer y el bienestar. También dijeron que estaban menos deprimidas y eran más positivas sobre la vida al final de este periodo.[6]

¿Pero por qué todas las mujeres mejoran, incluso las que tomaron un placebo? ¿Qué dice esto del reemplazo de testosterona? A pesar de saber lo importantes que pueden ser los efectos de la testosterona en términos de estimular el deseo, incluso después de que una mujer siente deseo, todavía debería sentirse físicamente excitada y estar lista para el sexo, pero esto requiere una muy buena cantidad de estrógeno.

El estrógeno y la progesterona para el bienestar y la excitación

El estrógeno cuenta, ya que puede proteger los huesos y el corazón, mantiene la piel brillante y el cerebro en buen estado para que usted recuerde dónde estacionó el auto, pero también es muy importante cuando se habla de sexo. La familia de los estrógenos es responsable del ciclo menstrual, el desarrollo adecuado de los senos y la cadera para el momento de parto y del nivel más alto de grasa en el músculo del cuerpo femenino. Mantiene elástica la vagina y permite que las mujeres se lubriquen cuando están excitadas, además, mantiene el tejido uretral y asegura que la vejiga sea lo suficientemente elástica para contener la orina. Debido a que ayuda a hinchar los tejidos, el estrógeno permite la estimulación y fricción de áreas sensibles, como el clítoris, los labios y los pezones.

El estrógeno no opuesto; es decir, sin progestina, aumenta el riesgo del cáncer uterino y del cáncer de mama. También aumenta la densidad de los senos, haciendo más difícil la lectura de las mamografías. Puede haber más resultados falsos en mujeres que toman sólo estrógeno.

Hablando del estrógeno y la sexualidad sería un descuido no mencionar la progesterona, el equilibrio del estrógeno. Aunque por lo general es conocido como la hormona del embarazo porque prepara el tejido del útero y el endometrio para la implantación de un huevo fertilizado, tiene muchas otras funciones. A pesar de que puede producir síntomas parecidos a los premenstruales también tiene su lado bueno, pues ayuda a disminuir el riesgo de cáncer uterino.

Así que déjenos considerar cómo esta mezcla de estrógeno y progesterona aparece en el ciclo de la sexualidad. Durante nuestros años reproductivos, cuando nuestro cuerpo nos da señales específicas cada mes y sabemos cuando es probable que sangremos o estemos irritables, es más fácil entender cómo podríamos relacionarnos sexualmente con una pareja. Podemos lubricarnos porque el estrógeno mantiene bombeando los tejidos vaginales; experimentar un calor en el cuerpo, en especial en los genitales, cuando nuestra pareja nos susurra cosas dulces y nos toca.

De los 45 a 49 años de edad, la mezcla de hormonas comienza a cambiar. Cuando una mujer ha estado sin su periodo por 12 meses consecutivos se considera que su ciclo ha terminado y entonces se puede decir que está en la "postmenopausia". Sus niveles de estrógeno bajan a un quinto de su nivel más alto durante los años reproductivos y sus niveles de progesterona estarán en cero.

El efecto de esta arrolladora disminución se siente en el ámbito sexual. La vagina se encoge y se vuelve menos elástica; el endometrio se seca y se vuelve quebradizo sin la lubricación proporcionada por la producción de estrógeno; además, esta piel más delgada es más susceptible a la irritación y a la infección. El vello púbico se vuelve más delgado y comienza a caerse; el clítoris y los pezones ya no se paran cuando se excita. Asimismo, la facilidad y la frecuencia de los orgasmos se reducen de alguna forma en la menopausia, lo cual debe ser por el sentimiento alterado del orgasmo en sí mismo. Una mujer que tenía orgasmos con mucha facilidad y muchos puntos de excitación puede decepcionarse al darse cuenta que tiene menos contracciones. Algunas mujeres pueden escurrir un poco de orina durante el orgasmo debido al cierre menos firme del esfínter uretral, lo cual, también puede ser muy inquietante. El cambio más difícil percibido por algunas mujeres en la menopausia es cuando el orgasmo es doloroso, cuando antes era una experiencia siempre fuera de control, una sensación maravillosa, ahora puede ser muy difícil de manejar. No obstante, hay otras mujeres que no tienen ninguno de estos problemas; de hecho, sólo llegan a lo mejor de su sexualidad después de los 45 años. Existen más reportes de mujeres mayores que han tenido orgasmos múltiples y seriados con más frecuencia que las jóvenes.

Para las mujeres que no tienen útero es una buena idea hablar con su ginecólogo acerca de realizar exámenes de los niveles de estrógeno si están antes de la menopausia o pasan por la menopausia y ven que su interés sexual decae, en especial si no están muy seguras de tomar terapia de reemplazo hormonal (TRH) o terapia de reemplazo de estrógenos (TRE). Por décadas, estos regímenes de drogas fueron las reglas de oro del tratamiento de la postmenopausia, natural o quirúrgico. El estrógeno tiene un efecto positivo en trescientos tejidos del cuerpo, entre ellos los huesos, el corazón, el cerebro, la vejiga, y por supuesto, los órganos sexuales.

Aún así hay riesgos al igual que beneficios. Algunos estudios indican que las mujeres pueden tener mayor riesgo de padecer cáncer de mama o del endometrio después de cinco años de TRE. Las mujeres que toman TRH también pueden tener más riesgo de una enfermedad de vesícula biliar, problemas de coagulación y enfermedades del riñón y el hígado. Hay fármacos más nuevos, drogas sin hormonas para la osteoporosis; y con toda la conmoción acerca de que el estrógeno disminuye el riesgo de una enfermedad cardiaca y una muerte por ataque al corazón en las mujeres según lo sugieren algunos reportes recientes quizá la hormona no sea efectiva en esa área. Sin embargo, si su razón más importante es considerar la droga para aliviar los bochornos y mejorar su vida sexual, puede tomarla en una forma que sea segura.

Lena, una diseñadora de modas, divorciada de 55 años, me comentó: "No me gustaba la idea de la TRH, pero la tomé porque mi madre tenía osteoporosis avanzada. Después de dos meses subí tres kilos y medio y en verdad odiaba volver a sangrar después de todos esos años. Pero debo decir que me gusta no tener bochornos y el sexo fue mucho más cómodo; así que cambié a Fosamax por mis huesos y empecé a utilizar una tableta de estrógeno vaginal, mucho más higiénico que la crema y no se absorbe de inmediato en mi corriente sanguínea. ¡Estoy muy feliz de ver a mi novio en estos días!"

Para tener una vida sexual que le proporcione satisfacción, necesita motivación y fuentes físicas. El estrógeno no afecta la libido como lo hace la testosterona, pero influye en el estado de ánimo y es posible que quiera tener más sexo si se siente optimista de sí misma y de su vida. Por lo que toca a las fuentes físicas, el estrógeno es el eje para la excitación, ya que preserva los tejidos y permite la lubricación, mantiene la elasticidad, los tejidos de la vagina y la vejiga para que el sexo sea agradable y alivia los bochornos que pueden interferir con un encuentro candente y apasionado.

Sonia, una paciente de Sandra de 53 años, comentó: "Yo no dormía debido a los sueños sudorosos y el sexo se sentía como una fricción seca. Así que cuando me sentí totalmente miserable tomé la TRH por recomendación de mi ginecólogo, aunque soy un poco natural, del tipo de Birkenstock y granola, probé muchos suplementos de comida saludable, como cremas de ñame y comí muchos productos de soya como para engordar a un caballo, pero ninguno de ellos mejoró los síntomas, así que probé el estrógeno. He estado en tratamiento cerca de un año y me he transformado por completo. Creo que después de la menopausia es una opción libre para toda mujer, al menos por cinco años."

Como Sonia, a muchas de las pacientes que pasan por la postmenopausia les va bien con el reemplazo de estrógeno. Lo recomendamos para que lo piense con seriedad, pues muchas mujeres que lo toman están muy contentas con el mejoramiento de su bienestar social, su piel, incluso su estado de ánimo. Pero ésta es una decisión muy personal que debe hacerse con la asesoría de su médico, y el tipo de tratamiento debe ser bien planeado para cada mujer.

Existen varias formas de tomar estrógeno:

TRE: Si usted no tiene útero y por lo tanto no tiene tejido uterino, eso puede convertirse en algo precanceroso, usted puede tomar estrógeno oral solo. El estrógeno oral alivia los síntomas de la menopausia y ayuda a mejorar la excitación sexual. Ésta es una droga sistémica, afecta a todo el cuerpo.

TRH: Si usted tiene útero, debe tomar una combinación de estrógeno y progesterona. El estrógeno oral y la progesterona alivian los síntomas de la menopausia y ayudan a mejorar la excitación sexual. Ésta es una droga sistémica, afecta a todo el cuerpo.

El parche: Es un parche en la piel que libera estrógeno en un tiempo determinado. Usted debe tomar progestina oral si tiene útero. Ésta es una droga sistémica, afecta a todo el cuerpo.

Estring: El reciente anillo vaginal de estradiol aprobado por la FDA (un anillo de 2 mg impregnado de silicona insertado arriba del *cervix*) libera estrógeno por tres meses, pero actúa de manera local y no de forma sistémica, así que hay una absorción sistémica baja de la droga. El anillo alivia los síntomas sexuales e urogenitales, como la resequedad, el ardor o el sexo doloroso.[7]

Crema de estrógeno: La crema actúa de manera local no de forma sistémica. La cantidad de estrógeno no es muy importante en el engrosamiento del tejido endometrial si se usa a diario, luego se reduce a tres veces por semana. La tableta vaginal (Vagifem) tiene el mismo efecto, y una vez más, hay poca absorción sistémica de la droga cuando se toma como se indica, una tableta diaria por dos semanas y luego una tableta dos veces por semana.

Claro está que tomar hormonas no es una decisión que le quede a todas. Usted necesita tener razones para el reemplazo de estrógeno, su historia médica personal y familiar y sus expectativas de la droga. Como una paciente y una mujer sexual debe preguntar mucho y estar tan informada como pueda de sus opciones.

¿Suponga que es natural? DHEA y L-Arginina

Sabemos del reemplazo de testosterona y de estrógeno porque por años los científicos han estado involucrados en estudios minuciosos de placebo de hormonas; pero los candidatos más nuevos en el horizonte sexual no son tan bien examinados. Si usted está interesada en probar los suplementos que tal vez mejoren el sexo, recuerde que la evidencia es anecdótica en la mayor parte de los casos. Pero las sustancias son legales y en cantidades pequeñas, tal vez sean muy benignas. La pregunta es, ¿la harán sentirse más sexy?

Algunos expertos están muy emocionados sobre los prospectos de DHEA para mejorar la sexualidad femenina. Esta hormona esteroide es producida por las glándulas sexuales (los ovarios y los testículos) o la corteza adrenal y tiene la propiedad inusual de convertirse primero en testosterona y luego en estrógeno, según lo necesite el cuerpo. En el cuerpo parece servir de amortiguador para las otras hormonas en contra de cambios repentinos de acidez o alcalinidad y al hacerlo lo protege del estrés.

Las características de esta hormona son muchas. Las pruebas (la mayoría en animales de laboratorio) son poco convincentes en los humanos, pero sugiere que la dosis de suplemento de esta hormona doblará su placer sexual. La doctora Julia Heiman, psicóloga clínica de la Universidad de Washington y autora de un libro muy bien recibido por el público acerca del orgasmo, en un estudio conducido por ella descubrió que la mujer después de la menopausia tenía una respuesta subjetiva elevada a los estímulos eróticos en la DHEA sobre el placebo, a pesar de que no hubo cambios importantes en la vagina. Este estudio sugiere que la DHEA puede funcionar en el sistema central nervioso primero, antes de tener cualquier respuesta periférica o genital.[8]

El doctor Audré Guay, director del Centro para La Función Sexual en la Clínica Lahey North Shore y profesor clínico de medicina en la Universidad de Medicina de Harvard, está más entusiasmado acerca de la hormona.[9] En sus estudios usando Viagra en mujeres descubrió que la droga no tenía éxito en las mujeres con niveles bajos de testosterona. Debido a que en la actualidad no hay un patrón para la dosis o la administración de la testosterona en las mujeres, él decidió probar DHEA. Si sus pacientes se quejaban de falta de energía y de libido, él les daba 50 mg diarios de DHEA durante dos meses y luego revisaba sus niveles de nuevo. Si no aumentaba un poco, él subía la dosis a 75 mg por otros dos meses, y después, si era necesario, a 100 mg.

El doctor Guay siente que todos los esfuerzos farmacéuticos para ayudar a la mujer a excitarse más son malentendidos porque primero deben sentir deseo. El doctor Guay dice: "Si la testosterona libre es menor de 1.0 pc/mg, dar DHEA puede hacer la diferencia. En tres meses usted puede tener más energía, más libido, más lubricación; aunque la DHEA se convierta en estrógeno, la lubricación puede venir del efecto de éste. Por supuesto, cualquier mujer que tuvo cáncer de mama puede tomar esta hormona por el aumento de estrógeno. En las mujeres jóvenes que toman píldoras de control natal para no quedar embarazadas y están tomando la DHEA durante el primer trimestre, tal vez el feto se virilice (desarrolle características masculinas) y estimule genitales ambiguos. Pero para las mujeres mayores, si son vigiladas por un médico, la DHEA puede ser un gran beneficio porque pone la T (testosterona) en camino y eso es lo que ellas necesitan para mejorar su vida sexual."

Otra combinación no prescrita que tiene que ser revisada es la unión de L-Arginina, un aminoácido esencial, la fuente primaria de molécula de nitrógeno requerida para producir óxido nítrico y de yohimbé (*Pausinystalia johimbe*), un compuesto alcaloide de la corteza de un árbol de África del oeste que dilata los vasos sanguíneos y por años ha sido usado con éxito para la disfunción eréctil masculina. El óxido nítrico es parte de la gran cadena de reacciones que provoca erecciones y también puede ayudar en la excitación femenina.

La doctora Cindy Meston, una profesora adjunta de la Universidad de Texas en Austin, dirigió un pequeño estudio en mujeres después de la menopausia con un desorden de excitación y descubrió que la combinación de L-Arginina y yohimbé daba buenos resultados en una hora, comparados con el placebo. En ese caso, como se opone en el estudio de DHEA, las mujeres se excitaron y lubricaron más, pero no reportaron sentirse más excitadas sexualmente.[10]

Ambos suplementos están disponibles en su tienda naturista local, puede probarlos y elegir, pero no espere ver resultados en tres o seis meses. Por desgracia, las marcas tienen diferentes dosis y varios grados de pureza, pocos expertos pueden decir cuánto debe tomar cada persona y si funcionan en mujeres con niveles de testosterona adecuados, lo cual es una buena razón para que le revisen sus niveles antes de proceder. Los pocos estudios en humanos que dan cualquier muestra de éxito han usado 50 mg diarios de DHEA-S (sulfato), una forma más barata de la hormona con una vida más larga. Le recomendamos que hable con su médico si quiere probar estos suplementos. Simplemente no sabemos lo suficiente de sus efectos secundarios y colaterales, por eso le dejamos a su médico la responsabilidad de vigilarla con cuidado.

Hay varias hierbas con reputación que son afrodisíacas. La damiana, la kava kava, el ginseng y la muirapauma, las que pueden relajar o estimular el cuerpo y la mente, son las más conocidas y también están disponibles en tiendas naturistas. Estas hierbas no deben ser utilizadas por mujeres embarazadas, ya que las reacciones en el feto son desconocidas. Debido a que la FDA no examina estas substancias, es imposible decir cuánto se necesita para que la química de su cuerpo reaccione en la forma correcta para hacerla más sensible o interesada en el sexo; además, probar algo significa que usted toma un papel activo en su viaje sexual. ¿Por qué no? ¿Qué pierde? Verifique con su médico, luego siga al pie de la letra las instrucciones y vigílese por si hay algún cambio sexual o contrario.

Pero espere un momento, ¿qué hay de la pequeña píldora azul? ¿Si hizo mucho por los hombres, no podrá ayudar a las mujeres también?

¿Viagra para las mujeres?

El Viagra (sildenafil) ha cambiado el panorama sexual para los hombres. Primero, sacó a la luz un asunto importante en el estilo de vida. ¿No era extraño que el problema estuviera en el clóset tanto tiempo con la mitad de los hombres entre 40 y 70 años experimentando un grado de disfunción eréctil?

Hubo muchos hombres que fueron desesperadamente al médico, ¿pero cuántos de ellos usarían los métodos para resolver el problema, los cuales se admitió que no eran atractivos? Pocos hombres se inyectarían el pene con entusiasmo con una droga de fentolamina y papaverina o tomarían con felicidad la idea de tener unas barras de silicona o bombas insertadas en sus testículos. Había drogas que relajaban el tejido de los músculos lisos, pero ninguna era muy efectiva y de fácil administración (¡El supositorio Muse tenía que introducirse en el meato urinario!) Para la mayoría de los hombres era difícil pasársela bien en la cama con todos estos antecedentes desagradables de la droga.

Luego, por una coincidencia fortuita mientras los químicos de Pfizer formulaban una píldora para regular la dilatación de los vasos en los hombres con angina, se tropezaron con la solución para ese otro problema que los preocupaba desde hace mucho tiempo.[11] Y cuando en marzo de 1998 la píldora azul fue aprobada por la FDA hubo un giro total. Los hombres, en muchos casos alentados por las mujeres insatisfechas de su vida, levantaban el teléfono y hacían una cita con su médico o urólogo de cabecera. Ellos buscaron en el fondo de sus bolsillos y pagaron 10 dólares por la oportunidad, una vez más, de ver esos diez centímetros convertirse en 15 y sentir el placer y la realización de complacer a su pareja como ellas se complacían a sí mismas.

El Viagra funciona de la siguiente forma: La estimulación sexual hace que los nervios peneales produzcan un químico llamado óxido nítrico, el cual activa las enzimas para producir monofosfato de guanosina cíclico (GMP, por sus siglas en inglés), el cual relaja los vasos sanguíneos en el pene y le permite expandirse, y fosfatodesterasa (PDE-5 por sus siglas en inglés), la que permite que haya una erección. El medicamento inhibe la enzima, PDE-5, lo que permite la acumulación de GMP cíclico. Sin la aparición de PDE-5 por cerca de una hora un hombre puede disfrutar felizmente del jugueteo y de la relación sexual.

Bueno, las mujeres también necesitan un tipo de respuesta física. Ya sea que estén conscientes o no de ello, los tejidos genitales se hinchan, las paredes vaginales se lubrican, hay rubor facial, la respiración aumenta y los pezones y el clítoris se levantan. Muchas parejas sexuales de amantes renovados encontraron frustrante tener una pareja que era entusiasta sexualmente cuando ellas no estaban excitadas. Además, las relaciones sexuales muy frecuentes a veces generan infecciones de la vejiga y de la vagina, particularmente en mujeres mayores que se habían abstenido sexualmente o tuvieron sexo ocasional los últimos años.

No era que ellas trataran de seguirles el paso a los hombres, sino que también querían su placer. Gracias a la píldora las mujeres han estado felices de controlar su vida reproductiva durante las últimas cuatro décadas. ¿Por qué no deberían tener la misma libertad para controlar su respuesta sexual? Sin pedir permiso, muchas mujeres se robaban las píldoras de su marido.

Linda, una ginecóloga de 62 años, de Baltimore, explicó, "Quería saber qué efecto tendría en mí. Mi esposo me pidió que le escribiera una receta para él y le dije que no la necesitaba, pero debo admitir, los dos teníamos curiosidad. Después de que la tomó cerca de tres veces, él estaba excitado, convencido de que sus erecciones eran mejores y que tenía orgasmos y eyaculaciones mayores."

"Al igual que muchas mujeres en relaciones duraderas no tengo el mismo nivel de deseo que antes y eso me dificulta sentirme excitada. Yo tomaba estrógeno y había probado Estratest, pero cuando el nivel de interés de mi esposo disminuyó, el mío también lo hizo. Siempre había sido una mujer motivada por la excitación de su pareja, incluso si mi propio nivel de deseo era bajo. Otro cambio que no me gustó fue que dejé de tener orgasmos por el coito; así que decidimos probar el Viagra para ver qué sucedía."

Ella tomó 25 mg y él 50, estaban encantados. Por primera vez después de mucho tiempo, ella se vino cuando él estaba dentro de ella. Usaron el medicamento siete u ocho veces con el mismo resultado y no hubo otros problemas más que un rubor facial. Continuaron usando un lubricante porque el Viagra no revirtió su resequedad y el sentido de humedad de la aplicación tópica la ayudaba a excitarse. Ella tomó Advil para aliviar el pequeño dolor de cabeza. Una vez probó una dosis mayor, pero estaba preocupada por los efectos adversos. Los descubrimientos de la FDA de que el fármaco provocaba la muerte sugirieron que el Viagra no era peligroso, excepto para individuos con una enfermedad cardiaca que tomaban medicamentos que contenían nitratos. Los doce millones de hombres que en la actualidad usan Viagra son testimonio de que la droga funciona con seguridad y es efectiva para la mayoría de los hombres.

Linda se pregunta, y muchos investigadores sexuales repiten su pregunta, si es que mucha de esta flotación sexual tiene que ver con las expectativas. Usted cree que va hacer mejor las cosas y lo hace. Pfizer encontró un efecto placebo grande en los estudios que hicieron a hombres antes de que su producto fuera aprobado por la FDA. Sí, es importante que haya flujo sanguíneo en los genitales y la lubricación hace que las cosas se sientan mejor, pero también existe esa conexión inefable entre la pareja comprometida en excitarse juntos. Linda dijo: "Creo que el mejor beneficio del Viagra es que puede crear amantes más entusiasmados." El Viagra tarda como una hora en hacer efecto, pero eso da un poco de tiempo para bañarse, darse un masaje, sentarse y tocarse con suavidad, si ellos deciden hacerlo.

Sandra trata a muchas mujeres que han robado las drogas de su esposo. Parece no haber daño al probarla unas cuantas veces si no se consumen nitratos. Hable con su doctor. Entre los efectos secundarios se encuentran el rubor, la indigestión, la visión azul, la congestión nasal, las infecciones de las vías urinarias, la visión anormal, la diarrea, los mareos, la boca seca y la hipersensibilidad en el clítoris. La queja más común es el dolor de cabeza; por lo que muchos médicos recomiendan a sus pacientes que tomen aspirina con el Viagra.

Los contendientes nuevos. Otras drogas que alivian la disfunción sexual femenina

Docenas de compañías farmacéuticas se apresuran para encontrar productos nuevos que burlen los inconvenientes del Viagra. Están entusiasmados por inventar un método más rápido y menos dañino para hacer que la sangre fluya a los genitales sin efectos secundarios desagradables. Un candidato que lucha por atención es un inhibidor de la fofodiesterasa, un compuesto que bloquea ciertas formas de enzima PDE-5. Esta droga, de hecho un tema candente en los laboratorios Bristol-Myers Squibb, parece ser tan potente como el Viagra en lograr la relajación de los tejidos de los músculos lisos, pero tiene mayor involucramiento en diferentes tipos de la enzima que genera las molestias visuales y el rubor facial. La investigación de la corporación Bayer de la droga vardenafil es un candidato prometedor como rival del Viagra. Sólo tarda hora y media para empezar a funcionar y parece tener efectos secundarios menores.

Vasomax (metolato de fentolamina) era considerado un contendiente verdadero y hasta la publicación de este libro tenía la aprobación de FDA. Pero las ratas que tomaban la droga desarrollaron tumores benignos y Zonagen, el fabricante, volvió a probarla. Ahora esta droga que activa los vasos, funciona en diferentes enzimas que el Viagra y burla los problemas de visión azul, cardialgia y otros efectos secundarios, tal vez no obtenga la aprobación de FDA, al menos en un futuro cercano. La compañía también trabaja en un gel vaginal, una preparación de fentolamina llamada vasofem.[12]

Hay un gran número de preparaciones hechas de la misma sustancia usada en las inyecciones para la disfunción sexual masculina, papaverina, fentolamina y alprostadil, pero en una fórmula de crema o gel puede ser usada como elemento del jugueteo sexual, el cual es, por supuesto, parte vital de lo que las mujeres quieren.[13] Una compañía de Nueva Jersey llamada NexMed trabaja en femprox, una crema con base de alprostadil en la fase II de los procesos clínicos. Topiglan está en trabajos para la compañía MacroChem. Esta fórmula está hecha para tratar la disfunción eréctil, pero los fabricantes esperan que funcione tan bien en el clítoris como en su homólogo, el pene. En la ciudad de Nueva York, el urólogo Jed Kaminetsky, ha desarrollado dos versiones de esta "crema de ensueño", una hecha de L-Arginina y un medicamento del asma que contiene un inhibidor de fosfodiesterasa, y las otras versiones que se venden que en mayor parte están compuestas de L-Arginina. Los pacientes reportan que vale la pena la crema, cerca de 7 dólares por dosis, la fórmula también es considerada una ayuda para muchos pacientes, aunque algunos se quejan de que el calor generado por la crema puede ser irritante en vez de erótico.[14]

En Harvard Scientific, Florida, una compañía farmacéutica está desarrollando un gel y un spray vaginal. Otro spray similar, creado por el genio japonés que nos trajo el disco de 3.5", espera una patente estadunidense. Estos productos durarán una hora por dosis y podrían ser aplicados de inmediato.

¿Pero son éstas las respuestas para las mujeres? La mayoría de las pacientes de Sandra sufren de falta de deseo sexual y la punta del iceberg es recuperar el flujo sanguíneo y la lubricación.

Es aparente que si usted no tiene deseo por el sexo, cualquiera que sea la razón, estas drogas que dilatan los vasos no ayudarán. Aun así, más de la mitad de las mujeres en el estudio sobre el Viagra realizado en varios lugares, incluso aquellas que no estaban tomando una droga activa, dijeron que el sexo era mejor, al igual que las mujeres que usan varias fórmulas tópicas que aumentan el flujo sanguíneo. Esto significa que si a usted le importa lo suficiente hacer algo, ya sea entrar a un estudio, hablar con su pareja acerca de los deseos, dedique más tiempo para ser sensual y sexual o tome un placebo y crea en él con todo su corazón y su vida sexual mejorará. Entonces la clave estará en la mente y el sistema nervioso.

Recuperar el placer: el deseo otra vez

La testosterona para las mujeres con insuficiencia de andrógeno es un método para recapturar el deseo, otra forma de lograrlo es engañar a los neurotransmisores en el cerebro; usted necesita serotonina para sentirse bien y un buen estado de ánimo para sentir placer; necesita dopamina para tener un placer candente e intenso y ponerse como un niño que corre una mañana de Navidad.

TAP Pharmaceuticals, una divisón de Takeda Chemical Industried, que más tarde se incorporó a la compañía Pentech, pensó que tenía el problema resuelto cuando empezó su proceso de Fase III en hombres con disfunción eréctil. Su fármaco, Uprima, es un agonista de dopamina administrado como tableta sublingual. El ingrediente activo de este medicamento, apomorfina, actúa con rapidez (veinte minutos en lugar de la hora que tarda el Viagra) y trabaja en el sistema central nervioso para iniciar la relajación genital. Por desgracia, en los procesos, aunque los hombres tenían erecciones con Uprima, algunos experimentan vómito y desmayos. Los efectos secundarios preocupantes de la apomorfina, que apenas induce el interés o la actividad sexual, son obstáculos importantes para el fármaco, el cual no ha sido aprobado en Estados Unidos, aunque con él existe un gran negocio en Europa.

Finalmente, hay un método aprobado por la FDA para tratar la disfunción sexual que no es químico, sino mecánico. El EROS-CTS (mecanismo de terapia del clítoris), desarrollado por UroMetrics en Minnesota, el cual es una bombita de vacío que parece un ratón de computadora con un pequeño embudo al final. El embudo se coloca directo en el clítoris y produce una succión firme o una sensación como de vacío cuando se enciende el aparato. El EROS no penetra en el cuerpo y no tiene efectos secundarios, excepto que su precio es de 359 dólares, el cual puede ser cubierto por el seguro. Existen opiniones encontradas al respecto. Las mujeres con disfunción para excitarse y con baja sensibilidad al contacto piensan que es maravilloso; las mujeres con una función normal sienten que ejerce mucha presión en un área muy delicada y prefieren el vibrador; pero algunos terapeutas sexuales lo prueban con sus pacientes, en particular con aquellos que se han sometido a quimioterapia y no tienen más orgasmos.[15]

A pesar de que son buenas noticias para algunas mujeres, sabemos a la perfección que los genitales no son los únicos órganos que responden sexualmente cuando se está excitada. La sorprendente mezcla de detalles físicos, fisiológicos, emocionales y situacionales que entran en juego antes, durante y después de un evento erótico, implica que probablemente pase algún tiempo para que la ciencia pueda unir las piezas de una panacea para la disfunción sexual femenina. Para este tipo de solución sería tonto apostar todo en un solo caballo.[16]

Marian Dunn, doctora en filosofía y directora del Centro de Sexualidad Humana en la Universidad Estatal del Centro de Ciencias de la Salud de Nueva York, en Brooklyn, recomienda el Viagra a muchas de sus pacientes femeninas, señala que es vital que los médicos pasen tiempo educando a las parejas en el uso de este fármaco y otros parecidos, y que los animen a tener expectativas realistas para lograr el éxito.[17]

Hasta el momento de esta publicación, había muy pocas personas apoyando el uso de Viagra en las mujeres. Un estudio de 577 mujeres llevado a cabo en varios sitios del mundo indica que el Viagra por sí sólo no es la respuesta para una vida sexual mejor. Un poco más de 50% de las mujeres a las que se les administró la droga activa la encontraron útil y un poco más de 50% de las mujeres a las que se les administró un placebo lo encontraron útil, lo que una vez más muestra lo increíblemente compleja que puede ser la respuesta sexual femenina.

La doctora en Medicina, Rosemary Basson, médico y terapeuta sexual, responsable de examinar a 15 mujeres en Vancouver, comentó: "Cerca de la mitad de las mujeres en el estudio padecieron un deseo bajo,[19] cerca de 30% tuvo problemas de excitación, 20% tuvo un desorden en los orgasmos y menos de 10% se quejó de falta de lubricación. El primer grupo eran mujeres en la menopausia o que tomaban estrógeno; así que teníamos mujeres de 18 a 55 años que por un mes fueron registradas con una base, luego se les dio un placebo o Viagra (dosis de 10, 50 o 100 mg) por otros tres meses."

"Pero lo que es importante recordar acerca de la disfunción sexual femenina es que existen muchos subgrupos. Usted puede estar excitada en su mente, pero no tener sensaciones placenteras en su cuerpo y viceversa o pude no tener placer en la mente y el cuerpo." Como Bosson señala, lo que las mujeres no obtuvieron fue satisfacción, el punto más importante. Los hombres necesitan una erección para ser sexuales y el Viagra puede hacerlo; las mujeres necesitan tener su mente alterada al igual que su cuerpo y la dilatación de los vasos no es suficiente.[20]

En los procesos clínicos que se realizan sobre estas drogas en pequeños grupos de mujeres que por lo general están en la menopausia o se sometieron a una histerectomía, los investigadores anhelan con desesperación escuchar las palabras "aumento de lubricación", "calor", "hormigueo", y la más importante, "satisfacción". ¿Qué tan buenos son la lubricación y el flujo sanguíneo si subjetivamente no hacen al sexo mucho más deseable?

¿Cuándo está satisfecha? Quizá durmiendo lo suficiente, corriendo tres millas, cuando regresa a casa y toma un largo baño y se pone un negligé debajo de su sweater Polartec. Pero también puede sentir satisfacción después de terminar una gran novela o escuchar una de las sinfonías de Beethoven. La satisfacción, en términos sexuales, significa todo eso; usted quiere sentirse satisfecha físicamente, no agotada; usted quiere sentirse gratificada en lo emocional, sin arrepentimientos; además quiere sentirse mentalmente contenta y en paz. Pero no es razonable esperar que una píldora, un ungüento o un flujo nos proporcione los tres tipos de satisfacción.

FÁRMACOS Y SUPLEMENTOS QUE PUEDEN MEJORAR EL SEXO

HORMONAL

Estrógeno
Testosterona
DHEA-S (no se receta)

DILATACIÓN DE LOS VASOS

Viagra
Vibradores
Vardenafil
Vasomax-vasofem
Inhibidor de la fosfodiesterasa
Femprox (tópica)
Topiglan
"Crema de ensueño"
L-Arginina (no se receta)

NEUROTRANSMISORES

Apomorfina (Uprima)

MECÁNICO

EROS-CTD
Vibradores

HERBAL

Damiana
Ginseng
Kava kava
Muira puama

La sexualidad es algo más que sólo química

Acostumbrábamos a pensar en la sexualidad como una línea recta. Masters y Johnson vieron el modelo de excitación como algo adaptado a ambas partes de la pareja: un camino progresivo del deseo a la excita-

311

ción, a la meseta, al orgasmo, hasta la consumación. Pero un modelo más nuevo, diseñado por la doctora en Medicina Rosemary Basson, profesora clínica y experta en medicina sexual, ha sugerido que es el deseo por la intimidad lo que comienza el ciclo de las mujeres, en lugar del deseo por liberación física. Nosotros añoramos la cercanía con nuestra pareja, lo que nos conduce a buscar o a ser perceptivas a la estimulación sexual. Esa estimulación provoca excitación, impulsora del deseo que conduce a una excitación mayor, y culmina en un orgasmo. El ciclo se repite debido a nuestros recuerdos positivos de las sensaciones buenas, asociadas con nuestro último encuentro sexual.

Un equilibrio de estrógeno y testosterona modificará la respuesta del sistema límbico; DHEA puede aumentar la energía y la libido; un nuevo tipo de SSRI puede mejorar los buenos recuerdos y eliminar los malos; una dilatación de vasos puede preparar los vasos sanguíneos para el sexo; una droga de acción central cambiará la liberación de neurotrasmisores; pero la ciencia todavía no resuelve toda la ecuación. Algunas mujeres responden bien a un fármaco o a la combinación de fármacos, otras quizá no tengan ninguna respuesta. Sin duda tomará más tiempo, a largo plazo, lograr que el círculo gire suavemente.

En realidad la satisfacción no es principalmente física, está relacionada con las expectativas, con los recuerdos positivos, con saber qué funcionó la última vez y qué puede funcionar la siguiente o qué puede ser mejor en el futuro. Si usted se complace con facilidad, no le tomará mucho tiempo (tal vez un poco de gel o un parche en su trasero) aumentar su satisfacción. Si se imagina como la mujer más experimentada de un harem turco, con parejas ardientes a su alrededor, entonces un poco de spray en su vagina no mejorará mucho las cosas. Puede estar satisfecha con un orgasmo el domingo, pero el martes notará que no menos de diez le darán satisfacción.

El afrodisíaco perfecto para las mujeres no puede ser embotellado, por supuesto, porque habría muchos ingredientes que tendrían que ir en la mezcla de esa pastillita, lo físico, lo mental, lo emocional y lo contextual. Un fármaco o varias drogas combinados harán posible el erotismo, pero tal vez nunca sean una panacea.

Aunque sería agradable saber qué hay, esperándonos en las líneas laterales por si se necesita.

Juntos de nuevo: cirugía reconstructiva

El cuerpo es nuestro hogar, el lugar donde los muebles son familiares y cómodos y una lámpara siempre se prende en la ventana. Pero cuando algo nos sucede, como una enfermedad seria o una cirugía que cambia la configuración de nuestros órganos internos o externos, la casa ya no se siente como el hogar. Si usted se enfermó o sobrevivió a una cirugía que la desfiguró, le han quitado algo más que sólo un pedazo de tejido, siente que una parte de usted ha sido eliminada. Entonces el sexo se vuelve cosa del pasado.

Si ha padecido una enfermedad que tuvo gran impacto en su sexualidad, el deseo y la excitación pueden ser como recuerdos pasados. Si le extirparon un seno o un tumor canceroso; si le practicaron una ileostomía o una colostomía que requirió un estoma; si se sometió a un prolapso que necesitó una reparación del piso pélvico, usted puede pensar con melancolía en un tiempo cuando el sexo era familiar, fácil y sacudía su cabeza. Ahora tiene otras prioridades; se regocija de estar viva y funcionar otra vez de manera normal.

Pero déjenos asegurarle que las mujeres que han vivido con una mastectomía, ostomía o una reparación del piso pélvico por algunos años, reportan que la vida mejora. La sexualidad no sólo puede regresar, a veces puede ser mejor que nunca porque la cirugía se ha encargado de la enfermedad o de la incomodidad.

¿Qué significa física y emocionalmente que la abran y luego la cierren? Al principio, todo lo que pensaba era que había sobrevivido. Después podía pensar en su dolor y qué tan cansada se sentía. Pero cuando termina el periodo de recuperación usted puede volver a experimentar el placer en su vida y la maravilla de estar viva. La sexualidad puede ser una gran parte de eso. Una mujer que decidió volver a ser "normal" o crear una idea nueva tiene una oportunidad mejor para disfrutar su sexualidad.

¿Alguna vez se sentirá bien acerca de quitarse la ropa frente su pareja? ¿Podrá sentirse cómoda con el cambio en su cuerpo? Por fortuna, hoy en día existe una variedad de cirugías que pueden reparar casi cada parte del daño provocado por una enfermedad. La imagen de uno mismo puede mejorar al restaurar el cuerpo a una función normal después de una enfermedad.

En este capítulo le presentaremos a las mujeres que salieron del otro lado de la cirugía de seno, vejiga o del vientre. Todas ellas tienen una vida sexual activa y para algunas es mejor de lo que era antes. La clave, como lo vimos en muchas mujeres, es el deseo, las ganas de sentir placer y la cercanía que viene con una conexión satisfactoria, así como buscarlo deliberadamente. Como lo dijo una paciente que se sometió a una ostomía: "Es un regalo regresar a la vida sin dolor y no me importa que me hayan reconstruido allí, abajo. Se necesita un poco más para hacerlo bien y todo eso es para bien."

Si en la actualidad usted enfrenta una enfermedad importante que altera su cuerpo, aquí encontrará información e inspiración para ponerse en marcha en su jornada de regreso al placer sexual.

Cirugía de senos: de vuelta a la vida

Mientras el cáncer de mama ataca a una de cada ocho mujeres, todas vivimos con el conocimiento de que somos susceptibles a él. El cáncer de mama se ha vuelto una causa política y aunque es un comentario triste en el momento que una mujer ha tenido una crisis médica mayor para mostrar solidaridad, es muy importante unirnos. Los modelos del movimiento, como Jane Brody, Betty Ford, Marcia Wallace (de *Los Simpsons*), Peggy Fleming, Jill Eikenberry y Linda Ellerbee, son mujeres fuertes y con experiencia que se han vuelto figuras públicas con este rito del pasaje de la mujer. Aquellas con amigas que atraviesan los campos minados del diagnóstico y el tratamiento —¿quién entre nosotras no tiene alguna amiga así?— son alentadas por mujeres que muestran que no sólo es posible, pero cierto, que hay vida y esperanza del otro lado de la enfermedad.

Los senos son conocidos como características sexuales "secundarias", pero esa es la predisposición cultural (¡Los órganos sólo llegan al primer lugar si ayudan a hacer el bebé!). Los senos son vitales para alimentar a nuestros niños, además para la imagen del cuerpo, la selección de ropa y, por supuesto, la atracción y sensación sexual. Hay mujeres que pueden tener un orgasmo con sólo tocarlas o besarlas en los senos y los pezones. ¿Existe una manera de compensar su pérdida? ¿Ser una mujer, una mujer sexual, depende más de su personalidad y espíritu? ¿O acaso su figura determina su bienestar y placer en su sexualidad? Sin duda, ambos afectan sus sentimientos acerca de sí misma como un ser sexual.

Hay una cuestión mayor que es si la posibilidad de morir debido al cáncer puede ser borrada cuando las luces son tenues y alguien le susurra al oído. La doctora Katheleen Segrave, sobreviviente del cáncer de mama y profesora adjunta en el departamento de psiquiatría de *Cesa Western Reserve*, comentó: "Tener cáncer por un momento borra las expectativas de una mujer. Cuando acaban de darle un diagnóstico usted no piensa en las consecuencias de la cirugía, todo lo que quiere es vivir."

Las encuestas hechas a las sobrevivientes de cáncer de mama están llenas de contradicciones y ambivalencia porque en realidad la pérdida de uno o ambos senos no sólo altera la imagen, sino la función y el placer sexual. Hay pruebas de que existen cambios en las sensaciones y la excitación sexuales después del cáncer de mama y que pueden persistir los problemas para algunas mujeres, aún después de concluido el tratamiento.[1] Muchos estudios que se siguen más allá de los primeros años indican que para algunas mujeres el apetito sexual disminuye conforme éstas van más allá de las consecuencias del tratamiento activo del cáncer. Las mujeres que tienen los problemas más grandes con el ajuste sexual son aquellas que han tenido cambios en el nivel hormonal (por la quimioterapia o la extirpación de los ovarios) o problemas en su relación de pareja.

Sin embargo hay otros estudios que dan una vista mucho más positiva de la situación. Indican que la mayoría de las sobrevivientes del cáncer, después de terminada la fase aguda del tratamiento, no son muy diferentes que sus hermanas sanas en términos de calidad de vida y bienestar emocional y social, y su ajuste de vuelta a la buena salud es, de hecho, superior a aquellas mujeres que no padecen otras enfermedades crónicas.[2] Su calidad total de vida es similar y en algunos casos es mejor que la de las mujeres que nunca han tenido cáncer de mama.[3]

¿Qué significa eso? "Mejor" seguramente es un concepto tan subjetivo en nuestro léxico, pero significa que este mal, con la mortalidad, aumenta el sentido de la conciencia personal y una consideración de todo lo que se debe hacer para mejorar nuestra razón de estar aquí. Si usted no habló antes con su pareja, es mejor que lo haga ahora; si no se vio en el espejo y encuentra algo admirable, es mejor que lo haga ahora. El dolor y el sufrimiento transforman a muchas de las mujeres.

Una trabajadora médica de 48 años le confió a Judith: "A Bill le gustaba acariciar mis senos, aun cuando estábamos viendo la televisión o recostados leyendo. Sentía, conforme nos acercábamos más, mis dos montículos presionados contra su pecho, estoy muy bien dotada, así que él los tocaba primero. Y luego me dio cáncer. Me negaba a creerlo hasta que me levanté de una mastectomía doble. Tú sabes, cuando abrí mis ojos, Bill sostenía mis manos, y dijo, 'Hola hermosa', incluso si esa no era la forma en la que yo me describiría. Él sabía que yo necesitaba que me lo aseguraran y parecía bien. Eso en realidad me ayudó cuando estaba lista para mostrarle las cicatrices. Él las vio mucho mejor que yo. Tocó mi cuerpo, besó mis cicatrices y la mirada en sus ojos era tan excitante como antes; pero ya no disfruto las caricias en los senos, prefiero concentrarme en algo más."

El cáncer de mama es como pelear diez rounds con Mike Tyson. Hay un trauma tan grande para el cuerpo y la mente, usted no sabe si saldrá de él. Existe la biopsia, luego la extirpación de nódulos o mastectomía, y hay una sospecha de que el cáncer se ha diseminado a los nódulos linfáticos, una disección del nodo axilar, luego viene la reconstrucción. Se crea una ola que se expande para que las bolsas grandes de salina puedan ser introducidas y luego construir el montículo del seno, meses después viene la construcción de la aréola y el pezón y la pigmentación o el tatuaje de la aréola. Después de toda esta cirugía es casi imposible recordar que usted es primero una mujer y luego una paciente. La mayoría de las mujeres toman los golpes más fuertes en tres áreas muy importantes, el concepto, la función y la relación sexual.

En estos días en los que el cuidado se enfoca en el paciente, usted está forzada a tomar decisiones rápidas y difíciles. Por supuesto, debe tener varias opiniones profesionales, pero al final, usted es quien debe decidir cuál elegir porque es su vida y su cuerpo. Le dirán si el cáncer es agresivo o está en una etapa avanzada y se le debe hacer una mastectomía (eso también puede depender de su historial familiar) o está en la etapa primera o tiene un cáncer que crece menos y es posible conservar el seno y extirpar sólo una parte.

No obstante, incluso una extirpación de nódulos puede deformar el seno y el pezón y la mastectomía que involucra los nódulos linfáticos perjudica el uso del brazo. Si le han practicado una mastectomía, el miedo de que regrese el cáncer es palpable, al menos por los primeros años después del diagnóstico inicial. Hoy en día muchas mujeres son elegidas voluntariamente para que se les extirpe el seno para aliviar su inquietud de que vuelva el cáncer.

No sólo tiene que decidir qué tipo de cirugía le van a practicar, también debe decidir qué hará respecto a la reconstrucción y cuándo hacerla. ¿Si opta por la reconstrucción quiere comenzar de inmediato después de haberle practicado la mastectomía? ¿O quiere recuperarse primero de la quimioterapia? Si no sabe no significa que probablemente nunca lo haga porque, ¿quién quiere regresar a que le hagan más cirugías si no es absolutamente necesario?

Tal vez una prótesis sería una mejor idea. Estas bolsas de silicón que se meten en el sostén por lo general están bien para las mujeres con senos pequeños, pero las que necesitan algo más grande dicen que son pesadas y voluminosas. Algunas mujeres las abandonan después de un tiempo y lucen con orgullo sus senos nuevos y alterados. Por cierto, los estudios muestran que no hay mucha diferencia en términos de imagen del cuerpo o ajuste psicosocial si usted se somete a una reconstrucción o no.[4] La forma en la que usted se siente con usted misma es lo que cuenta cuando decide lo que va a hacer para reconstruir su cuerpo.

La práctica más popular que se realiza en la actualidad es el procedimiento de reconstrucción en dos etapas, una para construir el montículo del seno y la segunda para construir el pezón y la aréola. Muchas aseguradoras niegan el reembolso de la reconstrucción. Permiten el primer procedimiento, pero quizás no el segundo o pagarán por la reconstrucción del seno enfermo, pero no pagarán la alteración del seno sano para que los dos sean simétricos. A pesar de que los cirujanos han mejorado demasiado los procedimientos quirúrgicos, es imposible predecir cuál será el resultado final o cómo cambiará el camino. Conforme el cuerpo envejece los senos implantados permanecen firmes mientras los senos naturales empiezan a colgarse.

Irónicamente, es la mujer con un historial familiar de cáncer de mama o la que le ha vuelto el cáncer después de la mastectomía la que termina con la versión más idealizada de un seno. Mary Anne, paciente de 43 años cuya madre murió de cáncer de mama y con una hermana mayor que fue diagnosticada recientemente, dijo: "Tengo muchas amigas muy decepcionadas con su cirugía. Mi segunda reconstrucción hizo verme completamente simétrica y es fabuloso. Pero no sé —comentó con sobriedad—, si estos montículos simétricos en mi pecho compensan el hecho de que mi pronóstico podría ser mucho peor que el de algunas mujeres con sólo un seno con tumor y sin cáncer en su familia. Pero tú sabes, empiezo a sentirme bien otra vez y eso es en lo que me concentro. Como dicen, un día a la vez."

La cirugía no es el fin del camino, sólo la lleva a la destinación siguiente. La mayoría de las mujeres debe seguir con la radiación o la quimioterapia, o ambas, las cuales queman los tejidos del cuerpo y les roban la lubricación requerida. Más de un tercio de ellas se quejan de resequedad y estrechez en la vagina y sudoraciones fuertes después de la quimioterapia, así como de la disminución o la pérdida de orgasmos. La piel está hipersensible, lo que significa que el contacto, no importa cuán suave sea, puede ser doloroso. El cáncer de mama es más que una desfiguración física; en muchos casos implica una pérdida de la función reproductiva. Una joven que tiene una falla prematura de ovarios o si se le extirpan éstos profilácticamente puede tener muchos más problemas que las mujeres mayores para ajustarse a los cambios sexuales. Fisiológicamente, será impulsada a la menopausia a una edad temprana; psicológicamente, el diagnóstico puede poner en duda la imagen pasada que tiene de ella misma como una mujer sensual.[5]

Si tuvo un cáncer provocado por el estrógeno puede tomar una terapia de reemplazo hormonal o usar una crema de testosterona (la testosterona se convierte en estrógeno en el cuerpo) y entre más incomodo se vuelva el sexo, más lo evitará. El deseo disminuye el lapso de fantasías eróticas. Entonces, también, el cáncer y sus tratamientos son muy dañinos; si es difícil reunir la energía en un día normal, ni pensar en retozar en la cama.[6]

Danielle, una entrenadora personal de 38 o 39 años, comentó: "Después de mi lucha contra el cáncer no podía creer lo mal que me sentía. Siempre fui una persona que brincaba de la cama todos los días y hacía mis estiramientos frente a los espejos en la pared en mi estudio, pero ahora me veo y quiero vomitar, apenas puedo llegar al baño."

Danielle tuvo muchos problemas acerca de la forma en que se veía después de la cirugía. Para una persona que hacía mucho ejercicio y estaba orgullosa de su cuerpo tonificado era especialmente difícil lidiar con su imagen física alterada. "Me hicieron la reconstrucción al mismo tiempo que la mastectomía y yo seguía diciéndome que era imposible ver la diferencia en mis senos, luego me sentí tan deprimida porque era una mentira total y había una enorme diferencia. Claro, he oído historias viejas, cuando se perdía una masa o un tejido muscular porque le cortaban todo desde la axila hasta el pecho y el alcance del movimiento era un recordatorio diario de que usted ya no estaba completa."

"Mi cirugía estuvo grandiosa, era sólo la parte estética la que no me hacía sentirme sexy. Mi novio me dijo que él no se daba cuenta y era muy atento en la cama, pero no podía soportar que tocara esa parte de mí. No todo era psicológico, mi axila y el lado del seno estaban muy sensibles y el menor contacto era desagradable. Me sentía como una persona biónica, hecha de partes que en realidad no eran mías."

Su reacción es muy común en las mujeres que pasan este proceso difícil. La pérdida del cabello intensifica los efectos de la enfermedad. El cabello se cae en mechones cuando lo cepillamos, las cejas, las pestañas y el vello púbico también pueden caerse. Tarda al menos un año para crecer y el cabello rara vez crece de la forma en la que estaba. El cabello rizado se puede alaciar y el suave, resecar. Algo más importante que los cosméticos externos o el camuflaje es que usted necesita tiempo para aceptar la imagen en el espejo, la cual no puede verse para nada cómo era antes, ahora es la edición nueva. Tiempo para estar en paz con los cambios inevitables por los que pasamos todas, tengamos o no cáncer.

El efecto de la quimioterapia en la libido puede ser desastroso, después del tratamiento es común que el interés sexual caiga a plomo. Las mujeres que entrevistadas después de cuatro años de haberse sometido a una mastectomía con quimioterapia tuvieron una disfunción sexual mayor, una mala imagen de su cuerpo y más angustia psicológica que las mujeres sometidas a la cirugía, pero no a la quimioterapia.[7] Asimismo, la terapia hormonal en forma de tamoxifen, un agonista de estrógeno, con frecuencia es recomendada para prevenir la incidencia. Por desgracia esta droga reseca las mucosas de las membranas y puede crear una sensación de ardor en la vagina. Cuando está convencida de que el sexo no se sentirá bien, es difícil lograr cualquier entusiasmo por él.

¿Qué debo hacer? No fuerce nada. Si los abrazos suaves le ofrecen un alivio, pídale lo que quiere a su pareja. Elaine, quien se sometió a una mastectomía a los 43 años, comentó, "Pienso en que sólo nos recostamos en la cama por dos semanas. No hablábamos al respecto, nos acostábamos, leíamos y escuchábamos música y entrelazábamos nuestras piernas. Me sentía caliente y acompañada más que sexy. No tenía ningún interés en el sexo hasta meses después."

Acéptese después de la cirugía

¿Cómo hacer la transición de vuelta a la salud? ¿Cómo recuperar su pasión, su vida amorosa y sexual después de esto? Más que nada usted necesita sentir que puede controlar su recuperación, ser deseada y sentir deseo. Requiere voluntad y una autoestima sexual buenas para pasar de ser "una paciente con cáncer" a una "mujer sensual".

Ellen, quien tuvo su primera mastectomía hace 13 años, en la actualidad lucha contra el cáncer que ha hecho metástasis en su hueso. Pero ella dice que su vida sexual es mucho mejor ahora que antes. "Cuando tuve mi primera cirugía no había ninguna reconstrucción inmediata, incluso después de que terminó la horrorosa experiencia de la quimioterapia en verdad no podía pensar en el sexo. No me gustaba mi cuerpo, tenía cicatrices, no tenía vello y no quería que me tocaran. No sentía libido en lo absoluto, no sé si fue una reducción de testosterona o si fue psicológico, pero el sexo era lo último en mi mente."

"Después de cerca de dos años y medio, me hicieron una operación y me pusieron un implante. Claro que no se sentía como un seno y tenía una cosita como pezón, hecho de mi propio tejido, pero sentí maravilloso, aunque no tuviera sensación en mi seno cuando hacía el amor. Me excitaba cuando mi esposo tocaba mis senos, era difícil dejar eso, aunque la doctora Ruth dice que uno nunca sabe cuántas partes de su cuerpo pueden reemplazar a un seno. Luego, hace dos años, el cáncer regresó en el primer seno y el esternón. Tenía dolor de huesos y las lesiones en mi cráneo dificultaron la sensación de un beso. Me dolía cuando mi esposo se presionaba contra mi cuerpo. Y luego, cuando en verdad luchas contra el cáncer no puedes recuperarte, tienes náuseas y estás cansada por la enfermedad."

"Pero también superé eso y más tarde me sentí mejor. Mi cabello creció de nuevo, no estoy tan fatigada y tengo un deseo verdadero de vivir al máximo, todo es más importante, estoy en el mundo de la voluntad y quiero bailar y ser sexy para hacer el amor."

Joanne, quien se sometió a una mastectomía a los 40 años, no necesitó mucha quimioterapia o radiación después de la cirugía: "Me sentí muy bien al despertar de la anestesia, ya que hicieron la reconstrucción cuando yo estaba dormida. Seis meses más tarde me hicieron el pezón y me tatuaron la aréola, de hecho, tengo sensación en la parte superior del seno, el médico dice que soy afortunada, sólo es cómo se conectan mis nervios. Estaba agradecida que me diagnosticaran tan temprano. Pero el impacto más grande que tuve fue cuando le diagnosticaron cáncer en los nódulos linfáticos a mi esposo un año más tarde. Él era la persona preocupada en la cama. Decía, 'Mírame con mi hueco en el cuello', y yo le diría, 'Oye, te amo por lo que eres, igual que tú lo haces con mi seno falso'. La imagen sensual de mí misma nunca dependió de mi seno."

Cada una de nosotras tiene una visión interna de lo que consiste nuestro "ser". Si nos gusta mucho salimos al mundo con valentía, con suerte, y somos más propensas a abrazar nuestra sexualidad. Si no nos gusta, nos avergüenza y nos lástima, tal vez huyamos de la expresión sexual.

Así que si nuestro cuerpo físico sufre una alteración, nuestra percepción de cómo se ve determinará cómo reaccionaremos en las situaciones sexuales, ya sea con calidez o precaución, o con renuencia.[8]

A veces recuperar la aceptación de uno mismo se logra a través de la ayuda de otras mujeres que han estado ahí y han salido al otro lado. Nancy Kaplan Helay, directora adjunta de Centro de Recursos para el Cáncer de Mama de Princeton YWCA en Nueva Jersey, habló acerca de cómo empezó a aceptar su cuerpo nuevo después de dos luchas contra el cáncer: "En los viejos tiempos, las mujeres perdían todo después de una cirugía de los senos, sin duda no le mostraría su pecho a una amiga, aun a una buena amiga. Pero hoy en día las cirugías son mucho mejores, usted no puede ver la diferencia incluso en un traje de baño o en un camisón de escote bajo. Primero me practicaron una extirpación de los nódulos, luego, cinco años después, cuando el cáncer regresó me practicaron una mastectomía. ¡Fue maravilloso, desperté de la anestesia con un seno nuevo! Una vez que me hicieron el pezón en verdad se sentía como un seno y fue tan fácil, un procedimiento en donde no tenemos que hospitalizarnos. ¡Hubiera manejado desnuda de regreso a la oficina, se veía tan bien!"

Alyson, con 38 o 39 años cuando se lo diagnosticaron, dijo que se sintió más cerca de su esposo después de la experiencia del cáncer, pero que el sexo le pareció atractivo hasta que ella habló con un terapeuta y con otras mujeres que pasaron la misma situación. "Soy el tipo de persona que pone un curita enorme en todo; así que cubrí todos mis miedos y sentimientos acerca de mí. Hacía bromas de lo agradable que era que los médicos arreglaran mis 'pendientes', tú sabes, el tipo de seno después de dar pecho que es liso en la punta. Me encargué de mis hijos y la casa y de mis suegros y mi jefe. Y luego, una noche a la hora de dormir estaba cansada y ni si quiera podía acordarme del momento en que me había gustado el sexo. Mi esposo dijo, '¿Oye, esta experiencia no te enseñó a detenerte y oler las rosas?' Eso era algo muy difícil para mí."

"Fui a terapia y al final aprendí a estar orgullosa de mí por haber hecho todo esto. Me incorporé a un grupo de apoyo lleno de otras mujeres sorprendentes que también sobrevivieron al cáncer de mama. Mi autoestima es mucho mejor y me he dado cuenta que no le tengo que gustar a todos, sólo a mí. Estoy aprendiendo a decir no. A sentirme femenina y deseable otra vez y espero que antes de que pase mucho tiempo sienta que quiero compartir las cosas físicas con mi esposo. Me he esforzado mucho."

Los grupos de apoyo para el cáncer de mama que surgen en los hospitales, los centros comunitarios, Internet (véase el capítulo 7) y en YWCA en todo el país, ofrecen lazos con las mujeres que viven el proceso, desde el diagnóstico hasta el tratamiento y más allá. No podemos hacerle una recomendación más ferviente que unirse a un grupo, se ha demostrado que la mayoría de las mujeres que se recuperan de esta enfermedad traumática en realidad viven más y más satisfechas cuando pudieron normalizar su experiencia al compartir su dolor y esperanza con otras que pasaban la misma experiencia horrible.[9]

Si usted simplemente no se siente cómoda en un grupo busque a una persona con la cual hablar. De acuerdo con la Doctora Katheleen Segraves, sólo otra mujer mentora puede aliviar el dolor inicial. "Una de mis pacientes me contó una historia cuando fue a una tienda de pelucas para acostumbrarse antes de la quimioterapia. Escuchó a otra mujer al final del mostrador que había tenido una mastectomía y también estaba comprando una peluca. 'Le enseñaré la mía si usted me enseña la suya', ella bromeó, después de una pequeña conversación. Las dos se retiraron a la parte trasera de la habitación donde se quitaron las playeras para comparar cicatrices y estaban felizmente sorprendidas. Se unieron y siguieron siendo amigas, han pasado ocho años desde su diagnóstico." Al compartir esta experiencia con una amiga y al ver y volver a verse sola en el espejo es posible integrarse a su imagen nueva.

La mayoría de los estudios han descubierto una fuerte correlación entre un buen matrimonio y una relación sexual satisfactoria.[10] April, ahora de 62 años, quien hace ocho años tuvo una mastectomía completa con la extirpación de los 32 nódulos linfáticos, comentó: "No lo hice por mi esposo, lo hice por mí. Tenía que dormir con una almohada debajo de mi brazo para evitar que mi hombro se rompiera, lo cual era muy doloroso, además soy una mujer con senos grandes, así que la prótesis que tenía que usar era muy pesada. Lo pensé por cuatro años y luego, después de que los hijos terminaron la universidad, le dije a mi esposo, 'Quiero una reconstrucción.' Él me dijo, 'Estás bien como estás, pero bueno, si quieres, que te operen.' ¡Fueron los mejores 20 000 dólares que he gastado!" El costo fue por dos sesiones de reconstrucción y la reducción del seno contrario. El seguro pagó casi todo excepto 7 000 u 8 000 dólares.

April es una mujer que siempre ha disfrutado el sexo, aun cuando su cuerpo no le gustaba. Y tener dos senos de nuevo ha sido una revelación. Si usted es una sobreviviente del cáncer de mama y está preocupada de que todavía no se ve bien después de la cirugía tal vez quiera intentar algunas de las siguientes tácticas para mitigar la transición: Ajuste la luz de la recamara con velas (romántico, pero no revelador), use lencería de encaje para cubrir lo que todavía no puede aceptar. Asegúrese para experimentar con actividades distintas a la relación sexual y otras posiciones, sentarse en su pareja es una posición buena porque puede dar la espalda a su pareja. Usted puede ver que disfruta las caricias, el contacto y los masajes más que la penetración y estar sexualmente "satisfecha" significa algo diferente, algo más profundo de lo que antes era.

Más allá de las alteraciones físicas en su cuerpo y los cambios en el deseo y la respuesta sexual existe otro factor importante, la relación. ¿Cómo responderá su pareja? ¿Cambiarán las cosas entre ustedes? ¿Es más fácil si su pareja es una mujer? Increíblemente, las parejas de lesbianas no necesariamente tienen menos problemas que las heterosexuales. Aunque su pareja puede entenderla no hace diferencia en el éxito o el fracaso de la relación. Otra mujer puede identificarse demasiado —¡Por la gracia de Dios, vete!— y puede ver amenazante estar cerca de una pareja que está o estuvo enferma.

Las reacciones de los hombres, también, oscilan en el espectro de posibilidades. De hecho, un hombre le dijo a su esposa, que estaba bajo tratamiento en quimioterapia y no podía responder a sus caricias, que "ella ya no era divertida". Pero otro, un conductor de camión fornido que vino con su esposa para recibir asesoría, dijo que ahora cuando tienen intimidad a él le gusta poner su cabeza donde antes estaban sus senos. De esa forma, podía oír los latidos de su corazón y ella estaba muy activa. La longitud de la relación también importa. Una pareja que ha estado junta por décadas puede encontrar muy doloroso o sentirse muy enojados por el cambio de los eventos para hacer el amor con la amenaza de la incidencia en su mente, mientras que otras pueden encontrar una forma positiva de reafirmar su amor. Para la mujer soltera que apenas empieza a explorar relaciones nuevas, la pregunta de cuándo decirlo siempre está en su mente. Pero esto sería verdad si ella hubiera sido violada o si tuvo un esposo que abusaba de ella; aún así tendría que confiar en alguien lo suficiente para revelar información tan privada y dolorosa.

Sin duda usted atravesará muchas etapas de recuperación, al igual que muchas pérdidas; es necesario lidiar con la negación, la rabia, el dolor, la resignación y la aceptación, y todos los pasos que hay entre ellos. Algunos días puede sentirse rebosante con la posibilidad y otros deprimida. Algo más sucede justo cuando cree que ha pasado lo peor, como la muerte de un padre, la pérdida del trabajo o el rechazo de su amante, y usted se siente como si tuviera que empezar de nuevo. La expresión sexual se vuelve posible otra vez cuando descubre que el vacío entre el cuerpo y el espíritu disminuyen y hay razones nuevas para celebrar que esté viva.

Reajustes y alteraciones de la vejiga y el vientre

A pesar de que asociamos la pérdida de la función de la vejiga con una edad muy avanzada, la verdad es que la incontinencia por estrés ataca a muchas mujeres en la menopausia. Una mujer de 55 años me dijo: "Juego en competencias de tenis y no podía creer que escurría cada vez que le pegaba a la pelota. Al principio pensé que estaba emocionada, como si estuviera excitada, pero luego sucedió de nuevo cuando tosía, estornudaba o tenía un orgasmo. Estaba tan avergonzada que empecé a evitar las cosas que me gustaban. Y nunca pude explicarlo cuando la gente me lo preguntaba, simplemente no podía."

Existen enormes avances en el tratamiento de la incontinencia por estrés, aunque por desgracia sólo 25% de las mujeres que sufren del goteo de orina en verdad lo admiten. La incontinencia todavía es un secretito ofensivo que las mujeres no confesarán a sus médicos o a sus amantes porque es humillante perder el control de una función que ha sido tan fácil desde que tienen tres años. Pero si usted sufre en silencio, es momento de que hable, antes de que tenga un gran impacto en su habilidad para tener intimidad. Debe ser obvio que el sexo es muy engañoso si tiene una vejiga poco fiable. Puede ser muy fácil ocasionar un accidente cuando el pene entra en la vagina, justo enfrente del útero, el cual yace en contra de la vejiga.

La incontinencia también se relaciona con una pérdida de estrógeno, el cual ayuda al esfínter uretral a cerrarse en forma adecuada. Los ejercicios de Kegel pueden hacer una gran diferencia, esos apretones invaluables de los músculos pubococcígeos de los que deberíamos saber después de dar a luz. Ésta es la explicación de cómo hacer un ejercicio Kegel: Imagine que usted está sentada en el retrete, a punto de liberar la orina, luego apriete los músculos que detendrán el flujo. Ése es un ejercicio Kegel. Usted debería hacer tres veces al día tres series de diez ejercicios Kegel, alternando rápida y lentamente, como una medida de precaución. Y, como un bono adicional, el fortalecimiento de esos músculos pubococcígeos incrementará la satisfacción sexual para usted y su pareja, y la protegerá de la incontinencia. Los estudios muestran que muchas mujeres hacen los ejercicios Kegel de forma incorrecta. Pídale a su médico que revise su técnica. Luego practique, mientras está en el escritorio, detenida en un semáforo o viendo la televisión.

También hay muchos tratamientos nuevos y fármacos disponibles si es que hace una cita con su médico para considerar las opciones médicas. ¡Pero usted tiene que hablar! Los médicos familiares y los ginecólogos pueden no estar conscientes de los tratamientos más recientes para este problema, pero pueden remitirla con un urólogo si es necesario. Los conos vaginales pesados (véase la sección de fuentes para pedir información) a menudo son recomendados. Usted sostiene estos aparatos en forma de un tampón apretando sus músculos pubococcígeos y aumenta el peso que usted pueda aguantar al igual que lo haría en un programa de entrenamiento para fortalecer cualquier otra parte del cuerpo.

Existen varios fármacos anticolinérgicos, como Detrol y Oxybutynin, que funcionan bien para la incontinencia (tener que orinar con urgencia cuando acaba de hacerlo), descongestionantes como fenilpropanolamina y efedrina relajarán la vejiga y aumentarán la capacidad de la resistencia uretral. También hay implantes de colágeno que son inyectados directamente en la uretra para ayudarle a cerrarse de manera adecuada. A veces se recomienda una cirugía cuando han fallado las soluciones mecánicas o farmacológicas.

La cirugía de la suspensión del piso pélvico requiere una habilidad y una delicadeza extremas por parte del cirujano. Piense en el tubito que va de la uretra hasta la vejiga. El acercamiento usual para la incontinencia es volver a colocar el cuello de la vejiga, sosteniéndolo con suturas o creando un cabestrillo del tejido muscular o con un material sintético. La mejor operación es conocida como colpo suspensión retropúbica de Burch y su variación más nueva, una laparoscopia Burch, también es popular porque casi no es invasiva y sólo requiere que se quede una noche en el hospital. También existe un procedimiento que están probando en Europa hecho con cinta que no provoca tensión en la vagina (TVT), donde se coloca una malla debajo de la uretra que se asegura en las estructuras internas.

Otra condición uroginecológica que requiere cirugía es el prolapso, donde el útero comienza a deslizarse hacia abajo en el área vaginal y a veces sobresale justo a través del introitus vaginal. Esto puede ser provocado por un parto difícil, el que daña las estructuras de soporte de la pelvis o por una debilidad congénita del tejido de conexión. En muchas familias parece haber una predisposición al prolapso, donde la debilidad de los ligamentos uterosacros se heredan de una generación a la otra. El prolapso también puede afectar a las mujeres constipadas y tensas crónicamente para tener un movimiento de vientre.[11]

El cuerpo perineal también es vital para la sexualidad femenina, pues los nervios del sacro van al recto, el perineo, el introitus de la vagina y al clítoris. Los nacimientos múltiples pueden desgarrar esta conexión del nervio, permitiendo que se afloje el útero. Tan desastrosas como suenan, algunas etapas de prolapso son menos problemáticas que otras, y entre más pronto comience el tratamiento, más oportunidad se tendrá de sanar. Si el útero cuelga sólo hasta el nivel del himen todavía es posible tener relaciones sexuales y disfrutarlas. Se coloca un anillo vaginal (como una dona de hule) alrededor del *cervix* para detener el útero y la vejiga; los ejercicios de Kegel y la estimulación electrónica (una sonda suave que frota los músculos para contraer la vejiga) pueden fortalecer la pelvis debilitada.

Pero si la condición empeora probablemente se necesitará cirugía. En algunos casos la vejiga sobresale en el canal vaginal (cistocele), lo que provoca una presión en la pared vaginal y la uretra. Si usted tiene este problema tendrá que sostener su vagina con la mano para orinar. Alternativamente el recto puede aflojarse en la parte trasera de la pared vaginal (rectocele) y deberá realinear sus órganos y colocar un dedo en su recto para defecar. También hay prolapsos completos, donde el *cervix* sobresale todo el camino hasta la abertura vaginal. ¿Cómo es posible el sexo cuando siente que lo que está en interior se estuviera saliendo?

Roberta, una mujer de 56 años de Nueva York, comentó: "Después de mi histerectomía empecé a sentir que las cosas estaban bajando, casi como si se me estuviera saliendo un tampón. El médico dijo que mi vejiga se había caído porque no había músculos, como una banda de hule estirada. Bueno, el sexo se agravó más que nada. Todavía sentía deseo, pero era muy difícil; así que me hicieron la suspensión y estuvo bien por dos años, luego lo volví a sentir. Es una cirugía difícil, no todos tienen éxito en ella y a veces se necesitan varias cirugías. Creo que esa parte del cuerpo es como el piso de un edificio, si el sistema de soporte no es bueno usted puede reconstruirlo, pero no aguantará. Así que la segunda vez que tuve una cirugía peligrosa fui con un especialista que me dijo que la única opción era enganchar la vagina en los músculos alrededor de la columna vertebral; apenas alcanzaban."

"Por supuesto, lo que esto hizo fue estirar la vagina para que pareciera más larga y ajustada de lo que era antes. Mi esposo está loco con el cambio y yo también. Tengo mucha sensación, es más intenso. Fui un poco aprensiva cuando estaba recuperándome la segunda vez, pero después de ocho semanas en verdad empecé a desear el sexo otra vez. Fuimos despacio, pero estaba mucho más relajada y tranquila, no sé por qué."

"Muchas mujeres que conozco, mis dos hijas que tienen alrededor de veinte años y las mujeres de la oficina, todas dicen, ¡Ay, no puedes hacer esto! Pero realmente no es tan importante. Estaba roto y me lo arreglaron. El sexo es fabuloso."

La reparación del piso pélvico es un trabajo difícil, puede requerir la reconstrucción de la delicada arquitectura de cualquiera o varios de los siete tipos de sistema de soporte hechos de ligamentos, tendones, músculos y nervios. Por lo general la cirugía alivia el miedo de la incontinencia y ayuda a las mujeres a relajarse y a desear la intimidad una vez más. Aunque, hay casos donde los órganos que han sido parchados y estirados no tienen la misma sensación que antes. El sexo genital incluye una mezcla tan compleja de elementos fisiológicos y psicológicos que puede que no sea posible retener esas sensaciones usadas para provocar excitación, pero esto no significa que el placer desaparezca. Incluso las mujeres cuyo aparato sexual ha sido diezmado por completo todavía pueden sentir excitación y bienestar.

No hay garantías con este tipo de cirugía, la cual a menudo tiene que repetirse después de 15 o 20 años. A Loretta, que tenía prolapso e incontinencia por estrés después de una mala episiotomía con su segundo embarazo, se le dijo que sus nervios podían estar dañados y su condición podría empeorar. "Estaba harta de escurrir cada vez que hacía ejercicio o tenía relaciones sexuales. En verdad tenía esperanza de que esto hiciera alguna diferencia, por lo que decidí operarme, pues era seguro que el resultado fuera positivo."

"El médico hizo una histerectomía completa, una reparación interior y posterior, y puso un cabestrillo en la vejiga. Debo decir que es maravilloso sentir como si todo estuviera de regreso en su lugar y el sexo está bien, aunque no del todo maravilloso. En verdad extraño tener un *cervix*, el médico me dijo que algunas mujeres en realidad sienten el pene golpeando durante el sexo y es muy placentero. Bueno, ahora es como un espacio vacío, así que no siento mucho, pero mi esposo está dispuesto a intentar cosas nuevas, y más que nunca usamos diferentes posiciones. Creo que el deseo es mayor de lo que era antes; además, pienso mucho en el sexo porque ahora no estoy preocupada por escurrir. Me siento muy bien en la cama."

Si le gustaba el sexo antes, no importa qué enfermedad o discapacidad tenga, usted estará motivada a probarlo otra vez después que la han tratado. Si no disfruta el sexo, la enfermedad o la cirugía pueden darle una excusa para retirarse de la cama.

Lo anterior también es verdad si usted ha tenido una ostomía. Desde el principio de la niñez se nos ha enseñado que los intestinos y la orina son sucios y desagradables y nunca deben manipularse. Cuando ya no hay una salida normal para nuestros deshechos, pero todavía queremos permanecer sexuales, debe haber un ajuste que rompa el viejo tabú.

Las mujeres con colitis ulcerativa, la enfermedad de Crohn o cáncer, pueden necesitar una ileostomía, donde se extirpa el intestino grueso y a menudo el recto. Después se necesitará una colostomía si el colon está enfermo, de cáncer o diverticulitis. El cáncer de la vejiga o ciertas condiciones congénitas pueden requerir una urostomía. Los tres procedimientos requieren la creación de un estoma (de la palabra griega "boca"), una abertura por la que los deshechos puedan salir del cuerpo. La descarga es bastante continua en una urostomía y en una ileostomía y se vacía en una bolsa que se lleva en la parte baja del abdomen que tiene que permanecer en su lugar aun cuando hace el amor. Con frecuencia una colostomía es sólo una medida temporal, se les permite "descansar" a los intestinos por seis meses y se coloca un estoma sólo mientras se necesite, luego el procedimiento es revertido después de que ha sanado. La colostomía puede ser un poco más fácil de soportar ya sea por mucho tiempo o por un poco, algunas mujeres pueden sólo portar un parche sobre el estoma si cuentan el tiempo de comida en forma adecuada.[12]

Para la mayoría de las mujeres hay mucho dolor y rabia asociados con este tipo de pérdida. Por lo general hay un cambio en la sensación vaginal debido al reemplazo de otros órganos. Barb, quien a los 40 años padeció esta enfermedad durante los últimos diez años, comentó: "Me dio la enfermedad de Crohn cuando tenía 18 años. Gritaba cada mañana en el baño hasta poder sacar todo. La maldita diarrea me dejo con abscesos que tenían que ser abiertos periódicamente. Ahí estaba con mi trasero de fuera, sabía que el médico me pondría una inyección local y me ponía tan tensa. Luego, dos días después, escurría mientras los abscesos se drenaban y tenía que usar pañales. Creía que tenía el peor trasero del mundo."

"Mi esposo acostumbraba a excitarme besándome y tocándome en el auto. Él fue mi única pareja sexual, y desearía que me hubiera gustado más el sexo, al menos en ese entonces. Nunca he tenido un orgasmo, hasta este día, no creo. Pero en nuestro primer año de casado tuve una cirugía y para recuperarme no podía trabajar en tres meses ni manejar, y por supuesto, tampoco podía tener relaciones sexuales. La idea de tener relaciones sexuales me puso tensa."

"Al principio le puse nombre a mi estoma, la llame 'Lily', para que pudiera relacionarme mejor con ella. Cambiaba la bolsa, la revisaba y la sellaba antes de que tuviéramos relaciones sexuales para asegurarme que no escurriera. Conseguí unas fundas de encaje para ponerlas en la bolsa. Pero después de un rato mi esposo la empujaba para que él pudiera acercase a mí y me di cuenta de que no le importaba si yo trataba de hacerla atractiva o no."

"El sexo es tan animal, él es rápido y no delicado, aunque siempre me pregunta si me lastima. Te digo, preferiría hacer jardinería. El sentido de mi cuerpo es malo. El verano es peor porque tengo que encontrar trajes de baño con faldas para que no parezca una tercera pierna. El resto de mi vida está bien, pero me gustaría tener una forma de decirle a mi esposo que no me gusta el sexo. Nunca hablamos al respecto."

Si Barb tuvo el valor para hablarlo, ella tal vez descubra formas nuevas de obtener placer de su cuerpo. Cuando ella tuvo la enfermedad sólo tenía 18 años y no tenía ninguna experiencia sexual. La enfermedad de Crohn, posterior a la cirugía, y el estoma, sólo reforzaron sus sentimientos originales, para empezar a ella nunca le gustó el sexo. La aceptación de su cuerpo es un deseo serio. Su primera labor deberá ser encontrar una forma de gustarse más. Una vez que se sienta bien con ella debe permitir a su cuerpo ser amado.

Si en realidad le gusta el sexo y quiere que sea una parte agradable de su vida, no importa cómo esté cortado o unido su cuerpo. Así es justo como se sentía Fran, una mujer muy sexy que tuvo esta enfermedad a los 32 años, después de su segundo hijo: Tengo la enfermedad de Crohn desde los 16 años y medio, pero entonces tenía vigor sexual, también. Creo que estaba un poco confiada después de la cirugía porque tengo una ostomía muy activa y siempre he tenido que vaciar la bolsa, a veces justo en medio de la pasión, pero a mi esposo no le importa para nada."

A Fran le encanta el sexo. Tener que ir al baño a cambiar la bolsa sólo es algo que prolonga el tiempo que ella y su esposo pasan juntos. "Si siento que algo pasa ahí abajo, digo, 'Espera un momento, ahora regreso', y él sólo dice, 'No te preocupes, pensaré en algo para ponerte de ánimo otra vez. Tómate tu tiempo.' Tal vez todo se trata del tiempo, y ese tiempo que pasamos juntos es un regalo, ahora sé qué es no tener diarrea y dolor constantes."

Le pregunté si alguna vez había tenido sexo anal antes de la ostomía. "Lo hicimos una vez, mi esposo es la única persona con la que he tenido relaciones sexuales y cuando estábamos jóvenes queríamos experimentar todo. Pero déjame decirte, fue tan incómodo que nunca lo hicimos otra vez. Ahora no tengo nada ahí, ningún nervio y la abertura está cerrada. Por lo que no es parte de nuestro juego sexual. Eso está bien. Tenemos muchos otros lugares en donde tocarnos y besarnos. El sexo es un estado de la mente, si tu mente está concentrada tu cuerpo puede seguirla."

La animamos a que busque profesionales que puedan ayudarla, gente que tenga el conocimiento y esté familiarizada con estas enfermedades. Con tiempo y ayuda podrá aprender a pensar en usted de manera positiva, con una forma nueva de acercamiento a la sexualidad. Tendrá muchas preocupaciones: ¿Cómo se ve? ¿Si dolerá la cicatriz cuando sea restregada por las maniobras sexuales? ¿Si la disminución de la circulación sanguínea en el área hará más difícil la lubricación? Luego vienen todos los problemas prácticos: ¿Oleré? ¿Escurriré? ¿Qué tipo de ruidos haré cuando el gas se escape? Por fortuna, hay enfermeras compasivas, con buen ánimo y muy bien entrenadas para una ostomía y terapeutas de esteretomías que lo han visto todo y pueden entenderlo por usted. También hay compañías que fabrican fundas de encaje y fajas que esconden el estoma. (véase la sección de fuentes, para más información acerca de dónde comprarlas.) La mayoría de las mujeres que padecen este tipo de enfermedades por mucho tiempo se dan cuentan que no necesitan un camuflaje una vez que se recuperan sexualmente.

Corte de los genitales femeninos

Sólo hay una alteración quirúrgica más que se debe mencionar, pero termina con toda nuestra sucesión de reconstrucción y remodelación apropiada. Ésta implica el crimen atroz del corte de los genitales femeninos (FGC, por sus siglas en inglés) llevado a cabo en demasiadas culturas alrededor del mundo a mujeres de tres años o en la pubertad. De acuerdo con un reporte de 1997 de la Organización Mundial de la Salud

(WHO, por sus siglas en inglés), doce millones de estos procedimientos se llevaban a cabo en África, en Medio Oriente y América del Sur.

Aunque los números exactos son casi imposibles de rastrear, se calcula que cada año al menos 7 000 mujeres y niñas que vienen a los Estados Unidos son originarias de países donde la mayoría de sus hermanas han sido cortadas. Algunas llegan buscando asilo, ya que los procedimientos están prohibidos en Estados Unidos. Pero otras vienen con la intención de preservar sus tradiciones, a pesar de la ley. ¿Qué irónico es que al año miles de las circuncisiones femeninas se llevan a cabo en California, Nueva York y Washington, D.C., en comunidades donde los refugiados se han establecido en grupos muy unidos, decididos a mantener hasta la última parte su herencia cultural.

Si es una mujer que sufrió el corte de sus genitales a una edad temprana, a usted se le crió para que creyera que era necesario. Le pudieron haber dicho, que se volvería loca y se metería en problemas increíbles, ningún hombre se casaría con usted y sufriría de la menstruación y el parto. Por supuesto la ley de su religión lo exige. Y así, a pesar del dolor y el sufrimiento que padeció, usted arriesgaría cualquier cosa para ver que le hagan lo mismo a sus propias hijas. Las mujeres que se niegan al procedimiento pueden ser excluidas de la sociedad por el resto de su vida. Si aceptan, se traicionarán a ellas mismas.

Hay aquellas que afirman que si toleramos la circuncisión masculina debemos adoptar la misma actitud acerca de la circuncisión femenina. Pero el procedimiento quirúrgico en un hombre no altera de ninguna forma la función sexual o disminuye el apetito sexual. Para que un hombre sufra algo similar para igualar el procedimiento femenino menos grave, la cabeza del pene tendría que ser cortada, no sólo el prepucio. Por el contrario, la circuncisión femenina involucra una serie de cirugías que alteran radicalmente los genitales. Las tres "penas femeninas", como las describe el doctor Jean Fourcoy,[13] incluyen la clitoridectomía tipo I, en la que se extirpa la cubierta del clítoris; la clitoridectomía tipo II, en la que se extirpa todo el clítoris y parte de los labios menores; y la clitoridectomía tipo

III, infibulación, en la que se extirpan todos los genitales externos e implica coser la vagina, por lo que tiene que ser rasgada por el esposo en la noche de bodas para permitir la penetración. Las complicaciones ginecológicas son muchas, las infecciones, los desordenes menstruales, la incontinencia, las fistulas, la hemorragia y la esterilidad son comunes; además, las complicaciones psicológicas normalmente son peores.

¿Hay algún tratamiento para esta condición? La mayoría de los médicos que ven a mujeres a las que se les practicó la circuncisión les explican que antes del parto se les debe desinfibular (o deben descoserles la vagina) si no quieren tener una cesárea, la cual es una forma de que las mujeres con circuncisión recuperen su vida sexual. Debido a que es ilegal en Estados Unidos volver a infibular o coser a una mujer, a pesar de su petición o la de su esposo, ella no tiene elección sino permitir que el introitus permanezca abierto. ¿Pero tendrá esto un impacto mayor en su salud mental, sabiendo que ella ha desobedecido una costumbre que la ha mantenido "virgen" y servil en todos estos años?

Hanny Lightfoot-Klein, una antropóloga que vivió en Sudan por cinco años,[14] reportó que 99% de las mujeres entrevistadas que fueron cortadas aprueban el procedimiento. Asimismo, la mayoría amaba a su esposo y dijeron que disfrutaban de la intimidad sexual.

¿Cómo podemos creer esto? Es casi imposible imaginar que estas mujeres tengan buen sexo; o de hecho, que tengan cualquier tipo de sexo. Aun así, es verdad que la sexualidad es más grande que un montón de nervios entre las piernas. Gina Ogden, terapeuta sexual que ha hecho un estudio del placer sexual que no es físico, aclara en su libro que la sensación extragenital, hasta los orgasmos sin contacto o "sin pensarlo",[15] pueden ofrecerle a la mujer un resultado mayor de excitación del que alguna vez imaginaron posible. Si en verdad creen que su circuncisión las hace deseables, tal vez en realidad puedan superar su dolor físico y pensar en su camino a la satisfacción.

La FGC es despreciable y debería ser proscrita en todo el mundo. Aun así, una mujer que se ha sometido a una, justo como aquellas que aprendieron a amar el sexo otra vez después de la reconstrucción de los senos, la vejiga o el vientre, parece incorporarla a su imagen. La cirugía puede ser devastadora o rehabilitarla. Lo que se hace en casi todos los casos es quitar las capas de las enfermedades o la autocrítica para revelar a la persona que hay debajo. Si la mente puede evadir el cuerpo nuevo, cualquier cosa es posible.

El reflorecimiento de la rosa: ¿la cirugía estética la hará más sensual?

El espejo puede ser nuestro mejor amigo o nuestro enemigo más temible. Cuando somos jóvenes refleja las fallas provocadas por los accidentes de la naturaleza o por los genes. Conforme envejecemos podemos ver los cambios que el tiempo y la gravedad nos inscriben. Las líneas de expresión salen en la cara, los senos se hunden o se aflojan. Algunas de nosotras —ojalá y no suceda— tomamos el parecido de nuestra madre y la imagen de "madre" con certeza no es sensual.

La pregunta es, ¿lo arregla si puede? La mayoría de las mujeres que se han sometido a una cirugía estética dicen que sólo querían un pequeño "refrescante", similar a pintarse el cabello de un color nuevo o la reconstrucción de la frente; no lo veían como algo muy importante. Los estudios muestran que la gente más razonable que decidió pasar por el cuchillo no lo hace por obsesión con su apariencia o por aversión extrema a ella, sino por un conocimiento deliberado de la estética y la percepción de uno mismo. A la mayoría de las pacientes que se sometieron a una cirugía estética en realidad no les desagrada su apariencia más que el resto de la población, pero están mucho menos satisfechas que un grupo de control con las dos o tres partes ofensivas que sienten que necesitan trabajar.[1]

Si ha decidido que le recojan, corten o cosan una parte de su cuerpo, es posible que lo haga para satisfacer algún profundo deseo en su alma. El credo de la cirugía estética es que *usted puede estar mejor de lo que está.*

Es posible que su vida cambie después del procedimiento, permitiéndole otra oportunidad en un trabajo mejor, con una pareja mejor, más dinero y más prestigio. ¿Pero, en realidad la hará ser más sensual?

Lo que la mayoría de las mujeres comenta después de la cirugía es que definitivamente se sienten mejor respecto a su apariencia, pero el beneficio sexual, si hay alguno, es indirecto. Todo depende de sus prioridades, si quería un efecto externo, donde su cara y cuerpo se volvieran más atractivos, o un efecto interno, donde ellas pudieran incrementar su confianza y autoestima y por consiguiente sentirse más deseables. Algunas mujeres obtienen ambas cosas de la cirugía estética; otras no ganan ninguna, en particular aquellas que terminaron con insensibilidad, dolor en alguna parte del cuerpo o dolor de cabeza debido a la enorme cuenta. Así que piénselo de nuevo si decide alterar su actitud hacia la sexualidad, para transformarse en una nena lujuriosa con una libido tan grande como el universo.

Por supuesto la apariencia no dicta la sexualidad. Hay mujeres convencionalmente bellas que tienen vidas sexuales asquerosas y mujeres que nunca serían juzgadas como atractivas de acuerdo con una encuesta de *Cosmo* o *Vogue* que tienen una vida sexual envidiable. Por lo general una vez que pasa la etapa del coqueteo y la fantasía, la mayoría de las parejas coincide en que hace una pequeña diferencia la manera en la que se ven, en especial porque ¡muchas personas hacen el amor en la oscuridad y con los ojos cerrados!

Claro está que este conocimiento racional y razonable no ayuda a toda mujer. Existen aquellas que no tienen problemas sintiéndose encantadoras, en particular cuando envejecen y ven a otras mujeres que tienen mejor piel, senos más firmes y un trasero sin celulitis. Algunas se preocupan porque su apariencia plana pueda hacer que su esposo las engañe; otras piensan que las puede dejar vulnerables si quieren obtener un ascenso en el trabajo. El espejo al que nos han enseñado a adorar dice que la juventud y la belleza dan poder y experiencia. Por desgracia, muchas de nosotras compramos el mensaje que nos envían los medios de que hay algo malo con el proceso de envejecimiento de la mujer.

La consecuencia es que si no alcanzamos algún modelo imposible nadie nos querrá. Por el contrario, seremos admiradas y luego nos admiraremos nosotras mismas y añoraremos ser amadas y, por último, el sexo será fabuloso si "arreglamos" los abultamientos y disminuimos las líneas.

¿Es verdad? ¿Puede hacerse más sexy y sentirse más erótica si se ve veinte años menor? ¿El deseo despertará si le hacen una liposucción en su estómago o si agranda o diminuye sus senos? ¿Qué hace el cambio de su imagen externa a su visión interna y qué tipo de impacto tiene en su vida sexual?

Si está consciente de que los senos cuelgan o de las arrugas, usted puede sentirse muy vulnerable para soportar cualquier cosa y por consiguiente puede evitar el sexo; pero si está orgullosa de la sonrisa que han provocado esas líneas de expresión profundas y si ama a los hijos que alimentó con esos senos más que tristes, tal vez puede empezar a ver su nuevo cuerpo incluso más sexual de lo que era antes. ¿Cómo se puede sentir sexy a los 30, 40, 80 o 100 años cuando la cara y el cuerpo no correspondan a una visión particular? En este capítulo, examinaremos las elecciones que las mujeres toman para alterar la cara y el cuerpo y ver si las "mejoras" estéticas en realidad ayudan o impiden la sexualidad.

Remodelación del cuerpo y la cara

Cualquier alteración, simple como Botox en las arrugas o tan compleja como volver a dar forma a la cadera, los muslos o el trasero es una visión temporal en un plano de nuestra existencia. Sí, el cuerpo físico refleja el cuerpo psicológico, pero el concepto de nosotras mismas no sólo deriva de nuestro cuerpo si estamos sanas. ¿Qué hay del cuerpo del que estamos hablando? ¿Qué hay de los miembros flexibles de la adolescencia y la cara barrosa? ¿Qué hay de la madre joven con la piel brillante y la cadera redonda? ¿O qué hay de la mujer que pasa por la menopausia con venas notorias y los senos que se acercan un poco más a su cintura de lo que antes lo estaban? La misma mujer cambia una y otra vez en alguien un poco diferente porque el cuerpo humano está en flujo constante. Cada siete años tenemos un conjunto de huesos nuevo; en unos cuantos días mudamos una capa de la piel. Lo que usted tiene a los 20 no es nada comparado con lo que tendrá a los 60 y cada edad tiene sus propios encantos y desventajas. Los senos firmes cortesía de los implantes de salina tal vez la hagan sentirse ardiente a los 28 años, pero ¿suponga que no le hacen posible alimentar a su hijo en el futuro? La liposucción en su trasero para que se pueda ver atractiva en tanga tal vez sea importante a los 50 años, pero ¿en realidad quiere esa ropa horrible a los 80 años? La variedad de opciones para mejorar su estado físico es increíble, pero ¿si no podemos regresar, queremos avanzar? Ser joven y bella no necesariamente la hace ser sexy; ser vieja y tener canas no significa que no lo es.

Aun así la cirugía estética es una actividad popular para muchas personas que buscan un nuevo sentido de ellas mismas; pese al hecho de que estos procedimientos tienen riesgos, los cuales implican un corte, están relacionados con la sangre y la posible infección; además de todo tipo de problemas como resultado de la anestesia y también está el error humano, el que hoy en día es más y más común en los hospitales. ¿Imagínese que le estiran demasiado los ojos? ¿Imagínese que en la liposucción sacan mucho fluido con la grasa? ¿Se arriesgaría a tanto por un resultado incierto? El peligro de las complicaciones graves de la cirugía estética oscila desde 2% (de acuerdo con *U.S. News & World Report*); además, siempre existe la posibilidad de desarrollar una cicatriz en cualquier área que es cortada y cosida.

A pesar de lo anterior, más y más mujeres parecen creer que cambiar el exterior resolverá los conflictos y descontentos del interior. En 1998 en Estados Unidos se llevaron a cabo 946 784 cirugías estéticas a mujeres (las cirugías practicadas a los hombres alcanzaron la miserable cantidad de 99 000).[2] Una de diez mujeres entre los 55 y 64 años ha tenido un tipo de cirugía estética, más de dos veces el número en cualquier otro grupo,[3] para sentirse bella, y en algunas para sentirse sexy, ellas deben igualar una imagen o fantasía que con probabilidad comenzó en la niñez y se desarrolló con el paso de los años.

Lo cual nos trae las cuatro diferentes razones por las que las mujeres eligen la cirugía estética. Las primeras dos pueden ofrecer un beneficio a las mujeres que quieren sentirse más sensuales; la segunda posiblemente funcionará en contra de la sensación de deseo de la mujer. Las mujeres tal vez elijan la cirugía estética para entrar mejor en su propia piel; ser más visibles en una sociedad que ignora a las mujeres mayores; aumentar la probabilidad de beneficios tangibles, como un hombre o un trabajo nuevo o verse, y ser, absolutamente perfecta. Para las mujeres que escudriñan cada falla, verse bien es una meta desesperada, no el simple deseo de un cambio.

MOTIVOS PARA OPTAR POR LA CIRUGÍA ESTÉTICA: DESDE LOS RAZONABLES HASTA LOS RIDÍCULOS

1. SENTIRSE MÁS CÓMODA

La reducción de los senos para facilitar el movimiento y mejorar la imagen personal se realiza para:

arreglar una falla, como una barbilla caída o una nariz grande, que la parte operada sea de tamaño "normal" o agradable.

2. SENTIRSE MÁS VISIBLE

la frustración del proceso de envejecimiento se enfrenta para:

verse mejor, de la forma en que se siente, activa y vital en vez de cansada y deprimida,

volver a integrarse a la sociedad después de un divorcio o la muerte del esposo.

3. LOGRAR UNA VENTAJA

Para cambiar la percepción de sí misma cuando se siente como una persona no deseable físicamente.

Para mejorar una característica (los senos, los labios o el trasero) asociada con el sexo.

Para convencer al mundo de que usted es joven y está lista para un ascenso en su carrera.

4. VERSE PERFECTA

Para igualar una imagen irreal difundida por los medios.

Para satisfacer un patrón imposible de usted misma.

Para hacer todo "correcto" para la pareja.

Cuando una mujer elige un procedimiento para revitalizar el sentido de sí misma puede ganar confianza sexual conforme elimina las fallas físicas; no obstante, hay muy poca esperanza de que el sexo en su vida mejore si depende de un procedimiento que busca sublimar la imagen de algo inalcanzable.

El mejoramiento de la cara y la figura originales

Nuestros sentimientos acerca de lo que es agradable estéticamente están basados en inclinaciones étnicas, raciales y religiosas, así como en la fuerte influencia de los medios. Si vivimos con un hombre o una mujer más joven estaremos más conscientes de la piel flácida debajo del cuello o las líneas de expresión alrededor de los ojos. Nosotros queremos igualarnos a nuestra pareja si ésta se ve joven. A través del arte y la ciencia de la cirugía plástica cualquier cosa es posible.

El problema es que al remodelar el exterior del cuerpo, no siempre podemos cambiar nuestra visión interna. Si de niñas nos hubieran dicho que no debíamos meter nuestra "enorme nariz" en los asuntos de otros o nos llamaban "Elsie" cuando éramos adolescentes por nuestros senos grandes, conforme envejecemos es difícil perder la mentalidad de que somos el patito feo.

Kathy, quien a los 57 años se hizo una reducción de la nariz con un estiramiento de la cara, dijo, "Cuando era una adolescente mi hermana se hizo la cirugía que yo quería. Siempre odié mi nariz, pero no era el tipo de cosas que se le hicieran a los niños de un pueblo del Medio Oeste, en especial porque mis padres me consideraban la inteligente y a mi hermana la bonita. Yo acostumbraba dejarles notas a mis padres que decían, *No sean malos, mándenme hacer una rinoplastia*, pero ellos me ignoraban. Pero a mi hermana, con el tabique desviado, la operaron de la nariz, lo cual, por cierto, fue terrible y la hizo ver como un puerco. Mientras tanto mi madre se disolvía en la menopausia y se veía como una matrona. Se dejó crecer las canas, subió mucho de peso y abrigó con totalidad la postura de matrona. Yo estaba determinada a nunca ser como ella y ser una mujer sensual; así que opté por la cirugía."

La mayoría de nosotras hacemos sólo algo pequeño para cambiar nuestra apariencia, desde usar maquillaje y esmalte de uñas hasta cambiarnos el color de cabello y retocarnos las uñas postizas cada semana. Una mujer que desea un pequeño cambio, nada muy drástico o caro, puede moldear su cuerpo con un entrenador personal, puede blanquearse los dientes, depilarse las cejas y cortar su vello púbico en forma de un corazón o en forma de perilla, también existe la depilación por electrolisis o láser y masajes del tejido adiposo para quitar la celulitis.

Pero mientras hacemos mejoras más elaboradas al cuerpo, descubrimos la dermabrasión; los tatuajes permanentes en los labios y los ojos; el colágeno de vaca, de grasa humana o el gel de azúcar de más duración (ácido hialurónico) para abultar los labios y llenar las líneas de expresión. La Sociedad Estadounidense de Cirujanos Plásticos y Reconstructivos señalan que después de la liposucción, las cirugías más populares son el aumento de los senos, el estiramiento de los ojos (blefaroplastia), el levantamiento de la cara (ritidectomía), la reconstrucción de la nariz (rinoplastia), los *peelings* químicos, las inyecciones de colágeno y la extirpación de los implantes de senos (deshacer el trabajo quirúrgico que se ha hecho con anterioridad). Las buenas candidatas para la cirugía son clientas frecuentes, 21% de ellas regresan por más y hay muchos procedimientos, por lo que se puede volver adicta con facilidad.

Veamos una distinción importante entre aquellas que ven su físico como algo primario y a aquellas que le dan prioridad, aun así pueden reconocer que hay más sexo que una cara joven y un cuerpo ardiente. Así que no importa cuántos puntos se da por inteligencia y personalidad, si odia la forma en la que se ve puede ser difícil considerarse deseable y sexual. La pregunta más importante es si sentir deseo en realidad nos hace sentirnos deseables.

Para ser sexy y sexual se requiere de cierto sentido de abandono, despreocupación, confianza, flexibilidad y diversión. La cirugía estética puede ayudar a darnos estos atributos o puede inhibirlos, todo depende de la mujer.

La decisión de la cirugía estética

Comencemos dando por sentado que usted ha pensado por mucho tiempo y detenidamente acerca de esta revisión en su cara y cuerpo y tiene unos cuantos miles de dólares extras reservados para un procedimiento. Es muy importante que se acerque con cuidado a esta aventura y aprenda con exactitud qué se permite en la cirugía.

Revise sus motivos. ¿Siempre ha odiado una característica o una parte de su cuerpo? Debido a que la imagen del cuerpo está constituida la mayor parte por nuestras ideas, actitudes y creencias vale la pena considerar si se evalúa de una manera realista o ha distorsionado la idea de la forma en que quiere verse. Básicamente si a usted le gusta lo que ve y sólo quiere alterar una parte, entonces la cirugía puede ser una opción. Si no puede soportar nada de usted, tal vez sea buena idea tomar una terapia en vez de ir a ver al cirujano plástico.[4]

Haga su tarea antes de seleccionar un cirujano. Vea a varios médicos recomendados por sus amigas que se ven fantásticas o por otro médico con pacientes que están muy contentas con el resultado. Revise las licencias del médico y vea las listas de las agencias de regulación de salud para ver si hay alguna queja en contra de ellos.

Haga citas con varios cirujanos. La mayoría de las mujeres entrevistadas para este libro dijeron que vieron al menos tres veces o más al cirujano antes de tomar una decisión. Muchas viajaron por el país para visitar al cirujano que tenía el mejor plan para su renovación. Una de las incertidumbres más importantes de la cirugía estética es que cada médico al que va tiene una idea diferente de lo que debe hacerse. Algunos están motivados por el dinero, mientras más le hagan habrá mayores ganancias, pero otros son honestos, éticos y trabajan desde la perspectiva de la experiencia estética. Algunas mujeres con las que hablamos tomarán su decisión con base en la forma de pensar de su médico de cabecera. Una persona que les dijo que se veían cansadas o viejas no ganaba muchos puntos como la que les dijo que necesitaban "un pequeño ajuste".

Si es posible, que a estas citas la acompañe una amiga o su esposo. Cambiar su cara y el cuerpo es una aventura extremadamente emocional y puede no ser racional del todo sobre lo que quiera hacerse.

Algunos médicos insisten en que empiece a cambiar el curso de su estilo de vida meses antes de la operación. Si le van a hacer un levantamiento de la cara le pueden advertir que no tome alcohol, no use drogas como diversión, no fume o ni coma en exceso. Si le van a hacer una liposucción o a moldear el cuerpo le pueden sugerir que baje de peso antes de la cirugía. Si en verdad se compromete con este proceso siga las instrucciones al pie de la letra, ésta podría ser la diferencia entre un cambio físico que dure un año o dos a uno que se vea grandioso después de diez años.

Antes de empezar el proceso pregunte a su médico:

¿En qué consiste la cirugía?
¿Cuánto cuesta? ¿Cuándo debo pagar?

¿Cómo debo prepararme para la cirugía?

¿Cuánto dura la operación? ¿Qué tipo de anestesia utilizará?

¿Cuánto durará la recuperación?

¿Hay cosas que debería evitar o algo que debería hacer mientras me recupero?

¿Existe un riesgo en la cirugía?

¿Cuánto tiempo pasará antes de que me sienta bien?

¿Cuánto durarán los resultados?

Si usted es realista acerca de las posibilidades de esta cirugía es más probable que esté feliz con los resultados. Pero, si tiene expectativas que nunca podrán realizarse (por ejemplo, quiere verse de 25 cuando tiene 50 años), usted regresará por más antes de que sanen las cicatrices y nunca estará satisfecha con los resultados.

Siéntase cómoda: la cirugía como reafirmación

La mayoría de las candidatas para la cirugía estética es gente muy estable que elige la cirugía estética no por desagrado o aversión a ellas mismas, sino por esperanza. Pueden ser más narcisistas de lo que está bien para ellas, pero considerándolo todo, no les falta autoestima o sufren de una ansiedad social importante.[5] Saben, en su interior, que la cara y el cuerpo que ven en el espejo está bien, pero puede ser mejor. Los cambios hechos gracias a una buena cirugía regularmente son tan pequeños que nadie puede notar la diferencia, aunque aun así la paciente está encantada con su nueva imagen y sonríe más, ve a los ojos a la gente y en general se ve más atractiva porque se siente mejor.

Louisa, una mujer de 39 años, de Delaware, dijo que a ella siempre le gustó su cuerpo grande, pero la liposucción la ayudó a sentirse mejor. La cirugía le ofreció una forma de manipular lo bueno y reducir su cuerpo a un tamaño manejable.

Confesó: "Siempre fui pesada, desde que tenía 10 años. Mi vestido de novia era talla 20 y mi diámetro era 1.72 cm y pesaba 115 kilos. Le preguntaba a mi esposo si le importaba y él decía, '¿Estás bromeando? De ti quiero lo que más pueda obtener.' En nuestra luna de miel fuimos a Hedonism en Jamaica y pasamos la mayor parte del tiempo en una playa nudista. Tú sabes, todos esos tipos de cuerpos, nadie se queda mirando a una persona gorda porque hay muchas."

"De cualquier modo, hace seis años me dio cáncer uterino y me hicieron una histerectomía parcial y tengo una incisión que va desde una pulgada arriba de mi ombligo hasta la punta de mi vello púbico. Conforme empecé a recuperarme perdí peso y pude hacer más ejercicio e hice de todo, caminar, *Tae Bo* y escalar rocas. Baje a 73 kg, pero la gente seguía preguntándome cuándo iba a terminar porque todo me colgaba, como una envoltura. Así que me redujeron el vientre con una liposucción, y por un tiempo pensé que era preciosa; pero después de la histerectomía se me formó una hernia, por lo que mi cirugía siguiente fue para reparar esa incisión. Al mismo tiempo el cirujano plástico quitó la cicatriz; además, hizo una reducción del costado de mis caderas, era como si tuviera la mitad de una pelota de fútbol en cada cadera, pero eso lo quitó el médico, ¡Dios lo bendiga!"

"Ahora peso alrededor de 87 kilos y me encanta la forma en la que me veo. Me siento entusiasmada sexualmente, pienso que soy más difícil de complacer de lo que era antes. No me cuelga nada en mi cuerpo; de hecho, mi esposo y yo tuvimos relaciones sexuales en la playa sobre una toalla al lado de mi amiga, a ella no le importó, estaba leyendo un libro. He hecho cosas que nunca habría hecho antes. Le dije a mi esposo que después quería una cirugía en los senos, y respondió, 'Oye, lo que quieras, pero en este momento estás muy atractiva.'"

De acuerdo con las tablas de las aseguradoras, Louisa sería considerada una persona pasada de peso. Pero los kilos en la escala no han sido un obstáculo en su sexualidad. Debido a que está muy bien adaptada a aceptarse, se siente sensual en un peso que la mayoría de las mujeres considerarían devastador. Para ella la cirugía fue un asunto simple de estar más cómoda con su piel.

Las mujeres muy bien dotadas también pueden sufrir un efecto espantoso por la cirugía estética. La reducción del tamaño de los senos puede expandir el mundo en el que vive una mujer. Joellen, una enfermera de 32 años, comentó: "La gente me veía fijamente cuando entraba a un lugar y todos los hombres giraban la cabeza para mirarme. Luego me gritaban en la calle cosas como *¿Oye, nena puedo tomar un poco de leche?* Tenía que comprar sostén y ropa especiales. El médico me cambió de copa doble E a D y es maravilioso. Puedo recostarme en mi estomago, salir a trotar y hacer todo lo que quiero. Ahora los hombres me ven pero creo que me ven atractiva, no rara."

Hay una buena razón para cortar el tejido de los senos que ocasiona problemas físicos. Una mujer muy grande puede optar por la cirugía porque sufre de muchos dolores de espalda y fatiga sólo de intentar sostener esa piel. Estar muy dotada se vuelve más difícil con la edad, cuando los músculos ya no sostienen el tejido adiposo con eficacia, y los senos pueden colgar hasta la cintura. Los senos colgantes, recuerdo de la abuela, de las nanas o de las mujeres que amamantaron a muchos bebés no expresan una imagen erótica.

Pero después de la cirugía una mujer con senos bien proporcionados puede tener un enorme placer al apreciar cómo se ve, se siente y se mueve, lo cual puede motivarla a ser más abierta y más sexual. Si su figura y forma no la están deteniendo en verdad puede disfrutarse. Después de años de cubrirse y usar ropa holgada, la mujer que está cómoda con su cuerpo en verdad puede lucirlo.

Salga de la oscuridad. Véase tan bien como se siente

Una segunda razón para optar por la cirugía estética es recuperar el sentido de uno mismo al volverse más visible. Nancy, quien a los 50 años decidió darse "una manita de gato" en la cara, dijo: "Me veía más vieja que otras mujeres de mi edad y también me sentía más vieja. No me interesaba el sexo en lo más mínimo, simplemente ya no me importaba porque nadie me veía como si fuera un ser sexual. Recuerdo que un día compré un bastidor grande para la puerta de mi clóset y no encontraba un taxi, por lo que tuve que cargarlo y caminar diez cuadras de regreso a mi departamento. Mientras caminaba me di cuenta de cómo hace diez años cuando era adorable y atractiva algunos hombres se hubieran detenido para a ayudarme. Eso es una forma muy sexista de verlo, pero tengo que confesar mis sentimientos. Honestamente creía que sólo las mujeres bonitas con cabello hermoso y piernas largas deseaban el sexo porque los hombres las veían atractivas y el interés en ellas era lo que despertaba su propio deseo. Pensé que si me arreglaba un poco no sería invisible y luego me sentiría sexy."

Es molesto sentirse invisible. La idea de que no te aprecien o ignoren es un asunto con el que batallan muchas mujeres desde niñas, cuando se dan cuenta de que es necesario balancearse o actuar "encantadora" para obtener la atención de su padre. Y conforme envejecemos creo que nos desvanecemos en el fondo, perdemos el sentido de ser deseadas. Así que ésta es una forma en la que la cirugía estética puede ayudar a la mujer a sentirse más sexual.

Lucy de 57 años dijo: "Llegué al punto donde ya no era la heroína de mis fantasías. Mi actual esposo y yo nos habíamos enamorado a primera vista y no creo que a él le importara mi nariz muy angosta o mi labio superior corrugado, el cual es justo como el de mi madre. Después de diez años de casados, comencé a pensar en verme atractiva para sentirme excitada por dentro. Siempre quise que me operaran la nariz y pensé, oye, hagámoslo todo. Después de consultar con tres médicos diferentes, decidí hacerme una cirugía de la nariz, los párpados, el levantamiento clásico de la cara, el implante de la barbilla y la cirugía láser en mi labio superior seguida de inyecciones de grasa en mi cadera."

"Justo después de la cirugía parecía como si hubiera tenido un accidente automovilístico. Mi esposo se tomó diez días libres para cuidarme y nunca me hizo sentir que era realmente duro verme. Fue muy cuidadoso y me apoyó, estuvo bien que no nos besáramos porque no podía fruncir los labios, pues dolía demasiado."

"Hace un mes de la cirugía y los ojos todavía están resecos y la cara como entumecida. Pero estoy muy feliz con los resultados y en diez años, si creo que lo necesito, me doy otro arreglo. No me veo más joven, todavía tengo arrugas, pero ése no es el punto. Supongo que en alguna parte quiero verme otra vez de 30 años, pero en lugar de eso estoy encantada de verme muy atractiva a los 50. La cirugía no me convirtió en una persona diferente, pero si no lo hubiera hecho, con el tiempo hubiera cambiado para convertirme en una mujer que no se sentía deseable y por lo tanto no sentiría deseo."

Lucy era una clienta ideal de la cirugía estética porque sabía qué quería y lo obtuvo exactamente. Reclamar deseo tiene mucho que ver con ser percibida y apreciar a la persona que nos aprecia. Cuando usted es visible se muestra al mundo, lo cual es muy sexy.

Asuntos prácticos. La cirugía la ayudará a seguir adelante

La tercera razón por la que las mujeres optan por la cirugía estética es puramente práctica: creen que les ayudará a seguir adelante o a conseguir una pareja. Para ellas el físico es una herramienta con la cual conquistar un territorio nuevo, empezar un negocio, entrenar para un maratón o conseguir un amante nuevo. Denise Thomas, asesora de cirugía estética en

Nueva York, dice:[6] "A los 20 años empieza la vida sexual y puede mejorar a los 30, pero usted quiere ser mejor de lo que es, en especial si compite con otra mujer por un hombre y por un trabajo bueno. Las mujeres quieren sentir que tienen una ventaja, en especial cuando envejecen o si han perdido esta ventaja desean recuperarla. Muchas quieren tener hombres más jóvenes, razón por la cual una cara lisa y un cuerpo renovado pueden ser más importantes que sólo ser bellas y sensuales."

Hay muchas que coinciden con la teoría de Thomas o han estado convencidas de que la cirugía tiene mucho sentido y puede abrir las puertas a nuevos prospectos tanto personal como profesionalmente. Janice, madre de tres hijos y diseñadora de joyería, decidió que le levantaran el vientre después de que su último hijo cumplió tres años y cuando estaba entusiasmada de llevar su negocio a una escala más alta. "Todavía me veía embarazada, mi barriga era enorme aunque bajé de peso. Tenía mucha competencia con diseñadoras de joyería que eran muy jóvenes y tenían cadera. La industria de la moda es cruel, aun en los accesorios, que es a lo que me dedico; no vas a llegar a ningún lado si pareces una ama de casa."

"El primer médico que vi quería hacer la cirugía como un procedimiento de oficina, una cirugía de un día. Así que me presenté y las enfermeras buscaron mi expediente y dijeron, 'Ay, no hicimos los exámenes preoperatorios, así que no se le puede realizar la operación.' El médico apareció y dijo, 'Bueno, no hay problema, ya está aquí, hagámoslo', por lo que el anestesista me durmió; lo siguiente que supe fue que me despertaron diciendo que tenía un ritmo cardiaco irregular así que no me iban a operar sin la aprobación de un cardiólogo."

"Me da mucho miedo pensar en eso, ¡y si pasaba algo malo! Pero estaba tan desesperada que en realidad no pensé en mi salud. De cualquier modo encontré a otro cirujano y él hizo todos los exámenes necesarios y por 6 000 dólares me hicieron la operación en un hospital."

"Por un año estuve muy feliz con mi estomago plano... pero luego empezó a esponjarse un poco y llamé de nuevo al cirujano y me quejé.

Él dijo que en realidad había perdido músculos del estómago y esto era de esperarse a menos que hiciera abdominales todos los días (yo no las hacía), pero él me haría una liposucción y otra vez me vería estupenda, así que me la hice. Me hizo una liposucción en el torso, el tronco y las axilas; me costó 3 000 dólares, pero puso en mi forma del seguro que me había operado una hernia umbilical, y me la pagaron. Tengo que decirlo, la cirugía extra no valió la pena; no veo la diferencia."

"¿Por qué hice todo eso? Quería que la ropa me quedara mejor; deseaba sentirme mejor conmigo misma, ahora lo estoy. Quería tener suficiente cadera para en verdad vender un producto muy moderno que producía. No, no desfilé desnuda por la casa, no soy ese tipo de persona. Mi esposo siempre ha sido cáustico acerca de la 'gente gorda' y ahora critica mi cuerpo justo como lo hacía antes de las cirugías. Tengo que ignorarlo. No hay magia en esto, en verdad no hizo el sexo mejor para mí. Pero vendo más y ahora eso es lo importante. Me gusta mejorar. Nunca esperé que cambiaría mi vida sexual."

¿Hubiera pasado por todo esto Janice si su negocio no le hubiera exigido aparecer de cierta forma, si su esposo no despreciara a alguien con sobrepeso? La liposucción es la cirugía estética más común que se realiza en el campo, aunque hay varias personas que han muerto por este procedimiento.[7] La piel que cuelga, la celulitis, las barrigas fofas y muchas partes del paquete humano, conforme envejecemos, se vuelven más grandes. Por supuesto, no sólo las personas expuestas al ojo público o en los negocios en donde se tiene que ser joven, son las que sienten que la gordura debe ser eliminada para convertirse en bellas y sensuales. Conforme nos integramos a la cultura del video, una nación de clientes visuales tememos que todas las miradas estén sobre nosotros; pero en realidad es el ojo interno el que es tan crítico y exigente.

Los senos y el sexo

No hemos evolucionado mucho en lo que se refiere al tamaño de los senos. La mujer ideal ha cambiado de manera drástica con el paso de los siglos, pero Barbie y Marilyn Monroe todavía hacen gran sombra sobre las mujeres. Ellas sienten que para ser sensuales deben tener senos grandes.

Hoy en día en Estados Unidos los senos firmes están de moda. Y está más de moda en un cuerpo delgado al que le quede bien la ropa y con senos levantados que sobresalgan de un escote profundo.[8]

Si usted no los tiene, pero los quiere puede darse una vuelta al consultorio del cirujano plástico más cercano y salir como una mujer más grande. Aunque la mayoría de las parejas sexuales, mujeres y hombres, dicen que "más de un bocado es desperdiciado", existe el entendimiento de que es algo deseable ser voluptuosa y que los senos se derramen del escote o sólo tener un escote.

No sólo es el tamaño de los senos lo que otorga un nivel sexual, sino el tamaño del pezón. Los pezones son sensuales. Cuando una mujer tiene mucho frío o está excitada sexualmente pueden verse erectos a través de la playera. En estos días, a pesar de que todas las formas de roce sexual aparecen en la televisión, la mayoría de las televisoras pondrán un mosaico borroso alrededor de los pezones de la mujer porque son muy candentes a la vista. Pero como aún muchas mujeres no exigen un aumento en el pezón y la aréola, el concepto está muy lejos de alguna mente ingeniosa de un cirujano plástico. ¡Imagínese el día cuando pueda detenerse en un salón de belleza a que le corten el cabello o le arreglen las uñas y luego vaya a la siguiente puerta para que le aumenten los pezones!

Toni, una ajustadora de seguros de 37 años, comentó: "Mi esposo había pasado momentos difíciles. Nuestra vida sexual estaba en el basurero, así que pensé, ¿qué puedo hacer para que me ponga atención? Pensé que quizás estaba perdiendo interés, pero los implantes en verdad salvaron mi matrimonio. No podía quitarme las manos de encima. Le encantaba verme y eso a mí me fascinaba. Ahora me siento como una verdadera mujer."

La decisión de Toni por someterse a la cirugía parece muy práctica, pero es difícil imaginar que sus senos nuevos animarán un matrimonio que tiene problemas. Antes de la cirugía Toni estaba preocupada por no ser una mujer "verdadera", lo que dice mucho de su falta de confianza en su propia feminidad. Lo que es más el punto es que su matrimonio pudo construirse en ideales irreales. Esperar unos senos o una cara nuevos para cimentar una relación es completamente irreal; aun así, hay mujeres que se aferran a esta esperanza como un salvavidas.

Grandes esperanzas. ¿Qué tan realistas son?

Regularmente lo que hace infeliz a una mujer con su cirugía estética no es el resultado del procedimiento, sino la incapacidad de alterar las expectativas. Para una persona ajena a la paciente en recuperación se ve bien, pero para la mujer que se ha visto en el espejo miles de veces y todavía no puede aceptar lo que ve, el mejoramiento no es suficiente.

Los beneficios de cualquier cirugía duran aproximadamente diez años, lo que la mantiene una década más delante de sus años cronológicos, pero obviamente no detiene la marcha del tiempo. Un día, le guste o no, envejecerá. Diez años aquí o allá son sólo unas cuantas onzas de tejido epitelial en la cubeta; a menos que siga operándose.

Milagro dijo: "A los 53 años decidí que me estiraran la cara, cuando mi hija me dijo que se casaría el año siguiente." Ella era una mujer delgada de edad indeterminada, originaria de Brasil que ahora vivía en California. "Mi esposo dijo, '¿Por qué quieres hacerlo? Te ves fabulosa, más joven que cualquiera de tu edad.' Pero yo estaba pensando en el futuro y cómo sería envejecer. Pasé toda la vida en el sol y lo estaba pagando."

"Después de entrevistarme con cuatro cirujanos me decidí por un médico maravilloso que cobraba la mitad que los demás. He recibido presupuestos que oscilan de 15 000 a 56 000 dólares, según la cirugía que sugerían."

"La cirugía no fue la parte mala, sino después. No puedes dormir, te tienes que levantar y luego están estas grapas en las sienes, enfrente y detrás de las orejas y la maldita que está en la parte de atrás del cráneo."

"Después de dos semanas mi esposo me rogaba que regresara a casa. Todavía estaba roja y debía usar bloqueador solar grasoso, pero me peinaron y para el viaje en avión llevaba puesto algo que a él en verdad le gustaba. Cuando nos reunimos en el aeropuerto hizo como que no me conocía y me preguntó sonriendo, '¿Perdone jovencita, ha visto a mi esposa?'"

"En seis meses estaba casi complacida con los resultados. No estaba tan ojerosa como antes y mi piel tenía un brillo maravilloso. Supongo que soy más atractiva. Pero después de otros seis meses me encontré nuevas arrugas. Mi médico me dijo cuando me quejé, 'No tiene una cara de plástico. Es humana, es de carne y sangre, así que cambia. El tiempo no se detiene.'"

"Yo sonreí y dije, 'No, pero podemos hacerlo más lento, doc, le voy a pagar.'"

La pregunta es si Milagro regresará por más. Es muy claro que esta mujer tiene una imagen de ella en su cabeza, rejuvenecida, fresca, que conforma su ideal personal de la feminidad, al menos en el exterior. Pero sólo un año después de la cirugía está peligrosamente cerca de la insatisfacción. Será inevitable que le salgan más líneas y la cirugía repetida no puede hacer mucho. ¿Cuándo sabrá que es suficiente? ¿Y si ella no se da cuenta de lo anterior, su experiencia con la cirugía al final hará que sus sentimientos hacia ella sean peores en vez de mejores?

Cuando la cirugía no resuelve el problema

No todas están contentas cuando abren los ojos y se ven la cara con vendas y moretones o el estómago engrapado. Incluso después de que el proceso de recuperación tiene una oportunidad de funcionar, las mujeres pueden descubrir que la fuente de la juventud tiene unas cuantas piedras y en ocasiones, agua de mal sabor. ¿Quién dice que Venus era una mujer joven sin líneas ni arrugas? Después de todo, ella era una diosa que vivió por siglos. Es más probable que su sonrisa estuviera coronada por arrugas profundas y que las patas de gallo rodearan sus ojos exquisitos; pero sólo lo podemos suponer.

Olivia, de 47 años, mencionó: "Hace unos años decidí que me quitaran las bolsas de los ojos. Me veía como mi madre, quien tenía el mismo problema, pero ella esperó hasta los 69 años para hacerse la cirugía, así que no le ayudó mucho. Bueno, me pregunté, ¿por qué no hacerme algo más si me van a poner anestesia? Le pregunté al médico si podíamos hacer algo por la barbilla y la papada que se desarrollaba abajo, y me hacía verme mayor. Así que me dijo te haré un implante de barbilla y una liposucción de la grasa de abajo y me prometió que quedaría muy feliz con los resultados. La recuperación no sería muy larga, no tendría que dejar el trabajo por mucho tiempo, entonces le dije que sí."

"Desperté de la cirugía y mi única queja era el entumecimiento de mi labio posterior, por lo que llegué a casa y al día siguiente llamé al médico para preguntarle cuándo me quitaría la novocaína. Él dijo que la sensación de entumecimiento era normal, desaparecería gradualmente, pero no lo hizo; han pasado ya nueve años de la cirugía. Regresé unas cuantas veces y finalmente el médico admitió que tenía un daño permanente en el nervio. Siempre estoy consciente de eso cuando como, hablo y obviamente cuando beso. Es peor cuando escurre."

"A veces quiero gritar, es tan intenso, la sensación de entumecimiento, es una sensación anormal. Otras veces es menor, pero siempre está ahí."

"No me arrepiento de haberlo hecho. Puedo decir que logré el resultado estético que quería. Sé que pensarás que estoy loca, pero en realidad pienso hacerme un estiramiento de toda la cara cuando cumpla 50 años. Es obvio que no regresaré con el mismo médico y espero que no haya complicaciones como la última vez. Bueno, no me veré de 40 años cuando tenga 70, pero me veré de 60 y eso para mí es suficiente."

Olivia pagó un precio muy caro por su barbilla. ¿Es lógico que le importe más la imagen que valorar su cara y cuerpo que tiene de nacimiento? En un momento tenemos que enfrentar quiénes y qué somos, eso incluye la forma en que nos vemos. Usted puede crear algo casi nuevo de toda la variedad de cirugías, cosméticos, cremas y pociones, pero con lo que terminará, básicamente, es con la persona de abajo que día a día envejece. Si su concepto de usted misma no cambia para seguir con su matrimonio nunca nos podremos ver como algo sexy al llegar a los 70, 80 y 90 años.

La meta de la perfección

Joanne dirige una agencia de modelos en Santa Barbara y a los 54 años está orgullosa del salto de ser una modelo hasta manejar las carreras de otras mujeres hermosas. Al ver sus fotos uno diría que apenas tiene 40 años. Su cabello es oscuro y brillante, su piel no da muestras de daños por el sol o por desvelarse con muchos martinis. Es hermosa y lo sabe.

"Mi novio es veintitrés años menor que yo y le encanta cómo me veo y yo me aseguro que le siga gustando. Tengo un espejo en mi mesa de noche para ver si se me ha corrido el rimel y tengo un espejo grande en el armario frente a la cama para revisar cuando hago el amor. Si me pongo en una posición donde mi vientre se cuelga o se ve muy asqueroso me cambio con rapidez. Me gusta que me vean, pero no me gusta estar desarreglada. No soy el tipo de mujer que desgarra su ropa hacia la cama y empieza a hacer el amor con sólo los calcetines y los lentes puestos. ¡Eso se vería tan mal! Aún no me he hecho ninguna cirugía estética, pero créeme, lo haré al momento que vea esas bolsas en el cuello o un bulto alrededor de los ojos. Estoy segura de qué arreglarme cuando las cosas empiecen a caerse, me hará más sexy, pero no espero que me haga sentir más sexy. Desde la menopausia ya no tengo mucho deseo. Lo finjo y simulo por mi novio, pero ahora todo está bien. Es un poco triste, siento como si hubiera perdido un buen amigo."

Joanne ha sido decorada con su cuerpo y cara hermosos y su actitud es literalmente un veneno para el buen sexo. Para sentirnos femeninas y encantadoras debemos hacer muchas cosas, entre otras las que dicen: "bájese y ensúciese". La mujer que necesita estar bella todo el tiempo está atorada en la forma y no puede funcionar. Su apariencia ideal está congelada en una cara y un cuerpo perfectos, pero no puede respirar y dejar salir su vientre ni pensar en un orgasmo.

Si nos concentramos en lo externo, lo cual es, por supuesto, la razón aparente de la cirugía estética, perdemos la parte más vital de nosotros. Esta casa que habitamos cambia de momento a momento, podemos aceptarlo o luchar contra ello, pero el cambio es natural y normal, también sucede en el interior y en el exterior. Una mujer que piensa que puede encerrarse en una forma física inmutable sólo se engaña. Es más, abandona su verdadera sexualidad, la cual le permite que entren todos los individuos que vienen, los ricos y pobres, los bellos y los que no son tan bellos, los jóvenes y los mayores.

Para Lucy y Nancy, quienes se sienten más sensuales porque pueden verse con más claridad, y para Louisa, quien aunque todavía es una mujer pesada le gusta otra vez la sensación de su cuerpo, la cirugía estética ha sido un beneficio muy grande. Para Milagro, quien sin razón exige su imagen, y para Joanne, para la que su cuerpo es todo, entrometerse con los dioses es un error. Sólo podemos esperar a que lo descubran antes de que sea demasiado tarde.

Para la mayoría de las mujeres cuya vida sexual es sólo una porción de un compromiso, de una relación amorosa, con el tiempo la realización les hará darse cuenta de que la apariencia no importa tanto. Entre más vea con los ojos del amor menos fallas verá. Y cuando ese afecto se refleje en el espejo puede aliviarla de cualquier aprensión que tenga acerca de no ser una mujer deseable y candente.

¿Por qué no puede verse deseable si alguien más lo hace? Es tiempo de que se enamore de usted, con todas sus fallas y defectos, líneas y bolsas. ¿Por qué no puede entusiasmarse con su propia cara, la que ha visto el dolor, lo absurdo, el aburrimiento y la rabia? ¿Qué tienen que ver un estómago plano o unos senos de tamaño perfecto con su sexualidad? La doctora. Nancy Etcoff, una psicóloga en la Escuela de Medicina de Harvard, fue citada en la revista *Modern Maturity* sobre el asunto de enfrentar la cara y el cuerpo en los que crecemos con el paso de los años. "Cuando se le estira la piel usted obtiene una apariencia de ojos abiertos en blanco. Cuando trata de quitar las pequeñas arrugas alrededor de los ojos y la boca provocadas por reír, quita mucha de esa historia. Creo que ése es un precio muy alto de la cirugía."

Nuestra historia personal nos hace sensuales. Nuestra conciencia, inteligencia, risa, orgullo, y por supuesto la forma en que nos ajustamos a nuestra piel, cambian conforme envejecemos. Tal vez podemos sentirnos más cómodos en cuerpos más viejos si en realidad los vemos, al dejar que el espejo sea un recordatorio diario de lo encantadores y deseables que somos. Y luego, quizá, podremos borrar la nostalgia hacia la joven que se fue y desarrollar una pasión por la mujer fabulosa que está justo ahí, viéndonos a la cara.

El peso de la visión exterior: ¿cuánto importa en realidad?

¿Cómo nos veremos cuando seamos viejas? ¿Todavía podremos sentirnos deseables con la piel arrugada y flácida? ¿Es posible desafiar la ecuación, juventud + belleza = sexy? En nuestra sociedad el cuerpo de 70 u 80 años por lo general no tiene sexo, ¿con cuánta frecuencia vemos un cuerpo así?

¿Podríamos atraer una pareja si nuestra cara se cae y el cuerpo se cuelga? ¡Claro que podemos! Piense en una mujer que acepta sus arrugas, canas y ojos hinchados y dice: Mírenme, así es como se ve una persona de 50, 60 u 80 años. Sin maquillaje ni cabello de color ni un mejoramiento artificial de ningún tipo. Las imágenes impactantes de

Katherine Hepburn en sus extraordinarios huesos, Renata Adler con su larga trenza blanca y de Germaine Greer con los círculos marcados debajo de los ojos son anuncios de caras que nunca olvidará, caras con bastante carácter. A estas mujeres no les importa lo que diga la sociedad acerca de conformar una figura, están felices con lo que son actualmente.

En una entrevista publicada en la revista *The New York Times*, Liv Ullmann, la gran estrella sueca cuya cara y figura destacaron en las películas de Ingmar Bergman, su amante de hace mucho tiempo, habló acerca de tener 62 años. Ella no se ha hecho cirugía plástica, a pesar de las arrugas profundas, la piel colgante y la papada incipiente que hacen que una mujer en el aeropuerto le pregunte, "¿No era usted Liv Ullman?" Afirma: "Pensé que podría envejecer con esa clase de cara... quería ver lo que Dios quería de mí, más por curiosidad."[10] Es una mujer que ve su cara y cuerpo, al igual que su vida, como un trabajo en proceso.

Es maravilloso pensar que se ve fabulosa porque cuando está satisfecha con usted misma, otros lo captan y la ven irresistible. Si quitar el bulto de su nariz o estirar su antebrazo en verdad la hace sentirse como una mujer sensual, entonces por todos los medios hágalo; pero no tenga ilusiones. La sexualidad es 90% mente y espíritu. La parte física del sexo es significante sólo si usted lo hace así, si su conciencia del exterior eclipsa su percepción del interior. Si usted no sintió deseo y no se excitó antes de la cirugía, no es muy probable que lo haga después. Las sensaciones sexuales son muy complejas como para arreglarlas con un escalpelo y unas cuantas suturas.

No obstante, siempre hay formas de aferrarse a lo más profundo y hacer algo respecto a su vida sexual que servirá en cualquier edad y con cualquier cara y cuerpo. En el capítulo siguiente aprenderá con exactitud cómo mejorar su placer sexual. (P.D. Casi no tiene nada que ver con la forma en que se ve.)

La chispa del deseo: soluciones sexuales para el cuerpo, la mente y el espíritu

Vea cualquier programa de entrevistas en la televisión o navegue en cualquier sala de chat adecuada y encontrará un número amplio de mujeres que tienen problemas en la cama. No sólo si no sienten un deseo candente por el sexo, sino si al menos sienten un interés leve. Así que si tampoco se divierte, piense que usted está casada para estar cómoda, disfrute al máximo el patrón, que es "normal".

Pero supongamos que no se siente normal. Siente que pierde algo, se está quedando atrás, como si hubiera perdido una pierna o una parte de su sentido del tacto. Usted puede navegar en la red, tomarse una píldora, hacer que le estiren la cara o le hagan una liposucción en el estómago y el deseo todavía puede eludirla.

No sea dura con usted si no se siente muy sexual en este momento. La gente pasa por momentos de calma, se aburre, está ocupada, tiene una rutina y el deseo por el sexo puede desvanecerse o desaparecer. Y luego, ya sea porque finalmente siente paz o ternura hacia su pareja, ve una imagen sensual o quizá no hace nada al respecto excepto responder al beso de su pareja, el deseo se enciende de nuevo, como un motor que estaba sin funcionar y ahora está listo para competir.

Las mujeres solas pueden descubrir que su deseo sexual se va por tierra sin una estimulación externa. Tal vez quieran masturbarse o pueden ver que en realidad no les interesa. Quizá se preocupen de que la emoción ha desparecido por completo, pero entonces una persona nueva que las encuentra atractivas, sensuales o fascinantes aparece en escena y de repente, sus jugos empiezan a fluir de nuevo.

Podemos aguardar estos periodos de abstinencia y lasitud sexual o entrar en acción. Y al final, hay un número enorme de actividades, habilidades y artículos que pueden anticipar el sexo y hacerlo delicioso otra vez. En este capítulo le ofrecemos tres caminos para encender su deseo inactivo. Puede hacerlo interna, externa y terapéuticamente, o puede elegir una de las tres áreas.

Las intervenciones externas incluyen toda clase de juegos sexuales (vibradores, consoladores y opciones más exóticas), condones de sabor y textura, ropa (hilos dentales, piel, disfraces, tacones de aguja) y equipo que puede ser parte del juego sexual (vendas para los ojos, látigos, arneses y sujetadores). Usted puede decidir las relaciones sexuales en lugares y momentos diferentes, usar un sistema sensorial (comida, vino, música, pintura corporal, pañuelos u otras telas), leer pornografía, escuchar algo erótico, ver películas eróticas y participar en juegos de fantasía o actuar. Todas estas opciones sirven de material para una emoción nueva.

Además tenemos las intervenciones internas. Tenga tranquila la mente y sólo concéntrese en que la sensación y la pasión pueden regresar sin esperarlo. El campo de la psiconeuroinmunología nos permite ver los paralelos entre el deseo y la conciencia personal. Hay relaciones entre el comportamiento, el cerebro y los sistemas endócrino e inmunológico entrelazadas. El simple hecho de tener un pensamiento sexual puede provocar la producción de hormonas y neurotransmisores que aumentan la experiencia física. Le ofreceremos directrices para empezar una práctica de la sexualidad que une las facetas de su ser.

Pero también es posible que haya algo serio oblicuo que evita que usted disfrute del sexo, algo que puede tener origen desde las relaciones en su niñez, un trauma o un abuso o un patrón disfuncional establecido que se niega a desaparecer. El buen terapeuta puede servir como mentor y ayudar a la mujer y a las parejas a eliminar o calmar los miedos y las reacciones negativas antiguos. Le explicaremos con exactitud qué terapia debe y puede hacer, y usted encontrará las opciones terapéuticas adecuadas en la sección de Fuentes.

Si el deseo ha desaparecido temporalmente, si el sexo no se siente bien, usted puede encogerse de hombros y pensar con prudencia en dejarlo en paz y seguir con su vida; pero déjenos expresarle con entusiasmo nuestro estímulo para mantener viva la chispa. Una vez que alentó una pequeña flama, ésta puede iluminar toda su vida.

SOLUCIONES EXTERNAS PARA EL ESTANCAMIENTO SEXUAL

Expanda su territorio con los juegos sexuales, el equipo y los juegos

¿Qué la excita? ¿Qué la hace lubricarse? Por lo general las mujeres son criaturas sensuales y la estimulación sensorial puede impulsar el interés sexual. El simple hecho de recostarse bajo el sol puede ser estimulante para algunas mujeres, la calidez, la luz, el calor corriendo a través del cuerpo. ¿Qué es lo que le gusta ver, escuchar, probar, tocar y oler cuando está tranquila por completo? La imagen de darle de beber y comer a una mujer a la luz de las velas con rosas en una mesa, es bella pero no realista la mayoría de las tardes cuando debe alimentar a la familia o correr a la junta del comité. Pero bueno, hay otras formas de agregar erotismo.

La música ayuda. Para algunos, el estímulo de un auditorio puede ser calmante, para otros, estimulante. El ritmo insistente de un enorme tambor o la melodía de un saxofón puede impulsar el aumento de la excitación sexual. Seleccione algo que pueda establecer el ánimo o vaya de acuerdo con su estado de ánimo, como la música india, el jazz antiguo, la música *new age* de Windham Hill. Ahora, respecto al olfato, a usted puede gustarle el olor no muy fuerte del almizcle o de la piel fresca y limpia, peor si le interesa algo más exótico, puede probar las velas o aceites de aromaterapia, las cuales vienen en conjunto de olores deliciosos que coinciden con su estado de ánimo. Si usted busca un afrodisíaco pruebe el jazmín, el almizcle, el pachuli, el azafrán, el sándalo o ylang-ylang. Si está muy embrujado por el sexo y necesita tranquilizarse pruebe la manzanilla, el jazmín, la lavanda o neroli. Y si necesita despertar el sexo pruebe la bergamota, el limón, la nuez moscada o la hierbabuena.

El gusto puede igualar un apetito erótico para la estimulación sexual. El uso de comida en la cama es una versión adulta de pintar con la mano, donde usted unta su propia piel o la de su amante con algo dulce o cremoso, luego quítelo con la lengua, cautivando varios deseos al mismo tiempo. Los favoritos son el chocolate, la crema batida, el vino y el coñac, pero también puede usar guacamole, crema de maní o queso crema. No ponga comida dentro de la vagina, puede darle una infección bacterial asquerosa. Pero un día de campo en la cama es una forma muy buena de superar la renuencia para hacer sexo oral si uno de ustedes es muy delicado acerca de probar los fluidos corporales o está nervioso del olor o el sabor de los propios.

Una vez que se han elevado sus sentidos y su cuerpo está relajado, puede pasar tiempo descubriendo lo que la complace. La masturbación es una forma maravillosa de despertar el espíritu sexual en su interior. No importa lo que le enseñaron de niña, amarse es una forma de disfrutar el sexo sin amor, el orgasmo sin compromiso ni recriminación. Muchas mujeres ni siquiera saben dónde están sus órganos sexuales y al tocarse pueden identificar y sentir placer en el clítoris, en los labios internos y externos, el introitus vaginal y el ano. Muchas de las pacientes de Sandra se han vuelto activas sin una pareja, sólo al tratarse bien en la cama ellas mismas.

LOS BENEFICIOS DE LA MASTURBACIÓN

1. Se siente bien.

2. Sin duda es la única forma de sexo seguro.

3. Le enseña cómo funciona su cuerpo.

4. Le enseña que es independiente y está al mando del placer.

5. Mantiene lubricados los tejidos, en especial en las mujeres mayores.

6. Es una forma de ampliar sus fantasías y aprender mucho acerca de usted y de sus intereses, miedos y deseos.

7. Para las mujeres sin pareja ofrece una liberación física y todos los beneficios del placer y el orgasmo.

8. Para las mujeres con pareja ofrece una experiencia sexual diferente, una que usted controla y donde cada vez obtiene exactamente lo que quiere.

9. Para las parejas es una forma de observar y aprender acerca de los deseos sexuales de su pareja.

10. Puede ser una forma de meditación, una forma de armonizar el cuerpo y la mente.

La masturbación con una mano o con una toalla está bien, pero se vuelve aburrida después de un tiempo y aquí es donde entran los juguetes sexuales. ¿Alguna vez ha pensado en introducir algo para ver si siente sensaciones diferentes? ¿Qué tal algo que estimule su vulva con más intensidad y más tiempo, de lo que una mano puede hacerlo?

Al principio muchas de las pacientes de Sandra se niegan a usar los juguetes. Sienten que sólo son mecánicos, fríos y no son románticos. La idea de comprar una pieza de hule o de plástico para la autoestimulación o incluso para que la use la pareja parece no muy atractiva. Muchas mujeres se dan cuenta de que su renuncia a los juguetes radica en que no están familiarizadas en lugar de la aversión, o tienen la impresión de que los consoladores y los vibradores son muy extravagantes para que las niñas "bien" los usen. Otras pacientes han reportado que se sienten inquietas con la dependencia de un vibrador. ¿Qué pasaría si los orgasmos por docena, cortesía de su amigo mecánico, se vuelven tan atractivos que no pueden lograrlos de otra forma? Una paciente de Sandra de 30 años estaba en terapia porque nunca había tenido un orgasmo, dijo: "No soy de ese tipo, nunca me he masturbado." Ella describió a su pareja como "un poco torpe" en la cama e incapaz del contacto sensual. Él era o muy dulce, muy indeciso o muy tosco.

Sandra le sugirió que comprara un vibrador y que lo probara sola para descubrir cómo se excitaba más que con lo que hacía típicamente durante el sexo con su pareja. Si no le gustaba, después de algunos intentos, podría deshacerse de él y encontraría otras formas de ayudarla a lograr un primer orgasmo.

Tres semanas después, regresó a la oficina de Sandra con una gran sonrisa en la cara. Dijo: "¡Bingo! Fue fabuloso. Tuve un orgasmo y luego antes de darme cuenta, otro y otro. No podía creer que lo pudiera sentir tan rápido. Fue muy intenso."

Si usted siente que los juguetes sexuales son muy raros y extraños, entre a la red y véalos un momento, o pida uno de los catálogos que se encuentran en la sección de fuentes sólo para ver. Puede ser más fácil estimular su imaginación y provocar la excitación al leer acerca de ellos o ver las fotos en Internet o en los catálogos. Imagínese cómo se sentirán en su cuerpo. Fantasee un poco y vea qué sucede.

Incluso si usted no comprará un juguete sexual, puede ser introducida a un mundo amplio de juguetes para una pareja o para otra mujer que acaba de descubrir lo grandiosos que son. Las fiestas de grupos de exhibición de juegos, lubricantes con sabor, condones exóticos, ropa de piel y lencería provocativa se ponen más de moda que las de Tupperware. En verdad le ayuda a tener un grupo amistoso de mujeres que bromean y hacen reír acerca del posible uso de estos artículos. A menudo el entusiasmo y la camaradería ayudan a reducir la inhibición. Parte del sabor que se pierde en muchas relaciones establecidas es la falta de planeación y preparación para algo que es una pequeña diferencia. Una mujer de 40 años, de Nebraska, le comentó a Judith: "Cuando mi novio y yo nos mudamos a la ciudad de Nueva York anduvimos merodeando en una población y encontramos una *sex shop* con lencería increíble en el aparador. Entramos sólo para divertirnos un poco, pero terminamos comprando un vibrador y algunas pinturas comestibles para el cuerpo y un anillo para el pene. ¡No podíamos esperar a llegar a casa para usarlos! Creo que estábamos más excitados por el viaje de compras que por el equipo. Era maravilloso fantasear y tocar todo esto. Y tengo que decir que mi interés en el sexo era muy elevado."

Si no viven en un área urbana pueden tener juntos la misma experiencia comprando en línea, excepto que, al menos hasta que la tecnología nos ofrezca esos guantes para "sentir" realidad virtual, no puede tocar su compra hasta que llegue varios días después. No obstante, todavía puede comprarlos, los anuncios y aparatos sexuales le ofrecen un desahogo para la experimentación y la oportunidad de experimentar sensaciones diferentes.

Los consoladores o dildos (del latín *dilatare* que significa "abrir ampliamente") fueron los primeros juguetes. Durante la excitación sexual, la vagina se abre y muchas mujeres sienten que es estimulante tener algo en ese espacio mientras se masturban o están en el jugueteo sexual con una pareja.

Estos juguetes vienen en colores diferentes, suaves o rígidos, para la vagina y el ano, y hay consoladores duales, así que los dos amantes pueden usarlos al mismo tiempo. Algunos son huecos para poder alojar un pene más pequeño, los cuales son usados en un arnés que se pone alrededor de la cadera del hombre. Cualquier consolador puede ser colocado en un sujetador si no hay un pene disponible. Las lesbianas pueden elegir varios tamaños e intentar hacia delante y hacia atrás al usarlos o una persona siempre puede estar "en la punta" y la otra "en el final".

Los consoladores se pueden introducir hasta adentro o apenas pueden hacer contacto con la vagina, moviéndose adentro y fuera de los labios dando una excitación leve y enloquecedora. Existen unos gruesos que la llenaran por completo, pero hay delgados, los cuales pueden ser preferibles si su pareja los manipula dentro de usted. Si ha tenido una cirugía ginecológica, si nunca ha tenido relaciones sexuales o hace mucho tiempo desde su última relación sexual, usted querrá empezar con un modelo más pequeño y preparar su camino hacia arriba.

Los vibradores han pasado por un largo camino desde sus orígenes a finales de 1800 y han sido mensajeros de excitación, recetados por los médicos para tratar la "frigidez" en las mujeres. El siguiente modelo apareció en escena en 1911, un "vibrador eléctrico dilatador" que daba un choque a las paredes vaginales. Estos fueron seguidos por los de pilas en la década de los años 30 y 40. Hoy en día, hay modelos para la vagina y el ano con forma de pene que se adaptan a usted; varitas enormes con una o dos cabezas suaves que se pueden usar directamente en el exterior de los genitales o los pezones. Algunos tienen añadiduras con pliegues que tocarán su punto G (el punto Gräfenberg, localizado en la pared anterior de la vagina, el cual se siente como un frijol y se infla cuando es estimulado). Algunos tienen un dedo extra (la "varita") para que trabaje en el clítoris mientras que la parte principal llena la vagina. Asimismo, está el modelo suizo que da masajes, el cual se parece a una plancha plana con varios aditamentos que se pueden colocar para cambiar sus sensaciones. Estos artículos todavía se venden en farmacias, aparentemente como aparatos para dar masajes en la espalda, pero es claro para lo que están hechos si usted ve las perillas pequeñas y las púas cubiertas de hule que puede colocarle.[1]

Betty Dodson, la gran experta de la masturbación (véase el capítulo 6) recomienda la varita Hitachi para la autoestimulación, si usted encuentra muy intensa la sensación puede usarla encima de la ropa interior. Vaya despacio si no está acostumbrada a un vibrador, si queda cautivada con el enorme placer que recibe y continúa indefinidamente, puede entumecer el área y es posible contraer una infección. La mayoría de las pacientes de Sandra se vuelven expertas muy rápido.

Adrienne, una programadora de 40 años le comentó: "Tengo esclerosis múltiple y está empeorando. Los vibradores son en particular beneficiosos para las mujeres con discapacidades porque hemos reducido la sensibilidad al tacto y un vibrador puede ser encendido en un nivel alto para compensarlo. Además, mis dedos en realidad no funcionan lo suficientemente bien para la masturbación, así que es un beneficio muy grande a cualquiera como yo con un control muscular inadecuado. No necesitas sostenerlos con las manos sino sólo ponerlos adentro de una banda elástica de la ropa interior y acostarte encima de ellos para lograr un enorme placer."

Usted puede usar vibradores o consoladores cuando se masturba (también hay modelos que pueden ser usados debajo de la regadera), puede usarlos con su pareja como parte del jugueteo sexual y ellos pueden aumentar la estimulación durante el sexo oral o anal o las relaciones sexuales al mantener contacto con el clítoris mientras otro orificio de su cuerpo es penetrado.

Los juguetes anales son una categoría completa por sí solos. El ano, a pesar de su reputación repugnante, es una zona erógena, justo como el clítoris, los labios, la vagina y los pezones. Por supuesto, la higiene es muy importante si decide entrar al juego o la relación anales.

Primero, existen los tapones que se colocan en el ano de varios tamaños y los vibradores anales. Llevar un tapón cuando no tiene relaciones sexuales es un tipo de secreto sexual y a muchas mujeres les gusta la idea de guardar algo debajo de su ropa, sólo para recordarles de lo que puede suceder más tarde y relajar el músculo del esfínter anal para la relación sexual. También hay cuentas anales, cinco bolitas de plástico o de hule unidas con una cuerda de nylon. Usted introduce toda la cuerda y luego las revienta una por una, lo cual provee una verdadera emoción conforme el ano se abre y se cierra con cada cuenta.

Los juguetes sexuales vienen en cualquier forma imaginable. Los más conocidos son los fálicos, pero hay en forma de huevo que pueden ser introducidos y luego encendidos con un control remoto de pilas y algo llamado "mariposa Venus" que se coloca en los labios y se lleva con cintas que se colocan en la cadera y el trasero. Las pelotas ben-wa, las cuales datan de la antigua China, son pelotas pequeñas de metal que pueden ser introducidas en la vagina o a veces conectadas con una cuerda para retirarlas con facilidad. Pesan para que cuando se mueva al caminar o gire la cadera durante la actividad sexual peguen contra las paredes vaginales. Hay un juguete sexual llamado pulpo, con ocho aditamentos para sus diferentes necesidades e incluso un aparato para excitarla en el "auto" que se coloca en el encendedor del carro (estaciónese por favor). Y hay estimuladores de control remoto para que su pareja pueda encenderlos desde lejos.

No sustituya un plátano o un pepino por un juguete sexual. Las plantas se rompen bajo presión y puede terminar con una infección espantosa por un pedazo de calabacín que se rompió dentro de usted. Los consoladores y los vibradores están hechos de material no reactivo; las verduras están llenas de químicos que reaccionarán con su ambiente húmedo interno. A los médicos de la sala de urgencias les gusta agasajar a sus amigos contándoles las muchas veces que han tenido que sacar botes de mostaza, focos, linternas y cosas peores de la vagina o el ano de una paciente. Así que gaste un poco, los juguetes sexuales cuestan entre 20 y 40 dólares, aunque pueden ser más caros y usted tiene a salvo sus emociones. (véase la sección de fuentes para encontrar una guía para comprar juguetes)

Un asunto más seguro. Los juguetes deben estar muy limpios, incluso si ambos tienen una relación monógama. Tállelos con agua caliente y un jabón hipoalergénico después de usarlos. Si comparte un juguete, en particular uno que se introduzca en el ano, es una buena idea colocarle un condón y cambiarlo antes de que el juguete entre en otro lado. Siempre use lubricante, hay muchos con base de agua disponibles en las farmacias, en las *sex shops* y en línea, como astroglide, slippery stuff. acqua-lube, fem-glide, incluso una jalea nueva, K-Y, que tiene una sensación sedosa. Los aceites de masaje son encantadores y pueden ser maravillosos, pero no deben ser usados con condones porque el aceite o las jaleas de petróleo pueden romper el látex y dejarlo inservible.

Con respecto al obligado espermaticida nonoxynol-9, el cual era proporcionado con los condones en la década de los años ochenta para proteger a la gente en contra de las ETS, ahora se considera más peligroso usarlo que no usarlo. Las mujeres que lo utilizaron mucho tiempo se quejaron de ulceras vaginales y cervicales, infecciones por hongos y ardor, lo que en realidad no es erótico. Nonoxynol-9 actúa como un irritante para las membranas delicadas y estas irritaciones pueden volver más vulnerable el cuerpo a una infección.

Pero estudios actuales han mostrado que al agregar una protección de avena sativa (el extracto herbal de avena), neutralizará el efecto cáustico del químico. Hay un nuevo nonoxynol, conocido como 15, que funciona por un tiempo y está probándose en el mercado como erogel (véase la sección de fuentes) en siete ciudades de Estados Unidos así como en dos lugares en el mundo. Esto puede volverse la pasta de dientes del siglo XXI que mantenga la sonrisa en su cara y aleje una enfermedad de sus órganos reproductores.

Sandra tiene más de una paciente que le dice que disfruta masturbarse con un vibrador, pero le preocupa que éste la "aleje" de su esposo. Otras dicen que su esposo está tan encantado de verlas con su vibrador que siempre insiste en tenerlo en la cama. ¿Así que se convierte en un fetichismo si usted lo usa muchas veces?

Lo mismo se puede preguntar de cualquier equipo sexual que agregue una dimensión diferente a los actos que hace. ¿Imagínese que usted y su pareja se quitan los tacones altos, los pantalones sin entrepierna o de hule y luego empiezan a jugar algo con algunas cosas que emplean para excitarse? Merille, una jardinera de 32 años, dijo, "Mi esposo en verdad tenía una fijación por la piel. Visitamos a unos amigos en el campo y cuando nos preparamos para ir a la cama, él salió del baño con su collar y su tanga. Yo sólo me reí. ¡Era tan inapropiado traer sus cosas a la casa de alguien más! Se sintió herido y humillado y luego me dijo que no podría tener una erección si no los usaba. La forma en que lo veo es que era una armadura para protegerse de sus sentimientos sexuales. Yo, a veces me siento sexy con la piel y a veces cuando estoy completamente desnuda, como estaba en ese momento. Esto trajo algunos problemas en nuestra relación, pero trabajamos al respecto."

El juego de la fantasía es divertido, ya que vestirse, desvestirse, interpretar papeles, agrega emoción para muchos. Se vuelve un problema sólo cuando uno lo encuentra necesario y el otro desagradable, en particular si se vuelve algo constante en el guión sexual. Digamos que rentó un video erótico y fue fabuloso porque usted pudo aprender al ver a la pareja en la pantalla e imitar lo que hacían, lo cual ampliará su repertorio. Pero entonces le empezaron a gustar las películas y se excitaba sólo cuando hacía lo que los personajes hacían. Puede robarle su propia imaginación y sus habilidades para improvisar, lo que hace tan placentero el sexo. O supongamos que ha decidido probar un poco de sadomasoquismo, tal vez con pañuelos o piel. Usted empieza a disfrutarlo tanto que avanza a otro nivel, recurre a las cadenas, las cuerdas y látigos; y tiene que hacerlo todas las veces para excitarse. ¿Esto es peligroso? ¿El sexo se convierte en algo más relacionado con el equipo y los objetos que en lo que se pueden dar? Sí, puede volverse un problema, pero uno de ustedes puede sugerir mejor retroceder o crear un escenario sexual juntos.

Pero en lugar de disminuir el interés sexual, usted puede construir una fantasía aún mejor para tener relaciones sexuales. La imaginación nos manda a lugares que en la vida real serían espantosos, peligrosos o ridículos. Para las mujeres con un ego frágil, puede ser difícil tener fantasías que reten la idea que tienen de ellas. Por ejemplo, para una mujer que es ambivalente acerca de su sexualidad puede ser muy difícil fantasear acerca de hacer el amor con una mujer o para alguien que una vez ha tenido una experiencia de incesto con su hermano puede ser difícil recordar los momentos robados.

Por el contrario, si la visión de nosotros mismos es lo suficientemente fuerte, podemos tener sueños muy salvajes y verlos emocionantes.

Una ejecutiva corporativa de 50 años le contó a Sandra: "Mi esposo pidió una paleta de madera en línea y quería usarla conmigo. No podía creerlo pero me excité cuando me imaginé siendo golpeada. Quiero decir, eso es tan políticamente incorrecto y aun así lo vi muy excitante. ¡Fue un gran alivio enorme no tener que ser quien tome las decisiones y las correcciones! ¡En verdad me gustó! Ella era la mayor de cuatro hermanas y todos dependían de ella, por lo que fue muy erótico aceptar el placer y abandonar todo el control.

Para la mayoría la experimentación con los juguetes, los disfraces o los juegos es cosa de una vez. De hecho, es mucho más común que necesitemos un empujón para meter un pie en el agua en vez de que brinquemos al fondo. La mayoría de nosotras luchamos bajo los años de represión o casi al final, por la inhibición que nos hizo sentir estúpidas o avergonzadas acerca de querer algo que rompiera nuestros patrones regulares en la cama; pero el obstáculo más grande es hacer el compromiso de probar algo nuevo.

Usted puede superar su tendencia automática para decir no al seguir las siguientes preguntas y luego crear su propia lista de deseos:

P: ¿Valora su relación? Continúe si la respuesta es sí.

P: ¿Está estancada la relación? ¿Esto en parte es debido a su renuencia al aspecto físico? Continúe si la respuesta es sí.

P: ¿Qué riesgos tomaría para hacer cambios? Haga una lista de deseos.

LISTA DE DESEOS PARA UN SEXO MÁS AVENTURERO

Me gustaría darle a mi esposo, con veinte años de matrimonio, un trabajo con mis manos, justo como lo hacía en la universidad.

Me gustaría sentarme en su cara y que pusiera su lengua en mí.

Me gustaría hacer una cita para tener relaciones sexuales, planeando todos los accesorios.

Me gustaría hacer el amor afuera.

Me gustaría derretir un cubo de hielo dentro de mí mientras me hacen sexo oral.

Me gustaría hacer el amor enfrente de un espejo enorme y ver como encajamos.

Me gustaría tener una llamada telefónica sexual mientras ambos estamos en la oficina.

Me gustaría jugar póquer de prendas o hasta monopolio sexual, con un acto designado para cada propiedad en la que cayera.

Quiero compartir fantasías con mi pareja, mientras no sean dolorosas.

Me gustaría colocar una cámara en un tripié y grabarnos haciendo el amor.

Me gustaría salir a cenar sin ropa interior y decir cosas obscenas en la comida.

Escriba todos sus deseos secretos en distintos pedazos de papel y revuélvalos en un sombrero. Al escribirlos puede tener la oportunidad de pensar en ellos sola y luego enseñárselos a su pareja para que los tome en consideración en lugar de contárselos y arriesgarse a la vergüenza.

P: ¿Cuáles son sus metas? Haga una lista en orden de importancia. Por ejemplo:

Estar cómoda con mi cuerpo

Estar cómoda con más contacto físico

Sentir algo más

Aprender a jugar sexualmente

Mejorar mi relación para no arruinarla

Finalmente, cuando establezca sus metas, marque una fecha en la cual hará un esfuerzo de probar cosas nuevas.

Hable de la clase de cosas que le gustan, las cosas que ha hecho y las que sólo ha escuchado o leído. Los libros y las películas eróticas son fuentes de ideas excelentes. Se puede lograr mucha emoción con un juego sexual, donde se turnan para actuar los deseos de su lista. No hagan nada que no les agrade, eso sólo los hará sentir resentimiento. Por otro lado, no se niegue de inmediato a peticiones inusuales, se puede dar cuenta que está placenteramente sorprendido con ellas. Y no termine cada sesión de sexo con la relación sexual, tal vez por eso se aburrió y perdió el interés en el contacto sexual.

La vida sexual rutinaria y previsible pierde atractivo. Como dice uno de nuestros colegas, para tener relaciones sexuales el sexo tiene que valer la pena para desearlo. Evalúe su vida sexual y considere si necesita una actualización o modificación, una capa nueva de pintura, como era antes. Usted debe descubrir que una solución efectiva al estancamiento sexual puede ser agregar sólo un poco de color.

CONSEJOS DE EXPERTOS EN SEXO PARA OBTENER ENORME PLACER

1. Acuéstese desnuda. Es más probable que tenga relaciones sexuales si sus pieles se rozan debajo de las sábanas.

2. Ande sin sostén en la casa todo un fin de semana para sentir la tela contra sus pezones.

3. Use ropa interior de seda.

4. Use una loción corporal y pase un tiempo poniéndosela en las áreas más sensibles o en los muslos interiores y alrededor de los senos.

5. Compre calzones sin entrepierna.

6. Use un vibrador para el clítoris debajo de la ropa en un área pública.

7. Hágase un tatuaje en un lugar donde sólo usted y su pareja vean.

8. Vaya a un show de striptease masculino con un grupo de amigas.

9. Consiga una cinta de un libro de las mejores fantasías de las mujeres, de Lonnie Barbach o Nancy Friday y realice una caminata con audífonos.

10. Si tiene pareja, báñense juntos cada semana.

11. Guarde una canasta de deseos en la recamara con cosas que le gustaría probar y haga un trueque con su pareja para que cada uno obtenga la oportunidad para experimentar algo nuevo en el intercambio sexual.

Pornografía y antipornografía

Pam, una maestra de primaria soltera que creció en New Hampshire, dijo: "Me gusta leer pornografía buena. Probablemente es la cosa que más me prohibió mi madre y la que más disfruto del sexo. Nadie me puede molestar cuando leo uno de esos libros que Anne Rice escribió bajo el seudónimo 'malicioso'. Me excito, me masturbo y leo un poco más, y sigo excitada. Puedo pasar todo un domingo sintiéndome como una olla sexual, aunque en la vida real me molestan por vestirme tan conservadora."

La palabra "pornografía" viene de una palabra griega que significa "escritura de prostitutas". Clásicamente ha sido el género masculino el que ha dado al sexo una vista sucia, degradante y obscena. Las viejas películas pornográficas fuertes son una colección sin sentido de escenas de entrepiernas, penes enormes penetrando vulvas diminutas, senos más grandes que un melón con pezones iguales. Sin gente ni historia, sólo actos sexuales sin ninguna relación.

La llegada de la red ha hecho más accesible la pornografía, ya no debe esconderse en la parte trasera de la tienda de videos o del puesto de revistas. No tiene que tirar sus películas obscenas, pero si da el número de su tarjeta de crédito, puede obtenerlas haciendo clic con el ratón.

Las feministas critican a la pornografía porque no hace humanos a los hombres y a las mujeres las vuelve objetos: una pierna larga con un tacón de aguja, una boca abierta babeando, un trasero abierto. Para muchas mujeres la pornografía tradicional no sólo es estimulante sexualmente, sino que puede ser un repelente, ya que implica que el cuerpo femenino es sólo una colección de orificios para usarse y abusar de ellos. La clásica fantasía masculina se supone que es aquélla donde la mujer hermosa con que ha fornicado toda la noche al final se convierta en una pizza que el hombre engulle.

Pero hoy en día la carrera de las estrellas pornográficas es muy buena con las escenas de masturbación en vivo y los chats clasificados X. Se dice que una empresaria ganó 50 000 dólares con su sitio en la red. Ellas diseñan sus propios sitios y sus películas en línea y cobran un cheque.

Algunas de las mejores películas de pornografía son dirigidas a las mujeres. Candida Royalle es una productora y directora ingeniosa de películas eróticas femeninas que ha encontrado la forma de transformar visualmente a las mujeres. Una estrella pornográfica que se hartó del enfoque implacable de las partes del cuerpo y no de la pasión, empezó a hacer películas que hablaban de la emoción dentro de ella y de otra mujer que conocía. "Quería mostrar que todo el cuerpo es una zona erógena para ver y besar y para que las parejas se vieran. Decidí presentar amantes en una forma holística, más amplia. La forma en que las parejas se tocan y lo que sienten es lo que excita."

"Descubrí que el sexo verdaderamente bueno cuesta trabajo. Toma mucho más de la relación que la parte física. Acabo de empezar una relación con alguien al que he visto desde hace varios meses y no hemos tenido relaciones sexuales. Sólo nos hemos tocado y acariciado, él me hizo sentir hermosa al tocarme; todo fue increíblemente excitante. Trato de mostrar esto en las películas, representar a los amantes haciendo el amor en una forma holística. No hay una meta, va más allá de lamer, succionar, fornicar e irse a dormir en hora y media."

"La expresión física del amor, en especial cuando es muy sensual y sin coito, despierta el cuerpo y la mente. Es una sucesión de todas las otras cosas que suceden en una relación", Candida dice con sinceridad: "Es una conexión profunda que abre a la gente y la invita a un nivel de intimidad que de lo contrario no existiría. Dentro de este tipo de unión especial está el potencial para la elevación, para el éxtasis. Así que muy poca gente entiende la profundidad a la que puede llevarlos hacer el amor."[2]

La profundidad no es fácil de investigar a través de los motivos externos. Para entender lo que trata la pasión sexual y dónde vive en nuestro interior tenemos que regresar a ella.

SOLUCIONES INTERNAS PARA EL ESTANCAMIENTO SEXUAL

La mente enfrenta al cuerpo y al espíritu en la cama

Más estimulación es sólo eso, ya sea por medio de la vibración o el contacto. Es algo momentáneo y amplía el campo de juego, pero para la mayoría de las mujeres no es la clave para otra vez encender el deseo. El órgano sexual más grande está entre las orejas, así que si usted quiere un despertar real debe encender la mente.

Cada segundo se envían 100 000 000 de mensajes desde el sistema nervioso al cerebro.[3] Somos sorprendidas con estimulación de todo tipo, desde la introducción sensorial al pensamiento cognitivo. Parece imposible que alguien en realidad sintonice tanto tiempo para lograr un orgasmo. De hecho, éste es el problema que tienen muchas mujeres. Toda la parafernalia de sus días sigue reciclándose, aun en el momento en que su mente se muere por activar la conciencia pero no activa el pensamiento.

La antigua creencia de que el lado izquierdo del cerebro era el "matemático", el que llevaba las cuentas en todo el trabajo y que el lado derecho era el "artístico", el que exploraba el mundo con creatividad e intuición ha sido desmentida por un estudio reciente en daño cerebral. Ambos hemisferios hacen cualquier función si es necesario. Estudios en psiconeuroinmunología (la ciencia que combina la psicología, la neurología y la inmunología) indican que el cuerpo calloso, la banda de fibras que conectan los hemisferios, es más larga en las mujeres que en los hombres. Es más fácil que se comuniquen los cerebros derecho e izquierdo de la mujer, en especial durante los momentos cuando los lóbulos frontales (el cerebro "pensante") toman un asiento detrás del sistema límbico (el cerebro "emocional"). Lo anterior sucede con mayor frecuencia durante la meditación, los estados de trance y el orgasmo.

Una razón por la que muchas mujeres se quejan de lo que el sexo no hace es que no pueden ponerse en ese estado de ánimo o verlo desde una perspectiva neurológica, no pueden cambiar de marcha y parar la plática mental, la mente de mono. Ellas no pueden cambiar del cerebro lo que va del pensamiento a lo emocional, lo han intentado, pero están cansadas y se sienten abrumadas con su segundo trabajo de tiempo completo como esposa, madre, cocinera, entre otras. Y si tienen una pareja que no les ayuda en la casa, pueden estar resentidas de la sugerencia fácil de que dejen todo y vayan a la cama.

Imaginemos que son las 11 p.m., justo después del noticiero. Usted está recostada en la cama al lado de su amor y él empieza a besarla. Su mente está procesando el inventario de las cosas que sucedieron durante el día y lo que tiene que hacer mañana. Escuchemos:

Beso. La playera se manchó en la lavandería, ¿me la pagarán? Mantente firme. Billy necesita empacar algo de comer para el torneo de futbol del domingo. No eché esa última carga a lavar. Me choca que papá esté enfermo. ¡Él tenía náuseas cuando hablé con él, está bajando mucho de peso! Boca y senos, no creo que ahora pueda salir e ir a ver a papá. Culpa.

¡Hay mucho ahí! ¿Cómo puede experimentar las infinitas posibilidades de la sensación sexual cuando está repasando una lista de actividades y dudas en la cabeza? Las mujeres que ven al sexo como una molestia pueden simplemente estar reaccionando al hecho de que no han cambiado del pensamiento cognitivo (esas olas beta lanzadas a través del cerebro conforme catalogamos y organizamos las cosas) al estado sexual de la mente (consciente y alerta, relajada pero con energía lanzadas por las olas alfa que son más lentas). Ellas sólo pueden necesitar aprender a tranquilizarse y a concentrarse en ellas.

La conciencia, una práctica meditativa que no daña, adoptada del Budismo, puede cambiar la naturaleza de su pensamiento y permitirle abrirse a usted misma en los momentos preciados de conexión que ahora extraña. Jon Kabat-Zinn, fundador y director de la Clínica de Reducción de Estrés del Centro Médico de la Universidad de Massachusetts, afirma que la conciencia es "la práctica regular y disciplinada de la reflexión del momento, el completo 'ser' de cada momento con su experiencia, buena, mala o fea."[4] Cuando está consciente de lo que hace, ya sea cantar su nombre o acariciar el brazo de su pareja, usted participa por completo en la vida, en lugar de dejar que los momentos pasen desapercibidos. Lo que esto implica a su vida sexual es crucial: En vez de distraerse con el ciento de cosas que pueda hacer si no hace el amor, usted puede dejar toda las cosas sin importancia y lanzarse al sexo con abandono.

La conciencia toma práctica. Conforme se mueve en su actividad, usted debe estar consciente de lo que piensa y siente, y en ocasiones regresa a lo que en realidad sucede en vez de percibirlo. Como un método de aprendizaje, tome una cosa que hace con regularidad y rómpala en sus distintos componentes. Qué tal algo sensual, como lavarse la cara.

Véase en el espejo. Revise su cara, no la juzgue.

Abra el agua y pase la mano. Piense en lo que se siente tener una mano mojada y una seca. Sienta la temperatura y ajústela.

Levante el jabón, sienta cuán resbaloso es. Moje el jabón y sienta la diferencia en la textura.

Mójese la cara y véase. Note la diferencia, cejas y pestañas húmedas, el agua en las mejillas.

Ponga jabón en la cara y disfrute la sensación. Explore cada plano y cavidad, como la frente, las sienes, las mejillas, los ojos y la nariz. Pruebe el jabón en los labios.

Quítese el jabón y con cada chorro de agua sienta su cara perder la espuma.

Seque su cara y disfrute la suavidad, la pelusa de la toalla.

Ahora intentémoslo con el sexo. Ponga mucha atención a cada movimiento, sonido y olor, y a lo que comparten usted y su pareja. Escuche los mensajes que usted se manda y siga concentrada en el momento presente. Ahora, conforme ofrece y recibe con su pareja en una forma íntima, el monólogo en su mente tal vez sea más parecido al siguiente:

Beso. Labios muy suaves, sabor a chocolate y saliva. Los dientes chocan, entonces muévase. Bese su labio posterior y luego su cara. Barba rasposa. Sus manos en mi trasero, abriéndome, dando masaje cerca de mi abertura. La respiración es más rápida. Entusiasmada. Se derrite.

También puede poner en movimiento su conciencia. Quítese la ropa (tal vez quiera dejarse puesta la ropa interior) y dense un masaje sensual, pero quédese en el momento. Use aceite o loción corporal para que sus manos resbalen sin fricción de una parte del cuerpo a otra. Ahora concéntrese en la respiración y en el cuerpo de su pareja. Si ésta toca un brazo, en realidad tóquelo, sienta la textura de la piel, el cabello, el calor y la frescura de sus dedos. Huela el perfume de su pareja y vea como un regalo el cuerpo bajo sus manos. Sosténgalo con cuidado, con conciencia.

Durante las siguientes semanas absténgase de la actividad sexual. Permita que crezca la conexión profunda entre ustedes. Tal vez quiera investigar los puntos de acupresión que estimulan la energía sexual. La presión de los puntos, los cuales de acuerdo con la medicina china yacen a lo largo de los cuatro meridianos o los caminos de energía en el cuerpo, puede iniciar la producción de betaendorfinas, esos neurotransmisores que alivian el dolor y proporcionan la unión entre el *yin* y el *yang*, el exceso de deficiencia a través del cuerpo. Los puntos que pueden ayudarla a excitarse son el centro de los pezones, el centro el esternón, el centro del perineo (la banda de piel entre los genitales y el ano), el centro del pliegue donde las piernas se unen con el torso, el abdomen bajo entre el ombligo y el hueso púbico y la parte baja de la espina directamente opuesta al ombligo.[5]

Después de esto, tal vez desee experimentar con una técnica conocida como balance pélvico. Siéntese desnuda de frente a su pareja, en sus rodillas, coloque un cojín o dos entre sus piernas para quitar la presión, empiece a balancear la pelvis de adelante hacia atrás, primero arqueando su espalda y luego contrayéndola. Ambos deben hacer contacto visual, aunque usted puede darse cuenta, conforme aumenta el placer, que sus ojos se cierran involuntariamente. El movimiento de la cadera puede ser muy ligero, pero conforme agarra el ritmo usted querrá sentir una expansión y una contracción en los genitales y el ano. Puede inhalar y exhalar conforme aprieta los músculos alrededor del perineo (los músculos pubococcígeos, o PC) y luego déjese llevar. Entienda que usted y su pareja experimentan la misma sensación física, pero pueden apreciarla en formas muy diferentes, al igual que lo hacen con el sexo. Es muy importante saberlo. Tan cerca como puedan estar, no pueden arrastrase adentro de la piel del otro para tener sincronía sexual; además, pueden compartir el placer como están ahora.

Sosténganse de las manos conforme continúan el balanceo pélvico. Éste es el momento de establecer contacto visual profundo para transmitir mensajes no verbales acerca de estar juntos. Vea si iguala el balanceo con la respiración y continúe haciéndolo por diez o 15 minutos, al final, guarden silencio, permítanse respirar para volver a la normalidad. Usted puede sentir un cosquilleo en los genitales. La experiencia puede ser suficiente para compartirla ahora.[6]

Por supuesto, hurgar en el deseo no puede hacerse con sólo agregar habilidades nuevas a su repertorio; está principalmente la actitud. Al aprender estas habilidades usted debe ver su tiempo sexual como algo primario, inviolable. Tiene que estar en el momento y no dejar que nada se interponga entre usted y su placer. Con el paso del tiempo, verá que deja de juzgarse a usted y a su pareja, dejará de criticar sus cuerpos o sus técnicas y de sentir que usted debería o no hacer una cosa u otra. Comenzará a preguntarse qué necesita, sin sentirse necesitada o abandonada. Y por último, déjese llevar. Lo que sucede, sucede. Hacer el amor o masturbarse se vuelven pura sensación, una forma de salir de su cabeza, entrar en su cuerpo y dejar de cuestionar el placer.

Después de hacer sus ejercicios de meditación y relajación, labre su camino de vuelta a hacer el amor despacio. Puede que quiera abstenerse de la relación sexual por un momento, pero hacer todo lo demás. Usted busca un estado de conciencia que le permita estar en el momento, experimentar la sensación y estar consciente de su pareja, si la tiene.

La conciencia es sólo una forma de meditación. Usted puede estar interesada en probar los tipos más convencionales de meditación, similares a lo que hace usted en una clase de yoga o *tai chi*, las cuales implican entrar y calmar la mente. La meditación es una forma de acercamiento a la sexualidad porque cultiva el "ser" en vez del "hacer". No tiene que pensar si complace o no a su pareja o si va a tener un orgasmo. Todo lo que debe hacer es estar ahí, realmente estar ahí. Lo anterior ha sido comparado con el proceso de pelar una cebolla, usted quita una capa de pensamiento y sensación, una después de otra hasta que alcanza lo más profundo del centro. No puede deshacerse de todas las preocupaciones que la aquejan. Algo más importante, puede ganar paciencia con usted y su pareja. En la década de los sesenta, Herbert Benson de la Escuela de Medicina de Harvard comenzó una serie de estudios clínicos en personas que tenían experiencia meditando y descubrió que en realidad podían controlar lo que habían pensado con anterioridad como las respuestas físicas involuntarias.[7] La "respuesta de relajación", como él la llamó, apaga el proceso habitual de pensamiento para que la persona pueda lograr la claridad. La mente funciona como un telón de distintas facultades que definen al ser humano, sus emociones, su voluntad y su espíritu.

Si está interesada en probar la conexión entre su cuerpo y mente para mejorar su sexualidad, es mejor que comience con usted misma. Tome 20 minutos o más cada día para sentarse en un lugar callado, cierre los ojos y concéntrese en su respiración. Ponga atención a la inhalación y exhalación, entienda que los pensamientos entrarán en su mente. Déjelos aparecer y desaparecer, como si estuviera sentada en el asiento del copiloto en un auto, viendo pasar el paisaje. Trate de concentrarse de nuevo en su respiración, lo cual al principio será muy difícil, conforme su cerebro habla y se entrometen los pensamientos dispersos. No se rinda cuando suceda, sólo concéntrese en su respiración e inténtelo.

La disciplina de hacer lo anterior ofrece grandes beneficios, sin olvidar el campo sexual. Después de que sola ha experimentado aclarar su mente, pídale a su pareja que se una a usted. Siéntense de frente con las piernas cruzadas y comiencen a respirar. Escuchen el ritmo de cada uno y traten de sincronizarlo. Sienta el calor del cuerpo de su pareja lo suficientemente cerca para tocarse, pero no se toquen. Sienta todo a su alrededor, la sensación de las manos en las rodillas, los sonidos de la calle o de la noche, el olor de la comida o el de las flores en la mesa, vea la luz del sol a través de los párpados cerrados. Perciba las sensaciones, pero no las catalogue con pensamientos.

Existen muchas otras técnicas del cuerpo y la mente que pueden ser efectivas para usted. Puede probar la visualización, donde crea una fantasía e imagina una pareja y un escenario que la exciten. Puede intentar la técnica de relajación conocida como *autogenics*, la cual viene de una palabra que significa "autogeneración", donde hace una exploración del cuerpo, estimulando cada miembro y órganos para que el cuerpo se vuelva pesado, caliente y relajado. Usted puede sugerir lo mismo a los genitales y decirse que está calmada y abierta al contacto. Otro método es utilizado para recordar, en el que puede evocar un lugar y momento de su vida en el que se sintió relajada por completo y en paz. Al recrear esa sensación en su cuerpo usted puede enseñarse a adoptar la actitud de tranquilidad y aceptación en cualquier momento que lo desee.[8]

Para estar consciente sexualmente debe explorar áreas que no ha considerado antes en el contexto sexual. Un área muy interesante de la investigación actual es la de las feromonas, los mensajeros químicos que pasan de su piel hacia el aire y que tienen el poder de atraer a otro hacia nosotros. Las feromonas son elegidas por un órgano sensorial en la base del septo nasal, el órgano vomeronasal y son liberadas vía neural justo en el hipotálamo, en el cerebro. Ésta, es la glándula maestra responsable de nuestras emociones básicas como la rabia, el miedo y la pasión sexual.

En un estudio, los hombres a los que se les permitió elegir una corbata en una tienda departamental se dirigieron a la exhibición situada en un lugar recóndito, donde las feromonas fueron hasta arriba de las almo-hadillas colocadas en las axilas de mujeres unas cuantas horas atrás. Las feromonas (del griego "llevo emoción") influyen en el comportamiento más de lo que creemos.

Hay muchas compañías que fabrican sprays de feromonas para atra-par al amante de sus sueños o mantener interesado al que tiene, pero usted puede privarse de las colonias caras y usar la nariz como un parti-cipante activo de su vida sexual. Duérmanse más juntos, no se bañen antes de ir a la cama (quitará lo bueno), y no se asuste de los jugos esenciales de su pareja. Las feromonas pueden servir como un recorda-torio de que el sexo huele y sabe maravilloso y de que puede ser mucho más emocionante de lo que pensamos.

Las mujeres que han empezado a mezclar su conciencia nueva en su vida sexual hablan del sexo de una forma diferente. Mencionan concep-tos como "fluir", "sin tiempo", y empezar a "perderse o a sumergirse" en la experiencia. A veces pueden alcanzar lo que ellos llaman "eufo-ria", un nivel que no es igualable en el mundo de las drogas y ofrece verdadera paz en lugar de dejarla confundida. Una paciente de Sandra de 40 años lo describió de esta manera: "Anoche, cuando mi pareja y yo estábamos haciendo el amor vino a mi mente una imagen de un chorro amarillo enorme que se arremolinaba alrededor, tú sabes, como algo que se agita desde el fondo. Y luego se volvió color naranja, así que había tonos cálidos en el amarillo brillante. ¡Ésa soy yo! Yo soy la pintura en el remolino y yo soy la que lo agita. Me gusta que me agiten en el sexo. Cuando me vengo, puedo ver una ruptura en la pintura, como si hubiera un increíble Jackson Pollock en mi interior."

El concepto de la combinación de la mente, el cuerpo y el espíritu es tan antiguo como la historia escrita y con probabilidad la antecede. En las culturas más antiguas, la sexualidad era considerada como una mez-cla con el dios de la cabeza y los mortales tenían que estar en un estado de alteración para lograr el ascenso temporal que puede llevar a la divi-nidad.

En la tradición india Tántrica, la cual data desde 5000 A. C., la unión sexual es un estado de iluminación y en el taoismo chino el *yin* y el *yang* de dos individuos se vuelve un círculo completo cuando están unidos. Éstas son dos filosofías similares que incorporan la visión de la totalidad, la cual se extiende no sólo al curso de la sexualidad, sino a toda la vida. Ambas tradiciones alientan al descubrimiento de lo divino mediante la celebración del humano completo. Usan todos los sentidos, la mente y el espíritu para alcanzar los puntos místicos. Entonces una pareja no sólo es un manipulador de sus miembros y su piel, alguien que la acaricie mejor que usted, sino que es el lado complementario de la fuerza en su propia vida. Juntos no son dos mitades, sino un todo que se mueve, respira, cambia en el momento, tanto de masa como de energía. Usted puede trascender la personalidad, el cuerpo y el espacio y alcanzar el tipo de unión espiritual que no es soñada en la filosofía de *Playboy*.[9]

¿Suena muy esotérico? De acuerdo con aquellos que obtienen buenos resultados increíbles del tantra, usted debe hacerlo. La creencia viene después. Empieza con la relajación profunda, recostada en una alberca de sol, o en un cuarto completamente en silencio, escuchando su respiración, consciente de su cuerpo. Tal vez sostenga la mano de su pareja y sienta el pulso de vida intercambiado a través de las puntas de los dedos. Usted puede utilizar el masaje para estimular el cuerpo físico, pero puede entrenarse para estar más sensible al casi tocar a su pareja, mantener la mano muy cerca para sentir la temperatura del otro, pero aun así no tener la satisfacción de una conexión completa. En el tantra, la emoción elevada y el orgasmo no son la meta. Lo primero y más importante es la sensación, el calor de la luz en su cuerpo, el olor de las sábanas o del cabello de su pareja, el sabor salado de la piel.

Algunos de los libros más convincentes en esta práctica vienen de aquellos que no tienen sexo en una forma tradicional, como los parapléjicos, cuadripléjicos y aquellos que por un accidente, una enfermedad o una malformación congénita no tienen sensación en los genitales y no pueden tener un orgasmo en la forma "tradicional". Gary Karp, un hombre parapléjico, después de estudiar el tantra se dio cuenta de todo lo que se perdió al tratar de lograr el orgasmo y la eyaculación de la forma antigua.[10] Un orgasmo le da una emoción y luego se acaba. Por otro lado, un estado de éxtasis permite un intercambio de energía vital entre dos personas y puede durar un tiempo indefinido. Él argumenta, como muchos otros conversos de la práctica del sexo tantra, el hecho de que la excitación apenas es el comienzo en lugar del fin. Tan pronto como el cuerpo responde a las señales sexuales, en lugar de llegar al clímax, un practicante del tantra permanece en el momento, disminuye su respiración y su actividad y se relaja en... ¿quién sabe qué? Para algunos parece florecer una energía extraordinaria en su cabeza y cuerpo; para otros, que describen las experiencias fuera del cuerpo, la práctica puede trascender. Al aceptar lo que suceda, al no agregar ninguna meta o visón de lo que creemos es el sexo, podremos entrar a un territorio no trazado que le proporcione un nuevo significado a las palabras "placer" y "gozo".

Al igual que el tantra, el tao, que significa "el sendero" o el "camino", enseña que debemos abandonar todas las expectativas del sexo y sólo disfrutar el viaje. Toda la vida está basada en el entrelazamiento del *yin* y del *yang*, una lágrima blanca de pies a cabeza con una lágrima negra, significa que cada una contiene una parte de color complementario. Dos lados son absolutamente iguales, en equilibrio completo, un lado a punto de cambiar en el otro. Lo que ocurra, cuando estamos con nuestra otra mitad, nuestra pareja, es perfecto.[11]

No hay ninguna meta en el sexo taoísta. Un orgasmo tal vez nos desvíe de la experiencia de tomar esto con calma y a menudo el viaje inesperado nos llevará lejos de las demandas sexuales, lejos de lograr cualquier cosa. Un beso sensual puede prolongarse por tiempo indefinido; una mera colocación de la lengua en el perineo puede ser tan erótica que eclipse la función del sexo oral.

El sexo se vuelve espiritual cuando la emoción se eleva a la conciencia. La excitación se vuelve más rica, más relajante y se alimenta entre más continúe. Cuando usted no tiene expectativas acerca de sólo terminar su encuentro íntimo, del desempeño o de hacer feliz a su pareja ya no es un mero contador en la cama que descifra lo que hizo cada uno. No puede estar celosa o frustrada ni sentir vergüenza, culpa o inquietud. Cuando se toma un tiempo para preparar el ritual de besar, tocar, respirar juntos, todo es parte de la experiencia y puede acercarla a usted misma, a su pareja y a sentir que trasciende en el sexo físico. Para algunos esta conexión de cuerpo y mente abrirá un camino nuevo hacia el deseo. Casi al final le dará al intercambio sexual un enfoque nuevo, una oportunidad para la autoexploración y la conciencia, además del placer.

Existe otra forma de acercarse a la sexualidad interna, la cual implica en convertirla en una parte integral de su vida, con la misma prioridad que le da a las labores domésticas y a la tarea de los hijos. Es decir, debe buscar tiempo en su horario para el juego y el placer. Necesita estar motivada para descansar más. Aquí le proporcionamos algunas formas de quitar la presión para que pueda disfrutar su vida sexual:

CONSEJOS DE EXPERTOS EN SEXO PARA HACER TIEMPO PARA USTED

Tenga como prioridad dormir para descansar. Deje de ver la televisión o de hacer otra actividad que no la deje dormir temprano.

Consiga una niñera una vez a la semana para que se lleve a los niños a su casa. Si no está sola, bien, duerma una siesta. Si usted y su pareja están exhaustos duerman juntos y desnudos. Uno nunca sabe que pueda pasar.

Haga un trato con su esposo o pareja para compartir las labores. (consejo: déjele saber a su pareja el propósito de este trato, el cual es incorporar más sexo en su vida, y puede funcionar.)

Si tiene hijos mayores de ocho años puede hacerles una vez a la semana una comida simple y fría y que se la sirvan a usted y a su pareja. (sus hijos deben estar en la preparatoria para usar la estufa) Usted tendrá que organizar esto y conseguir los ingredientes, pero no interfiera después. Su trabajo aquí es disfrutar que le sirvan.

Si usa lentes pase al menos una hora sin ellos. La visión del mundo en un enfoque suave le permitirá concentrase en usted, en vez del exterior.

Tómese unas vacaciones de 20 minutos una vez al día. (¡Sí! Tiene 20 minutos para usted). Siéntese en el sol con su gato, escuche música o baile, tome un baño de burbujas, vaya al parque y súbase al columpio. ¡Cualquier cosa divertida!

Enfoque su vida a lo que en verdad es importante y no se comprometa con algo nuevo sólo porque la gente dice que lo necesita. Diga no cuando le pidan hacer algo más, un trabajo más u ofrecerse como voluntaria a hacer más.

SOLUCIONES TERAPÉUTICAS PARA LOS PROBLEMAS

¿El sexo es una terapia para mí?

Si siente que está cansada de todo, use ropa interior sexy o no use ropa interior, lea libros de autoayuda y vea videos, acuda al ginecólogo o al urólogo, es tiempo de buscar ayuda con un terapeuta sexual capacitado.

Al principio de este capítulo señalamos que los tratamientos externos son muy útiles para algunas personas que sufren una depresión sexual, pero que no harían nada a la gente que tenía problemas serios. La terapia sexual puede ser una respuesta o al menos el principio de una solución a largo plazo. Existen muchas situaciones posibles que pueden convencerla de que es tiempo de conseguir ayuda profesional.

Tal vez usted se da cuenta de que tienen recuerdos de una experiencia horrenda de la niñez cada vez que tiene sexo oral; quizás sube la montaña de la excitación, pero nunca llega a la cima del orgasmo; o a lo mejor no puede tolerar nada dentro de su vagina. Tal vez, si es soltera, está consternada con el hecho de que nunca disfrutó el sexo con los hombres que le atraían. Quizá, si tiene pareja, ha llegado al punto donde evita "hacerlo". La magia que había, fue reemplazada por los problemas diarios y el sabotaje sutil. Ustedes se acuestan a diferente hora y evitan el contacto físico. O a lo mejor usted está en medio de una batalla acerca de qué tan seguido tener sexo y están hartos de esas peleas desagradables acerca de si hacerlo tres veces a la semana es mucho o muy poco. Si se siente estancada y los problemas en la cama intoxican el resto de su relación, es momento de consultar a un experto.

La terapia ayuda a las mujeres a exigir permiso para ser sexuales y encontrar una forma de hacer el sexo parte de ellas, no dividirlo de todo. Tenemos derecho a una vida sexual y al placer; no está bien tolerar el mal comportamiento de la pareja o aceptar cualquier tipo de chantaje emocional. Las mujeres que fueron abusadas de algún modo esperan que suceda lo mismo otra vez y eso las hace indefensas. La terapia sexual les da un mapa del oscuro bosque hasta la luz.

La terapia sexual es un sistema de conversación, pero invita a un tipo particular de conversación, la plática se centra en todas las contribuciones, pasadas y presentes, que complican o frustran la vida sexual. Puede implicar un viaje de vuelta al pasado y a los mensajes, mitos y entredichos sexuales aprendidos, por lo general sin conciencia. Seguramente usted hablará de los obstáculos presentes que interfieren con la libertad sexual. Debido a que el sexo por lo general es una actividad de dos usted no sólo tiene que hablar sino escuchar lo que diga la otra persona involucrada sexualmente con usted.

La terapia sexual cuesta lo mismo que la psicoterapia y la paga el seguro, HMO y terceras partes. Los precios varían y tienden a ser más caros en ambas costas de la zona interior, el tratamiento por lo general es a corto plazo y vale la pena el gasto. Para las personas con un presupuesto limitado o sin seguro las escuelas de medicina con frecuencia tienen clínicas de entrenamiento donde los internos o los residentes ofrecen servicios y las cuotas son más modestas. Además de una sesión de terapia, Sandra dirige grupos de apoyo sexual para mujeres. Cuando se reúnen y hablan de sus problemas inmediatamente se sorprenden y se sienten aliviadas de descubrir que no están solas. Al hablar con este grupo de tiempo limitado sienten el apoyo.

Para someterse a una terapia se necesita valor. Es vergonzoso admitir que va al médico para que le den terapia, en especial ese tipo de terapia. Si es que algo sale mal con su petición, imagínese diciéndole con exactitud a la persona del seguro en qué consiste el servicio de salud mental que le están proporcionando. Y si tiene una pareja en particular puede descubrir que él o ella opone más resistencia de ver a un terapeuta. Las respuestas típicas: *No lo necesitamos; lo resolveremos; vamos a darle otro mes o más.* Sea fuerte y no se permita huir. Usted sabe si es miserable; está muy consciente de cuántas técnicas y tratamientos ha probado. Una buena respuesta a "no me puede estar pasando a mí" es, "Bueno, voy a probarlo, a ver qué pasa. Puedes estar mucho más feliz conmigo en la cama después de esto." No lo dude, sólo vaya.

O tal vez sienta que puede usar la terapia, pero prefiere ver a un terapeuta matrimonial o quizá a un pastor, un consejero o una trabajadora social. Pero si usted en verdad tiene problemas en la cama, es mejor que vaya con la persona que tenga mayor conocimiento de estos problemas. Otros profesionales pueden ser compasivos o comprensivos y ofrecerle una perspectiva excelente, pero no tienen capacitación especial para reconocer tanto las contribuciones médicas o psicológicas como los problemas sexuales. Hoy en día, más que nunca es necesario estar consciente de las opciones farmacéuticas nuevas, así como de los factores físicos e interpersonales que pueden dificultar el sexo; además, los terapeutas sexuales tienen este tipo de capacitación.

¿Cómo encontrar un terapeuta sexual bueno? Pregúntele a su médico. No debe discutir la situación con el médico familiar si no se siente cómoda haciéndolo. Puede que el ginecólogo o el urólogo la remitan o que su médico de cabecera lo haga. También puede consultar a la asociación psicológica de su estado o el departamento de psiquiatría en una escuela médica local, si vive cerca de una. O puede conseguir referencias de una de las excelentes organizaciones que tratan problemas sexuales, como la Sociedad Estadunidense para Educadores, Asesores o Terapeutas Sexuales (AASECT, por sus siglas en inglés) o la Sociedad de Terapia e Investigación Sexual (SSTAR, por sus siglas en inglés). Vaya a la sección de fuentes para anotar las direcciones y los números telefónicos.

Cuando consiga varios nombres, hable brevemente por teléfono con el terapeuta y haga una cita para la consulta. Probablemente la primera cita le indique si es una persona confiable, obviamente, usted busca un buen oyente, alguien que sea abierto, que no esté a la defensiva ni la juzgue, alguien que no la culpe, pero vea todos los lados del problema y pueda poner en perspectiva las situaciones. También es una idea muy buena encontrar a alguien con sentido del humor porque el sexo y la falta de sexo, pueden ser muy chistosos a veces. Un buen terapeuta le mostrará sus licencias, responderá sus preguntas y la tratará con respeto. Si se topa con alguien que no cubra estos requisitos o con quien no se sienta cómoda para hablar, salga de ahí y busque otro. Recuerde, usted paga un servicio y merece obtener lo que quiere de las sesiones.

Al principio el terapeuta sexual emprenderá una valoración comprensiva de sus dificultades y pasará tiempo anotando la historia sexual de usted y su pareja, si tiene una. Por lo regular cada uno tendrá su tiempo para compartir las percepciones y teorías acerca de por qué el sexo no está funcionando. Como un detective, usted y su terapeuta quieren rastrear cada pista, física y psicológica. Aunque sólo uno recibirá un "diagnóstico" oficial, lo que justifica el reembolso destinado a resolver un problema sexual.

La queja sexual más común de las mujeres es la disminución o la ausencia de interés y deseo sexual. Y el deseo, como lo hemos visto, es algo complicado. A veces es culpa de la insuficiencia de andrógeno, así que su terapeuta quizá le sugiera que se haga un examen de los niveles de testosterona. La falta de andrógeno está relacionada no sólo con la falta de deseo, también con la reducción de las sensaciones del ser y la energía (véase el capítulo 8). Los niveles de testosterona decaen lenta y regularmente después de los 35 años, peor en una mujer que ha tenido una histerectomía o se le han extirpado ambos ovarios, o ambas, los niveles caen más rápido. Si usted tenía un apetito sexual antes de la menopausia o antes de las cirugías mencionadas y ahora ha desaparecido, vale la pena considerar el reemplazo de andrógeno.

Por otro lado, la falta de interés puede ser debido a una depresión subyacente, una autoestima baja, un estrés situacional o una pareja que no es cariñosa y no está interesada en usted. Incluso las distracciones o los trastornos, como la enfermedad de un hijo, la pérdida del trabajo, el divorcio, los padres mayores que necesitan cuidado, el jefe malvado o los problemas de dinero provocan una distracción del sexo. Frecuentemente, la falta de deseo, al igual que otros problemas sexuales, se deben a la combinación de factores.

Así que todo esto debe discutirse en una terapia. Hablará de la historia de su familia, las experiencias difíciles que pudieron conformar sus creencias, las reacciones emocionales hacia el sexo, si toma drogas por diversión o por receta y las experiencias recientes en la cama y fuera de ella relacionadas con su problema.

La terapia sexual no es muy distinta a otros tipos de psicoterapia. Por supuesto se enfoca en los problemas sexuales y de pareja y su terapeuta puede sugerirle videos, libros o películas, al igual que "ejercicios" en la casa para los dos, cuyo propósito es aumentar la satisfacción sexual. A pesar de las bromas de los sustitutos sexuales casi nadie los usa.

Existen muchas razones diferentes para buscar los servicios de un terapeuta sexual.[12] El dolor en la penetración es una. El dolor en la vulva, o vulvodinia, puede ser muy agudo en algunas mujeres y por ella consideran como algo imposible cualquier tipo de contacto genital. Pensemos en una paciente reciente de Sandra, Alison, una programadora de computadoras de 33 años que conoció a su esposo, Ted, un ingeniero, cuando estaban en la universidad. Ella le dijo a Sandra: "Llevamos ocho años de casados y siempre hemos tenido una relación maravillosa." Entonces Sandra le preguntó por qué fue a verla. "Porque nunca hemos tenido relaciones sexuales, no podemos. No hay forma. Hacemos todo lo demás, como el sexo oral o manual y en verdad lo disfruto; pero cuando él intenta penetrarme me pongo tiesa."

Habían probado todo lo que se les ocurrió para que Alison se relajara, pero nada funcionó; por lo que se rindieron y sólo disfrutaron la relación sexual que tenían. Pero Alison pensó en la posibilidad de tener un hijo y se dio cuenta que necesitaba ayuda profesional. Ella quería superar el problema, pero en verdad no sabía cuál era.

Un día vio un manual de sexualidad en la librería y encontró la palabra "vaginismus".

"En el momento que leí la descripción sentí un gran alivio. ¡Soy yo y hay una palabra para eso, otra gente lo tiene! Así que me metí a Internet y tecleé en el diagnóstico y encontré una sala de chateo enorme de 260 mujeres que tenía o tuvieron mi problema. Fue como encontrar a mi familia. Me quedé al margen y sólo las escuche hablar y leí unas historias increíbles que eran mucho peores que la mía. La mayoría de las mujeres odiaban el sexo y yo lo amaba, entonces le dije a Ted que estaba emocionada. Por un tiempo entré en la sala de chateo todo el tiempo, pero me aburrí un poco, y alguien me sugirió que buscara un terapeuta; así que llamé a mi médico regular y conseguí referencias y no puedo decirle lo sorprendente que fue. La doctora Leiblum fue muy comprensiva y paciente. Nos contó toda una historia del vaginismo y yo aprendí que era algo físico, sí, pero había un gran componente emocional."

"Me di cuenta que dejaba fuera la posibilidad de un embarazo a una edad muy temprana. Mis padres murieron cuando tenía cerca de 14 años y yo estaba completamente sola a los 17. Sabía que no podía arruinar mi vida con un bebé. Tuve que seguir, terminar la universidad y cuidar mi vida cuando no estaba estudiando, fue muy cansado; así que literalmente me cerré a no tener hijos."

Hay muchos pasos en el tratamiento de vaginismus. Primero, la mujer tiene que relajar los músculos pubococcígeos, los que permiten que "apriete" y deje fluir la orina. Debe practicar los ejercicios de relajación y lentamente sentirse cómoda con una serie de dilatadores que poco a poco aumentan de tamaño. Para empezar con uno con el ancho de un dedo o un tampón pequeño hasta el del tamaño de un pene erecto. El terapeuta guía el tratamiento de la mujer y sugiere los ejercicios en casa. También desafía cualquier concepto erróneo que tenga del tamaño de la vagina y los mitos antiguos que aprendió acerca del dolor implícito en la penetración vaginal.

La mujer se introduce los dilatadores en la vagina, usando un lubricante y luego está lista, le permite a su pareja introducirlos. El terapeuta explica en cada sesión qué debe hacer una pareja y luego les deja "tarea". Por supuesto estas sesiones que toman juntos no son sólo físicas. Ambos son animados a hablar acerca de todas sus sensaciones al hacer esta actividad, como el miedo, la renuencia y el alivio.

"Cuando Ted y yo llegamos al dilatador más grande y yo no tenía ningún problema la doctora Leiblum dijo que era momento de entrar a la relación sexual, pero que no deberíamos estar inquietos si no podíamos hacerlo a la primera. De hecho, no fue para nada difícil como pensamos que lo sería. Estábamos tan emocionados, fue como descubrir otra vez los cuerpos de cada uno; nos conocemos tan bien y nos encanta hacer el amor por eso esto fue algo nuevo y maravilloso. ¡Siempre funcionó! Yo diría que tuve orgasmos ocho de cada diez veces sin ninguna estimulación del clítoris. Hubiéramos acudido a terapia más pronto, pero ahora es como tener 18 años otra vez. No podemos esperar a llegar a la cama."

No todas las terapias sexuales son tan directas o simples. Muchas de ellas tratan las formas en las que una pareja se relaciona y cómo se expresan los sentimientos positivos y negativos. Debido a que el buen sexo viene del corazón y la mente se debe poner atención a todos los aspectos de la relación de pareja y de su estilo de vida. A menudo pasan muy poco tiempo íntimo para sentirse lo suficientemente cómodos con el buen sexo, pero también es posible que haya factores más complicados que contribuyan a sus problemas. La gente en verdad cree en la vieja tontería de que "el amor lo conquista todo" y está segura de que si sienten pasión el uno por el otro podrán leer la mente del compañero. Ésta es una opinión con raíces profundas, reforzada por generaciones de romances de Arlequín y de películas de Hollywood que puede ser destruida de raíz sólo cuando ambos empiezan a decir exactamente lo que piensan.

La terapia sexual anima a declarar sus preferencias y a hablar de sus gustos, aversiones, molestias, fantasías, decepciones, inquietudes y renuencia acerca de probar cosas nuevas. También ayuda a entender que muchos de los miedos y presentimientos son obsoletos, pertenecen a lo "viejo", no a las circunstancias nuevas de su vida. Usted y su pareja también son alentados a reconsiderar cómo y qué decir, qué hacerse el uno al otro. El sexo mejora conforme su relación lo hace y viceversa. Si abusaron sexualmente de usted en el pasado y si los recuerdos y las sensaciones irrumpen en el presente se le ayudará a encontrar la paz y a sentirse no sólo segura, sino convencida de que merece placer.

A veces el terapeuta le dejará tarea, como los ejercicios que aumentan las sensaciones sexuales y sensuales. Se le recomendarán concentración en los sentidos, un programa paso a paso de ejercicios de caricias cada vez más íntimas. A la mayoría de las mujeres les gusta las sesiones de masajes largos, lentos y cariñosos con su pareja. Aun si les provocan ansiedad, los ejercicios son medios de explorar las sensaciones acerca de ser pasivo, ceder el control, pedir lo que quiere y enseñarle a su pareja sus gustos y aversiones.

Los beneficios son enormes. Primero, ningún miembro de la pareja se siente mal por la inquietud de su desempeño. Éste sólo es un momento para tener intimidad y responder. En las sesiones de terapia, cuando hablamos de la respuesta a los ejercicios de concentración en los sentidos nos sirve como un puente para hablar de las reacciones psicológicas que uno tiene sólo al dar o al recibir placer. ¿Qué pensamientos le provoca? ¿La persona que brinda el sexo está molesta, celosa o aburrida?

¿La persona que recibe el sexo está asustada o no está excitada con nada de lo que su pareja intenta? Todos y cada uno de los sentimientos son posibles y están permitidos. Ésta es una de las formas en las que Sandra ayudó a una paciente de 37 años llamada Vivien, con 19 años de casada. A pesar de su apariencia exterior sexy y de su forma cómoda de relacionarse, Vivien nunca había tenido un orgasmo.

Vivien dijo: "En realidad nunca me sentí atraída físicamente a mi esposo, pero cuando me embaracé, sentí que teníamos que casarnos. ¿Qué sabía yo? Tenía 18 años. Max siempre fue una persona maravillosa, bueno, cariñoso, pero su actitud hacía mí era muy condescendiente. Nunca me hizo sentirme valorada, apenas escucha cuando hablo. Si digo que en verdad me gustó una película que hemos visto me dice en forma indulgente que perdí el simbolismo. Al final sólo me reduce, ni siquiera me preocupo por defenderme o expresarme."

Conforme pasó el tiempo, la falta de interés de Vivien se hizo más aparente, pero su esposo no se rendía, ofreciéndole libros de autoayuda y preguntándole por su orgasmo en cada encuentro. "Cada vez surgía la vieja pregunta de '¿estuvo bien cariño?' Entre más me sacaba información menos me interesaba."

"Tengo que decir que no estaba excitada por completo. El mejor amigo de Max era un verdadero coqueto y realmente parecía apreciarme. Me imaginé durmiendo con él, pero simplemente no pude seguir. Hubiera sido una traición y no hubiera podido vivir; así que en lugar de eso me compré un vibrador y tuve la fantasía de cómo James me hubiera tocado y en unos días tuve mi primer orgasmo."

En las sesiones individuales Vivien se dio cuenta que aunque se sentía atraída por James había muchas cosas valiosas en su esposo. Era un buen padre, un buen proveedor y genuinamente protector con ella. Éstas eran cosas que siempre quiso en una pareja. Con ánimo, pudo decirle a Max directamente que no se sentía valorada ni respetada por él y cómo estos sentimientos le provocan resentimiento y la alejaban emocionalmente de él. Con ayuda, Max pudo "oír" a Vivien por primera vez. Todavía tiene sus deslices, pero en verdad es más cuidadoso acerca de la forma en la que le habla. Mientras que las relaciones sexuales con su esposo todavía no son su actividad favorita, Vivien puede tener un orgasmo cuando lo decide. Ella está al mando.

Hay mujeres que han vivido un espantoso abuso físico, sexual y emocional, que tienen problemas sexuales y de pareja, aunque no todas. Parece imposible que alguien pueda soportar años de incesto o una violación violenta y salir ilesa sexualmente, pero hay aquellas con conceptos tan fuertes de ellas mismas que son capaces de dejar atrás estas experiencias. No obstante, para quienes todavía sufren, la terapia puede ser muy beneficiosa.

Es seguro que aquí no hay formas rápidas para arreglarlo y para algunas mujeres el discernimiento alivia no sólo una pequeña parte del dolor, sino que hasta puede ser beneficioso. No importa hace cuánto hayan sucedido los eventos o cuántos años tenía cuando empezó la terapia, siempre hay algo que ganar al compartir el pasado con un profesional que pueda guiarla, como Caronte, de los mitos griegos, que conducía a la gente en la laguna Estigia rumbo al inframundo, permitiéndoles, de vez en cuando, una mirada al sol.

Algunas personas simplemente son mejores en el sexo que otras, les gusta más, tienen mayor respuesta, se excitan más rápido y con más intensidad. ¿Quién sabe por qué una mujer termina adorando el sexo más que sus amigas? ¿Es por la cantidad de dopamina que produce su cerebro o por al cantidad de testosterona libre que tiene disponible? ¿Es por la libertad y el placer que ha desarrollado en su cuerpo? ¿Porque tuvo padres cariñosos y tolerantes que nunca lucharon contra su experimentación sexual? ¿Porque su primer amante fue tan cariñoso y hábil o porque su primera prueba del éxtasis la encendió? Para aquellas que no son adeptas al sexo o no están muy interesadas no significa que son frías o no tienen sentimientos, ni que no desarrollen otras áreas.

Ser una amante divertida, alimentar a la pareja, obviamente es tan importante como ser una fiera en la cama. Sin embargo la mayoría de las mujeres motivadas pueden encontrar ayuda sexual de alguna manera, si desean hacer el viaje y buscarlo.

En la antigua historia de Amor y Psique, la familia de una doncella hermosa es ordenada por el oráculo de Apollo a abandonarla en la cima de una colina.

Por consiguiente ella es llevada por el viento a su casa nueva, un castillo misterioso donde su amante llega a su encuentro sólo bajo el manto de la oscuridad, y le dice que nunca debe pedirle ver su cara. Él está dedicado a ella, la adora, le hace el amor apasionadamente pero insiste en que no puede verlo o lo perderá.

La Psique, curiosa e inteligente se percata de que puede salirse con la suya con sólo encender una lámpara por un momento después de que su esposo se duerma. Ella trata de apagarla de inmediato; pero conforme enciende la mecha y prende la lámpara es hipnotizada por una belleza extraordinaria.

Es Amor, el hijo de Venus, el dios del Amor. Él es la perfección en la virilidad, recostado ahí, desnudo, con sus alas blancas enormes. Por accidente ella se pincha con una de las flechas de su carcaj y el impacto de este efecto, amor a primer pinchazo, hace que ella tire aceite caliente de la lámpara en el hombro de él y lo despierta. Él la castiga por desobediente, por investigar el deseo en vez de sólo aceptarlo y la corre de su casa, le jura que nunca lo encontrará.

Como cualquier mito del héroe, Psique satisface muchas de las labores imposibles, entre ellas ir al inframundo para buscarlo, casi muriendo. Pero con el tiempo se gana el premio, en este caso su esposo, la inmortalidad y el bebé que crece en ella, una hija que se llamará Placer.

Por suerte para nosotros, así no se obtiene el placer. Ya sea que su vida sexual se beneficie con un viaje a la tienda de Victoria's Secret o a una tienda de juguetes en línea o si necesita una renovación mayor, déjenos aconsejarle actuar como usted desee. Puede decir palabras prohibidas y salir de la oscuridad que le ha permitido esconderse, puede volcar su situación actual en la cama.

Cuando compran un vibrador, meditan juntos, disfruta el masaje sensual o van a terapia encienden intencionalmente la luz. Cuando habla de algo sexual aumenta su conciencia sexual y estimula la actividad hormonal que puede conducir, con el tiempo, al placer, incluso al mayor deseo.

Coda:
la cara del placer

No existe el concepto "normal" cuando se trata de sexo. Sólo hay experiencia y conocimiento de que entre más se vive, más oportunidad se tiene de hacer cambios constructivos. El sexo y las cualidades que lo rodean juegan un papel vital en nuestra vida desde que gateamos, hasta la muerte. Cuando vemos nuestro deseo y nuestra conducta con previsión y claridad, cuando tomamos decisiones conscientes acerca del papel que queremos que tenga el sexo, en vez de aceptar con pasividad las situaciones insatisfactorias, entonces estamos en el camino equivocado para descubrir lo mejor de nosotros.

El sexo tiene muchas caras y muchas no son reconocibles. Podemos ser célibes y tener intimidad, podemos amar y aun así no querer contacto físico, podemos venirnos por estar sentados en una piedra caliente o por un pensamiento fugaz que viaja en la brisa primaveral. Podemos encogernos en el interior y escapar de todo estímulo o sentirnos abotagados con la anticipación y el deseo. Podemos estar a gusto con la comodidad de los placeres domésticos y las intensas caricias, con la pasión salvaje de un nuevo amor que ayuda, anima y grita fuerte. Sentirnos apasionadas y luego contenernos; atraídas hacia los hombres, luego hacia las mujeres, luego hacia los dos; amarnos y odiar los cambios de nuestro cuerpo; podemos conocer el sexo profunda y completamente y luego, en un instante, sentir que disminuye y se desvanece. Puede permanecer inactivo, acurrucado en esas esquinas de nuestra conciencia hasta el momento en que explota, listo para hacer que la tierra tiemble de nuevo.

Se ha dicho que anhelamos el orgasmo porque es en estos destellos de luz en donde se nos muestra, por sólo un instante, la cara escondida de Dios. Pero tenemos que buscar en los lugares equivocados las recompensas equivocadas. "Dios", o lo que consideremos Supremo, es de lo que estamos hechos. Todo lo que tenemos que hacer es encontrar una forma de encontrar las inclinaciones e intenciones que están muy adentro de nosotros. El sexo es un vehículo, un medio para explorar lo que en realidad necesitamos para sentirnos completas. En cada etapa de la vida y cada unión de nuestro desarrollo espiritual y emocional necesitamos algo nuevo.

Por décadas se ha dicho a las mujeres que la sexualidad femenina es compleja, con muchas facetas y difícil de precisar. La verdad, como hemos visto, es que el sexo es tan flexible, tan cambiante, para cada mujer puede ser un cambio de patrón continuo, una serie de imágenes del calidoscopio basadas en lo que somos, con quien estamos, cuánto confiamos en nosotros y en otros y cuáles son nuestras metas.

Así que celebremos y maldigamos el hecho de haber nacido mujeres. Es maravilloso tener tantas opciones; es terrible darnos cuenta de que algunas de ellas nos enloquecen y otras nos dejan frías. Es nuestro derecho de hurgar en ese lugar misterioso lo que nos excita y nos hace seguir, aunque en ocasiones sea abrumador y duro de manejar. Tal vez un día sabremos con certeza cómo funciona, pero por el momento es mucho más interesante montar el poder de esas fuerzas subterráneas y aguardar la etapa siguiente.

Siempre habrá una etapa siguiente. Bien sea soltera, madre casada, lesbiana sola, exploradora en la menopausia, bruja en la postmenopausia; ya sea que busque en línea o fuera de ella, con píldora o sin ella, ya sea que su cuerpo esté tranquilo o un poco alterado, usted tiene la oportunidad de cambiar siempre. Cuando se deshace de los años de frustración e inquietud que ha tenido con el sexo o revela a la mujer desnuda, usted puede encontrarla no sólo bella, sino más accesible de lo que imaginó.

El sexo puede ser en lo primero que piensa cuando se levanta por la mañana o lo último en su mente, pero si se abre a las posibilidades puede enseñarle su propio valor, su sentido del humor y su creatividad. Además, puede ayudarla a ponerse de pie nuevamente si ha caído. Agregará privacidad, confidencialidad, un sentido de lo desconocido y sólo un pequeño riesgo a su vida. Y si se desespera por no encontrar un impulso erótico o si piensa que lo tenía y lo ha perdido, entienda que no es el fin. De la vuelta y el sexo estará ahí, viéndola de frente. Qué hace con él y cómo elige que sea parte de su vida, depende completamente de usted.

Acerca de las autoras

La doctora Sandra Leiblum es conocida en todo el país por su liderazgo en el campo de la sexualidad humana. Como terapeuta sexual en los últimos treinta años ha tratado a miles de personas y parejas. La Society for Sex Therapy and Research (Sociedad para la Terapia e Investigación del Sexo) le otorgó el premio Masters and Johnson Lifetime Achievement, y la American Society of Sex Educators, Counselors and Therapists (Sociedad de Educadores, Asesores y Terapeutas Sexuales) reconoció su trayectoria con el premio Career Accomplishments. Es la primera presidenta electa del Female Sexual Function Forum (Foro de la Función Femenina Sexual), y fue presidenta de la Society for Sex Therapy and Research (Sociedad para la Terapia e Investigación del Sexo) y miembro de la Society for the Scientific Study of Sex (Sociedad del Estudio Científico del Sexo).

Autora y coeditora de nueve libros acerca del tratamiento de la disfunción sexual y la infertilidad, la doctora Leiblum además es profesora de psiquiatría y ginecosbtetricia y directora del Center for Sexual and Marital Health (Centro de Salud Sexual y Marital) en la Escuela de Medicina UMDNJ – Robert Wood Johnson, en Piscataway, Nueva Jersey. Además de su trabajo clínico, también es asesora de muchas compañías farmacéuticas importantes en el realce químico de la respuesta sexual femenina.

En su tiempo libre disfruta de caminar, andar en bicicleta, comprar, y... tener relaciones sexuales.

Judith Sachs, hija y nieta de médicos, tal vez estaba destinada a escribir y hablar acerca del cuidado preventivo de la salud. En los últimos veinte años ha publicado libros y dictado conferencias. Como defensora de la expresión de la sexualidad saludable, conduce talleres y seminarios que animan a las mujeres a tomar el mando de su propia salud sexual.

Es autora y coautora de más de veinte libros de cuidado preventivo de la salud, entre ellos se encuentran *The Healing Power of Sex, Rewinding Your Biological Clock: Motherhood Late in Life* y *Break the Stress Cycle: 10 Steps to Reducing Stress for Women.* Ha enseñado el manejo del estrés en la Universidad de Nueva Jersey y en el The Human Resource Development Institute, de Nueva Jersey (Instituto del Desarrollo de Recursos Humanos); está capacitada como educadora de VIH/SIDA para la Cruz Roja Estadunidense. Es practicante desde hace mucho tiempo del arte chino *tai chi chuan*; siente que las artes marciales candentes con la pareja adecuada son lo mejor después del sexo.

Notas

1. La niñez y la adolescencia

[1] Muchas culturas tienen rituales especiales para el inicio de la menstruación. Las mujeres judías abofetean a sus hijas para darles la bienvenida a la tribu. En el mejor de los casos significa: "Nunca podrás tener un dolor mayor a éste"; en el peor: "La vida es difícil, acostúmbrate." Una versión más amable del ritual incluye un abrazo después de la cachetada para darle la bienvenida a la mujer después que deja de ser niña. Para los arapesh, una tribu del Pacifico del sur, descrita por Margaret Mead, es muy importante el primer periodo menstrual de una mujer: Sus hermanos le construyen una cabaña menstrual donde permanecerá aislada, lejos de la población, para mantenerse seguros de la fuerza sobrenatural que ahora tiene como una mujer que menstrúa. Después se le pide que tire su falda de pasto y sus brazaletes viejos y las mujeres mayores introducen hojas de ortiga que pican en su vulva para que sus senos se desarrollen. Luego la encierran en su cabaña por cinco o seis días, después ella saldrá para ser decorada y pintada (el sangrado aparentemente ha terminado). Este hecho es considerado un momento muy feliz para todos. Hoy en día en muchas culturas africanas se practica la espantosa mutilación de los genitales femeninos, la cual puede realizarse en niñas de 3 a 13 años, muestra a qué grado la sociedad puede estar corrompida por el miedo ante el poder de la sexualidad femenina.

[2] Alice Schlegel, "Status, property and the value on virginity" (1991), *American Ethnologist* 18(4): 719-734. La virginidad simplemente no significa lo que

antes, ahora que las mujeres esperan décadas entre el comienzo de la pubertad, cuando pueden volverse sexualmente activas y embarazarse, y establecer una familia. En la mayoría de las culturas cuando una adolescente estaba lista para el matrimonio debía estar intacta. Schlegel, una antropóloga cultural de la Universidad de Arizona, escribe: "'La naturaleza' nos diseña para empezar nuestra vida sexual en la adolescencia biológica, pero 'la cultura' interviene con una adolescencia social que no incluye la sexualidad sin inhibiciones." Explica que es más probable que la virginidad sea valorada cuando las familias con hijas la dan como dote, dote indirecta o intercambio extensivo de regalos en los matrimonios de éstas, debido a que, en efecto, compran un yerno. En esas sociedades una mujer que no es virgen no sólo es un bien dañado sino que cualquier progenie que tenga será puesta en duda. ¿Por qué un hombre desearía criar un hijo que no es suyo?

³ Sería agradable si pudiéramos llegar justo ahí, a la edad cuando todo este torbellino físico y emocional ocurre y ayudar a las niñas a hacerle frente. Ahora se les ordena en las escuelas a explicar más que "los hechos de la vida", deben educar a los niños acerca de la pubertad, la reproducción, los anticonceptivos, las ETS y todos los engranajes de la sexualidad humana. Por desgracia, todo lo que se les da son unas cuantas cosas, esencial de la comunicación, el placer y la experimentación con las actividades sexuales más seguras pero los riesgos y cuidados de las relaciones sexuales por lo general no se mencionan. En Nueva Jersey los profesores de la clase de vida familiar influyeron para que el material sobre la menstruación lo pasaran al cuarto grado. Sin embargo la administración de Whitman consideró más "apropiado" no entrometerse con las reglas, la cual pide que esta información avanzada sea enseñada después. Hay jóvenes que no reciben la información hasta octavo grado, cuando claramente es historia pasada. (Comunicación Personal con Susan Wilson, coordinadora ejecutiva del Canal para la Educación Familiar de la Universidad de Rutgers.)

⁴ Laumann, E. O., et al., *The Social Organization of Sexuality*, University of Chicago Press, Chicago, 1994.

⁵ Thompson, S., *Going All The Way: Teenage Girls' Tales of Sex, Romance, and Pregnancy*, Hill and Wang, Nueva York, 1995.

⁶ A pesar de que la mayoría de las mujeres lesbianas no salen del clóset hasta la universidad, hay muchos reportes que indican que cerca de 17% sabía su

preferencia de género en la primaria y que 6% más estaban convencidas cuando entraron a la secundaria. Muchas mujeres sienten deseo por otras mujeres, pero no se consideran gays ni actúan de acuerdo a sus deseos. Por medio de una encuesta de la Universidad de Chicago (Laumann, *et al.*) se descubrió que 59% de las mujeres dijeron que alguna vez desearon a una mujer, aunque sólo 13% actuó de acuerdo con su deseo a pesar de que no se identifican como lesbianas. Esto es muy diferente con los hombres homosexuales quienes en mayor número se identifican como gays, y han deseado o incluso practicado actos sexuales con otros hombres.

[7] Books-Gunn, J. y Furstenberg, F. Jr., "Adolescent Sexual Behavior", *American Psychologist* 44, 1989, 249-257.

[8] Instituto Alan Guttmacher, reporte de información del Centro Nacional de Estadísticas para la Salud (NCHS, por sus siglas en inglés).

[9] Rosenthal, D. A., *et al.*, "Personal and Social Factors Influencing Age at First Intercourse", *Arch Sex Behav* 28:4, 1999, 319-333.

[10] La abstinencia no sólo es exhortada, en ciertos estados hay centros de asesoría privados que son generosamente aprobados por el Departamento de Servicios de la Salud y Humanos para defender este tipo de educación sexual y no otro. La Iglesia Bautista estableció un contrato de abstinencia, el cual en realidad puede otorgar "una virginidad secundaria" al joven que cedió tontamente.

[11] Thompson, S., "Putting a Big Thing Into a Little Hole: Teenage Girls' Accounts for Sexual Intention", *Journal of Sex Research* 27:3, agosto, 1990, 341-361.

[12] Tiefer, L., *Sex Is Not a Natural Act and Other Essays*, Westview Press, 1995.

[13] Eng, T. R. y Butler, W. T., (eds.), *The Hidden Epidemic: Confronting Sexually Trasmitted Disesases*, National Academy Press, Washington, D. C., 1997. 28 pp.

[14] Instituto Alan Guttmacher, reporte de información de los Centers for Disease Control and Prevention y el National Center for Health Statistics.

[15] Encuesta del National Crime Victimization, Departamento de Estadísticas de Justicia, Departamento de Justicia de Estados Unidos, 1996.

[16] De acuerdo con la Encuesta Nacional del Crecimiento de la Familia en 1995, de los 905 000 de las adolescentes embarazadas en 1996, más de la mitad tuvieron al bebé. Cerca de 31% de los embarazos en las adolescentes terminaron en aborto; 14% en aborto espontáneo; 43% en un nacimiento no deseado; 7% en un nacimiento deseado; y menos de 3% tuvieron al bebé, pero lo pusieron en adopción. Las adolescentes constituyen menos de un tercio de los abortos realizados cada año, y 61% de éstas son jóvenes de clase media y alta. Es más probable que las adolescentes afroamericanas conserven el bebé y lo críen solas o en el seno de su familia, lo cual con frecuencia continúa la tradición de su madre y abuela, quienes también criaron a sus hijos como madres solteras después de embarazarse sin desearlo.

[17] Aunque los instructores de sexualidad estadunidenses se enorgullecen de los programas escolares que explican los riesgos de un embarazo prematuro y hacen hincapié en el uso del condón para prevenir un embarazo y una ETS, estamos muy atrás de nuestros colegas franceses en la distribución de la píldora de las 72 horas. Esta droga que actúa en contra de la implantación, conocida en el mercado como Norvelo, es gratis para los jóvenes en la enfermería de las escuelas, sin el consentimiento de los padres. También está disponible en las farmacias sin una receta médica (*The New York Times*, "France Provides Mornign-After Pill to Schoolgirls", por Suzanne Delay, feb. 8, 2000).

[18] Las leyes que otorgan la autoridad paterna requieren una aprobación para que una menor se someta.

2. La joven soltera

[1] Towsend, J., "Sex without emotional involvement: An evolutionary interprertation of sex differences", *Arc. Sex. Beha.* 24:2, 1995, 173-203

[2] García, L., "Self-ideal Discrepancy and Sexual Esteem", presentado en la conferencia nacional anual para la Sociedad del Estudio Científico del Sexo (ssss, por sus siglas en inglés), Los Angeles CA, noviembre, 1998.

[3] Brownmiller, S., *Against Our Will*, Bantam Books, Nueva York, 1976.

[4] Brownmiller, *op. cit.*, El autor habla de "precipitación de la víctima", un concepto de los textos de criminología que pone una carga en la víctima. Todo lo que hace, dice o es la víctima puede servirle al atacante como materia prima. De hecho, la víctima no es responsable de la relación, pero pudo haber contribuido a las circunstancias, una mujer que llora puede enfurecer al violador, pero tranquilizar a otro. Una de las mujeres entrevistadas para este libro describió la forma en la que vio a su atacante a los ojos y le preguntó: "¿ Qué pensaría tu madre en este momento?" Él la dejó ir de inmediato.

[5] Gorman, C., "Who Needs a Period?", *Time*, septiembre 18, 2000, 56 pp.

[6] Thomas, S. L. y Ellertson, "¿La molestia o el hecho natural y saludable de la menstruación debería ser opcional para las mujeres?", *Lancet*, 2000, marzo 11; 355 (9207): 922-924. Al encontrar la dosis adecuada y mantener el nivel de estrógeno lo más bajo posible una mujer desarrollará muy poco tejido endometrial, del que no es necesario que el cuerpo se deshaga continuamente. En las sociedades primitivas, donde el embarazo seguido y amamantar suprimen naturalmente la ovulación, las mujeres tienen en promedio cien periodos en su vida, contrario a las mujeres occidentales que es de 350 a 400. Siempre fue aparente que la píldora podía eliminar la menstruación por completo, pero cuando Enovid salió por primera vez al mercado, el método de 21 días sirvió para detener un periodo. Lo anterior es debido a una razón religiosa en vez de médica. El doctor John Rock, médico responsable del desarrollo de la píldora, era un católico devoto y esperaba convencer a la Iglesia de que la píldora era un método de control natal "natural", similar al método del ritmo porque usaba las hormonas producidas por el cuerpo. Rock estaba encantado cuando el papa Pío VII aprobó el uso de la píldora siempre y cuando su propósito fuera corregir los periodos irregulares. Rock sabía que para que este medicamento llegara a las manos de las mujeres católicas tenían que sangrar.

[7] Brown, L. S., "Lesbian Identities: Concepts and Issues" en Anthony R. D'Angelli y Charlotte J. Patterson (eds), *Lesbian, Gay and Bisexual Identities Over the Lifespan*, Oxford University Press, 1995.

[8] Whipple, B., "Beyond the G-Spot: Sexuality in the New Millennium," Conferencia presentada en la *Society for Sex Therapy and Research*, marzo 4, 2000.

Whipple dice que en algunas mujeres la estimulación del punto G, el orgasmo y la eyaculación femenina están relacionados y en otras no. Algunas mujeres han mencionado que experimentaron una eyaculación con un orgasmo al estimularse el clítoris y algunas han dicho que experimentaron una eyaculación sin un orgasmo.

[9] Las mujeres que sufren de esta condición física, conocida como vaginismus, son atormentadas porque los músculos vaginales se contraen involuntariamente, los cuales se cierran y prohíben la entrada de un dedo, un tampón o un pene. El tratamiento puede ser muy exitoso, implica eliminar la hipersensibilidad con el uso de una serie de dilatadores que aumentarán en tamaño, y con ejercicios con la ayuda de su pareja. Pero sin duda, el bálsamo más grande es la buena comunicación entre la pareja.

3. La cópula

[1] Blumstein, P. y Schwartz, P., *The American Couple*, William Morrow & Co., Nueva York, 1983.

[2] Laumann, E. O. et al., *The Social Organization of Sexuality*, University of Chicago Press, Chicago, 1994.

[3] Laumann, *op. cit.*, 229.

[4] Fisher, H., "Lust, Attraction and Attachment in Mammalian Reproduction", *Human Nature* vol. 9, núm. 1: 23-52, 1998.

[5] Oficina del Censo de los Estados Unidos, *Monthly Vital Statistics Report*, vol. 43, núm. 12.

[6] Laumann, *op. cit.*, 92 pp.

[7] Blumstein y Schwartz, *ibid*.

[8] Oficina del Censo de Estados Unidos, *Monthly Vital Statistics Report*, vol. 43, núm. 12.

[9] Launmann, *op. cit.*, 89 pp.

[10] Schwartz, P. y Rutter, V., *The Gender of Sexuality*, Pine Forge Press, 1998.

[11] Schwartz y Rutter, *op. cit.*, 125-129.

[12] Daneshpour, M., "Muslim Families and Family Therapy", *Journal of Marital and Family Therapy*, vol. 24, núm. 3: 355-390, 1998.

[13] Iasenza, S., "The Big Lie: Debunking Lesbian Bed Death", *In The Family*, 1999. La autora cita a Marilyn Frye, quien cuestiona la información de Schwartz / Blumstein acerca de las lesbianas. Afirma que lo que hacen las lesbianas juntas cuando hacen el amor por lo general tarda hora y media, en contraste de la pareja heterosexual típica que pasa cerca de ocho minutos al tener relaciones sexuales, a lo máximo.

[14] Schwartz, P., *Peer Marriage: How Love Between Equals Really Works*, The Free Press, Nueva York, 1994.

[15] Pepper Schwartz acuñó esta frase para expresar la igualdad de los dos individuos en un matrimonio.

[16] Heyn, D., *Marriage Shock: The Transformation of Women Into Wives*, Villard Books, Nueva York, 1997.

4. La maternidad

[1] Laumann, E. O. *et al.*, The Social Organization of Sexuality, *University of Chicago Press*, Chicago, 1994. Los resultados de esta encuesta importante de la sexualidad en Estados Unidos muestran que 97% de los adultos heterosexuales sexualmente activos han tenido relaciones vaginales, una actividad que puede derivar en un embarazo. No obstante, intervienen otros factores: la fertilidad, la contracepción, el aborto y el aborto prematuro. También, algunos individuos practican otros tipos de conducta sexual (sexo oral, anal y manual) que no termina en un embarazo.

[2] Riblett, J. W., "The Trend Toward Delayed Parenthood", *Journal of Marriage and the Family*, agosto, 1981.

[3] Chodorow, N., *The Reproduction of Mothering: Psychoanalisis and the Sociology of Gender*, University of California Press, Berkeley, CA, 1978.

[4] Leiblum, S. R., "Love, Sex and Infertility: The Impact of Infertility on the Couple", *In Session: Psychotherapy in Practice*, vol. 2, núm. 2: 29-39, 1996.

[5] May, R., *Sex and Fantasy*, W. W. Norton & Co., Nueva York, 1980.

[6] Blaffer, S. H., *Mother Nature: A History of Mothers, Infants, and Natural Selection*, Pantheon, Nueva York, 1999.

[7] Patterson, C., "Children of Lesbian and Gay Parents", *Child Development 63*: 1025-1042, 1993.

[8] Patterson, C., "Lesbians choosing motherhood: A comparative study of lesbian and heteroxesual parents and their children", *Developmental Psychology*, vol. 31, núm. 1: 105-114, 1995.

[9] Laumann, E. O., *et al, ibid*, p. 83. Laumann señala que la masturbación está asociada con la "falla sexual" porque implica que usted no tiene pareja temporalmente o en un periodo más largo de tiempo. No obstante, entre las mujeres (que se masturban menos que los hombres) no hay diferencia en la frecuencia o incidencia de esta actividad, en mujeres jóvenes que viven con una pareja, en mujeres mayores con una pareja y mujeres que nunca se han casado.

5. La mujer en la menopausia

[1] Laumann, E. O., *et al.*, *The Social Organization of Sexuality*, Universidad de Chicago, Chicago, 1994.

[2] Daniluk, J., *Women's Sexuality Across the Lifespan*, The Guilford Press, Nueva York, 1998.

[3] La premenopausia, la cual para muchas mujeres estadunidenses comienza alrededor de los 35 años y continúa hasta entrados los 40, refiere a los años cuando la ovulación es menos segura, y por lo tanto es muy difícil concebir, aunque los ciclos mensuales continúen regulares. La perimenopausia refiere al periodo justo después, típicamente desde mediados a finales de los 40 años, cuando el ciclo se vuelve irregular y muchas mujeres experimentan signos o síntomas como bochornos y resequedad vaginal. La menopausia, la cual ocurre alrededor de los 51 o 52 años, aunque para algunas puede ser tan temprano como a los 30 o a finales de los 58 años, está marcada por un año continuo sin ciclos menstruales.

[4] Goldstein, I. y Berman, J., "Vasculogenic female sexual dysfunction: Vaginal engorgement and clitoral erectile insufficiency syndrome", *International Journal of Importance Research 10*, suplemento 2: S84-S90, 1998.

[5] Leiblum, S. R. y Segraves, R. T., "Sex therapy with Aging Adults" en S. R. Leiblum y R. C. Rosen (eds.), *Principles and Practice of Sex Therapy: Update for the 1990s*, Guilford Press, Nueva York, 1989.

[6] Por esta razón muchas de las comunidades médicas se han interesado demasiado en los moduladores selectivos receptores de estrógeno (SERM, por sus siglas en inglés) como raloxifene y tamoxifen. Estas drogas se enlazan a los receptores de estrógeno, produciendo efectos parecidos a los del estrógeno (agonista) en algunos tejidos y efectos bloqueadores de estrógeno (antigonista) en otros. De esta forma los senos y el útero pueden ser protegidos y también el corazón y los huesos. Los SERM no parecen tener ningún beneficio sexual; no obstante, pueden causar sangrado vaginal y bochornos, ninguno de los cuales hace que una mujer se sienta sexy.

[7] Rako, S., *The Hormone of Desire*, Harmony Books, Nueva York, 1996.

[8] Sherwin, B. y Gelfand, M. M., "The Role of Androgen in the Maintenance of Sexual Functioning in Oophorectomized Women", *Psychosomatic Medicine 49*: 397-409, 1987.

[9] Barbach, L., *For Each Other*, Signet / Penguin, Nueva York, 1984.

[10] Hoge, W., "The Stately 'Calendar Girls' Dressed So Simply in Pearls", *The New York Times*, enero 23, 2000.

[11] Khastgir, G. y Studd, J., "Hysterectomy, ovarian failure, and depression", *Menopause 2*: 113-122, 1998.

[12] Cutler, W., *Hysterectomy: Before & After*, Harper & Row Publishers, Nueva York, 1988.

[13] Rhodes, J. C., *et al.*, "Hysterectomy and Sexaul Functioning", *Journal of the American Medical Association 282:20*: 1934-1941, 1999.

[14] Toufexis, A., "Preserving Fertility While Treating Cervical Cancer", *The New York Times*, julio 31, 2001.

[15] Basson, R., "The female sexual response: A different model", *Journal of Sex and Marital Therapy 26*: 51-65, 2000.

[16] Barbach, L., "Loss of Sexual Desire", *Menopause Management*, enero/febrero, 1998.

[17] Levine, S. B., *Sexuality in Mid-Life*, Plenum Press, Nueva York, 1998.

[18] Cole, E., "Lesbian Sex at Menopause: As Good As or Better Than Ever" en B. Sang, J. Warshow y A, Smith (eds.), *Lesbians at Midlife: The Creative Transition*, Spinsters Book Company, San Francisco, 184-193.

6. La mujer en la postmenopausia

[1] Neugarten, B. L (ed.), Middle Age an Aging, University of Chicago Press, Chicago, 1968. Extracto de William H. Masters y Viginia Johnson, *Human Sexual Response*, "The Aging Female and Aging Male", 272 pp.

[2] Masters, W. H., "Sex and aging — expectations and reality", *Hospital Practice*: 175-198, agosto 15, 1986.

[3] "Aging by the Numbers — Longer, Healthier, Better", *The New York Times Magazine*, marzo 9, 1997.

[4] Por lo general a las viudas les va mejor que a los viudos después de la muerte de la pareja, aun con recursos y fondos más limitados. Los índices de depresión y suicidio en viudos son mucho más altos que los de las viudas, a pesar del hecho de que los hombres mayores tienden a no tener tantos patrones de enfermedades crónicas y de largo plazo como las mujeres mayores; por ejemplo, una enfermedad cardiaca, una enfermedad de los riñones, diabetes. De acuerdo con un reporte de enero de 1996 de los *Centres for Disease Control* titulado "Suicide Among Older Persons", que cubre una encuesta realizada de 1980 a 1992, los hombres tienen 82% de suicidios pasando los 65 años. El índice para los hombres divorciados y viudos fue más alto que el de los hombres casados. Una de las razones más importantes para esta estadística irregular es que los hombres están acostumbrados a que las mujeres cuiden de su salud, alimentación y horario, y sin una mujer que lo haga, pueden sentirse perdidos e inútiles.

[5] Speroff, L., *et al.*, *Clinical Endocrinology and Infertility*, Williams & Wilkins, sexta edición, Lippincott, 1999.

[6] Star, D. B. y Weiner, M. B., *The Starr-Weiner Report on Sex and Sexuality in the Mature Years*, Stein & Publishers, Nueva York, 1981.

[7] Bretschneider, J. y McCoy, N., "Sexual Interest and Behaviour in Healthy 80-to 102-Year-Olds", *Archives of Sexual Behaviour 17*: 109-129, 1988.

[8] Encuesta de la Sexualidad de la Madurez Moderna / AARP vía correo electrónico de 1 384 adultos de 45 años y más. Esta encuesta fue diseñada por el equipo de la editorial *Modern Maturity* y el grupo de investigación de AARP con la ayuda del doctor John McKinlay de los Institutos de Investigación de Nueva Inglaterra.

[9] Alexander, J. (eds.), *et al.*, *Women and Aging: An Anthology by Women*, Calyx Books, Corvallis, OR, 1986. Ensayo de Baba Cooper, "Voices: On Becoming Old Women".

[10] Goldberg, V., "The Effects of Aging: Viewed Unblinkingly", *The New York Times*, enero 2, 2000.

[11] Butler, R., comunicación personal, noviembre 10, 1999. También ver Butler, R. N. *et al.*, *Aging and Mental Health: Positive Psychosocial and Beiomedical Approaches*, Allyn & Bacon, Boston, 1998.

[12] Welner, S. L., "Ginecologic Care and Sexuality Issues for Women with Disabilities", *Sexuality and Disability 15:1*, 1997. La información adicional de la presentación de la autora en la conferencia de 1999 de la *North American Menopause Society* y comunicación personal.

[13] Erikson, E., *Childhood and Society*, W. W. Norton, Nueva York, 1963.

7. Cibersexo

[1] *Stanford Institute for the Quantitative Study of Society*, de una encuesta nacional realizada a 4 113 individuos mayores de 18 años. Según *The New York Times*, febrero 16, 2000.

[2] Si desea obtener una serie completa de posibilidades usted puede encontrar en línea una variedad de sitios relevantes, véase Levine, D., *The Joy of Cybersex*, Ballantine Books, Nueva York, 1998; y Semans, A. y Winks, C., *The Woman's Guide to Sex on the Web*, HarperSan Francisco, San Francisco, 1999.

[3] Comunicación personal, febrero 27, 2000. También ver Cooper, A., "Sexuality and the Internet: Surfing Into the New Millennium", *CyberPsychology & Behaviour* 1: 181-187, 1998.

[4] Levine, D., "Virtual Attraction: What Rocks Your Boat" en *Journal of CyberPsychology and Behaviour*, agosto, 2000.

[5] Putnam, D. E., *Journal of CyberPsychology and Behaviour*, septiembre, 1999. Un estudio de 300 000 sitios de adultos que revisó el número de horas que pasaron conectados y varias indicaciones de la conducta de adicción.

[6] "Technotes", *Newsweek*, marzo 13, 2000.

[7] Shaw, J., "Treatment rationale for Internet infidelity", *Journal of Sex Education and Therapy 22:1* 1997.

[8] Leiblum, S. R., "Sex and the Net; Clinical Implications", *Journal of Sex Education and Therapy 22:1* 1997.

[9] Un matrimonio reciente citado en la edición de *The New York Times* de marzo 30, 2000, cuenta la historia de dos participantes de un juego de caracterizaciones de la Edad Media. *Ultima Online*, la cual cuenta con 160 000 jugadores internacionalmente, es un mundo social y ético donde su personaje es muy parecido a su propia personalidad. Después de que dos de los personajes se han casado en línea, se conocen y repiten sus votos en Minnesota. En promedio la mayoría de los participantes se conectan más de 22 horas a la semana.

8. Mejor sexo a través de la química

[1] Para obtener más información de drogas que afectan la función sexual ver Watson, C. M., *Love Potions: A Guide to Aphrodisiacs and Sexual Pleasures*, Jeremy P. Tarcher / Perigee Books, Los Angeles, 1993.

[2] Kurnov, V., "Sex and drugs: A review of the literature of effects of medications as well as other chemicals on sexual / reproductive function", *RWJMS-II*, enero, 1999.

[3] Rako, S., autora de *The Hormone of Desire, Harmony Books*, Nueva York, 1996, señala que una pérdida de testosterona puede ser responsable de la fatiga y el cansancio que acaba con el ánimo de su vida cotidiana y sexual.

[4] Shifren, J. *et al.*, *NEJM-343*: 682-688, 2000. También ver Zummoff, *et al.*, *JECM 80*, 1995.

[5] Comunicación personal, Dr. Norman Mazer., agosto 22, 2000.

[6] Shifren *et al.*, "Transdermal testosterone treatment in women with impaired sexual function after oophorectomy", *MEJM 343:10*, septiembre 7, 2000, 682-688.

[7] Weisberg, E. *et al.*, "Efficacy, bleeding patterns, and side effects of a 1-Year Contraceptive Vaginal Ring", *Contraception 59*, 1999, 311-318.

[8] Comunicación personal con la doctora Julia Heiman, octubre 6, 2000.

[9] Comunicación personal con el doctor André Guay, enero 15, 2001.

[10] Comunicación personal con la doctora Cindy Meston, octubre 4, 2000.

[11] McGinn, D., "Viagra's Hothouse", *Newsweek*, diciembre 21, 1998.

[12] Comunicación personal con el doctor Paul Lammers, vicepresidente adjunto de *Clinical and Regulatory Affairs*, Zonagen.

[13] Comunicación personal con el doctor David Ferguson, asesor de varias compañías farmacéuticas en la disfunción sexual y la incontinencia, agosto 29, 2000.

[14] Comunicación personal con el doctor en medicina Ted Kaminestky, enero 7, 20001.

[15] La trabajadora social Sarah Janosik, asesora a un número considerable de sobrevivientes de cáncer de mama, en Austin, Texas, reporta que algunas de sus pacientes que no tienen orgasmos y han probado con vibradores se le acercan para pedirle una receta para EROS. Ellas lo usaban en repetidas ocasiones, solas y con su pareja, y no tuvieron problemas para lograr un orgasmo.

[16] Berman, L. A., Berman, J. R., Chhabra, S. y Goldstein, I, "Novel approaches to female sexual disfunction", *Expert Opin Investig Drug*, vol. 10:1, enero, 20001, 85-95.

[17] Comunicación personal con la doctora Marian Dunn, noviembre 19, 1998.

[18] *Noticias y Perspectivas Médicas*, "New Drug for Erectile Dysfunction Boon for Many; 'Viagravation' for Some", *JAMA*, vol. 280. núm. 10, septiembre 9, 1998.

[19] Comunicación personal con la doctora en medicina Rosemary Basson, octubre 4, 2000.

[20] Kaplan, S. A. *et al.*, "Safety and efficacy ofsildenafil in postmenopausal women with sexual dysfunction", *Urology* 53:3, marzo, 1999, 481-486. Este estudio de la Universidad de Columbia, en mujeres que pasan por la postmenopausia, indicó que el viagra mejoró el flujo sanguíneo hacia el clítoris, pero no lo tradujo en una satisfacción sexual.

9. Juntos de nuevo

[1] Ganz, P. A. *et al.*, "Breast cancer survivors: Psychosocial concerns and quality of life", *Breast Cancer Res Treat* 38, 1996, 183-199.

[2] Ganza, P. A. *et al.*, "Life after breast cancer: Understanding women's health-related quality of life and sexual functioning, *Journal of Clinical Oncology* 16:2, 1998, 501-514.

[3] Meyrowitz, B. E. *et al.*, "Sexuality and body image in younger women with breast cancer", *Journalof Sex & Marital Therapy* 25, 1999, 237-250.

[4] Schover, L. R., "Sexuality and body image in younger women with breast cancer", *J Natl Cancer Inst Monogr* 16, 1994, 177-182.

[5] Schover, *ibid.*

[6] La doctora en filosofía, Lisa Anjou, sobreviviente del cáncer y terapeuta sexual, directora de servicios de salud mental del *Mt. Sinai Center fot Breast Health* en Beechwood, Ohio, dirige un estudio usando viagra con mujeres que padecieron cáncer de mama. Debido a que mejora el deseo sexual sin hormonas, tal vez restaure algunas sensaciones y estimule la lubricación de una mujer que ha perdido la habilidad de excitarse.

[7] Schover, L. R. *et al.*, "Partial mastectomy and breast reconstruction. A comparison of their effects on psychosocial adjustment, body image, and sexual function", *Cancer* 75, enero 1, 1995, 54-64.

[8] Anderson, B. y van der Does, J., "Surviving gynecologic cancer and coping with sexual morbidity: An international problem", *International Journal of Gynecologic Cancer* 4, 1994, 225-240.

[9] Spiegel, D. *et al.*, "Effect of psichosocial treatment on survival of patients with metastatic breast cancer", *Lancet* 2, octubre 14, 1989, (8668): 888-91. El estudio conocido de David Spiegel en la Escuela de Medicina de la Universidad de Stanford, realizado en 1989, mostró que las mujeres que se recuperaban del cáncer de mama vivían más tiempo cuando recibían apoyo terapéutico de un grupo.

[10] Ghizzani, A. *et al.*, "The Evaluation of Some Factors Influencing the Sexual Life of Women Affected by Breast Cancer", *Journal of Sex & Marital Therapy*, vol. 21, núm. 1, 1995.

[11] Comunicación personal con el doctor en medicina y director de ginecología en *Beth Israel Deaconess Medical Center* en Boston, David S. Chapin, enero, 2001.

[12] Chapralis, S., "Dating Sex and the Single Ostomate" *Ostomy Quarterly*, vol. 30, núm. 1, 15-16, 21.

[13] Fourcroy, J. L., "The three feminine sorrows", *Hosp Prac* 33 (7) (fuera de edición), julio 15, 1998.

[14] Lightfoot-Klein, H., "The sexual experience and marital adjustment of genitally circumcised and infibulated females in the Sudan", *Journal of Sex Research*, vol. 26, núm.3, 1989: 375-392. Los libros de Klein, *Prisoners of Ritual* and *Odyssey into Femal Genital Circumcision in Africa*, Haworth Press, Nueva York, 1989, mostró por primera vez al público este problema en el Occidente.

[15] Ogden, G., *Women Who Love Sex*, Pocket Books, Nueva York, 1994, 142 pp.

10. El reflorecimiento de la rosa

[1] Sarwer, D. B. *et al.*, "Body image dissatisfaction and body dysmorphic disorder in 132 cosmetic surgery patients", *Plast Reconstr Surg* 101 (6), mayo 1998: 1644-1649.

[2] "Issue 2000", *Newsweek*, Special Edition, diciembre, 1999, 65 pp.

[3] Grant, P., "Face Time", *Modern Maturity*, marzo/abril, 2001.

[4] Rankin, M. Y Borah, G. L., "Anxiety disorders in plastic surgery", *Plast Reconstr Surg* 100 (2), agosto, 1997, 535-542.

[5] Dunofsky, M, "Physchological characteristics of women who undergo single and multiple cosmetic surgeries", *Ann Plast Surg* 39 (3), septiembre, 1997, 223-228.

[6] Comunicación personal con Denise Thomas, enero 2001.

[7] Rao, R. B. y Ely, S. F. "Deaths related to liposuction", New England Journal of Medicine 340 (19), 1999, 1471-1475. Las distintas razones de estas muertes suponen problemas de coagulación, posible interacción de drogas, infecciones bacterianas, sobrecarga de fluidos y volumen de grasa succionado. Una versión más nueva de este procedimiento, liposucción tumescente, llevada a cabo con la ayuda del ultrasonido, hace que sea más fácil de succionar las células de grasa y reduce la extracción de tejido no graso. La cánula o el tubo para succionar también son más pequeños, así que apena deja cicatriz. Los médicos deben ser muy capaces y tener experiencia en este procedimiento y con el equipo nuevo, pero a fin de cuentas, el trauma debe reducirse, la recuperación será más rápida y menor riesgo de complicaciones o infección.

[8] De Brücke, E., *Schönheit und Fehler der menschlichen Gestalt*, Braumüller, Viena, 1981. Como se citó e ilustró en Gilman, S. L., *Making the Body Beautiful*, Princeton University Press, Princeton, NJ., 2001, 220 pp.

[9] Grant, P., *Modern Maturity*, ibid., 7 pp.

11. La chispa del deseo

[1] Winks, C. y Semans, A., *The New Good Vibrations Guide to Sex*, 2a. edición, Cleis Press, Inc., San Francisco, 1997.

[2] Comunicación personal con Candida Royale, mayo, 2000.

[3] Maguire, J., *Care and Feeding of the Brain*, Doubleday, Nueva York, 1990.

[4] Kabat-Zinn, J., *Full Catastrophe Living: Using the Wisdom of Your body and Mind to Face Stress, Pain, and Illness*, Delta Books, Nueva York, 1990.

[5] Gach. M. R., *Acupressure for Lovers*, Bantam Books, Nueva York, 1997.

[6] Anand, M., *The Art of Sexual Ecstasy*, Jeremy P. Tarcher/Perigee Books, Nueva York, 1989.

[7] Benson, H., *The Relaxation Response*, William Morrow, Nueva York, 1975. También véase su ultimo trabajo popular, *Your Maximum Mind*, Random House, Nueva York, 1987.

[8] Girdano, D. A. *et al.*, *Controlling Stress and Tension: A Holistic Approach*, 4a. ed., Prentice Hall, Englewood Cliffs, NJ, 1993.

[9] Craze, R., *The Spiritual Tradition of Sex*, Harmony Books, Nueva York, 1996.

[10] Karp, G., *Life on Wheels: For the Active Wheelchair User*, O'Reilly & Assoc., 1999.

[11] Chia, M. y Arava, D. A., *The Multic-Orgasmic Man*, HarperSan Francisco, 1996.

[12] Leiblum, S. y Rosen, R., *Principles and Practice of Sex Therapy: An Update for the 1990's*, Guilford Press, Nueva York, 1989.

Fuentes

Organizaciones dedicadas a la educación sexual

Sex Education and Information Council of The US (SIECUS, por sus siglas en inglés) (Consejo de Información y Educación Sexual de los Estados Unidos)
130 West 42 St., Ste. 350
Nueva York, NY 10036
(212) 819-9770
siecus@siecus.org

American Association of Sex Educator, Counselors and Therapists (AASECT, por sus siglas en inglés) (Sociedad Estadunidense para Educadores, Asesores y Terapeutas Sexuales)
PO Box 5488
Richmond, VA 23220-0488
www.aasect.org/AASECT@mediaone.net

Society for Sex Therapy and Research (SSTAR, por sus siglas en inglés) (Sociedad de Terapia e Investigación Sexual)
409 12th St., SW
PO Box 96920

Washington, DC 20024
(202) 863-1646

Society for the Scientific Study of Sexuality (ssss, por sus siglas en inglés) (Sociedad del Estudio Científico de la Sexualidad)
c/o David Fleming
PO Box 416
Allentown, PA 18105-0416
(610) 530-2483

The Kinsey Institute for Research in Sex, Gender, and Reproduction (Instituto Kinsey para la Investigación del Sexo, Género y Reproducción)
Universidad de Indiana
Morrison Hall 313
Bloomington, IN 47405-2501

Institute for Advanced Study of Human Sexuality (Instituto para el Estudio Avanzado de la Sexualidad Humana)
1523 Franklin St.
San Francisco, CA 94109
(415) 928-1133
(Información de nonoxynol-15, Erogel)

Sitios de información sexual

www.askisadora.com (El Foro de la Sexualidad que ofrece consejos e información).

www.bianca.com (información sexual y literatura erótica en *Bianca's Smut Shack*).

www.libida.com (información sexual, salas de chat, boletines de anuncios, literatura erótica).

www.nerve.com (información sexual, salas de chat, boletines de anuncios, literatura erótica).

www.xandria.com (información y educación sexual, así como compra en línea de objetos sexuales).

www.sexuality.org (información sexual en el sitio oficial de AASECT).

www.safersex.org (lo último en sexo seguro, tanto para gente heterosexual como homosexual).

www.positive.org (el sitio de la Coalición para la Sexualidad Positiva).

www.bettydodson.com (información acerca de la sexualidad y la masturbación).

Sitios que ofrecen apoyo y educación sexual en la adolescencia

www.cybergrrl.com
www.webgrrls.com
www.goaskalice.columbia.edu
www.femina.com
www.gURL.com
www.chickclick.com
www.theglobe.com

Organizaciones dedicadas a la salud femenina

American College of Obstetricians and Gynecologists (ACOG, por sus siglas en inglés) (Colegio Estadunidense de Obstetras y Ginecólogos)
409 12th St., SW
Washington, DC 20024
(202) 638-5577
www.acog.org

American College of Nurse-Midwives (Colegio Estadunidense de Enfermeras de Ginecobstetricia)
818 Connecticut Avenue, NW, Ste. 900
Washington, DC 20006
(202) 728-9860 o 1-888-MIDWIFE
www.acnm.org

American Urogynecologic Society (Sociedad Estadunidense de Uroginecología)
2025 M St., NW, Ste. 800
Washington, DC 20036
(202) 367-1167
www.augs.org

Association of Reproductive Health Professionals (Asociación de Profesionales en Sexualidad Reproductiva)
2401 Pennsylvania Avenue, NW, Ste. 350
Washington, DC 20037-1718
(202) 466-3325
información sobre la perimenopausia: (202) 723-7374
www.arhp.org

American Society for Reproductive Medicine (ASRM, por sus siglas en inglés) (Sociedad Estadunidense de Medicina Reproductiva)
1209 Montgomery Hwy.
Birmingham, AL 35216-2809
(205) 978-5000
www.asrm.org

North American Menopause Society (Sociedad Norteamericana de la Menopausia)
11000 Euclid Ave.

Cleveland, OH 44106
www.menopause.org

Hysterectomy Educational Resources & Services (HERS, por sus siglas en inglés) (Recursos y Servicios Educacionales de Histerectomía)
422 Bryn Mawr Ave.
Bala Cynwyd, PA 19004
(610) 667-7757
www.ccon.com/hers

The National Women's Health Information Center (Centro Nacional de Información sobre la Salud Femenina)
Oficina de la Salud Femenina, Departamento de Servicios Humanos y de Salud
1325 G St., NW
Washington, DC 20005
(202) 347-1140
www.4women.gov

The Pelvic Floor Institute at Graduate Hospital (Instituto del Piso Pélvico en el Hospital Graduate) (reconstrucción del piso pélvico)
1800 Lombard St., Ste. 900
Philadelphia, PA 19146
(215) 893-2643

The Center for Sexual and Marital Health (Centro para la Salud Sexual y Marital) (terapia sexual)
Escuela de Medicina Robert Wood Johnson
675 Hoes Ln.
Piscataway, NJ 08854-5635
(732) 235-4273

Sitios de salud femenina

womenshealth.medscape.com
www.my.webmd.com
www.intelihealth.com
www.womenssexualhealth.com
www.womens-health.com

Dolor vulvar (vulvodinia)

Vulvar Pain Foundation (Fundación del Dolor Vulvar)
PO Drawer 177
Graham, NC 27253
(336) 226-0704
www.vulvarpainfoundation.org

National Vulvodynia Association (Asociación Nacional de la Vulvodinia)
PO Box 4491
Silver Spring, MD 20914-4491
(410) 299-0775
www.nva.org

Este grupo publica boletines de los que usted puede ordenar atractivas cubiertas para estoma y otros productos.

Ostomía

United Ostomy Association, Inc. (Asociación Unida de Ostomía, Inc.)
19772 McArthur Blvd., Ste. 200
Irvine, CA 92612-2405
(949) 660-8624 o 1-800-826-0826
www.uoa.org

Incontinencia

National Association for Continence (NAFC, por sus siglas en inglés) (Asociación Nacional para la Continencia)
PO Box 8310
Spartanburg, SC 29305-8310
(864) 579-7900 o 1-800-BLADDER (252-3337)
www.nafc.org

Simon Foundation for Continence (Fundación Simon para la Continencia)
PO Box 835-F
Wilmette, IL 60091
1-800-23 SIMON (237-4666)
www.simonfoundation.org

Sexo y discapacidad

Sexuality and Disability Training Center (Centro de Entrenamiento para la Sexualidad y la Discapacidad)
Centro Médico de la Universidad de Boston
88 East Newton St.
Boston, MA 02118
(617) 726-2748
Un grupo de profesionales en la salud que explora la discapacidad física y la sexualidad, publican *The Journal of Sexuality and Disability.*

It's Okay! es una revista de sexualidad y discapacidad
Sureen Publishing
PO Box 23102
124 Welland Ave.
St. Catharines, Ontario
Canada L2R 7P6

Cirugía reconstructiva y estética

The American Society of Plastic Surgeons (ASPS, por sus siglas en inglés) y
the *Plastic Surgery Educational Foundation* (Sociedad Estadunidense de
Cirujanos Plásticos) (Fundación Educacional de la Cirugía Plástica)
444 E. Algonquin Rd.
Arlington Heights, IL 60005
1-888-4-PLASTIC
www.plasticsurgery.org

The American Board of Facial Plastic and Reconstructive Surgery (Barra
Estadunidense de Cirugía Plástica Facial y Reconstructiva)
115C South Saint Asaph St.
Alexandria, VA 22314
(703) 549-3223
www.abfprs.org

Fuentes de transgénero y trasvestimo

Guía de Fuentes de Transgénero

www.cdspub.com

Juguetes sexuales y objetos de ayuda para la mujer

Eve's Garden
119 West 57 St., Ste. 420
Nueva York, NY 10019
www.evesgarden.com
(El precio del catálogo es de $3 dólares estadunidenses)

Pesas vaginales para los ejercicios de Kegel

Kegel Exercise Kones
Milex Products, Inc.
(312) 631-6484

FemTone
ConvatTec
(908) 281-2200

Femina Vaginal Weights
Urohealth Systems, Inc.
1-800-879-3111

Juguetes sexuales y objetos de ayuda para el hombre y la mujer

Adam and Eve
PO Box 800
Carrboro, NC 27510
(1-800-765-ADAM)
www.adameve.com
(El catálogo gratuito llega envuelto en papel café)

Good Vibrations
938 Howard St.
San Francisco, CA 94103
(1-800-289-8423)
www.goodvibes.com
(El catálogo de juguetes, libros y videos llega en un empaque sencillo)

SomethingSexyPlanet
4242 N. Federal Hwy.
Ft. Lauderdale, FL 33308
(877) 423-7399
www.somethingsexyplanet.com

Xandria Collection
Lawrence Research Group (Grupo de Investigación Lawrence)
165 Valley Dr.
Brisbane, CA 94005
1-800-242-2823
(415) 468-3812 servicio al cliente
www.xandria.com

(El catálogo de oro de colección de juguetes, libros y videos tiene un precio de 4 dólares estadunidenses, con un cupón bueno por esa cantidad para una compra; el catálogo de piel tiene un precio de 5 dólares; el catálogo de lencería tiene un precio de 2 dólares, con cupones buenos al momento de comprar. El catálogo de edición especial es gratis para la gente discapacitada.)

Los artículos llegan en empaques sencillos. Esta compañía no renta, vende o comercia con el nombre de los clientes.

Otros sitios de juguetes sexuales

www.sexshop2000.dk
www.blowfish.com

Condones

Condomanía
351 Bleecker St.

Nueva York, NY 10014
y otros lugares
(212) 691-9442
www.condomania.com

Safe Sense
888-70 CONDOM (702-6636)
www.condoms.net

Only Condoms
1-877-B4U-DOIT
www.onlycondoms.com

Recetas de hormonas naturales

A continuación le proporcionamos la información de droguerías que venden productos naturales de estrógeno, progesterona y testosterona. Usted necesitará una receta de su médico. Para obtener una lista de las farmacias que hay por estado:
www.dmoz.org/Health/Pharmacy/Pharmacies/Compuonding

Transitions for Health (Transiciones para la salud)
621 SW Alder, Ste. 900
Portland, OR 97205-3267
1-800-888-6814
www.transitionsforhealth.com

Women's International Pharmacy (Farmacia Internacional de la Mujer)
5708 Monona Dr.
Madison, WI 53716

1-800-279-5708
www.womensinternational.com

Natural Woman Institute (Instituto de la Mujer Natural)
8539 Sunset Blvd., Ste. 135
Los Angeles, CA 90069
www.naturalwoman.org

Violación, violencia y abuso sexual

Rape, Abuse and Incest National Network (RAINN, por sus siglas en inglés) (Red Nacional de Violación, Abuso e Incesto)
635 B Pennsylvania Ave., SE
Washington, DC 20002
(202) 544-1034
Línea de información: 1-800-656-HOPE (4673)
www.rainn.org

National Sexual Violence Resource Center (Centro Nacional de Recursos contra la Violencia Sexual)
125 Enola Dr.
Enola, PA 17025
(717) 909-0710

National Center for Victims of Crime (Centro Nacional para las Víctimas del Crimen)
2111 Wilson Blvd., Ste. 300
Arlington, VA 22201
(703) 276-2880
www.ncvc.org

National Women's Law Center (Centro Nacional de las Leyes para la Mujer)
11 Dupont Circle NW, Ste. 800
Washington, DC 20036
(202) 588-5180
www.nwlc.org

Anticonceptivos de emergencia y alternativos

1-888-not-2-late o ec.princeton.edu
www.plannedparenthood.org

Estilos de vida: polifidelidad

IntiNet Resource Center (IRC, por sus siglas en inglés) (Centro de Recursos IntiNet)
PO Box 150474-L
San Rafael, CA 94915-0474

Organización nacional de recursos y apoyo para aquellos que exploran la no-monogamía. La membresía anual es de 30 dólares estadunidenses, incluyendo la suscripción a un boletín trimestral, a la consulta en línea e información.

Libros, casetes y videos recomendados

Libros

Anand, Margo, *The Art of Sexual Ecstasy*, Jeremy P. Tarcher/Perigee Books, Nueva York, 1989.

Angier, Natalie, *Woman: An Intimate Geography*, Houghton Mifflin Company, Nueva York, 1999.

Barbach, Lonnie, *For Yourself*, Signet Books, Nueva York, 2000.

_____. *Turns Ons: Pleasing Yourself While Pleasing Your Lover*, Plume, Nueva York, 1998.

_____. *For Each Other*, New American Library, Nueva York, 1984.

Bright, Susie, *Susie Bright's Sexual State of the Union*, Touchstone/Simon & Schuster, Nueva York, 1997.

Corn, Laura, *101 Ninghts of Grrreat Sex*, Park Avenue Publishers, Nueva York, 1995.

Dodson, Betty, *Sex For One: The Joy of Selfloving*, Crown Publishers, Nueva York, 1996.

Dworkin, Andrea, *Pornography: Men Possessing Women*, E. P. Dutton, Nueva York, 1979, 1989.

Friday, Nancy, *My Secret Garden: Women's Sexual Fantasies*, Pocket Books, Nueva York, 1998.

_____. *Forbidden Flowers: More Women's Sexual Fantasies*, Pocket Books, Nueva York, 1993.

Heiman, Julia y Joseph LoPiccolo, *Becoming Orgasmic*, Simon & Schuster, Nueva York, 1988.

Heyn, Dalma, *The Eroctic Silence of the American Wife*, Turtle Bay Press, 1994.

_____. *Marriage Shock: The Transformation of Women Into Wives*, Villard Books, Nueva York, 1997.

Joannides, Paul, *The Guide to Getting It On*, Goofy Foot Press, 2000.

Leiblum, Sandra y Ray Rosen, *Principles and Practice of Sex Therapy*, 3a ed., Guilford Press, Nueva York, 2000.

Morin, Jack, *Anal Pleasure & Health*, Down There Press, San Francisco, 1986.

Ogden, Gina, *Women Who Love Sex*, Simon & Schuster, Nueva York, 1994.

Sachs, Judith, *The Healing Power of Sex*, Prentice Hall Press, Englewood Cliffs, NJ, 1994.

Siegal, Diana Laskin, *The New Ourselves, Growing Older*, Boston Women's Health Collective, Boston, 1996.

Thompson, Sharon, *Going All The Way: Teenage Girls' Tales of Sex, Romance and Pregnancy*, Hill and Wang, Nueva York, 1995.

Walsleben, Joyce y Rita Baron-Faust, *A Woman's Guide to Sleep*, Crown, Nueva York, 2000.

Winks, Cathy y Anne Semans, *The New Good Vibrations Guide to Sex*, 2a ed., Cleis Press, Inc., San Francisco, 1997.

Wolf, Naomi, *The Beauty Myth*, Anchor Books, Doubleday, Nueva York, 1991.

Novelas gráficas candentes

Toda la literatura erótica, los casetes y los videos están disponibles a través de la biblioteca *Good Vibrations Sexuality*.

www.goodvibes.com

Adventures of a Lesbian College School Girl (1997)

Manara's Kama Sutra (Milo Manara, 1998)

Quiver: A Book of Erotic Tales (Tobsha Learner, 1998)

Hot & Bothered 2 (Karen X. Tulchinsky, ed; lésbico, 1999)

Herotica (Vol. 6, Marcy Sheiner, ed, 1999)

Audio

Exit to Eden, Anne Rice, 1992. Leído por Gillian Anderson. Disponible sólo en casete.

Of Dreams and Bedtime Stories, 1996. Disponible en casete o CD.

Ear Candy, 1997. (Colección de aventuras eróticas) Disponible en casete o CD.

Herotica, Vol. 1-3, Susie Bright, (ed.), 1995-1997.

Encounters Erótica, 1996. (incluye sonidos de encuentros sexuales) Disponible sólo en CD.

Cyborgasm, Vol. 1& 2, 1993-1994. (Historias y fantasías eróticas) Disponible en casete y CD.

Videos

Cómo hacerlo

Nina Hartley's Guide to Seduction, 1997.
Nina Hartlye's Guide to Fellatio, 1994.
Nina Hartley's Guide to Cunnilingus, 1994.
The Incredible G-Spot, Laura Corn, 1995.
Fire in the Valley Annie Sprinkle y Joseph Kramer, 1999.
Behind the Bedroom Door y *Sex — A Lifelong Pleasure*, serie de literatura erótica educacional, producción holandesa.

Videos eróticos clásicos

Autobiography of a Flea, 1976.
Alice in Wonderland, 1976.
Insatiable, 1980.
Behind the Green Door, 1972.
3 A.M., 1976.
Devil in Miss Jones, 1972.

Videos eróticos enfocados en la mujer

Películas de Candida Royalle:

Eyes of Desire, 1998.
One Size Fits All, 1998.
The Gift, 1997.
The Bridal Shower, 1997.
My Surrender, 1996.

Películas de Betty Dodson:

Técnicas de masturbación para la mujer

Viva la Vulva, 1998.
Celebrating Orgasm, 1996.
Selfloving, 1991.

Otras películas que se recomiendan

Annie Sprinkle's Herstory of Porn, Anni Sprinkle, 1999.
Every Woman Has a Fantasy, Edwin Durell, 1995.
Dirty Little Mind, Jean Pierre Errand, 1995.
Sluts and Goddesses, Maria Beatty, 1992.
The Swap, Paul Thomas, 1994.
Contract for Service, Ernest Greene, 1994. (lésbico, sadomasoquismo)
Prison World, Ernest Green, 1994. (lésbico, sadomasoquismo)
Possessions, Andrew Blake, 1998. (lésbico)
The Hills Have Bi's, Josh Elliot, 1996. (bisexual)

Bibliografía

Alexander, Jo, Debi Berrow, *et al.*, (eds.), *Women and Aging*, Calyx Books, Corvallis, OR, 1986.

Alexander, Shoshana, *In Praise of Single Parents: Mothers and Fathers Embracing the Challenge*, Houghton Miffling Co., Nueva York, 1994.

Allgeier, Elizabeth Rice y Naomi B. McCormick, (eds.), *Changing Boundaries: Gender Roles and Sexual Behavior*, Mayfield Publishing Co., Palo Alto, CA, 1983.

A Significant Journey: Breast Cancer Survivors and the Men Who Love Them, American Cancer Society, Minnesota Chapter. (video)

Anand, Margo, *The Art of Sexual Ecstasy*, Jeremy P. Tarcher/Perigee Books, Nueva York, 1989.

Anapol, Deborah M., *Love Without Limits: The Quest for Sustainable Intimate Relationships*, IntiNet Resource Center, San Rafael, CA, 1992.

Angier, Natalie, *Woman: An Intimate Geography*, Houghton Mifflin Company, Nueva York, 1999.

Bakos, Susan Crain, *Kink: The Shocking Hidden Sex Lives of Americans*, St. Martin's Paperbacks, Nueva York, 1995.

Benkov, Laura, *Reinventing the Family: The Emerging Story of Lesbian and Gay Parents*, Crown Publisher, Inc., Nueva York, 1994.

Blum, Deborah, *Sex on the Brain,* Penguin Books, Nueva York, 1997.

Bright, Susie, *The Sexual State of the Union*, Touchstone/Simon & Schuster, Nueva York, 1997.

Bromberg, Joan Jacobs, *The Body Project: An Intimate History of American Girls*, Random House/Vintage, Nueva York, 1997.

Brooks-Gunn, J. y Frank F. Furstenberg, "Adolescent Sexual Behavior", en *American Psychologist* 44: 249-257, 1989.

Brownmiller, Susan, *Against Our Will: Men, Women and Rape*, Simon & Schuster, Nueva York, 1975.

Buckley, Thomas y Alma Gottlieb, (eds.) *Blood Magic: The Anthropology of Menstruation*, University of California Press, Berkeley y Los Angeles, 1988.

Chia, Mantak y Douglas Abrams Arava, *The Multi-Orgasmic Man*, HarperSan Francisco, San Francisco, 1996.

Chodorow, Nancy, *The Reproduction of Mothering*, University of California Press, Berkeley y Los Angeles, 1978.

Clunis, D. Merilee y G. Dorsey Green, *The Lesbian Parenting Book: A Guide to Creating Families and Raising Children*, Seal Press, Seattle, WA, 1995.

Craze, Richard, *The Spiritual Traditions of Sex*, Harmony Books, Nueva York, 1996.

Dackman, Linda, *Up Front: Sex and the Post-Mastectomy Woman*, Viking/Penguin, Nueva York, 1990.

D'Augelli, Anthony R. y Charlotte Patterson, (eds.) *Lesbian, Gay, and Bisexual Identities Over the Lifespan*, Oxford University Press, Nueva York, 1995.

Delaney, Janice, Mary Jane Lupton y Emily Toth, *The Curse: A Cultural History of Menstruation*, E. P. Dutton, Inc., Nueva York, 1976.

Dodson, Betty, *Sex for One: The Joy of Selfloving*, Crown Publishers, Nueva York, 1996.

Dworkin, Andrea, *Pornography: Men Possessing Women*, E.P. Dutton, Nueva York, 1979, 1989.

Ehrenreich, Barbara y Deirdre English, *For Her Own Good: 150 Years of the Experts' Advice to Women*, Anchor Press/Doubleday, Garden City, NY, 1978.

Ericksen, Julia A., con Sally A. Steffen, *Kiss and Tell: Surveying Sex in the Twentieth Century*, Harvard University Press, Cambridge, MA, 1999.

Estes, Clarissa Pinkola, *Women Who Run with the Wolves*, Ballantine Books, Nueva York, 1992, 1995.

Fein, Ellen y Sherrie Schneider, *The Rules*, Warner Books, Nueva York, 1995.

Fisher, Helen, *Anatomy of Love*, Fawcett, Nueva York, 1994.

_____. *The First Sex: The Natural Talents of Women and How They Are Changing the World*, Ballantine, Nueva York, 2000.

Gilman, Sander L., *Making the Body Beautiful: A Cultural History of Aesthetic Surgery*, Princeton University Press, Princeton, NJ, 1999.

Heyn, Dalma, *The Erotic Silence of the American Wife*, Turtle Bay Press, 1994.

_____. *Marriage Shock: The Transformation of Women Into Wives*, Villard Books, Nueva York, 1997.

Husain, Shakrukh, *The Goddes: An Illustrated Guide to the Divine Feminine*, Little, Brown & Co., Nueva York, 1997.

Kennedy, Eugene, *Sexual Counseling: A Practical Guide for Those Who Help Others*, The Continuum Publishing Company, Nueva York, 1989.

Klein, Marty, *Ask Me Anything: A Sex Therapist Answers the Most Important Questions for the 90's*, Fireside Press, Nueva York, 1992.

Kraig, Donald Michael, *Modern Sex Magick: Secrets of Erotic Spirituality*, Llewellyn Publications, St. Paul, MN, 1999.

Kramer, Jonathon y Diane Dunaway, *Why Men Don't Get Enough Sex and Women Don't Get Enough Love*, Pocket Books, Nueva York, 1990.

Ladas, Alice Kahn, Beverly Whipple, y John D. Perry, *The G-spot: And Other Discoveries About Human Sexuality*, Dell Publishing Company, Nueva York, 1982.

Laumann, Edward O., John Gagnon, Robert T. Michael y Stuart Michaels, *The Social Organization of Sexuality: Sexual Practices in the United States*, University of Chicago Press, Chicago, 1994.

Leiblum, Sandra y Ray Rosen, *Sexual Desire Disorders*, Guilford Press, Nueva York, 1988.

Leiblum, Sandra, *Infertility: Psychological Issues and Counseling Strategies*, John Wiley & Co., Boston, 1997.

Leiblum, Sandra y Ray Rosen, *Principles and Practices of Sex Therapy*, 3a ed. Guilford Press, Nueva York, 2000.

Lerner, Gerda, *The Creation of Patriarchy*, Oxford University Press, Nueva York, 1986.

Levine, Stephen B., *Sexuality in Mid-life*, Plenum Press, Nueva York, 1998.

Mattes, Jane, CSW., *Single Mothers by Choice: A Guidebook for Single Women Who Are Considering or Have Chosen Motherhood*, Times Books, Nueva York, 1994.

Michael, Robert T. *et al.*, *Sex in America: A Definitive Survey*, Little, Brown and Co., Boston, 1994.

Moore, Thomas, *The Soul of Sex: Cultivating Life as an Act of Love*, HarperCollins, Nueva York, 1998.

Neugarten, Bernice L. (ed.), *Middle Age and Aging*, University of Chicago Press, Chicago, 1968.

Neuman, Leslea, *Heather Has Two Mommies*, Alyson Publications, Boston, 1989.

Nevid, Jeffrey S., *Choices: Sex in the Age of STD's*, 2a ed., Allyn & Bacon, Needham Heights, MA, 1997.

Ogden, Gina, *Women Who Love Sex*, Simon & Schuster, Nueva York, 1994.

Panati, Charles, *Sexy Origins and Intimate Things: The Rites and Rituals of Straights, Gays, Bi's, Drags, Trans, Virgins, and Ohters*, Penguin Books, Nueva York, 1998.

Plaskow, Judith y Carol P. Christ, *Weaving the Visions: New Patterns in Feminist Spirituality*, HarperSan Francisco, San Francisco, 1989.

Rako, Susan, *The Hormone of Desire: The Truth About Testosterone, Sexuality and Menopause*, Three Rivers Press, Nueva York, 1999.

Rubin, Lillian B., *Women of a Certain Age: The Midlife Search for Self*, Harper & Row Publishers, Inc., Nueva York, 1979.

Sachs, Judith, *The Healing Power of Sex*, Prentice Hall, Englewood Cliffs, NJ, 1994.

_____. *Sensual Rejuvenation: Maintaining Sexual Vigor Through Midlife and Beyond*, Dell Publishing, Nueva York, 1999.

Scantling, Sandra y Sue Browder, *Ordinary Women, Extraordinary Sex: Every Woman's Guide to Pleasure and Beyond*, Dutton, Nueva York, 1993.

Schachter-Shalomi, Zalman y Ronald S. Miller, *From Age-ing to Sage-ing: A Profound New Vision of Growing Older*, Warner Books, Inc., Nueva York, 1995.

Schwartz, Pepper, *Peer Marriage*, The Free Press, Nueva York, 1994.

Schwartz, Pepper y Philip Blumstein, *American Couples: Money, Work, Sex*, William Morrow & Co., Inc, Nueva York, 1983.

Schwartz, Pepper y Virginia Rutter, *The Gender of Sexuality*, Pine Forge Press, 1998.

Shalit, Wendy, *A Return to Modesty: Discovering the Lost Virtue*, The Free Press, Nueva York, 1999.

Solomon, Robert C., *About Love: Reinventing Romance for Our Times*, Simon & Schuster, Nueva York, 1988.

Sternberg, Esther M., *The Balance Within: The Science Connecting Health and Emotions*, W. H. Freeman and Co., Nueva York, 2000.

Stone, Merlin, *When God Was a Woman*, Harcourt, Brace and Company, San Diego, CA, 1976.

Thompson, Sharon, *Going All the Way: Teenage Girls' Tales of Sex, Romance, and Pregnancy*, Hill and Wang, Nueva York, 1995.

Vance, Carole S. (ed.), *Pleasure and Danger: Exploring Female Sexuality*, Routledge & Kegan Paul, Boston, 1984.

Wallerstein, Judith S. y Sandra Blakeslee, *The Good Marriage: How & Why Love Last*, Houghton Mifflin Co., Boston, 1995.

Winks, Cathy y Anne Semans, *The New Good Vibrations Guide to Sex*, 2a ed., Cleis Press, Inc., San Francisco, 1997.

Wiseman, Jay, *SM 101: A Realistic Introduction*, Greenery Press, San Francisco, 1996.

Wolf, Naomi, *The Beauty Myth*, Anchor Books, Doubleday, Nueva York, 1991.

Woyshner, Christine A. y Holly Gelfond, (eds.) *Minding Women: Reshaping the Educational Realm*, Harvard Educational Review, series de reimpresión #30, Cambridge, MA, 1998.

Mujer: pasión al rojo vivo se terminó de imprimir en junio de 2003, en Grupo Balo S.A. de C.V., Salvador Díaz Mirón No. 799, col. Santa María la Ribera, C.P. 06400, México, D.F.